DÄNEMARK

GESCHICHTE DER
LÄNDER SKANDINAVIENS

Herausgegeben von Jörg-Peter Findeisen

Jörg-Peter Findeisen

DÄNEMARK

Von den Anfängen bis zur Gegenwart

Verlag Friedrich Pustet Regensburg

Meinem langjährigen dänischen Freund
Lektor und Ministerialdirektor a. D. Poul Husum, Kopenhagen,
in Dankbarkeit gewidmet

Bibliografische Information der Deutschen Nationalbibliothek

Die Deutsche Nationalbibliothek verzeichnet diese Publikation in der Deutschen Nationalbibliografie; detaillierte bibliografische Angaben sind im Internet über http://dnb.d-nb.de abrufbar.

www.pustet.de

2. ergänzte Auflage 2008

ISBN 978-3-7917-2129-3

Umschlagmotiv: »Die kleine Meerjungfrau« in Kopenhagen.
Foto: Alois/INTERFOTO
Umschlaggestaltung: Richard Stölzl, München
Gesamtherstellung: Friedrich Pustet, Regensburg
Printed in Germany 2008

INHALTSVERZEICHNIS

VORWORT

Vor mehr als drei Jahrzehnten erschien eine »Geschichte Dänemarks« in deutscher Übersetzung. Abgesehen davon, daß der dänische Autor für ein englisches Publikum geschrieben hatte, glaubte der deutsche Übersetzer einschränkend anmerken zu müssen, natürlich werde der dänische Standpunkt dieser Darstellung deutlich. Das war wohl weniger Kritik als Hinweis, daß deutsche Leser möglicherweise andere Ansätze erwarten könnten, die Akzente hier und dort verrückt werden sollten. Dennoch publizierte der Herausgeber ein Jahrzehnt später erneut eine Übersetzung dänischer Wissenschaftler, eine Selbstdarstellung zur »Periode der Spannungen zwischen Dänemark und Deutschland«. Die Jahre zwischen 1830 und 1939 decken natürlich nicht das Panorama der dänischen Geschichte, berücksichtigen nicht einmal die früheren Großmachtzeiten Dänemarks. Und es war noch mehr eine dänische Schwerpunktsetzung, geprägt vom Vorwissen dänischer Leser, eine gedrängte Übersetzung mehrerer Bände einer seinerzeit aktuellen Nationalgeschichte in unserem Nachbarland. Gleichzeitig blieb dieser Kompromiß zwischen dänischem Anspruch und verlegerischen Möglichkeiten für deutsche Leser durch die Vielfalt des Dargestellten zuweilen erdrückend, verlor sich manchmal in Zitaten der Könige und Anekdoten. Das mag seine Berechtigung für grundsätzlich informierte dänische Leser haben, deutsche Interessenten an dänischer historischer Entwicklung muß es wohl verwirren.

Inzwischen liegen ebenfalls in deutscher Sprache Grundrisse zur dänischen Geschichte durch das Kopenhagener Außenministerium vor, zweifellos ein gelungener Einstieg für Nicht-Dänen. Aber was manchmal andernorts zu detailliert erscheint, ist hier jedenfalls entschieden zu kurz abgehandelt worden. In den Publikationen des dänischen Außenministeriums dominiert begreiflicherweise auch der Blick dänischer Diplomaten, liegt der Schwerpunkt der Darstellungen auf der politischen Geschichte Dänemarks.

Nachdem nun mit einer Geschichte Schwedens im Rahmen der Buchreihe »Geschichte der Länder Skandinaviens« ein erster Versuch vorliegt, war eine ähnlich strukturierte Geschichte Dänemarks ein logisches »Muß«, auch aufgrund der Tatsache, daß Deutschlands Nachbar im Norden mit seiner beispielhaften Lösung zahlreicher sozialer Zeitprobleme jene Aufmerksamkeit geradezu herausfordert. Es ist deshalb kaum nachvollziehbar, daß seit mehr als einem Jahrhundert deutsche Historiker keine Darstellung dänischer Geschichte von den Anfängen der Staatswerdung bis in unsere Gegenwart vorlegten. Freilich ist es wahrlich nicht einfach, aus der Fülle dänischer Arbeiten und Analysen ein Fazit zu schreiben, das deutschen Erwartungen an Klarheit, Übersicht und begrenztem Umfang entspricht, die dänische Entwicklung aber dennoch ausreichend reflektiert. Immerhin haben Dänemarks Historiker in den letzten Jahrzehnten mehrere dickleibige Nationalgeschichten vorgelegt, die bedeutendsten Fachverlage dort sowohl gemeinsam als auch in eigener Regie umfangreiche Betrachtungen publiziert. Abgesehen davon, daß auch in Dänemark die Sicht der Wissenschaftler auf einzelne historische Phänomene des Landes ganz erheblich differiert, erwächst ein besonderes Wagnis für einen deutschen Historiker aus der Entscheidung, welche Ereignisse und Geschichtsstränge so wesentlich für den hiesigen Leser sind, daß sie und nicht andere Aspekte ausgewählt und abgehandelt werden. Auch blieb zu berücksichtigen, daß weitere Nationalgeschichten beabsichtigt sind, zeitweilige Einbindungen dieser Staaten oder Landesteile in den dänischen Staatsverband nur angerissen werden sollen. Eine fast unübersehbare Flut an Einzeluntersuchungen zur dänischen Geschichte verunsichert, gerade wegen der notwendigen Kürzungen. Ein Versuch mußte dennoch gewagt werden.

EINFÜHRUNG

Es kann kaum bezweifelt werden, daß die Beziehungen zwischen Dänemark und der Bundesrepublik Deutschland seit langem als »problemlos« gelten, deutsche Besucher die Dänen gewöhnlich als besonders herzliche Gastgeber empfinden. Oberflächlich betrachtet scheint sich unser Nachbarland kaum von norddeutschen Landschaften und Städten zu unterscheiden. Touristen genießen im allgemeinen befriedigt den Eindruck einer »heilen Welt« in den meisten kleinen dänischen Städten, vergleichen die gut erhaltenen Backsteinbauten der Schlösser, Herrenhöfe, Rathäuser und Kirchen bzw. die gepflegten Bauernhäuser im Fachwerkstil mit Eindrücken aus Schleswig-Holstein oder Mecklenburg-Vorpommern.

Und doch trügt manchmal der Schein. Gespräche mit unseren nördlichen Nachbarn offenbaren bald einen ausgeprägten dänischen Nationalstolz, eine deutliche Abwehr unbedacht formulierter Analogien zu Norddeutschland. Nein, Deutschland sei ganz anders! So klingt nicht selten die kühle Zurechtweisung mancher Dänen, fast eine Ablehnung allzu hastig geäußerter »Vereinnahmung« durch beglückte Deutsche. Viele Dänen sind ohnehin überzeugt, es seien vor allem die weniger überlaufenen Strände Dänemarks, kaum die dänische Kultur, die die Deutschen suchen. Noch weniger Freude empfinden manche der Einheimischen, treffen sie in den schmucken Sommerhäuschen zunehmend nur noch deutsche Besitzer an. Eine neue deutsche »Besetzung«, so reagiert der eine oder andere Däne dann hin und wieder schon einmal etwas lauter …

Es sei eine »komplizierte Nachbarschaft«, das Verhältnis der Deutschen und Dänen, so hat es kürzlich ein dänischer Historiker wahrscheinlich treffend benannt (Frandsen, 1). Die Demonstrationen in Nordschleswig anläßlich der lokalen dänisch-deutschen Überlegungen zur Schaffung einer gemeinsamen Wirtschaftsregion 1997 offenbarten: Manche Dänen würden die Landesgrenze zwischen Deutschland und Dänemark lieber erhalten sehen, ignorieren die hingestreckten deutschen Hände …

Die Dänen hätten sich in allen Kriegen mit Deutschland in den letzten 150 Jahren »als Opfer deutscher Aggression« verstanden, bilanzierte dieser Kenner dänisch-deutscher Geschichte in einer bemerkenswerten Arbeit über das Verhältnis unserer beiden Völker seit dem vorigen

Jahrhundert (ebd.). Sten Bo Frandsen hat seine Erkenntnisse in der Feststellung reflektiert, das gelte natürlich selbstredend für 1940. Doch ließe sich dieses für die beiden schleswigschen Kriege 1848/49 und 1864 kaum so behaupten. Der Schlüssel für das Verhalten einer historisch fixierten Ablehnung des Deutschtums in Dänemark liege aber weniger in der Aufrechnung wirklichen Geschehens als vielmehr in der Tatsache, daß sich die »Schaffung einer eigenen dänischen nationalen Identität« in einer »bewußten Abgrenzung« von einer jahrhundertelangen Dominanz der deutschen Kultur in Dänemark vollzog. So sei eine »Verwandtschaft mit den Deutschen, mit denen man sich noch zu Beginn des 19. Jahrhunderts eng verbunden gefühlt hatte« (ebd. 2), für das junge nationalstaatliche Dänemark undenkbar geworden.

Und auch das scheint gewichtig für entsprechende Anmerkungen: Die Mehrheit der Deutschen habe diese Entwicklung nicht begreifen können. Sie sah die Dänen immer auch als ein nahe verwandtes Volk. Abgesehen von der nationalsozialistischen »nordischen« Orientierung war es den meisten Deutschen wohl gewöhnlich ernst mit der Skandinavienbegeisterung und der daraus resultierenden Hinwendung auch zu Dänemark. Andererseits waren es gerade die Jahrzehnte des nationalen Zusammenwachsens Deutschlands, der kriegerischen Zusammenstöße dänischer und deutscher Nationalisten seit der Mitte des vorigen Jahrhunderts, vor allem aber die unselige Zeit des Dritten Reiches mit ihrem Führungsanspruch in Europa und der schließlichen Besetzung auch des dänischen Staates, die das nachbarschaftliche Verhältnis zwischen Dänen und Deutschen mehr als nur trübten. So blieb es wohl erst unserer Zeit vorbehalten, hier auszusäen, was hoffentlich künftige Generationen ernten werden: ein wahrhaft freundschaftliches Nebeneinander von Dänen und Deutschen, ein Miteinander vielleicht, wünschenswert, weil solches innerhalb des europäischen Nordens nahezu problemlos funktioniert.

Hoffen läßt hier, daß es nicht eben immer sehr friedvoll war, was Schweden und Dänen in ihrer Geschichte bewegte. Tatsächlich trennte beide Nationen jahrhundertelang ein weitaus höherer Blutzoll, als ihn die leidvolle deutsche Besetzung zwischen 1940 und 1945 forderte.

Die Geschichte des dänischen Volkes, mit deutschen Augen für deutsche Leser gesehen, soll belegen, muß und wird auch beantworten, warum dennoch der heutige dänische Blick immer wieder weitaus beunruhigter nach Süden schweift als in die Gefilde jenseits des Öresunds mit den vielhundertjährigen südschwedischen Kerngebieten

des dänischen Staates, verloren erst im 17. Jahrhundert, geraubt durch den Nachbarn Schweden.
Natürlich weiß jeder Skandinavienkenner, wie tief Vorurteile der Schweden und Dänen gegeneinander wurzeln, drängt sich dem deutschen Betrachter hier der Vergleich von Preußen und Bayern auf. Andererseits glaubt jeder historisch versierte Europäer zu wissen, daß Preußen und Bayern gemeinsam Seite an Seite 1870/71 gegen Frankreich nicht nur deshalb standen, weil es deren Obere so wollten. Vergessen ist der Haß, der einst Dänen gegen Schweden trieb, seit Dänemark in seiner Ablehnung der Deutschen »ausgerechnet die Schweden« umarmte, wie Frandsen fast ironisch schreibt. Sie seien eben alle, ob Dänen, Schweden, Norweger, schließlich nur »kleine Staaten«, erlebten »ein Gefühl von Ebenbürtigkeit, das zwischen Deutschland und Dänemark« kaum aufkommen könnte (ebd., 2–3). Und tatsächlich war der Hinweis auf die erdrückende Anzahl der Deutschen dann auch das gewichtigste Argument, das im Frühsommer 1997 aus den Reihen der protestierenden Dänenkette nahe Flensburg wieder und wieder artikuliert wurde. Weg mit Schengen, keine offenen Übergänge zu Deutschland, wir werden sonst erdrückt …
Ja, von heute auf morgen werden solche Ressentiments nicht weg zu diskutieren sein, vor allem nicht, wenn fehlendes Wissen mangelndes Vertrauen bewirkt. Sprechen über das Unterschiedliche, aber auch über das Gemeinsame, über jene Geschichte und Kultur, die Dänen und Deutsche doch eher vereint denn trennt, das sollte ein erster Schritt auf dem Wege zu einer »familiären Nachbarschaft« hin sein. Friedfertige Dänen leben heute neben ebensolchen Deutschen. Unsere Zeit ist nicht mehr so, daß Nachbarn sich tummeln können wie Vikinger und Franken, vorbei auch die Großmachtperiode Preußens. Darüber reden zu können, setzt Kenntnisse voraus. Vor allem die Deutschen wissen wenig über die dänischen Nachbarn. Diese kurze Darstellung dänischer Geschichte möchte dazu beitragen, daß sich dies ändert.

DER NATURRAUM DÄNEMARK

Erdgeschichtlich gesehen ist das »Inselreich« Dänemark in seiner heutigen Gestalt ein sehr junges Land. Erst im Quartär, der geologischen Neuzeit, bildeten sich jene Landmassen, die heute das dänische Territorium abgrenzen. Im wesentlichen formten die Veränderungen nach der letzten Eiszeit vor etwa 5000 Jahren die gegenwärtige Oberfläche Jütlands und nahezu aller 529 größeren und kleineren Inseln des dänischen Königreiches. Lediglich Bornholms Grund aus Granit und Gneis ist Gebilde der Erdurzeit vor zwei Milliarden Jahren. Die Basis Djurslands in Jütland, Stevns auf Seeland und des östlichen Mön formte sich vor ca. 70 Millionen Jahren, wurde damals in gewaltigen Erdbeben hochgeschleudert. Kilometerdicke Kreideschichten drückten nach oben, liegen beispielsweise bei Ålborg im Norden Jütlands dicht unter der Erdoberfläche. Bei Möns Klint leuchten die weißen Kreidefelsen ähnlich der Rügens von weither über die See. Sie bezeugen, daß Dänemarks heutiges Territorium ursprünglich unter dem Urzeitmeer lag, dort unzählige Krebstierchen ihre Panzer ablagerten, sich allmählich jene Kreideschicht im Erdaltertum bildete. Dann hob sich vor etwa 40 Millionen Jahren das Land.
Jahrmillionen später verschwanden auch die höchstgelegenen Landesteile wieder unter dem ungeheuren Eispanzer, hunderte Meter hoch. Massen von Geröll, Sand und Lehm schoben die Gletscher aus dem Norden vor sich her. Unter dem Eis, vor allem aber an dessen südlichster Grenze, lagerte sich jene Endmoränenlandschaft ab, die auch bestimmte Landschaften Norddeutschlands prägt. Drei Kälteperioden formten solcherart das Landschaftsäußere. Aus heutiger Sicht war es besonders die letzte Eisperiode, die Dänemarks Äußeres gestaltete. Diesmal endete der Gletscher mitten in Jütland. Als sich das Eis endgültig langsam nordwärts zurückzog, blieben Geröll, Granit und Gneise aus den anderen nordischen Ländern zurück, mischten sich diese Ablagerungen mit Feuersteinbrocken, Kalk, Sand und Lehm aus den vorzeitlichen Ablagerungen des Meeres. In Jütland blieb jener Höhenzug erhalten, der mit seinen oft mehr als 100 Meter hohen Hügeln für heutige Touristen den besonderen Reiz der »dänischen Schweiz« ausmacht. Es sind grüne, waldbedeckte Erhebungen – Moränenhügel – zwischen weiten flachen Landschaften, die das Schmelzwasser auf seinem Weg in die Nordsee spülte. Zahlreiche

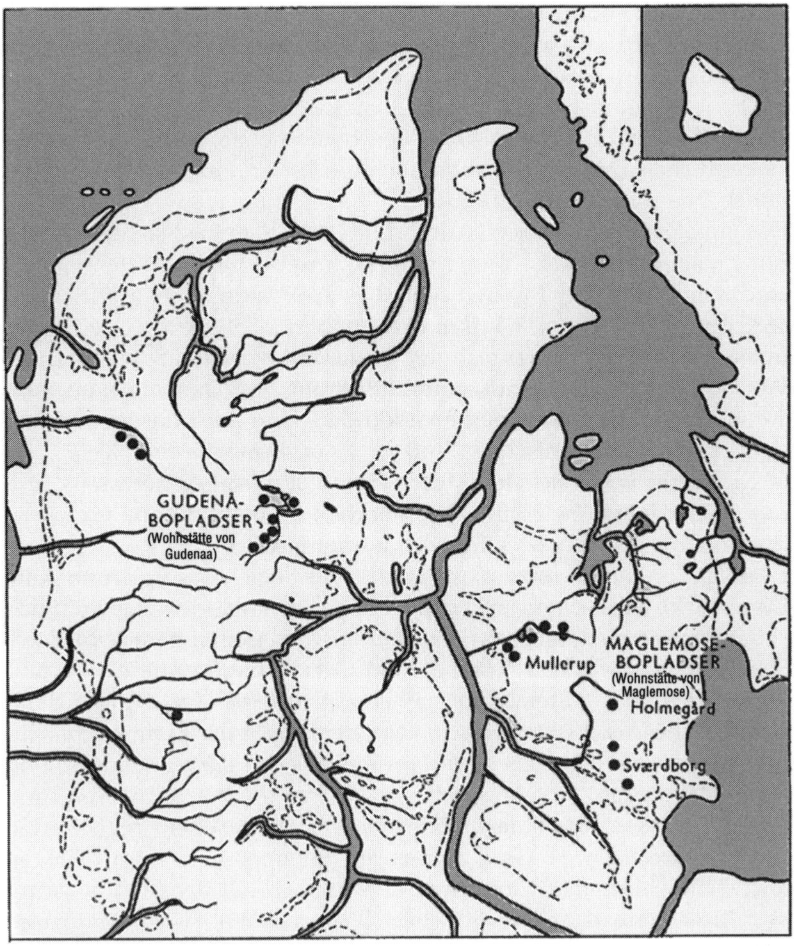

»Dänemark« vor 8000 Jahren. Der Kleine Belt ist nur ein Fluß, der Große Belt eine Art Fjord der Ostsee. Zwei frühe Steinzeitkulturen existierten damals: die sogenannte Gudenaa- und die Maglemose-Kultur.

Buchten und Fjorde, unzählige kleine Binnenseen illustrieren den Wechsel von Hügel und Ebene.

Bis heute ist Dänemark geologisch betrachtet nicht beruhigt. Wie die südschwedische Küste wächst die dänische noch immer weiter aus dem Wasser. Bei Fredrikshavn an der Ostküste Jütlands hebt sich das

Land im Laufe von 30 Jahren etwa um 1 cm. Etwas länger müssen die Dänen in Hirtshals nahe am Skagerak warten. Hier vergrößert sich das Territorium erst alle 50 Jahre um dieses Maß. Dagegen sinkt das südliche Dänemark beständig ab, 1 cm in 20 Jahren.

Zum »Kongeriket Danmark« zählen heute neben dem sogenannten »eigentlichen Dänemark« auch noch die Färöer, eine Inselgruppe im nördlichen Atlantik, und Grönland.

Das »Inselreich« zwischen Nord- und Ostsee hat eine Flächenausdehnung von 43069 qkm. Neben der Halbinsel Jütland – 23869 qkm – sind vor allem die Inseln Seeland – 7019 qkm –, Nordjütland – 4685 qkm –, Fünen – 2984 qkm –, Bornholm – 588 qkm – und Falster mit seinen 514 qkm aufzurechnen. Insgesamt weist der Staat auf diese Weise 7314 km Grenze auf, eine Entfernung von Dänemark bis zum Äquator, wie die Dänen gerne verkünden. Und auch das zählt schon zum Repertoire dänischen Stolzes: Kein Däne wohnt weiter als 50 Kilometer vom nächsten Meeresstrand entfernt! Andererseits sind nur 97 der Inseln bewohnt. Die Mehrheit ist mehr Klippe und Ausflugsziel für Seewanderer, Stützpunkt der Fischer.

Es ist in der Tat ein reizvolles Paradies für Segler, das meerumspülte Dänemark, mit seinen oft stürmischen Westwinden. Gewöhnlich prägt der warme Golfstrom das Klima. Doch treffen gerade hier, am Schnittpunkt zwischen Nordsee und Ostsee, häufig atlantische und polare Ostwinde aufeinander, geben dem Wetter den typisch dänischen Charakter. Es kann warm sein, heiß sogar im Sommer, manchmal nahezu ständig regnen, und im Winter auch kräftig schneien und sehr kalt werden. 1658 beispielsweise froren die Wassermassen rund um die großen Inseln fast völlig zu. Im Winter 1940 registrierten die Meteorologen 31 Grad minus, im Sommer maß man dagegen auch schon einmal 36 Grad plus. Gewöhnlich gilt der Juli als wärmster Monat mit durchschnittlichen Temperaturen zwischen 15 und 17 Grad, im Januar und Februar werden normalerweise um die 0 Grad gemessen. Für Sonnenhungrige sind der Spätsommer und der Herbst wohl weniger zu empfehlen. Selbst der Erntemonat August gilt unseren Nachbarn als besonders regenreich. Schön, so sagen die Dänen, ist es dagegen im Frühjahr. Dann bleibt es meistens trocken. Kopenhagen, die Hauptstadt, auf Seeland gelegen, ist übrigens immer eine Reise wert, abgesehen davon, daß Seeland erfahrungsgemäß weniger Regentage als die meisten anderen Inseln und Jütland registriert. Und auch das scheint noch erwähnenswert: In Dänemark kann man bereits einen schwachen Abglanz der »hellen Nächte« erleben, wird es im Hochsommer eigentlich nicht wirklich dunkel.

DÄNEMARKS FRÜHZEIT

Die »Dänen« der Vorzeit

Für manche Dänen kam es einer archäologischen Sensation gleich, als 1954 ein Zoologe die Existenz früher Großwildjäger in Mitteljütland vor etwa 80000 Jahren während der letzten Zwischeneiszeit belegen konnte. Gespaltene Damhirschknochen bewiesen, daß damals Menschen in den dortigen Flußauen jagten und das Knochenmark erlegter Tiere freilegten und aussaugten. Knapp 20 Jahre später fanden die Wissenschaftler in einem südjütländischen Flußtal Feuersteinwerkzeuge, die sogar auf 250000 Jahre datiert werden konnten.

Wahrscheinlich harren weitere Überraschungen im dänischen Erdreich noch plötzlicher Entdeckungen. Doch scheint heute sicher, daß es nur sporadisch herumstreifende kleine Horden waren, die so weit nördlich in jener frühen Zeit dänischer Vorgeschichte jagten. Eine ständige Besiedlung dieser Landschaft damals muß wohl ausgeschlossen werden. Das änderte sich erst nach der letzten Eisperiode, als die Menschen den Rentierherden folgten. In einer stetig nach Norden wachsenden Tundrawelt am Rande des langsam zurückweichenden Gletschers siedelten sich die Horden der Jäger und Sammler für längere Zeit auf festen Wohnplätzen an. Von hier aus brachen sie zur Jagd auf wilde Rentiere auf, trugen die Beute dorthin, wo Frauen, Kinder und die Alten warteten. Auf Mittelseeland entdeckten Archäologen 1944 bei Bromme eine solche Wohnstätte auf einer sandigen Landzunge am Rande eines heute versumpften Sees. Neben Pfeil- und Speerspitzen fanden sie Feuersteinschaber, Messer, Bohrer, Gerätschaften, die eine längere Anwesenheit dieser Steinzeitmenschen am gleichen Platz dokumentieren. Die Historiker datieren diese Fundstätte auf eine Zeit vor etwa 11500 Jahren.

Mit dem Ansteigen des eisbefreiten Dänemarks aus dem umgebenden Wasser versandete vorübergehend das eiszeitliche Meer, und kleine Gruppen von Jägern und Sammlern wanderten zwischen den heutigen britischen Inseln und Jütland hin und her. Die Menschen ließen sich an den Binnenseen und den breiten Flüssen »Dänemarks« und des südlichsten Teils des heutigen Schwedens nieder.

Früh entwickelten sich erste Kultformen. So kann für die Zeit vor 9000 Jahren bereits eine künstlerische Darstellung einer Gruppe

Menschen auf Mittelseeland belegt werden. Auf den Knochen eines Auerochsen ritzte ein steinzeitlicher »Däne« drei schwangere Frauen und ihre Beschützer, zwei Männer, wahrscheinlich ein Fruchtbarkeitssymbol, Dänemarks ältestes »Familienbild« (Rying, Dänemark, 22).
Damals breitete sich allmählich dichter Urwald über das Land. Neben Auerochsen bevölkerten Elche, Hirsche, Bären und Wildschweine die Wälder, waren bevorzugte Beute der Jäger. Die Fachleute sprechen für diesen Abschnitt von einem »Volk des Waldlandes« (ebd., 24), berechnen diese Periode auf den Zeitraum vor 9000 bis 7000 Jahren. Die Großwildjäger und Fischer nutzten bereits Äxte aus Hirschgeweihen. Manchmal wurden schon Feuersteinklingen eingelassen. Nachgewiesen sind auch Paddel und Fischreusen aus Korbgeflecht. Als erstes Haustier wurde der Hund gehalten. Spuren der ältesten Hütten dieser Waldmenschen wurden auf Seeland gesichert. Sie waren bis zu sieben Meter lang und vier Meter breit, mit einem »Teppichboden« aus Birken- und Kieferrinde, in die Erde gerammten Seitenwänden aus einem Gemisch von Ästen, Rohr und Schilf. Anhäufungen von Haselnußschalen deuten darauf hin, daß diese Menschen eine frühe Vorratswirtschaft trieben, durch Sammeln wilder Früchte die Ernährung der Horde sicherten.
Die dänische Ur- und Frühgeschichtsforschung unterscheidet verschiedene Stadien der »Waldzeit«. Veränderte klimatische Bedingungen mit dem schnellen Ansteigen des Meeresspiegels zwangen die Urwaldjäger zur Änderung ihrer Lebensgewohnheiten. Allmählich verschwand nicht nur das Großwild aus dem dichter wachsenden Urwaldgehölz. Auch die lebensfähigen kleineren Waldtiere strebten auf die küstennahen Lichtungen und an die Flußmündungen. Die Jäger mußten ihnen folgen. In den Küstenregionen wandten sie sich jetzt stärker dem Fischfang zu. Die sogenannte »Ertebölle-Kultur« prägte nun größere Siedlungsplätze mit gewaltigen »Küchenabfällen«: Unmengen von ausgelutschten Muscheln, Austern, Fischgräten und Tierknochen häuften sich nahe dieser frühen Wohnstätten. Diese sogenannten »Kökkenmöddinger« sind über die Strandregionen verteilt, heute oftmals im seichten Meerwasser verborgen. Am intensivsten wurde der große »Ertebölle«-Haufen am Limfjord erforscht, von dem man den Namen für die Kulturperiode entlehnte. Ursprünglich 150 Meter lang, fast 30 Meter breit, hob sich die Schicht bis zu zwei Meter stark. Sie wuchs mit der Hebung des Meeresspiegels über die Dünen hoch ins Land, mischte Asche, verkohlte Holzstücke mit den Essenresten. Gleichzeitig barg diese Fundstelle auch Knochenreste der Verstorbenen, mitunter gespalten, wohl Zeugnis eines Kannibalismus.

Sie müssen jahrhundertelang hier gelebt haben, die Ertebölle-Menschen. Sie hinterließen auch bestimmte Werkzeugreste, Pfeile mit Querschneide und Feuersteinklingen, eine Art Dolch, sogar schon frühe Kammformen, und natürlich Harpunen und Beile.
Die dänische Archäologie kann auf eine lange erfolgreiche Tradition zurückblicken. Dem Kaufmann und Amateurarchäologen Christian Jürgensen Thomsen (1788–1865) verdankt die Urzeitforschung die epochemachende Einteilung »in Steinzeit, Bronzezeit und Eisenzeit« (ebd., 19). Heute weiß man, daß die Altsteinzeit in Dänemark bis etwa vor 5300 Jahren währte. Dann wanderten die ersten Bauern aus den Kulturlandschaften des Donauraumes ein, finden sich frühe Keramikreste und Schmuckgegenstände in der obersten Schicht einiger »Kökkenmöddinger«.
Diese Phase der »Waldkultur« an der Wende von der Alt- zur Jungsteinzeit begann mit ersten größeren menschlichen Eingriffen in die Natur. Die Bauern und Hirten rodeten Teile des Urwalds durch Feuer und bauten Getreide an. Aus den Nahrungssammlern wurden Nahrungsproduzenten. Die »neolithische Revolution« läßt sich auch auf dänischem Boden belegen. Und auch hier wuchs die Bevölkerung nun spürbar. Bei Grabungen fanden die Archäologen jetzt auch dort kunstvoll geschliffene Steinäxte, Getreidesicheln, Grabstöcke und gebrannte Tongefäße, durch Ornamente verziert. An manchen Behältnissen konnten Reste der verschiedenen Getreidesorten nachgewiesen werden. Sie bezeugen, daß »der Ackerbau hierzulande plötzlich und massiv eingeführt wurde« (ebd., 33).
Gleichzeitig wuchsen die »Kökkenmöddinger« weiter. Offenbar lebten noch Gruppen von Altsteinjägern und Fischern neben den Bauern und Hirten. Es läßt sich ein Austausch zwischen ihnen belegen. Ungewiß ist nur, ob es ein friedvolles Nebeneinander war oder ob die Beute aus gelegentlichen Raubzügen auf den Abfallhaufen an der Küste liegenblieb.
Damals wuchsen in Teilen Dänemarks Dörfer von beachtlicher Größe. Bei Barkaer in Djursland auf Jütland wurden die Reste einer Siedlung auf einer Sandbank entdeckt. In dem heute ausgetrockneten See hatten die Bauern längs einer steingepflasterten Dorfstraße zwei fast 100 Meter lange und sieben Meter breite Langhäuser angelegt. Insgesamt 52 Räume mit eigenen Eingängen waren offenbar Wohnraum für jeweils eine Bauernfamilie. Allerdings gab es keine Ställe. Das milde Klima dieser Zeit erlaubte die Viehhaltung im Freien.
Ihre Toten bestatteten die Waldbauern in großen Megalithgräbern. Gilt Schweden vor allem als das Land der Runensteine, so kann man

Dänemark das Reich der Großgräber nennen. Etwa 2000 »Hünengräber«, wahrscheinlich nur ein Drittel des einstigen Gesamtbestandes, sind erhalten, prägen hier noch heute in weiten Teilen das Landschaftsbild. Etwa vor 4500 Jahren wurden diese »Friedhöfe« angelegt. Immer war es eine Totenkammer in einem Erdhügel, von einem kreis- oder rechteckförmig aufgetürmen Steinwall eingeschlossen, durch einen gewaltigen Stein als Grabplatte über dem aufgeworfenen Grabhügel markiert.

Die »Trollkirche« nahe Ålborg gilt als eines der schönsten Hünengräber Dänemarks. Die Begräbnisstätte ist ca. 60 m lang und 12 m breit.

Diese sogenannten »Dyssengräber« wurden einige hundert Jahre später zunehmend durch große Ganggräber abgelöst, in denen Familien, ganze Dorfgemeinschaften sogar, bestattet wurden. Etwa 100 Beerdigungen lassen sich beispielsweise für eines der Ganggräber nachweisen. In die eigentliche Grabkammer im Erdhügel gelangten die Bestatter durch einen steinernen Gang. Manchmal wurden die gewaltigen Grabplatten bereits gespalten, wahrscheinlich durch Bohrungen, in die man Holz stopfte und dieses dann wässerte, eine Methode, die aus den Steinbrüchen für Ägyptens Pyramiden bei Assuan vertraut ist.
Der Tote bedeutete offenbar den Lebenenden dieser Waldbauernkultur ähnlich viel wie den Ägyptern die Pharaonen und Würdenträger. Auch auf dänischem Boden taten die Angehörigen der Verstorbenen nahezu alles in ihren Kräften stehende, das »Weiterleben« durch schützende Gräber und umfangreiche Grabbeilagen zu sichern.
In dieser Zeit betrieben die »alten Dänen« bereits Schächte für den bergwerksmäßigen Abbau von Feuerstein, legten in der Nähe der

Gruben Werkstätten für die Massenproduktion von Beilen, Dolchen und Sicheln an. Sie organisierten den Handel der Feuersteinprodukte über die See ins heutige Norwegen und Schweden. Dänische Archäologen entdeckten umfangreiche »Warenlager« in der Nähe solcher Werkstattzentren.

Vor knapp 4000 Jahren wurde die Bauernkultur schwer erschüttert. Ein aggressives Reitervolk erreichte auf seiner Wanderung Mittel- und Nordeuropa: In mehreren Wellen kamen immer mehr »Streitaxt-Männer« ins Land. Sie brachten ihre Waffen und Keramik in ihren ochsengezogenen Wagenkolonnen mit und siedelten sich als Viehzüchter und Bauern vor allem in den jütländischen Heideregionen an. Tausende kleiner hügeliger Einzelgräber bezeugen die plötzliche Existenz des neuen Kriegervolkes mit den typischen Streitäxten. Gleichzeitig setzte sich ein Seefahrervolk an der Küste fest. Friedvoller als die Streitaxtleute waren diese Menschen wohl kaum. Eine besondere Art sägeblattgezackter Feuersteinspitzen und entsprechende Verletzungen der Skelette der traditionellen Küstenbewohner sprechen eine deutliche Sprache. Erst Jahrhunderte später scheinen die verschiedenen Volksgruppen zusammengewachsen zu sein. Nun dominierte überall in der dänischen Erde das Einzelgrab. Man vergrub die Toten in einer schmalen Steinkiste. Auch fanden die Wissenschaftler hier nun statt der beigelegten Streitaxt den ebenso kunstvoll gearbeiteten Dolch, »ein untrügliches Anzeichen« für den veränderten, friedlichen Charakter dieser Gesellschaft (ebd., 40). Jetzt sprechen die Archäologen hier von der sogenannten »Dolchzeit« für den Zeitraum vor 3800 bis 3500 Jahren. Sie bezeichnen diese kurze Endphase der Steinzeit bereits als eine »steinerne Bronzezeit«. Damals versuchten die geübten Feuersteinschmiede, die schlanken eleganten Bronzegüsse durch ebenso raffiniert bearbeitete Feuersteinklingen zu kopieren. Den schnellen Triumph der Bronze konnten sie dennoch nicht verhindern.

Feuerstein und Bernstein waren jahrhundertlang gefragte Handelsgüter auch im südlichen Europa. Andererseits brachten die Händler in den Norden auch die Bronzetechnik. Vor allem in den Gräbern einer sich nun allmählich herauskristallisierenden begüterten Oberschicht finden sich Bronzebeigaben. Sie markieren den Beginn der Bronzezeit auf dänischem Boden vor etwa 3500 Jahren. In Dänemark sind heute mehr als 11000 bronzezeitliche Hügelgräber denkmalgeschützt. Die Historiker rechnen sogar mit ursprünglich über 20000 solcher Anlagen. Als hochgetürmte Erdhügel fesseln die »dänischen Pyramiden« das Interesse vor allem der Touristen schon deshalb, weil sie gewöhn-

lich deutlich sichtbar auf den Erhebungen der dänischen Endmoränen angelegt wurden.
Zahlreiche Bronzeschöpfungen der frühen »dänischen« Handwerker blieben der Nachwelt erhalten, weil sie als Opfergaben in den Mooren und Sümpfen versenkt, manchmal auch als Schätze verborgen wurden. Neben prächtigen Bronzeschwertern sind es vor allem die Luren – die typischen dänischen Blashörner der Vorzeit –, die vom besonderen Können der damaligen Gießer, Schmiede und Zisilierer zeugen. Zahlreiche Tier- und Götterfiguren illustrieren das hohe kulturelle Niveau dieser Zeit, belegen Wohlstand wenigstens der Oberschicht. Sie dokumentieren einen Kult, der auf die Sonne, den Handel mit Schiffen über See, später auf personifizierte Gottheiten zielte.

Der berühmteste Fund ist zweifellos das gut erhaltene kleine Modell eines »Sonnenwagens«, 1902 bei Trundholm entdeckt. Offensichtlich opferten die Menschen solche Kultwagen mit der Sonnenscheibe bei bestimmten Festen, um Wärme und das Licht der Sonne zu erbitten. Wahrscheinlich noch bekannter ist das ruhige, friedvolle Gesicht des scheinbar schlafenden Mannes von Tollund mit der ledernen Spitzkappe. Man fand diese Moorleiche 1950 beim Torfstechen in Mitteljütland. Eine straff zusammengezogene Lederschlinge um seinen Hals gibt manches Rätsel auf. Gab der Mann freiwillig sein Leben für die Dorfgemeinschaft, um so eine gute Ernte und Wohlergehen aller zu sichern? Oder wurde hier ein Verbrecher ins Moor getaucht? Einige Experten verneinen, daß man den Göttern dort einen solchen zugemutet hätte. Sie werten einen weiteren Männerfund, keine hundert Meter vom Tollund-Mann entfernt versenkt, als Beleg dafür, daß dieses Moor eine »heilige« Stätte war. Wirklich schlüssig ist diese Argumentation nicht. In anderen Mooren fanden sich auch offensichtlich bestrafte Verbrecher: Verstümmelte, auch Frauen mit kurzgeschorenen Haaren, Ehebrecherinnen vermutlich. Einst grausige Sitte, ist es heute glückliche Fügung für die Archäologen. Sie können gewöhnlich gut erhaltene wollene Gewänder analysieren, wichtige Wertungen über den Alltag in jener Zeit wagen. Selbst Speisereste wurden gesichert, geben Aufschluß über die Lebensformen in jenen Jahren.
Die Sitte, hier Menschen zu opfern, wird durch die Ur- und Frühhistoriker in die Eisenzeit eingeordnet, die auf dänischem Boden vor

2500 Jahren begann und bis in die frühe Vikingerzeit währte. Dabei unterscheidet man dort eine frühe keltische, die spätere römische und dann die germanische Eisenzeit. Für die Schlußphase liegen auch schon schriftliche Quellen der Römer vor. Hier wird u. a. berichtet, die Skandinavier hätten ihren Göttern Leichen in den heiligen Mooren geopfert. Im übrigen wußte Tacitus zu berichten, die Germanen hätten Verbrecher und Verräter aufgehängt, Feiglinge aber, »und solche, die ihren Leib entehrt haben« in Mooren versenkt (Tacitus, 79). Es scheint, die Götter hatten genau zu unterscheiden, ob es Opferwillige oder Bestrafte waren. Vielleicht wußten ja auch die Vorzeit-Dänen besser, heilige Plätze und Hinrichtungsstätten auseinanderzuhalten als die Archäologen heute.
Den Historikern öffnen diese Funde dennoch wichtige Wissensquellen. Hier wurde konserviert, was sonst unwiderruflich verlorenging. Damals beerdigten die Menschen ihre Toten in Brandgräbern. Das Feuer vernichtete, was in der Steinzeit an Grabbeigaben in den Großgräbern und Einzelgräbern an Kultgegenständen erhalten blieb. Vielleicht war den Toten auch nicht mehr sonderlich viel auf die »weite Reise« mitzugeben, konnten die Lebenden kaum etwas entbehren. Das Klima hatte sich spürbar verschlechtert. Oft sicherte die Ernte nicht das Überleben der in den vergangenen Perioden stark angewachsenen Bevölkerung. Das Vieh verreckte in den kalten Wintern. Die Menschen hungerten, trotz aller Opfer an die Götter. Vielen blieb nur die große Wanderung nach Süden. Es war jene Zeit, in der die frühen »Dänen« stärker in das Bewußtsein der Römer drängten. Die Kimbern und Teutonen verließen ihre Siedlungen im nördlichen Jütland, in Himmerland und Thy, brachen auf zum Marsch in weltgeschichtliche Bedeutung.

Kimbern und Teutonen im Imperium Romanum

Vielleicht vernichtete das Feuer in der Bibliothek Alexandrias Ende des 4. Jahrhunderts auch konkretes Wissen der griechischen und römischen Historiker und Geographen über die Barbaren der nördlichen Sphäre. Immerhin erwähnte der Seefahrer, Geograph und Astronom Pytheas von Masilia in seinem Expeditionsbericht über die Reise in die Nordsee und den nördlichen Atlantik vor etwas mehr als 2300 Jahren u. a. den germanischen Stamm der Teutonen. Leider ist auch dieses wichtige Dokument zur Frühzeit Skandinaviens verschollen. Es blieben nur Bruchstücke der Niederschrift »Vom Ocean«

in den Jahrhunderte später verfaßten Werken Plinius des Älteren und des Strabo erhalten, Notizen aus den ersten Jahren nach der Zeitenwende. Damals sprach man im römischen Reich bereits wieder gelassen über jene Episode, die für kurze Zeit das Imperium schwer erschüttert hatte: den Zug der Kimbern und Teutonen über die Alpen. Strabo ließ seine Leser wissen, nun wohnten die Kimbern wieder dort, woher sie einst kamen. Sie hätten Kaiser Augustus einen heiligen Kessel als Sühne und Bitte um Vergebung für frühere Eroberungszüge gegen das mächtige Rom gesandt. Der große Imperator selbst erwähnte die Kimbern in seiner Autobiographie nur kurz. Die Inschrift auf der Wand eines Tempels im antiken Ancyra, dem heutigen Ankara, eine Kopie aus dem Mausoleum des Augustus in Rom, bezieht sich auf den Feldzug des Tiberius gegen die Germanen im Jahre 5, kurz vor der Schlacht im Teutoburger Wald. Damals ruderte eine römische Flotte von der Rheinmündung »über den Ozean nach Sonnenaufgang ins Land der Kimbern, wohin niemals vorher ein Römer gekommen war« (Bröndsted, 360). Dem »Monumentum Ancyranum« ist des weiteren zu entnehmen, daß auch einige Kimbern in einer germanischen Abordnung vor den Kaiser traten und mit unterwürfigen Freundschaftsgesten offenbar ein weiteres militärisches Ausgreifen der Römer nach Norden verhindern wollten. Das mochte Augustus eine Erwähnung wert sein, konnte seinen Ruhm mehren. Sonderlich bedeutsam waren ihm die Nachkommen der einst »mit ihrer legendären Wildheit und Kampfeslust« (Rying, Dänemark, 53) bis in die Poebene vorgedrungenen Germanen jedoch nicht mehr.
Tatsächlich scheinen die Römer lange Zeit kaum sehr interessiert zwischen Kelten und Germanen unterschieden zu haben. Erst der Historiker Titus Livius (59 v. – 17. u. Ztr.) berichtete ausführlich über jenes, Rom tief erschütternde Ereignis, den Kimbernzug, der »wie ein Unwetter über Europa« hinwegfegte (ebd., 54). So viel allerdings blieb den Römern gegenwärtig, daß noch Tacitus in der »Germania« notierte, jetzt seien die Kimbern nur noch »unbedeutend, jedoch gewaltig« (Tacitus, 99).
Das war wohl anders gewesen, damals, 200 Jahre vor Tacitus, als man im fernen Rom erstmalig von wilden Eindringlingen an der nördlichen Grenze des Reiches hörte. Und doch waren es zunächst die Kelten, auf die Kimbern, Teutonen und Ambronen trafen. So registrierten die Römer alles vorerst als weitentfernte Wirren in den barbarischen Regionen, glaubten vielleicht an interne Auseinandersetzungen unter den Kelten.
Selbst heute sind die Historiker uneins, geht es um die regionale

Zuordnung dieser germanischen Stämme. Obwohl noch immer einzelne Wissenschaftler die Ursprungsgebiete der Kimbern und Teutonen manchmal sogar am Oberlauf der Elbe suchen, plädiert jetzt doch die Mehrheit unter ihnen für die jütische Halbinsel als Herkunftsregion dieser Völker. Vor allem die dänischen Ur- und Frühhistoriker glauben relativ sichere Belege gefunden zu haben, daß die Kimbern aus Himmerland und die Teutonen aus Thy aufbrachen. Sehr bald schlossen sich ihnen die Ambronen aus den Marschen des westlichen Nordschleswig an. Livius meinte, gewaltige Überschwemmungen hätten die Kimbern zur Landsuche im Süden gezwungen. Die moderne Archäologie sieht allerdings eher die Auswirkungen der Feldgraswirtschaft mit der Erschöpfung des Bodens als ursächliches Element. Das Wasser mag die letzten Anstöße zu dieser frühen größeren Völkerwanderung nach Süden gegeben haben.

Erste schriftliche Quellen berichten von Kämpfen der Kimbern im keltischen Bojern im Donauraum. Die Römer standen den kimbrischen Kriegern erstmalig in Kärnten bei Noreia 113 v. u. Ztr. gegenüber. Für Konsul Papirus Carbo endete diese Begegnung höchst unerfreulich in einer Katastrophe.

Damals müssen die Kimbern manchem der Römer tatsächlich wie primitive Wilde erschienen sein. Schreckliches wußte man sich bald von ihnen zu erzählen. Laut brüllend seien sie auf ihren großen Schilden die verschneiten und vereisten Alpenhänge heruntergerutscht. Mit ihren Körpern hätten sie versucht, die eiskalten Gebirgsflüsse zu stauen. Und im übrigen schienen sie unbesiegbar auf dem Schlachtfeld. In großen Vierecken zusammengedrängt, stürmten sie vorwärts, rissen die gegnerische Abwehr auseinander. Anders als die Römer vertrauten ihre Führer auf die Schnelligkeit einer größeren Reiterformation. Jedem Berittenen stand noch ein flinker, leichtbewaffneter Läufer zur Seite, eine Kampftaktik, die den Römern offenbar größte Schwierigkeiten bereitete. Eine gewaltige Wagenburg hinter den Kämpfenden schützte das Hab und Gut der Germanen, verteidigt durch fast ebenso wehrhafte Frauen und Halbwüchsige.

Zum Glück für die Römer wendeten sich die Kimbern nach dem Sieg über Carbos Legionen westwärts, zogen über die Schweiz nach Südfrankreich. Weniger erfreulich war, daß auch Junius Silanus vier Jahre später dort den Vormarsch der Barbaren nicht stoppen konnte. Möglicherweise übertrieben die antiken Berichterstatter in gewohnter Weise die Zahlen der Kimbern, Teutonen und Ambronen. Andererseits stießen mit deren Erfolgen ständig neue Völkerschaften, selbst Kelten, zu dem riesigen Volksheer. Wahrscheinlich drangen mehr als

Germanen auf der Wanderung. Idealisierende Darstellung des deutschen Historizismus im 19. Jahrhundert.

30000 wehrhafte Männer mit einem großen Troß aus Ochsenwagen, Frauen und Kindern in Südgallien ein.

Gegen diese sieggewohnten Scharen waren die Römer auch am 6. Oktober 105 v. u. Ztr. bei Arausio nahe des heutigen Orange völlig chancenlos. Die Germanen taten das ihrige, auf daß die wenigen überlebenden Gegner diesen Tag nie mehr vergaßen. Erstmalig zerstörten sie die gesamte Kriegsbeute und warfen sie als Opfer an ihre Götter in die Rhône. Sie erhängten die Gefangenen, ertränkten selbst deren Pferde im Fluß, »so daß der Sieger keinerlei Beute behielt, der Besiegte kein Erbarmen erfuhr« (Germania Antiqua, 219).

Die Römer hatten dennoch Glück. Wahrscheinlich kam es zu Differenzen zwischen den Stammesfürsten beider großer Volksgruppen – wenigstens vermuten dies einige Historiker. Während sich Teutonen und Ambronen nun nordwärts wandten, drangen die Kimbern über die Pyrenäen in Spanien ein. Rom gewann Zeit, den erfolgreichen Heerführer Gaius Marius (156–86 v. u. Ztr.) aus Afrika abzurufen und ihm eine Reform des römischen Heeres aufzutragen. In den nächsten zwei Jahren wuchs eine wohldisziplinierte Berufsarmee heran, bereit, nun ihrerseits die Barbaren das Fürchten zu lehren.

Als die zwischenzeitlich 103 v. u. Ztr. noch einmal vereinigten Völker in Nordgallien in harten Kämpfen wenig gewannen, wandten sie sich abermals nach Süden. Die Kimbern zogen dem Brennerpaß entgegen, Teutonen und Ambronen entlang der Rhône wieder nach Südgallien. Hier erwartete Marius sie nahe des heutigen Marseille in einem festen Lager bei Aquae Sextia, verweigerte den Germanen die gewünschte Entscheidungsschlacht. Der Römer habe seine Soldaten zunächst an den Anblick der bisher Unbesiegbaren gewöhnen wollen, argumentierten Generationen von Historikern seit den Tagen des Livius. Möglich, daß Marius wirklich zunächst das Risiko einer Feldschlacht vermeiden wollte. Auf jeden Fall kalkulierte er richtig: Die Germanen berannten die Befestigungen drei Tage lang, glaubt man den römischen Berichten. Keineswegs gebrochen, aber wohl doch auch etwas erschöpft, sollen Teutonen und Ambronen dann noch weitere sechs Tage benötigt haben, um triumphierend und höhnend an Marius' Lager vorbei nach Südosten abzumarschieren. Bedenkt man, daß heute höchstens 30000 waffentragende Männer gerechnet werden, die Historiker alles in allem aber etwa 150000 Menschen vermuten, dann dürften vor allem Ochsenkarren und Frauen mit Kindern vorbeidefiliert sein. Marius verfügte jedoch über 35000 Söldner. Mit ihnen folgte er dem Gegner, drängte plötzlich die Ambronen in eine unglückliche Stellung mit dem Rücken zur Rhône und rieb sie auf. Zwei Tage später traf es die Teutonen. Angeblich verloren über 100000 germanische Krieger ihr Leben, wohl doch eine der üblichen römischen Übertreibungen. Livius und andere Römer berichteten allerdings, daß die meisten Frauen der Teutonen und Ambronen in der Wagenburg sich und ihre Kinder töteten, um nicht Gefangene der Sieger zu werden. Vielleicht summiert sich so die Zahl der toten »Kämpfer«.

Ein Jahr später, am 30. Juli 101, vernichtete Marius bei Vercelli in Oberitalien in einer Hitzeschlacht auch die Kimbern, deren König Boiorix im Kampfe fiel. Diesmal sprach Livius sogar von 140000 toten Gegnern und 60000 Gefangenen. Nur 3000 seien dem Gemetzel entkommen.

Schade, daß nur die Sieger die Geschichte des Kimbern- und Teutonenzuges schrieben. So leben sie fort als verderbenbringende Eindringlinge. Glücklicherweise fanden sich zahlreiche Zeugnisse im Boden Dänemarks, die weitaus mehr über Alltag und Kultur der Kimbern und Teutonen berichten: Sie waren zweifellos mehr als nur wilde barbarische Kriegervölker.

Frühe dänische Staatsbildungen

Obwohl Tacitus noch nicht von den »Dänen« sprach, ist sehr viel Wissenwertes über die frühe dänische Gesellschaft aus der »Germania« auf uns gekommen. Galt manche Information des Römers lange Zeit als vage, so bestätigten die archäologischen Funde viele Details dessen, was er hörte und wiedergab. Der Name »Daner« als älteste Bezeichnung für die Stämme auf Jütland und den dänischen Inseln wurde jedoch erst während der Völkerwanderungszeit bei den römischen Schriftstellern gebräuchlich. Mitte des 6. Jahrhunderts wurde die spektakuläre »Gotengeschichte« geschrieben, eine Schilderung angeblicher kriegerischer Großtaten der Goten auf nahezu allen »Kriegsschauplätzen« der Antike. Der Autor, der Ostgote Jordanes, behauptete hier, die Dänen seien seinerzeit aus dem südlichen und mittleren Schweden in den heutigen dänischen Raum eingedrungen. Dort hätten sie die Heruler – von denen bereits Cäsar sprach – vertrieben. Vieles spricht dafür, daß Jordanes Bekanntes aufgriff, den Römern der Name der Dänen schon seit dem 3. Jahrhundert vertraut war.

Auf jeden Fall hatten sich stabile Handelsbeziehungen zwischen dem Imperium und den Stämmen nördlich der Eider bis in den südlichen Teil der skandinavischen Halbinsel entwickelt. Schon Pytheas von Masilia hatte über den Handel mit Bernstein von der jütländischen Küste berichtet und einige Handelsplätze aufgezählt. Dänische Archäologen fanden kunstvoll geschliffene Schalen und Vasen aus den römischen Glaswerkstätten vom Rhein, auch Handwerksprodukte aus Italien, selbst Waren aus dem fernen Syrien. Häufig dokumentieren Firmenstempel eindeutig die jeweilige Herkunft. Zwei Silberbecher aus Capua mit Darstellungen des Kampfes um Troja wurden bei Hoby auf der Insel Lolland ausgegraben. Zahllose römische Münzen, durchbohrt, zierten die Körper der Frauen der frühen dänischen Stammesfürsten. Auch lassen sich knapp 100 Jahre nach Tacitus bereits erste Runenzeichen nachweisen, Namen damaliger dänischer

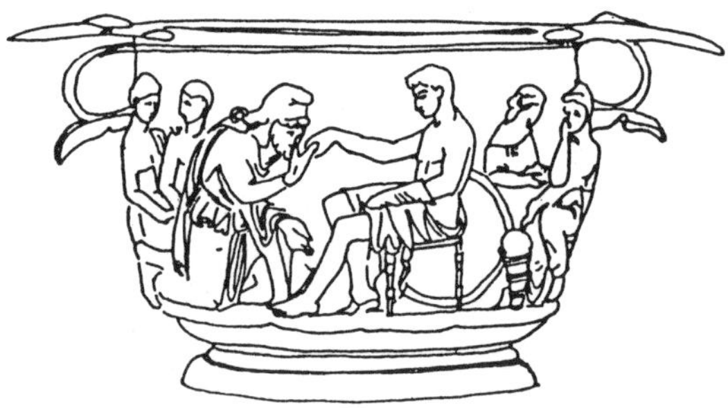

Großer, in Waffen, Werkzeuge oder Schmuck geritzt, Belege zivilisatorischer Verbindungen zu Rom ...
Es war ganz sicher noch kein größeres dänisches Staatsgebilde, in das die römischen Händler in diesen Jahrhunderten ihre Waren brachten. Die Grabfunde dieser Periode – der »römischen Eisenzeit Dänemarks« – belegen aber bereits eine reiche Oberschicht in den verschiedenen kleineren dänischen Stammesfürstentümern oder »Königreichen«. Tafelgeschirr aus Edelmetallen, Toilettenartikel der römischen Oberschicht, Prunkwaffen und kostbare Schiffsmodelle als Symbole des Handelsaustausches sind in großer Zahl erhalten. 1920 entdeckte man bei Hoby das Grab eines im Alter von etwa 40 Jahren Verstorbenen »mit einer so verschwenderischen Aussteuer von Kostbarkeiten« wie bei einem römischen »Senator« (Rying, Dänemark, 69). Einige der dort entdeckten Gegenstände waren einst im Besitz des Silius, eines römischen Beamten aus Mainz. Er residierte dort zwischen 14 und 21 u. Ztr. als Statthalter für Obergermanien. Natürlich ist kaum zu klären, ob es Geschenke oder Kriegsbeute damaliger dänischer Söldner in römischen Diensten war, was dort ins Grab gelegt wurde. Sicher bleibt nur, daß die Römer Beziehungen zu dänischen Kleinherrschern pflegten, diese Dänen wohl auch den Luxus und die römische Kultur schätzten.
Hatten die Kimbern bei Arausio seinerzeit ihre Kriegsbeute noch in die Rhône versenkt, gaben die späteren Völker der dänischen Frühzeit einen Teil ihrer Schätze, gewöhnlich Gewinne aus kriegerischen Treffen, nun wieder in die heimischen Moore als eine Art »Gotteszehnt« (ebd., 71). Hier häuften sich Waffen, Fußbekleidung feindlicher Krieger, Zaumzeug bis hin zu Würfeln und Spielfiguren. Tausende solcher Opferstätten bezeugen, daß diese dänischen Herrschaften so unbedeutend nicht gewesen sein können. Der Mangel an Palästen wird wohl durch die Masse der Beutestücke oder »Geschenke« mehr als ausgeglichen. Eine Nomaden- oder frühe Bauernkultur bedurfte dieser Luxuswaren nicht, konnte kaum derartige »Götterehrungen« organisieren.
Es war wohl insgesamt eine wohlhabende Gesellschaft, die sich hier in diesen Jahrhunderten entwickeln konnte. Inzwischen bauten die Bauern bereits Roggen an, lebten in größeren dörflichen Siedlungen. Bei Ginderup in Thy legten die Archäologen 30 große Höfe frei, die meisten Häuser zwischen 10 und 17 m lang. Diese und Häuserfunde in anderen Landesteilen weisen nun eine andere Struktur auf. Während eine Hälfte mit Lehmfußboden und Feuerstelle für die bäuerliche Familie Wohnraum war, stand im anderen Teil das Vieh.

Bei Mors konnte ein seinerzeit niedergebranntes Haus freigelegt werden. Dort entdeckte man in dem Stallteil noch die Reste dreier Kühe und eines Pferdes. Die Menschen nutzten jetzt bereits Pflüge. In einfachen Schmelzöfen wurde Eisen erzeugt.
Gleichzeitig wuchsen überall neue Siedlungen. Die Ausgrabungen spiegeln vertiefte soziale Differenzierungen. Um einige kultische Zentren herum siedelte offenbar eine Schicht besitzender Aristokraten mit größerem Landeigentum und Viehbeständen, auch sie gewöhnlich in fest verbundenen Großfamilien organisiert. Bei den Heiligtümern wirkten ihre Ältesten als Priester und bei Kämpfen und Raubzügen als Anführer. Sie bildeten eine Art »Gentil-Geblütsadel«. Sie besaßen auch weitaus mehr Sklaven und Unfreie als die Masse der freien Bauern und Krieger. Auf Seeland galt damals Lejre – heute eine hervorragend rekonstruierte museale Siedlung nahe Roskilde – als größere zentrale Kultstätte, vielleicht dem Tempel von Uppsala ähnlich. Andere solcher heiligen Plätze und Gerichtsorte – die Thingstätten – sind auf Fünen, in Jütland und im heutigen südschwedischen Skåne belegt.
Von hier aus zog der Heerbann der zum Gerichtsbezirk gehörenden Dörfer in die Kämpfe mit den Nachbarvölkern. Lokale »Könige« der Dänen fielen bereits im 6. Jahrhundert auf norddeutschem und bald auch wieder auf gallischem Boden. Gregor von Tours (um 538–604) berichtete in seiner »Frankengeschichte« Ende des 6. Jahrhunderts vom Tod des Jütenkönigs Hugleik um 515 bei einem Kriegszug in Nordfriesland. Damals sprach man rund um die dänischen Territorien angsterfüllt vom »grausamen dänischen Volk« und seinen Königen, die »wilder als Tiere« seien (ebd., 76).
Dänenfreundlicher sangen die Barden des angelsächsischen »Beowulfliedes«, des bedeutsamen Helden-Epos über Ereignisse des 6. bis 8. Jahrhunderts. Und sie priesen die Taten jener zahlreichen kleinen Anführer, der »Könige«, die damals herrschten und frühe dänische Geschichte bestimmten. So erwähnt das Epos auch »König Hygelac«, den »Chochilacius« des Gregor von Tours. Die Mehrheit dieser »Könige« und Helden entsprang wohl der Phantasie der Erzähler, so glauben auch die dänischen Frühhistoriker. Andererseits bezweifeln die meisten nicht, daß einige dort wieder und wieder besungene Krieger auch wirklich als Stammesfürsten größere oder kleinere Dänenheere führten. Im »Beowulf« wird beispielsweise der erfolgreiche Harald Hildetand geschildert, der von Lejre auszog, das Königreich in Jütland zu unterwerfen und die Dänen zu einigen. Möglicherweise wurde durch ihn erstmalig Ende des 7. Jahrhunderts

ein frühes dänisches Reich geschaffen. Der angelsächsische Chronist Beda Venerabilis (673–735) schrieb in seiner Kirchenhistorie auch über die Danai, die Dänen und ihren Staat.
Doch bleibt gegenwärtig trotz intensiver Forschungen und eben auch überlegter Deutungen der nordischen Sagen diese Periode der frühen politischen Geschichte Dänemarks weiterhin im Dunkeln. Dagegen lassen sich um 400 intensive Verbindungen der dänischen Stämme mit den Germanenreichen am Schwarzen Meer belegen. Das erlaubt, auch nördlich der Eider bereits Ansätze zur Bildung von Staatswesen anzunehmen. Wahrscheinlich war »Dänemark« damals eine wichtige Drehscheibe des Handels zwischen den römischen Westprovinzen und dem Norden und Osten. Als »Gotteszehnt« im Moor von Nydam in Südjütland versenkt, konnten 1863 die Reste mehrerer hochseetüchtiger Boote geborgen werden. Eines von ihnen – heute in Schloß Gottorp ausgestellt – zählt derzeit zu den wertvollsten frühen Schiffsfunden Nordeuropas. Hatte das 1921 entdeckte Boot von Hjortsprung auf der Insel Alsen aus der älteren keltischen Eisenzeit vor

Rekonstruktionszeichnung des Bootes aus dem Moor von Nydam. Heute ist das im 4. Jahrhundert erbaute Original im Museum des Schlosses Gottorp ausgestellt.

mehr als 2000 Jahren – gegenwärtig das älteste erhaltene Dänemarks – nur Platz für 20 Mann und wurde gepaddelt, so fertigten die Schiffbauer das Nydam-Boot bereits für eine Besatzung von 36 Ruderern. Es konnte bei einer Breite von 3,25 m und einer Länge von 23 m etwa 4000 kg zusätzliche Last tragen. Die Konstrukteure klinkerten 11 große eicherne Planken an 19 Spanten, schlugen bereits eiserne Nägel ein und kalfaterten den Schiffskörper. Es ist in der Tat ein Beweis für hochentwickelte Handelstechniken und ein wichtiges Bindeglied auf dem Wege vom vorzeitlichen Kanu zum Vikingerschiff des frühen Mittelalters. Isoliert schaffende Bauern und Fischer konnten solche meisterliche Arbeit kaum bewältigen. Kaum vorstellbar, daß dieses und die beiden anderen Boote als »Gottesopfer« ins Moor getragen wurden. Man hatte offenbar mehrere davon ...

Hatten sich die Menschen damals den besonderen Segen eines Meergottes bei künftigen Handelsreisen erhofft, erlebten sie wenig später einschneidende Veränderungen. Die Archäologen konstatieren für die Zeit nach dem beginnenden 5. Jahrhundert einen auffälligen Rückgang der Grabbeigaben. Offenbar besteht ein Zusammenhang zur slawischen Westexpansion, der »Übersiedlung« Kaiser Konstantins und seiner Nachfolger nach Byzanz und der Ausdehnung des Frankenreiches. Das Zentrum des Nord-Süd- und des Ost-Westhandels verlagerte sich weiter nach Osten. Bornholm, Gotland, Handelssiedlungen wie Helgö und Birka im schwedischen Uppland wurden nun die Umschlagplätze im Handel mit Bernstein, Pelzen und mit orientalischen Gütern über die großen russischen Ströme. Von der Rhein- und Elbemündung segelten und ruderten die Händler jetzt direkt nach Norwegen. Die Dänen reagierten mit der Ausrüstung von Seeräuberflotten auf diesen Wandel, schickten nun immer häufiger bewaffnete Expeditionen nach Nordwestdeutschland. Sie holten sich, was ihnen die Händler nicht mehr bringen wollten. Lange vor dem eigentlichen Vikingerzeitalter kündigte sich dieses in den Taten der Dänen an, Jahrhunderte vorher, bevor um 900 König Alfred der Große (871–901) in England in einer Weltgeschichte auch vom Reich »Dänemark« berichten ließ.

Damals konnten die Menschen in England schon endlose Geschichten über die Dänen erzählen, verheerten diese doch seit mehr als hundert Jahren dort die küstennahen Territorien. Und immer mehr Dänen siedelten sich in Teilen Englands an, gründeten hier eigene kleine Königreiche. Das sogenannte »Danelaw« – ein Reich, wo »dänisches Gesetz« galt – war noch zu Beginn der Herrschaft Alfreds des Großen ausgedehnter als die meisten kleinen angelsächsischen Königreiche.

Da blieb es für die Zeitgenossen Alfreds doch sehr unwichtig, ob es in Dänemark ein, zwei oder mehrere Reiche gab.

So viel ist allerdings heute trotz der Unsicherheiten gewiß: In den »Annales regni Francorum«, den fränkischen Reichsannalen, wird für 808 und 810 über Handlungen des dänischen Königs Godfred (um 800–810) berichtet. Er war zeitweilig mit den Franken gegen die Sachsen verbündet, befestigte damals die dänische Südgrenze. Bald zeigte sich, daß Godfred in seiner »Partnerwahl« nicht sehr beständig blieb. Er fürchtete offenbar weniger die Sachsen denn die Eroberungspläne Karls des Großen. Die Befestigungen längs des sogenannten »Danevirke« – des Dänenwerks – allerdings wurden durch Godfred offenbar nur ausgebaut, waren schon früher angelegt worden. Das Holz dieser bedeutenden Palisaden-Wallbauten, eine Art »dänischer Limes« südlich der Eider, wurde bereits 737 gefällt, wie entsprechende dendrochronologische Untersuchungen – die Analyse der Jahresringe – ergaben. Schon damals dürfte also eine größere staatliche Institution diesen Befestigungsbau organisiert haben. Das würde sich mit dem Harald Hildetand des »Beowulf« (s. S. 30) decken.

Zu Beginn des 9. Jahrhunderts jedenfalls war auf Jütland zumindest ein dänisches Königreich gewachsen, mit dem die fränkischen Herrscher leben mußten. Da war es wiederum erfreulich, daß Godfreds Sohn Harald – auch das belegen die fränkischen Reichsannalen – sich 826 in der Kaiserpfalz Ingelheim taufen ließ. Unangenehm für beide, den fränkischen Herrscher und den dänischen, war nur, daß diese Entscheidung Harald das Königreich kostete und die Franken einen Freund. Die Dänen daheim wollten keinen durch den Gott der Feinde Auserwählten über sich dulden. Auch die dänischen Großen, »die Mächtigen der Hofverbände« (Hermann, 58), wünschten offenbar keine guten Beziehungen zu den Franken. Sie wollten das eigene Territorium nach Süden ausdehnen. Deshalb standen sie hinter König Harek dem Älteren Godfredsson (853–854), als dieser Dorestad beanspruchte, dänische Herrschaftsrechte auf Friesland durchsetzen wollte. Wenig später berichtet eine deutsche christliche Quelle – die »Ansgarlegende« – über einen Missionserfolg in Hedeby – Haithabu –, dem bedeutenden Handelsplatz an der Schlei südlich Schleswigs. König Harek der Jüngere hatte 855 gestattet, daß dort eine Kirchenglocke aufgehängt werden durfte.

Natürlich belegen diese Quellen wenig oder nichts über den Einflußbereich des jeweiligen Königs, schließen auch keineswegs aus, daß die Dänen noch immer mehreren gehorchten. Immerhin glaubte Ende des 9. Jahrhunderts noch König Alfreds des Großen Gewährsmann, der

Das »Dänenwerk«

Das »Danevirke« ist eine Befestigungsanlage zum Schutze der dänischen Südgrenze zwischen Ost- und Nordsee nahe Haithabus. Hier in Höhe der tief ins Land ausufernden Schlei ist die jütische Halbinsel schmaler als anderswo, hinderten in alten Zeiten Sümpfe und dichtes Unterholz den Zugang ins frühe dänische Reich. Mitten hindurch führte der alte Heerweg von Süden nach Norden.

Der älteren Überlieferung nach begann König Godfred mit dem Bau des »Kuhwalls« zum Schutze Haithabus. Moderne Analysen belegen jedoch, daß die Holzreste im sogenannten Hauptwall älter sind. Auch wurde vor dem »Kuhwall« ein kleineres Teilstück ausgegraben, dessen Bauzeit bisher nicht bestimmt werden konnte, dessen Holzreste aber früher als 800 eingerammt wurden.

Die Hauptanlagen des »Dänenwerkes« erstrecken sich nördlicher, umfassen im Westen den sogenannten »Krummen Wall« nördlich der Rheider Au. Wahrscheinlich reichte dieser Abschnitt bis Holingstedt am Einfluß der Rheider in die Treene. Mit gewaltigen Palisaden folgte der Wall etwa 8 km den Windungen der Rheider. Dann schloß sich in nordöstlicher Richtung nach einer Krümmung der besterhaltene Teil bis zur »Tyresburg« an, der Hauptbefestigung des Walls. Von hier aus bis zum Westufer der Schlei verlief der »Nordwall«, von dem wenig blieb. Weitere Erderhebungen sicherten den Raum bis zum Grabensystem bei Haithabu.

Bei Grabungen fanden die Archäologen heraus, daß insgesamt während zehn verschiedener Bauperioden an den Verteidigungsanlagen gearbeitet wurde. Zuerst rammte man Holzstämme zur Befestigung der Erdaufschüttungen ein, später wurden Mauern aus Feldsteinen aufgeführt. Im Hochmittelalter schützte die »Waldemarmauer« aus Ziegelsteinen diesen Abschnitt.

Noch zweimal arbeitete man in neuerer Zeit an den Befestigungen, einer Art Limes zwischen Dänemark und Deutschland. Im 19. Jahrhundert rekonstruierten besorgte Dänen den Schutzwall gegen deutsche Ansprüche auf Schleswig. Während des Zweiten Weltkrieges glaubten deutsche Pioniere, dort einen englischen Vorstoß aufhalten zu können. Da aber schrieben die Chronisten des »Dänenwerks« bereits das Jahr 1945, stand das Wallsystem über 1000 Jahre, trennte Deutsche und Dänen.

Thietmar von Merseburg berichtete erstmalig über kriegerische Zusammenstöße dort zwischen beiden Völkern. 974 hatten » die aufständischen Dänen« den »zur Verteidigung ihres Landes errichteten« Wall und das Tor, das sogenannte »Wieglesdor«, erbaut (Thietmar, 91). Keine zehn Jahre später waren die Dänen wieder da. Diesmal vertrieben sie die Deutschen. Nun ließ Harald Blauzahn die berühmten Worte in den Stein von Jelling ritzen, er habe »ganz Dänemark … gewonnen«.

Seefahrer Wulfstan, zwischen zwei dänischen Reichen unterscheiden zu müssen. Vielleicht verstanden die Dänen selbst in jenen Jahren die Königreiche dort schon als »Danmark«. Erstmalig ist diese Reichsbezeichnung bei unseren nördlichen Nachbarn auf einem Runenstein um 940 belegt. Damals hatte König Gorm der Alte in seiner Residenz

Jelling in Jütland – auch hier sind keine besonderen Pfalzanlagen erhalten – diesen Stein für seine Gemahlin Tyre aufstellen lassen: Sie habe »Dänemark gebessert« (Vikingatidens ABC, 130). Andere Forscher lesen die Inschrift, Tyre sei »Dänemarks Zierde« (Rying, Dänemark, 15), »Dänemarks Heil« (Gabriel, 39). Welche Deutung man auch immer wählen will: Es ist wohl eine besondere Liebesbezeugung, eine königlich-dänische Art, Zuneigung zu bekunden!
Es mag dennoch fraglich sein, ob sie wirklich schon Königin von »Dänemark« war? Sicher bleibt aber, daß Thietmar von Merseburg (975–1018), als er seine acht Bücher zur Geschichte der sächsischen Herrscher schrieb, bereits ein religiöses Zentrum »Dänemarks« benannte, die Siedlung Lejre auf Seeland. In dieser Zeit der großen dänischen Expansionen nach Norden und Nordwesten – der Eroberung Englands – berichtete dieser deutsche Chronist dort über große Opferfeste der heidnischen Dänen jedes neunte Jahr. Da allerdings neigte sich das dänische Vikingerzeitalter bereits dem Ende zu.

Die Heroenzeit der dänischen Vikinger

Seit mehr als hundert Jahren lebten die Mönche und Nonnen an Northumberlands Küste auf Holy Island im Kloster Lindisfarne unbehelligt ihrem Glauben, beteten und arbeiteten. Sie taten das wie jeden Tag auch am 8. Juni 793, überzeugt, die See sei ein unüberwindlicher Schutzschirm vor heidnischen Gewalttätern. Im übrigen wußten sie sich gesichert durch das Kreuz, jenes Symbol, das die christlichen Kleinkönige Englands gewöhnlich auch in ihren internen Streitereien achteten.
Plötzlich stießen drachenkopfgeschmückte flache schnelle Ruderboote auf den Strand nahe des Klosters. Schwerbewaffnete, fremdartig wirkende Krieger drangen in den Gebäudekomplex, metzelten erbarmungslos alle, Geistliche und Laien, Männer und Frauen, Bauern und Handwerker. Sie beraubten die Kirche ihrer Gold- und Silberschätze, brannten schließlich die Gebäude nieder.
Der Überfall und die unbegreifliche Grausamkeit lösten in weiten Teilen Europas Schrecken aus, riefen Erinnerungen an die Berichte der Vandalen-, Goten- und Hunnenstürme wach. Tief erschüttert notierte Karls des Großen Berater, der gelehrte Mönch Alkuin (um 730–804), die ganz persönliche Frage nach der Sicherheit »für die Kirche Englands, wenn Sankt Cutberth mit so viel Heiligen seine eigene Kirche nicht verteidigen konnte« (Vikingatidens ABC, 164). Dem Bischof von

Canterbury allerdings schrieb Alcuin, ganz der kluge Machtpolitiker der karolingischen Kirche, dieses Ereignis sei eine Warnung Gottes und Strafe für die Sünden und Verfehlungen des englischen Volkes. Man solle dort nun fleißig beten, könne so Gottes Verzeihung vielleicht erwirken. Er, ebenso der englische Kirchenfürst und auch der Hof Karls des Großen mochten den Überfall als Wink verstehen, die Gläubigen überall zu vermehrter Andacht und Gehorsam aufzurufen, Demut und Verzicht auf manche weltliche Freuden zu fordern. – Abhilfe jedenfalls erreichten weder der fromme Mann in Canterbury noch die betenden und büßenden Angelsachsen. Bald zeigte sich, daß auch der eifrige Sachsenbekenner und Gewaltmissionar Karl der Große selbst nicht erfolgreicher war.

Die Vikinger kamen wieder. Jahr für Jahr tauchten die Flotten der wilden, unbekümmert raubenden und mordenden Männer aus dem Norden an den Gestaden Englands, Schottlands, Irlands und den fränkischen Küsten auf. Die Vikinger, die neue Geißel der europäischen Christenheit, erschütterten das mächtige Frankenreich und Byzanz, beunruhigten sogar das arabische Kalifat.

Für das Westeuropa dominierende Frankenreich erwuchs nun neben den gefährlichen Ungarn an der Südostflanke ein neuer, schier unbesiegbarer Feind für mehr als 200 Jahre. Krieger wechselten mit Händlern in den schnellen Vikingerbooten, waren oftmals nur schwer zu unterscheiden. Bald schwammen ihre Schiffe mit Dänen und Norwegern auch auf den großen Flüssen »Saxlands« (Deutschlands) und »Vallands« (Frankreich). Sie plünderten Paris und Trier. Einige stießen durch den Norvasund (Gibraltar) ins Mittelmeer vor. Bald landeten ganze Flotten an Afrikas und Siziliens Stränden, tauchten sogar vor »Miklagard« (Konstantinopel) auf. Dort trafen sie wahrscheinlich auch schwedische Vikingerhändler, die hierher über die weiten russischen Flüsse gelangten.

In die Geschichte der europäischen christianisierten Völker gingen die Vikinger als fürchterliche, kaum menschliche Regungen bekundende Wesen ein. Sie seien so unerwartet erschienen, daß der Überfall auf Lindisfarne einen Jahrhunderte nachwirkenden Schock auslöste, meinten lange Zeit viele Historiker. So erklären sie die fast unbegreifliche Angst vor diesen Barbaren mit Schwert, Axt, Speer und Bogen. Dabei übersah man allerdings, daß schon 789 erstmalig über einen Vikingerangriff und den Tod eines königlichen Beamten berichtet wurde, die Norddeutschen und Friesen seit Jahrhunderten unter solchen plötzlichen Überfällen litten.

Es waren schreibkundige Mönche, die erste Kunde von den mordenden und raubenden Nordmännern notierten. Sie waren vor allem deshalb bis ins Mark getroffen, weil die gold- und silbergeschmückten Kruzifixe, Monstranzen, Reliquienschreine und andere Kultgegenstände der Kirche eifrig nachgesuchte Ziele der Angreifer waren. Empörte Geistliche ermüdeten so nie, das besonders Barbarische solchen Tuns hervorzuheben, die Täter entsprechend abstoßend zu zeichnen. Auch konnten sie und die gewiß nicht furchtsamen fränkischen und angelsächsischen Krieger nicht begreifen, warum die oftmals nur in kleinen Scharen angreifenden Seekrieger den Tod nicht scheuten. Die Verteidiger erlebten fassungslos, daß totwunde Vikinger mit grimmigem Lachen den Todesstoß empfingen, lieber starben als feige flohen.

Sie plünderten nicht nur, sie zerstörten auch, oft sinnlos. Die Vikinger töteten gnadenlos selbst kleine Kinder, fürchteten offensichtlich den Rachedurst der einmal zu Feinden Heranwachsenden. Und sie vergewaltigten die Frauen, fast eine Zwangshandlung, einem Vikinger auferlegt. So jedenfalls schien es den Überlebenden, den Chronisten der Überfälle.

Die Ethik der Vikinger war in der Tat nicht die der Christen. In ihren Mythen galt nicht als Sünde, kaum als verwerflich, was Männer Frauen antun konnten. Odin, ihr oberster Gott, hatte selbst verkündet, man solle »sich bei Ehebruch nicht von der eifersüchtigen Ehefrau ertappen lassen« (Grant, 7). Jedenfalls wollten sie solches wissen, glaubten es offenbar gerne, die Männer des Nordens, die durch »göttlichen Segen« ihre Wünsche solcherart legitimierten. Zu rauben und zu plündern galt dort niemandem als schändlich. Ihre Götter hielten es ebenso.

Sie waren dennoch nicht nur Räuber und Zerstörer. Ihre Sagas belegen: In den Holzhallen der Königs- und Fürstenhöfe, in den Hofverbänden der Großbauern und Händler feierten sie fröhliche Feste. Sie berauschten sich auch am Klang schöner Worte, genossen die Heldendichtungen ihrer Skalden. Dort lauschten sie den Neuigkeitsberichten ihrer Tage. Die Vikinger entwickelten eine Gebrauchskunst, die reich an herrlichen Ornamenten ist.

Wahrscheinlich waren sie in erster Linie Händler, konnten das aber auch unter den ihrigen nur so lange sein, wie sie waffengeübt und wehrfähig blieben. Hinter jeder heimatlichen Klippe konnten Nachbarn lauern, dem unaufmerksamen Vikinger-Kaufmann, dem »Farmann« – dem Fernhändler –, abjagen, was er erworben hatte.

Es war dennoch nicht nur üble Nachrede, wenn man in England, Irland, an der französischen Küste und an vielen anderen Plätzen

Alltag auf Lindholms Höhe

Neben den isländischen Sagas bestimmen vor allem archäologische Grabungen unser Wissen über das Alltagsleben der »frühen Dänen«. Die Frühhistoriker legten auf den Hügeln von Lindholm bei Nörresundby eine größere Siedlung frei, deren Anfänge ins 7. Jahrhundert zurückgehen. Der häufigste Haustyp dort war 15–20 m lang, in mehrere Räume aufgeteilt, bot Lebensraum für die ganze Familie, hin und wieder sogar auch einen Schlafplatz für die Sklaven. Die Feuerstelle lag gewöhnlich in der Hausmitte, war manchmal auch als eine Art Ofen konstruiert, mit einem direkten Abzug durch das Hausdach.

Zwischen den größeren Häusern lagen viele kleine Hütten, gewöhnlich tief in die Erde eingegraben. Wahrscheinlich waren sie grasgedeckt, gleichzeitig auch Weideplatz für die Schafe. Diese Bauten waren ca. 4 m lang und 2–3 m breit. Vor einigen von ihnen fanden sich Feuerstellen. Es waren offenbar Schlafplätze der Sklaven und Unfreien. Andere Hütten wurden als Werkstätten genutzt. Dort konnten Materialreste und Werkzeuge gefunden werden. Auch wurden Essenreste im Sand rund um die Häuser entdeckt. Spricht das nicht unbedingt für ausgeprägte hygienische Sorgfalt, so überrascht aber doch der Fund eines Dampfbades, ca. 5 m lang, in die Erde gegraben. Zahlreiche Brunnen versorgten die Ortschaft, »eine Stadt und nicht nur ein Dorf« (Ransko, 304).

Europas damals vor allem den Krieger meinte, sprach man über die Vikinger. Auch die nordisch-isländische Heldendichtung charakterisiert königliches Leben wohl sehr treffend in dem Vers, »lieber (ver)heert der König, als daß er Ackerbau treibt« (J. Hermann, 58). Und so hielten es ganz sicher nicht nur die meisten kleinen »Könige«. Dennoch sind heute nordeuropäische Historiker relativ ungehalten, wenn Kontinentaleuropäer in ihren Landesgeschichten einseitig die kriegerischen Aspekte des Vikingerzeitalters hervorheben: Man müsse auch und vor allem die Quellen des Nordens studieren, insbesondere die isländischen Sagas. Doch sind diese in den historischen Details natürlich sehr unsicher, erst einige hundert Jahre nach dem Vikingerzeitalter aufgeschrieben worden.

So stützen sich die meisten skandinavischen Experten auch auf die vielen Tausende von Runensteinen in Nordeuropa. Deren inhaltliche Aussage ist aber naturgemäß sehr begrenzt. Dieses Quellenmaterial spiegelt vor allem den nach wie vor intakten Familienverband der Vikingerperiode. Gewöhnlich stellten die Verwandten die Gedenksteine auf, würdigten so die Taten ihrer familiären »Helden«. Seltener ehrten Freunde und Kampfgefährten einen der ihrigen. Dem Anführer einer solchen dänischen Schiffsgemeinschaft wurde beispielsweise Ende des 10. Jahrhunderts der Runenstein von Karlevi auf der schwedischen Insel Öland gesetzt. »Nicht wird ein makelloser kampfstärkerer Wagengott (das ist der Anführer einer Schiffsmannschaft) auf dem weiten Gefilde des Seekönigs (gemeint ist das Meer) über Land in Dänemark herrschen« (Klindt-Jensen, 2), lautet diese Würdigung Sibbe Foldarssons, den manche Historiker als »König eines dänischen Staates« verstanden. Doch weisen solche und andere Quellen aus, daß weniger Könige denn lokale Anführer die Schiffe bemannten. Sie »gingen auf Viking«, was nichts anderes bedeutete, als eine Raubfahrt zu organisieren.

Auf den Runensteinen begegnen uns die »Seekönige« als geschätzte Krieger. Das veranlaßt manche Forscher, sie als »Könige« über die Dänen zu interpretieren. Natürlich besaß Sibbe Foldarsson ähnlich wie viele aus der alten Stammesaristokratie größere Ländereien in Dänemark und »herrschte« über seine Höfe mehr oder weniger souverän. Er war aber wie Hunderte solcher Häuptlinge nie mehr als Schiffsführer oder Anführer eines freiwillig vereinigten Vikingerverbandes.

In der Regel waren es lose verbundene Flotten, deren Mannschaften sich ebenso plötzlich trennten, wenn lohnende Ziele lockten bzw. die Anführer sich nicht einigen konnten. Christliche zeitgenössische Beobachter wie Adam von Bremen († nach 1081) verurteilten solches Gebaren als Treulosigkeit, schmähten die Vikinger als Verräter. Sie »kennen keinerlei Treue gegeneinander und ohne Erbarmen verkauft einer den anderen, wenn er ihn gefangen hat« (Adam, 443). Daß der große geistliche Chronist so unrecht nicht hatte, steht außer Zweifel. Er übersah nur, daß sich die Gemeinschaft der freien Vikinger niemals entsprechende Treue gelobte. Sie traten gewöhnlich auch nicht als Dänen, Schweden oder Norweger auf. Die Männer einte gemeinsames Streben nach schnellem Besitz. Frei wollten sie bleiben, ordneten sich nur den Besten unter, und dies nur so lange, wie jene erfolgreich waren. Und manchmal beugten sie sich auch nur zähneknirschend einem Mächtigeren unter ihnen.

Adam von Bremen verdanken wir ebenso die nebenbei eingestreute Information, daß schwedische Vikinger dem »Dänenkönig Tribut leisten, damit sie Beutezüge … unternehmen dürfen« (ebd., 441). Das taten sie manchmal gemeinsam mit Dänen an der südlichen Ostseeküste. Schon Rimbert, der Autor der »Vita Anskarii«, der berühmten Legende vom Leben des Missionars der Schweden, Ansgar, hatte von Raubzügen der Dänen in den vierziger Jahren des 9. Jahrhunderts ins Slavenland berichtet. Dabei war ihm besonders die Heimtücke der Überfalle erwähnenswert. Überraschend seien sie »über die friedlichen, sorglosen Einwohner« hergefallen, »kehrten reich an Raubgut und vielen Schätzen in die Heimat zurück« (Rimbert, 63).

Die große Zeit der dänischen Vikinger begann jedoch eigentlich erst mit der Eroberung von York 867. Damals hatte eine größere Vikingerflotte in East Anglia überwintert, das zentrale und östliche England als ideales Siedlungsland für sich »entdeckt«. Diese Krieger waren immer auch Bauern und Viehzüchter, wenigstens galt das für ihre Knechte, Sklaven und Frauen. Etwa um 891 war die gewaltsame

England mit der »Watling Street«, um die sich das »Danelaw« ausbreitete.

Kolonisierung abgeschlossen, das Territorium des »Danelaw« entstanden. Bald kontrollierten die Dänen auch städtische Siedlungen wie Lincoln, Nottingham, Stamford, Leicester und Derby. Sie schufen einen »Bund der Fünf Städte« gegen die keineswegs tatenlosen Angelsachsen. Die allmähliche Rückeroberung durch die Engländer und die formelle Oberhoheit angelsächsischer Könige konnten die dänischen Vikinger auf die Dauer dennoch nicht verhindern. 954 fiel York als letzte dänische Bastion.

Keine drei Jahrzehnte später waren sie wieder da, diesmal eher noch blutrünstiger, vertraut man der angelsächsischen Chronik. 980 plünderten dänische Vikinger Southampton, töteten »die meisten seiner Bürger«. Wenig später verheerten sie Thanet und Cheshire. Nun führten dänische Herrscher die Flotten an, kassierten die Könige Jahr für Jahr gewaltige Geldsummen, das sogenannte »Danegaeld«. 991 erkauften sich die Angelsachsen für 10000 Pfund Frieden, zahlten damals an den künftigen Norwegerkönig Olov Tryggvason (995–1000). Kurz danach waren es dann die Dänenkönige, die noch gewaltigere Flotten zusammenstellten. Während Tryggvason nach heutigen Berechnungen über höchstens 300 Schiffe gebot, folgten dem Ruf des dänischen Königs um 1000 herum etwa 1200 Bootsführer. Und die Dänen steigerten ihre Forderungen entsprechend. So mußten die Engländer 1007 schon 36000 Pfund aufbringen, 1012 gar 42000 zusammentragen, und 1018 »wurde in ganz England ein Tribut in Höhe von insgesamt 72000 Pfund gezahlt«. Dazu kamen noch 10500 Pfund durch die Londoner Bürger (Wilson, 28).

Natürlich zahlten die Angelsachsen höchst ungehalten solche Preise. Sie konnten im übrigen trotz dieser Summen die neuerliche massenhafte Ansiedlung dänischer Bauern, Krieger und Händler auf ihren Ländereien nicht verhindern. So glaubte sich ihr König Aethelred (978–1016) gut beraten, durch ein Massaker das Dänenproblem ein für allemal zu lösen. Am 13. November 1002 bezahlten zahllose, in seinem Machtbereich lebende Dänen die Beutezüge der Vikinger mit ihrem Leben. Auch Gunhild, eine Schwester des dänischen Königs Svend Treskägg – »Gabelbart« (985–1014), soll dabei ermordet worden sein. König Aethelreds und das Leben der Angelsachsen wurde schon deshalb kaum ruhiger. Der dänische Herrscher nutzte die »Gunst« der Stunde, trieb nun die Forderungen nach »Entschädigungen« in neue Höhen. Gleichzeitig bereitete er eine Invasion Englands vor.

Mehrere große Vikingerburgen galten lange vielen dänischen Historikern als »Trainingscamps« für den zielstrebig vorbereiteten Überfall.

In solchen »Kasernen« wie Trelleborg, Fyrkat und Aggersborg sollen zeitweilig Besatzungen von bis zu 800 Kriegern konzentriert gewesen sein. Offen bleibt aber die Frage, wie solche Truppenkörper ausreichend verpflegt werden konnten in einer Zeit, in der selbst das Königtum »ambulant« blieb, schon nach kurzer Zeit alle Vorräte verbraucht waren. Im übrigen ist heute bekannt, daß dort auch Handwerker wie Waffen- und Goldschmiede arbeiteten. Sie dürften dort nicht ohne Frauen und Kinder gelebt haben.

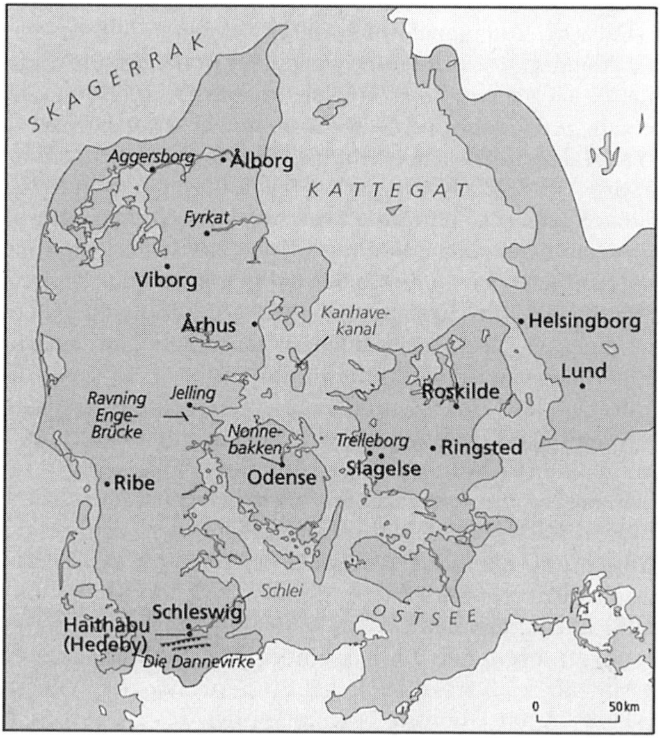

Dänemark zur Vikingerzeit

Scheinen hier Zweifel angebracht, so läßt sich nicht leugnen, daß 1013 tatsächlich ein geübtes Heer unter Svend Treskägg in Aethelreds Reich einfiel.

»Gabelbart« hatte zunächst mit dem kampferfahrenen Norweger Olov Tryggvason kurz vor dessen Königswahl gemeinsam in England geraubt. Wenig später besiegte ihn der neue norwegische Herrscher im Machtkampf der nordischen Könige. In dem Regenten über das erste vereinigte schwedische Reich, Olof Skötkonung, und norwegischen unzufriedenen Großen fand Svend einige Jahre danach Verbündete gegen den übermächtigen Tryggvason. Gemeinsam schlugen sie diesen in der legendären Schlacht bei Svolder um 1000, teilten das norwegische Reich unter sich. Kurz darauf fühlte sich der Däne stark genug, seinerseits um ein Großreich zu kämpfen.

Svend Treskägg war wohl wirklich »der geborene Organisator, der »Cäsar des Nordens«, wie ihn ein dänischer Historiker seinerzeit charakterisierte (Christiansen, 12). Allerdings stand ihm sein Sohn Knud keineswegs nach. Zwar mußte dieser nach des Vaters Tod zunächst nach Dänemark fliehen, doch kam er bald zurück, nun an der Spitze eines neuen Vikingerheeres. Er heiratete die nicht mehr ganz jugendliche Witwe Aethelreds, erwarb sich so auch in den Augen konservativer Angelsachsen Anerkennung als rechtmäßiger Herrscher. Ein übriges erreichte er als milder, gesetzestreuer Regent über England.

Auch sonst war Knud der Große höchst erfolgreich. Wohl rebellierte die einheimische Opposition gemeinsam mit dem schwedischen König und norwegischen Empörern gegen sein englisch-nordisches Großreich. Er setzte sich dennoch durch. Nachdem Knud ein schwedisch-norwegisches Heer bei Helgeå in Ostschonen besiegt und wenig später auch die dänischen Aufrührer gedemütigt hatte, ließ er seinen englischen Schwager Ulf in der Kirche von Roskilde ermorden. Trotz solchen kaum sonderlich christlichen Betragens wurde König Knud Ostern 1027 in Rom anläßlich der Kaiserkrönung Konrads II. (990–1039) auch von Papst Johannes XIX. empfangen. Und der Salier erkannte die Eider als Südgrenze des dänischen Imperiums an. Neun Jahre danach ehelichte Konrads Sohn, der spätere Kaiser Heinrich III. (1017–1056), Gunhild, die Tochter Knuds des Großen. Da allerdings war der bedeutende dänische Herrscher bereits ein Jahr tot. Und auch das dänische Großreich zerfiel schon wieder. Harefoot und Hardeknud, die Söhne, stritten um das Erbe, taten das mit wahrer Leidenschaft. Als sich 1040 der »Christ« Hardeknud nach dem Tode des älteren Bruders König nannte, ließ er sogar den Leichnam Harefoots ausgraben und demonstrativ in einem Morast versenken. Das hier galt eindeutig einem »Verbrecher«, war gewiß kein »Gottespräsent«. Interessant ist dies dennoch als Beleg für weiterlebende vorchristliche Traditionen im damaligen Dänenreich, bestätigt überdies die Behauptungen des Tacitus.

Dies war in der Tat nicht die »feine englische Art« und christlich schon gar nicht, eher ein Rückfall in die frühe Vikingermentalität. Den Angelsachsen gefiel das wenig. Hardeknud überlebte die eigene Hochzeit am 8. Juni 1042 in Lambeth nicht. Unklar ist bis heute, ob die Engländer hier nachgeholfen haben. Jedenfalls wählten sie sofort einen der ihrigen, Edward (1042–1066), zum neuen englischen Herrscher. Über beide nordische Staaten regierte nun kurze Zeit ein norwegischer König, Magnus der Gute (1042–1047). Als 1066 König Harald bei Hastings gegen Wilhelm von der Normandie (1035–1087) fiel, fühlte sich der »Eroberer« ganz sicher nicht mehr als Vikinger und schon gar nicht als Däne oder Norweger. Da war auch in Dänemark das Vikingerzeitalter endgültig vorbei, dominierte nun dort ebenfalls das Kreuz, schützte Mönche und Nonnen auch in diesem skandinavischen Staat. Vikingerüberfälle wie der von Lindisfarne wiederholten sich nicht mehr. Die wilden Vikinger waren nahezu ebenso plötzlich verschwunden wie sie einst kamen.
Manche Kenner der westeuropäischen frühmittelalterlichen Geschichte sehen in der Einbindung starker Vikingerfürsten in die feudale Welt eine wesentliche Erklärung. Sie verweisen beispielsweise auf den Normannen Rollo und die Ansiedlung in der »Normandie« um 911. Andere benennen die Normannenherrschaften auf Sizilien. Das klingt überzeugend, umfassend erklärt es die Vorgänge und Prozesse kaum. Noch immer wuchs die Bevölkerung im Norden. Auch dort setzte sich der Feudalisierungsprozeß fort, der Übergang von gentilgesellschaftlichen Organisationsformen und Freiheiten zu einer Unterordnung unter eine feudale Zentralmacht. Trotzige freie Bauern wichen weiterhin in ferne, dünn oder unbesiedelte Gebiete aus. Oder hatte das Verschwinden der Vikinger möglicherweise nur damit zu tun, daß ihre Schiffe nicht länger überlegen waren?
Mitte des 11. Jahrhunderts trafen die schnellen flachen Boote auf neue große Kriegsschiffe mit starken Besatzungen, hohen Aufbauten, neuer Segeltechnik. Jetzt fielen die noch immer unerschrockenen Vikinger im Pfeilhagel der Schützen auf den hohen Kastelldecks der Koggen. Für die Vikinger und ihre Schiffbaumeister fand sich keine Lösung. Der Kiel ihrer Schiffe begrenzte Länge und Breite. Aus einem Baum geschlagen, blieb der Schiffskörper nur seetüchtig, wenn der Kiel unversehrt war. Er konnte nicht verlängert werden. War dies der Grund, daß von nun an europäische Geschichte wieder ohne Vikinger und deren Überfälle geschrieben wurde? War es, wie seit Adams von Bremen und Saxos Zeiten die christlichen Chronisten glauben machen wollen, die schließliche heilende Wirkung der Missionstätigkeit der

vielen, kaum weniger furchtlosen Mönche? Waren es doch die Gebete, die Reuebekundungen der Menschen zwischen Sevilla, Paris, London und Hamburg, eine späte Rehabilitierung des großen Alkuins? Im christlichen Dänemark kämpften jedenfalls nun die Nachkommen der Gefolgsmänner der Gabelbarts, Knuds und Harefoots mit wendischen »Vikingern«. Jetzt klagten die Dänen über ähnliche Grausamkeiten ebenso betroffen wie einst die wenigen Überlebenden von Lindisfarne.

DÄNEMARK IM MITTELALTER

Das Christentum als Säule des jungen dänischen Königtums

Noch heute prägen unzählige Kirchtürme das äußere Bild Dänemarks. Eine dänische landeskundliche Darstellung kam kürzlich auf etwa 2000 Kirchen. Tatsächlich zählte bereits Adam von Bremen beglückt etwa 800 Gotteshäuser auf seiner Reise durch Dänemark um 1068. Und nur wenige Jahre später waren dort schon nahezu 1900 Kirchen erbaut, hatte sich das Christentum durchgesetzt.
Christliche Ideale waren zunächst auch in dieser Region Skandinaviens nicht sonderlich hoch geschätzt. Den wilden Vikingern sagten die Mythen um Odin und Thor weitaus mehr zu. Kaiser Ludwigs des Frommen (814–840) Missionar im Norden, der fränkische Mönch Ansgar (801–865), konnte kaum zufrieden sein. Aus der Ruhe des Klosters Korvey an der Weser war er aufgebrochen, auch den Dänen die Heilslehre zu verkünden. Immerhin konnte er König Godfreds Sohn Harald 826 gewinnen, ein verheißungsvoller Beginn. Die Vikinger ließen sich jedoch weder von Harald noch von Ansgar überzeugen. Kaiser Ludwig konnte dennoch wichtiges auf dem Wege zur Missionierung der kriegerischen Nordmänner durchsetzen. Ansgar wurde 864 Erzbischof und päpstlicher Legat für den Norden in Hamburg, der neuen Diözese des fränkischen Imperiums. Auch ein plötzlicher Angriff der Dänen und die Verwüstung Hamburgs bzw. die Gegnerschaft des Bischofs in Bremen konnten die Entwicklung nicht aufhalten. Künftig wirkte das Erzbistum Hamburg-Bremen nach Norden, höhlte steter Tropfen den Stein. Im übrigen beeindruckten hier vor allem die Erfahrungen der Dänen in England. Die angelsächsische Verkündung eines Christus als siegender Himmelsfürst über Böses und Teuflisches sprach die dänischen Krieger an, bereitete den Boden für die Missionierung der Vikinger. Das war kein demütiger »Friedensbringer« und Heiland, wie ihn die Kirchenväter propagierten. Es währte aber noch mehr als ein Jahrhundert, bis König Harald Blåtand – Blauzahn (935–985) stolz verkündete, er habe Dänemark und Norwegen erobert und die Dänen christianisiert (Kjersgaard, Geschichte 16). Der Runenstein von Jelling mit Haralds wohl doch etwas vollmundiger Formulierung zählt zu den bedeutendsten historischen Dokumenten des frühen Mittelalters in Dänemark.

Der dreiseitige graue Granitblock – der »Stein von Jelling« – gilt als frühes schriftliches Dokument dänischer Reichsgeschichte. Wahrscheinlich holte König Harald Blauzahn für die Darstellung eines geeinten christianisierten dänisch-norwegischen Großreichs einen nordenglischen Steinmetz. Bildstil und Ornamentik wie auch die waagerechte Anordnung der Runen sprechen für diese Deutung. Der Künstler muß bereits Bücher gekannt haben, ordnete die Zeichen in Reihen, nicht senkrecht wie gewöhnlich auf den Runensteinen an.
Neben symbolischen Tiergestalten im Kampf mit der Schlange dominiert die Christusfigur. So wird das nordische Motiv des mit der Schlange ringenden Tieres mit der Heilandgestalt verknüpft. Wahrscheinlich wollten der Bildhauer und König Harald Blauzahn so den Kampf des Christentums gegen das Heidentum verdeutlichen. Der gekreuzigte Christus umschlingt mit ausgebreiteten Armen die ganze Welt, eine angelsächsische Deutung des siegreichen Christentums, akzeptabel auch für die kriegsgewohnten Vikinger.
Während der Originalstein noch heute vor der Kirche in Jelling liegt, wird eine farbige Nachbildung des Steins um 985 im Kopenhagener Nationalmuseum gezeigt.

Mag sein, daß der Mönch Poppo seinerzeit König Harald Blauzahn nicht wirklich nur deshalb gewann, weil er mutig und ohne Regungen rotglühendes Eisen in den bloßen Händen hielt. Überzeugender als diese fromme Legende ist doch die Erkenntnis des »Vikingers« Harald Blauzahn, daß Raubzüge und Eroberungen fränkischer und angelsächsischer Städte die Heimat gefährlich entblößten. Ein Vorstoß kampferprobter deutscher Panzerreiter nach Norden und deren Traben auf jütländischer Erde wogen wohl schwerer als heißes Eisen in der Hand eines Missionars. Harald begriff, daß es besser war, mit den deutschen Christen zur rechten Zeit Frieden zu schließen. So schützte er sein Reich als christliches Land vor allzu begehrlichen künftigen »Missionaren«. Das Ende der heidnischen Sachsen, die Not der Wenden waren »Argumente«, die ein kluger Herrscher nicht überhören konnte. Brauchbar war die Geschichte vom christlichen Wunder mit den fehlenden Brandblasen aber schon, wahrte Harald doch so sein Gesicht als unbezwinglicher Dänenkönig. Er unterwarf sich einem Mächtigeren als Odin, dem alten Göttervater, beugte sich vor allem nicht eigentlich dem deutschen Kaiser. Des mochten auch und vor allem viele kriegerische Dänen zufrieden sein.
Noch Haralds Vater, Gorm der Alte († um 940), hatte sich und Tyre, seine Gemahlin, auf traditionelle Weise unter einem mächtigen Grabhügel in seiner Residenz Jelling auf Jütland beerdigen lassen. Der Sohn erbaute neben dem sogenannten Großen Tumulus von Jelling, der Grabstätte der Eltern, die erste christliche Kirche. Grabungen in unseren Tagen in den Fundamenten legten neben dem dortigen Altar ein Doppelgrab frei, das deutliche Parallelen zu jenem im benachbarten Tumulus aufwies. Hier in der Kapelle wurden die Gebeine eines alten Mannes und einer Frau geborgen. Die Archäologen fanden golddurchwirkte Stoffreste als Kleidung der beiden, überzeugender Beleg für den hohen sozialen Status der Toten. Die Grabausstattung deutete auf die Zeit der Tumulusanlage hin. Das Innere der ursprünglichen Grabkammer im Hügel war dagegen vollständig leer. Offenbar ließ Harald Vater und Mutter später in heilige Erde in der Kirche betten, damals, als er den Stein von Jelling mit der Inschrift und der bisher ältesten skandinavischen Darstellung des gekreuzigten Messias ritzen ließ. Das war der Bruch mit der alten Vikingertradition, eine Entscheidung, die viele lokale, beutegierige Vikingerhäuptlinge nicht akzeptieren wollten und die Harald Blauzahn schließlich mit dem Leben bezahlte. Wenigstens erreichten sie, daß Haralds Sohn Svend Treskägg die Raubzüge nach England wieder intensivierte, sich neben christlichen Symbolen auch weiterhin die alten Götter »bewähren«

durften. Wenig später aber blieb Blauzahns Enkel, Knud dem Großen, schließlich nur noch der Versuch, als christlicher dänischer Herrscher Erobertes zu konservieren. Obwohl noch viele seiner Krieger weiterhin den alten Göttern vertrauten, hatten sich diese »überlebt«, ebenso wie die einstige Kampfkraft der dänischen Vikinger. Mit Odin und Thor war kein Siegen mehr. Da allerdings war die Kirche längst nicht mehr auf jene Gemeinschaft demütiger Mönche und Missionare beschränkt. Nun stützte sie das junge dänische Königtum, widersetzte sich dem Chaos in den Jahrzehnten nach dem Tode Knuds des Großen, das die Existenz des frühen dänischen Staats gefährdete. Mit König Svend Estridsen (1047–1074) erwuchs der Kirche Dänemarks nun ein Partner im Streben nach einem einheitlich organisierten christlichen dänischen Reich.

Er wäre wohl gerne König von England geworden, Svend, der Sohn einer Schwester Knuds des Großen und jenes Ulfs, den sein mächtiger Onkel seinerzeit in Roskilde ermorden ließ. Da die Engländer ihn aber nicht wollten nach Hardeknuds plötzlichem geheimnisumwitterten Ableben, blieb Svend nur der Anspruch auf die Krone in Dänemark. Und so wurde aus Svend Ulfsen nun Estridsen, betonte der Prinz vor allem die mütterliche Tradition, das dänische Blut. Hier aber regierte jetzt, einem Vertrag zwischen den Großen Norwegens und Dänemarks zufolge, Magnus von Norwegen. Und dieser, obwohl »der Gute« benannt, wollte Svend nur als Jarl – eine Art Herzog – in Jütland neben sich dulden.

Damals mußte sich König Magnus gegen die expandierenden Wenden behaupten. Obwohl er diese am 28. September 1043 in der Schlacht auf der Lürschauer Heide nahe der Stadt Schleswig besiegte, stand wenig später mit Svends Heer ein neuer Gegner bereit. Dänen kämpften nun gegen Dänen, auch Norweger fielen auf beiden Seiten. Schließlich löste Magnus das Problem, indem er Svend zu seinem Nachfolger bestimmte. Damit beruhigte sich die Situation in Dänemark. Dafür brannte nun Norwegen. Magnus' Onkel Harald Harderade, in jungen Jahren als einer der letzten großen »Seekönige« und Soldnehmer kurze Zeit auch Befehlshaber der byzantischen Kaisergarde, hielt sich für weitaus geeigneter als den Neffen, beanspruchte die Herrschaft in Norwegen. Als Magnus mitten in den Vorbereitungen eines Englandfeldzuges 1047 im Öresund ertrank, erklärte sich Harald zum norwegischen König. Und sofort begann der Krieg zwischen Svend Estridsen und ihm. Svend konnte erst aufatmen, als sich Harald auch auf das reiche England konzentrierte, vom dortigen Thron träumte. Richtig zufrieden war der Däne aber wohl erst, als er vom Tode Haralds in der Schlacht an der Brücke von Stamford 1066 hörte. Und noch interessierter zeigte sich Svend, als Harald Harderades Bezwinger, der kampfstarke König Harald von England, seinerseits bei Hastings im gleichen Jahr so tragisch gegen Wilhelm »den Eroberer« fiel. Nun bereitete er selbst eine Invasion Englands vor, glaubte das Großreich seines Onkels Knud wieder errichten zu können. Bald zeigte sich jedoch, daß seine Wünsche nicht die der dänischen Aristokraten waren. Die ausgesandten Schiffsverbände mit starken Heeresabteilungen kehrten unverrichteter Dinge zurück. Möglich, daß Wilhelm der Eroberer, der blutsverwandte Normanne, die neuen dänischen Vikinger tatsächlich mit reichlich verteilten Geldern überzeugte, wie einige Historiker vermuten. Jedenfalls blieb Svend nur Dänemark und selbst dieses war wenig sicher. Fortan konzentrierte sich der König auf das Machbare, reorganisierte seine Herrschaft zwischen Eider und schwedischer Grenze.

Mächtig waren die dänischen Könige auf dem Höhepunkt der Vikingerperiode gewesen. Damals befehligten sie kampfstarke Gefolgschaften, gehorchten ihnen bereitwillig auch viele beutegierige »Seekönige« und andere Große der dänischen, selbst der norwegischen Gesellschaft. Nun aber galt König Svend der Mehrheit von ihnen nur als »Primus inter pares«, als Erster unter Gleichen. Und selbst da mangelte es ihm zunächst an Einfluß. Die einzelnen Landesteile waren nur lose miteinander verknüpft. Lokale Aristokraten hatten dort gewöhnlich mehr als der König zu bestimmen. Anders als die fränkischen und nun die sächsischen Herrscher konnte sich der Däne auf keine staatliche Verwaltungsbehörde stützen. Was im Westen und Süden Europas über Jahrhunderte in den Klosterschulen gewachsen war, fehlte in Dänemark noch fast völlig. Bisher hatten nur wenige des alten Geblütsadels eine der hohen Schulen des Auslands absolviert, und auch die kirchlichen Institutionen in Dänemark waren noch immer nicht sonderlich stark entwickelt. Svend sah hier seine Chance, blickte hoffnungsvoll nach Hamburg-Bremen. Zunächst schuf er in Absprache mit den Männern der Kirche dänische Bistümer unter Oberhoheit des Erzbischofs von Bremen. In allen Regionen wurden durch den König und die Prälaten geistliche Orden gefördert. Kanzleien mit schriftkundigen Geistlichen entstanden.

Gleichzeitig knüpfte König Svend Verbindungen zu Papst Gregor VII. (1073–1085) in Rom, kaum sonderlich erfreulich für Kaiser Heinrich IV. (1056–1106), den übermächtigen, glücklicherweise fernen Nachbarn des Dänen. Der Salier verstand wohl, was Svend aus der Verbindung mit dem feindlichen Papsttum erhoffte. Und auch Adalbert, der Erzbischof von Bremen, ahnte bald, daß solches Tun System sein mußte. Hier bereitete einer die eigene »Reichskirche« vor, wollte sich früher oder später aus der Abhängigkeit auch von Hamburg-Bremen lösen.

Dänische Geistliche würdigten schon recht früh Svend Estridsens Anteil an der Unabhängigkeit ihrer Kirche von deutscher Bevormundung. Der unbekannte Autor der sogenannten Roskilde-Chronik nannte ihn um 1140 vor allem deshalb »den Großen«. Zu Svends Lebzeiten aber konnte Adalberts Domherr und »Gesandter« am dänischen Hof, Adam von Bremen, damals noch frohgemut die Frömmigkeit und Klugheit des Königs preisen. Die Kluft zwischen deutscher und künftiger nationaldänischer Kirche war anfangs noch wenig spürbar. Die Dänen benötigten den erfahrenen norddeutschen Klerus. Auch hatte Svend durch Landzuweisungen zunächst alles getan, die Geistlichkeit grundsätzlich zufrieden zu stellen.

Adam von Bremen mochte den Herrscher dennoch nicht uneingeschränkt loben. Dieser lebe trotz seiner großen Begabungen nicht wirklich wie ein wahrer Christ, so ein Seufzer des eifernden Deutschen. Trotz aller Einwände Erzbischof Adalberts ehelichte Svend eine nahe Verwandte, Gunhild, eine Schwedin, deren ausgedehnte Ländereien einer Verbindung nicht eben hinderlich waren. Der Däne drohte zeitweilig sogar mit der Verwüstung der gesamten Diözese Hamburg, sollte der mahnende Kleriker die Zänkereien nicht aufgeben. Überhaupt gab der König wenig auf mönchische Querelen, galt es seinem Verhältnis zu den Frauen. Adam von Bremen beklagte, daß Svend neben seinen jeweiligen Gemahlinnen zahlreiche weitere Frauen ganz unbekümmert öffentlich herzte und so eine große Zahl Nachfolger zeugte. Fünf von fünfzehn »Bastarden« wurden nacheinander König von Dänemark, sicherten so ganz im Sinne Svends das dänische »Erbkönigtum« der frühen Reichszeit. Die freien dänischen »Wahlmänner« auf den Things hatten jedenfalls reiche Auswahl in der Großfamilie des Svend. Als der »Bauernfreund« König Harald Svendsen 1080 früh verstarb, entschied man sich für dessen Bruder Knud (1080–1086). Dieser hatte derweil als Anführer eines Vikingerheeres in Westeuropa eigene kriegerische Erfahrungen sammeln können. Vor allem gefiel ihm dort, daß andere Herrscher durch Steuern unabhängiger waren als die dänischen Könige. Mit dem sogenannten »Nasengeld« – einer Pro-Kopf-Schätzung – zwang er nun auch die Dänen zu zahlen, konnte dabei besonders auf die Hilfe der Kirche bauen. War der Herrscher deshalb den dänischen waffentragenden freien Bauern ein verhaßter Despot, sprach man in Kirchenkreisen

Das königliche Siegel
Knuds des Heiligen.

früh von einem besonders frommen Monarchen. Und auch die Beutegierigen waren ihm zugetan. Sie registrierten erfreut, daß König Knud einen aufwendigen »Kreuzzug« zur Wiedereroberung Englands vorbereitete. Da hielt man sich nicht sonderlich lange mit Befragungen auf, was denn dort zu »missionieren« sei. Wilhelm der Eroberer hörte höchst beunruhigt in London von einer Flotte mit mehr als 1800 Schiffen, die bei Aggersborg gesammelt wurde. Es fügte sich dennoch gut für den englischen Herrscher, denn Knud mußte zunächst mit einer Militäraktion die Wenden an der Südgrenze befrieden. Wie schon seinerzeit während der Regentschaft Svend Estridsens stimmten englische Gelder – großzügig durch geheime Boten König Wilhelms ausgezahlt – die Mehrheit der wartenden »Seekönige« friedlich. Und auch die Bauern wollten nicht über die Erntezeit in Aggersborg ausharren, bis Knud aus Schleswig zurückkehrte. Ein höchst verärgerter König bestrafte die Ungehorsamen mit schweren Geldbußen. Steuern und neue Strafgelder aber waren mehr, als die streitbaren jütländischen Bauern ertragen wollten. Eine bäuerliche Rebellion beendete Knuds königliche Laufbahn zeitig. Nicht von ungefähr töteten die aufgebrachten Bauern 1086 ihren Herrscher in der Kirche St. Alban in Odense. Sie fragten nicht nach Kirchenasyl, kümmerten sich schon gar nicht um jene Heiligenglorie Knuds, die einige Geistliche schon zu Lebzeiten des Herrschers eifrig zu propagieren begannen.

Schwere Mißernten in den folgenden Jahren unter König Svends drittem Sohn Oluf »Hunger« Svendsen (1086–1095) erleichterten jedoch den Kirchenoberen und dem Nachfolger, König Erik Svendsen (1095–1103), die Glorifizierung Knuds. Gemeinsam betrieben sie dessen Kanonisierung. Gott strafe die bösartigen Kirchenschänder mit Hungersnot, eiferten die Priester. Und natürlich erzählten bald viele von Wunderheilungen am Grabe Knuds in Odense, wollte mancher persönlich Todkranke und Blinde gesehen haben, die anschließend genesen und sehend geworden waren. 1101 sprach Papst Paschalis II. (1099–1118) den »Märtyrer« heilig. Gleichzeitig wurde die Unabhängigkeit der dänischen Kirche von Bremen-Hamburg offiziell bekräftigt, Lund als eigenständiges dänisches Erzbistum geweiht. Schon deshalb blieb es den meisten dänischen Geistlichen höchst gleichgültig, daß Knud der Heilige vor allem in Jütland nie wirklich populär wurde. Damals allerdings war König Erik bereits, auf einer Pilgerreise ins Heilige Land unterwegs, auf Zypern verstorben.

Als man in Dänemark hörte, daß ein neuer König zu wählen war, boten sich diesmal gleich zwei Söhne Svend Estridsens an. Da einer von ihnen auf dem Wege zum Thing in Viborg ablebte, wurde Niels Svendsen (1104–1134) bestimmt, ein König, der für Jahrzehnte das Land beruhigen konnte. In dieser Zeit breitete sich das Christentum weiter aus, entstanden viele steinerne Kirchen. Die Historiker bezeichnen die Jahre der Herrschaft dieses Königs als Beginn der »Ritterzeit in Dänemark« (Lauring, 63). Unter dem Einfluß der Kirche und des römischen Rechts änderten sich die Gesetze und die Rechtssprechung Dänemarks langsam. Dem König gehörten nun alle Bodenschätze – die Regalien –, hier in Dänemark auch die Schiffe und das Strandgut. Niels führte den neuen Titel »von Gottes Gnaden, König in Dänemark«. Er ließ ein Netz kleiner Burgen, meist mit hölzernen Palisaden und steinernen Türmen bauen und schuf ein gepanzertes Ritterheer. Dem Roßdienst leistenden Adel gewährte der Herrscher – wie überall im feudalen Europa – die Steuerfreiheit. In Friedenszeiten verwalteten Burgvögte und adlige Vasallen des Königs das Hausgut der Krone und wahrten die traditionellen Königsrechte auf den Distriktversammlungen der freien Bauern. Nun dominierten sie auch offiziell die lokalen Institutionen.

Ähnlich wie in Deutschland strebten jetzt viele lokale Aristokraten nach eigener Souveränität, konnten auf innere Zwistigkeiten in der Königsfamilie bauen. Nun rächte sich, daß Svend Estridsen stolz auf die große Schar Söhne war, sie als »Prinzen von Geblüt« anerkannt hatte. Manche von ihnen waren ihrerseits nicht schüchtern geblieben, beherzigten das väterliche Beispiel. Neue Prinzen waren herangewachsen und beanspruchten ebenfalls Thronrechte. Knud Laward, der Sohn des auf Zypern verstorbenen Königs Erik, bedrängte den Onkel, König Niels, frühzeitig mit entsprechenden Forderungen. Als der Herrscher Knud Laward mit dem Herzogtum Schleswig belehnte, klagte besonders Prinz Magnus, der Sohn des Königs Niels. Schleswig galt als wichtiger Grenzschild Dänemarks. Beunruhigt registrierte Magnus, daß Knud Laward mit seinen Rittern Ländereien südlich der Eider eroberte. Der Däne wurde damit Vasall Lothars von Supplinburg (1125–1137), des deutschen Königs und späteren Kaisers. Das konnte König Niels nicht zulassen. Die Unterwerfung der Obotriten

durch Knud Laward gefiel ihm noch weniger. Als der erfolgreiche Neffe Weihnachten 1131 auf Seeland weilte, ließ Magnus – offenbar ohne Wissen des Vaters – den scheinbaren Rivalen um die Nachfolge auf dem dänischen Thron im Wald von Ringsted heimtückisch ermorden. Der nun folgende Bürgerkrieg zwang den alternden Niels und seinen Sohn, sich dem Kaiser zu unterwerfen. Lothar erpreßte eine größere Geldbuße und ließ die Dänen den Vasalleneid schwören.
Inzwischen sammelte Knud Lawards Bruder Erik ein starkes deutsches Ritterheer. Bald schloß sich ihm Erzbischof Asser in Lund an. Der höchste dänische Geistliche fürchtete eine neuerliche Beherrschung seiner Kirche durch das Erzbistum Bremen als Folge der Unterordnung des Königs. Bei Fodevig nahe Lunds unterlag dessen bäuerliches Heer am 4. Juni 1134. Auf dem Schlachtfeld blieben Prinz Magnus und fünf der dem Königtum ergebenen Bischöfe. Nur König Niels entkam nach Schleswig. Hier aber erschlugen empörte Bürger ihn und seine wenigen Getreuen als Meuchelmörder des beliebten Knud Laward.
Dessen Bruder, nun König Erik Emune (1134–1137), der »Erinnerungswürdige«, wie er durch seinen Beinamen verheißen ließ, war alles andere als eine glückliche Alternative. Er mordete skrupellos in der eigenen Familie, tötete zunächst einen weiteren Bruder, ließ dann auch dessen Kinder umbringen. Schließlich erschlug ihn ein jütländischer Adliger – ungestraft – auf dem Thing. Dem dänischen Reich war dies wenig förderlich. Langsam löste sich der Staatsverband wieder auf. Lokale Regierungen entschieden mehr oder weniger souverän, blieben aber viel zu schwach, den drohenden äußeren Gefahren wirkungsvoll zu begegnen. Jetzt raubten wilde Wenden die Küstenorte Dänemarks leer. König Erik das Lamm (1137–1146) – immerhin der Anführer der deutschen Ritter in der Schlacht bei Fotewig gegen König Niels – verzweifelte schließlich. Er dankte ab, endete wenig später als Mönch in einem Kloster.
Und wiederum erlebte Dänemark einen Thronfolgerstreit. Jetzt standen sich Prinzen gegenüber, deren Ansprüche gleichermaßen legitim schienen. Und jeder von ihnen war bereit, alles für die Krone zu tun, bedenkenlos auch zu töten, wenn es denn dienlich war. Zunächst wählte das Thing auf Seeland Svend, Eriks Erben, zum Herrscher. Das aber wollte Knud, der Sohn des bei Fotewig gefallenen Magnus Nielsen, nicht hinnehmen. Nachdem ihn die Volksversammlungen in Jütland und auf Fünen zum König gewählt hatten, erzwang er von Svend die Mitherrschaft. Bald gesellte sich ein dritter Bewerber hinzu, Valdemar, der Sohn des ermordeten Knud Laward. Und dieser fand

sofort eine gemeinsame Sprache mit Knud, beide standen nun gegen Svend. Der als Schlichter angerufene Kaiser entschied salomonisch die Teilung Dänemarks unter alle drei, rieb sich wahrscheinlich zufrieden die deutschen Hände: Das einheitliche Dänemark, eine starke Macht im Norden, gab es nicht mehr. Aus dem einstigen gewaltigen nordischen Großreich Knuds des Großen war wieder geworden, was vor der Glanzzeit der Vikinger existierte.
Doch die Freude am Deutschen Kaiserhof währte nicht lange. Wenige Tage nach der Teilung versuchte Svend 1156 auf einem Fest in der Königspfalz zu Roskilde auf seine Weise, das einheitliche Reich zu retten. Seine Reisigen ermordeten Knud, verwundeten Valdemar. Da dieser dennoch dem Gemetzel entkam, mußte Svend ein Heer gegen ihn aufbieten. Auf der Heide von Grade südlich Viborgs unterlag er jedoch am 23. Oktober 1157 dem wieder genesenen Valdemar, starb kurz danach auf der Flucht unter den Axtschlägen eines Bauern. Valdemar konnte nun versuchen, das Chaos zu beenden, Dänemark neuerlich zu einigen.

Dänemarks erstes »goldenes Zeitalter«

Absalon »der Große«

Viele dänische Historiker beurteilen die Jahrzehnte zwischen 1157 und 1241 als »goldene« Zeit, bilanzieren eine Stabilisierung des Königtums. Vor allem im Vergleich mit späteren Perioden dänischer Geschichte und auch im Hinblick auf die beginnende Schwäche des deutschen Reiches können die knapp hundert Jahre des dänischen Hochmittelalters tatsächlich als glückliche Phase im historischen Ablauf verstanden werden.
Dänemark wurde im Inneren weitgehend befriedet unter kraftvollen Herrschern. Das Reich wuchs auch äußerlich, vergrößerte sein Territorium rund um die Ostsee vor allem unter den Nachfolgern Valdemars I., des Großen (1157–1182), wie ihn einige Historiker titulieren. Einige wichtige Grundgesetze – so wurde das altdänische Seekriegsaufgebot reorganisiert und der Bau fester Burgen verfügt – wurden erlassen und regelten das Zusammenleben auf Jahrhunderte. Andererseits erwuchsen manche Belastungen für die folgenden Generationen gerade aus dieser so erfolgreichen Wachstumsperiode.
Der Sieger auf der Heide von Grade, Knud Lawards Sohn Valdemar, sah sich anfangs mit zahlreichen Schwierigkeiten konfrontiert. Die

Verhältnisse im Lande waren chaotisch. Die einzelnen Regionen achteten das Königtum gering. Der deutsche Kaiser fand nach wie vor viele Möglichkeiten, in die dänischen Wirren hineinzuregieren. Noch schwerer wog vielleicht, daß die Wenden Dänemarks Küsten nahezu ungestraft verheeren konnten. Dem jungen Valdemar I. stand allerdings mit dem seeländischen Aristokraten Absalon eine herausragende Persönlichkeit zur Seite. Er konnte 1158 für den in Paris ausgebildeten Freund und »Ziehbruder aus Kindertagen«, in dessen Familie er aufgewachsen war, den Bischofsstab für die Diözese Roskilde erringen. Dem dortigen Domkapitel hatten gepanzerte Reiter in den Mauern der Bischofsstadt nachdrücklich entsprechende Wünsche des Herrschers offenbart. König Valdemar gereichte dieses Votum wahrlich nicht zum Nachteil, wenn auch in der Folgezeit manchmal schwer zu beurteilen sein mochte, wer nun in Dänemark tatsächlich bestimmte.

Möglich, daß Saxo Grammaticus, der Chronist im Auftrage Absalons, ein wenig übertrieb. Wahrscheinlich diktierte ihm der Bischof teilweise selbst, was spätere Generationen über ihn und seine Zeit lesen sollten. Soviel scheint aber sicher, daß es häufig weniger der König war denn Absalon, der »Großes« vorbereitete und erzwang. Vielleicht erwuchs Valdemars Größe auch darin, daß er seinen Freund gewähren ließ!

Absalon und Valdemar einte neben persönlicher Zuneigung auch die Überzeugung, nur ein zentralisiertes dänisches Reich unter einer starken Königsmacht könne gegen innere und äußere Gegner bestehen. Wie in Deutschland zur gleichen Zeit weitete sich jetzt auch die Kluft zwischen klerikalen Machtansprüchen und weltlichem Herrschaftswillen in Dänemark. Mit Erzbischof Eskil in Lund stand ein überzeugter Kämpfer für die geistliche Oberherrschaft ganz im Sinne des römischen Papsttums gegen Valdemar und Absalon. Gemeinsam trieben sie den machtbewußten höchsten Kleriker Dänemarks für lange Zeit ins Exil. Beide erlaubten erst eine »Versöhnung«, als Eskil 1170 als kompromißbereiter Kirchenoberer zurückkehrte. Weiser geworden, zeigte er sich nun einer Verständigung mit ihnen geneigter. Der Preis war u. a. auch die Heiligsprechung Knud Lawards und die Salbung des jungen Knud Valdemarsen zum künftigen Herrscher. Das war ein sichtbares Zeichen einer tiefwurzelnden Gemeinsamkeit des Papsttums mit der dänischen Monarchie, die als Gegengewicht zum imperialen Anspruch des deutschen Kaisertums verstanden wurde, formal der kaiserlichen Oberherrschaft untergeordnet blieb. Als 1178 der manchmal noch verhalten murrende Eskil verstarb, trat Absalon die

Nachfolge des Erzbischofs an. Damit wirkten nun Kirchenführung und Königtum mehr oder weniger vorbehaltlos gemeinsam für die Stärkung Dänemarks.

Für Kirche und Adel in Dänemark manifestierte sich die langjährige Zusammenarbeit der beiden Großen des Reiches in großherzigen Donationen für Klöster und Kirchen und in ausgedehnten Steuerprivilegien für die Nobilität. Damals war höchstens zu erahnen, welche längerfristigen Nachwirkungen aus der dadurch bedingten Schwächung des königlichen Hausgutes und der Steuereinnahmen künftig erwachsen mußten. Noch gewannen Valdemar und Absalon ausgedehnte Ländereien im Süden und Osten, wurden auch in Dänemark überall Hände gebraucht, wollte man wüstes Land wieder unter den Pflug nehmen. Wie damals Deutschland erlebte auch Dänemark seine große Ostkolonisation, schwand die Masse der ehemaligen Sklaven und rechtlosen Unfreien. Eine große Schar nahezu persönlich freier Pachtbauern kultivierte das Land unter der alles bestimmenden, ordnenden Oberaufsicht von Kirche und mächtigem Adel. Selbst wendische Siedler wurden teilweise zugelassen.

In mehreren Kriegszügen waren zunächst die Wenden an den Küsten Seelands und der südlichen kleineren Inseln besiegt worden. Teilweise bereits aufgegebene Regionen wurden wieder besiedelt und gesichert. Absalon blieb überzeugt, daß die innere Sicherheit des dänischen Christentums, die Herrschaft seiner Kirche, die Unterwerfung der heidnischen Wenden jenseits der Ostsee voraussetzte. »Es ist kein geringerer Dienst an Gott, die Feinde der Religion zu Paaren zu treiben als die Durchführung religiöser Handlungen«, ließ Absalon verkünden. Saxo mochte solches gefallen. Er lobte ihn überschwenglich wohl auch deshalb sowohl »als Landesvater« wie »als Bischof« und »als Krieger und Verteidiger des Glaubens« (Rying, Denmark, 31), fast die Lobpreisung eines Königs.

Wahrscheinlich war Absalon der eigentliche Kopf der dänischen Führung in diesen Jahrzehnten. Gerade zum Bischof gewählt, brachten ihm Boten die Nachricht von einem Überfall der Wenden auf das Dorf Boeslunde im Südwesten Seelands. Entschlossen ritt er mit 17 Gepanzerten dortin, überraschte die Räuber durch einen kühnen Angriff, trieb sie zu hastiger Flucht. Schnell sprach sich solches herum, auf Seeland und wohl auch jenseits der Ostsee. Und Absalon tat ein übriges, daß man es auch nicht so schnell wieder vergaß: Künftig organisierte der kriegerische Bischof selbst Strafexpeditionen dänischer Schiffsbesatzungen ins Wendenland.

Leicht war es dennoch nicht, die Dänen zu geeintem Kampf zu führen. Die Jüten weigerten sich zu segeln, hatten wenig von den weit entfernt lebenden Wenden zu befürchten. Die Bauern Lollands und Falsters verbrüderten sich gar zeitweilig mit den Feinden, wollten sich der neuen königlichen Zentralgewalt und dem herrischen Bischof auf Seeland nicht beugen. Erst allmählich schufen Valdemar und Absalon ein kampfstarkes Heer aus allen dänischen Landesteilen. Gleichzeitig ließen sie Burgen bauen auf Sprogö im Großen Belt, Korsör und Nyborg an den besonders gefährdeten Küstenabschnitten, Vordingsborg und Kalundborg auf Seeland und Befestigungen auf Mön. Valdemar befahl den Ausbau des alten »Dänenwerkes«. Eine gewaltige Mauer, vier Kilometer lang, zwei Meter dick und nahezu sieben hoch, aus Ziegelsteinen gesetzt, sicherte die dänische Grenze gegen die deutschen Nachbarn. Derweilen baute Bischof Absalon eine Burg auf Seeland gegenüber der kleinen Insel Amager, mitten im heutigen Kopenhagen. Er wußte, was er bedeuten wollte, der energische Kleriker, als er dort die Köpfe gefallener wendischer Piraten auf die Palisadenspitzen stecken ließ ...

Solches beeindruckte vor allem die dänischen Bauern. Es ermutigte auch jene, die schier verzweifelten unter den Schlägen der schnellen slawischen »Vikinger«, und weitete die Basis für das neue Königtum. Die Wenden in ihren Dörfern und Burgen auf der anderen Seite der Ostsee erschütterte es aber weniger. So entschieden sich Absalon und Valdemar schließlich für gemeinsame Aktionen mit Norddeutschlands mächtigem Herzog Heinrich dem Löwen gegen die wendischen Fürstentümer.

Das war zunächst der Kampf zweier Zwerge an der Seite des Riesen. Erst allmählich wuchsen die Kräfte im mehr und mehr geordneten Dänemark, wurden die Dänen dem Ritterheer Heinrichs ein gleichrangiger Partner. 1169 griff Absalon nach Rügen, eroberte und zerstörte das wendische Hauptheiligtum bei Arkona. Der Fall der wendischen Burg Garz und die Taufe der Rügianer beschloß den ersten glänzenden »Kreuzzug« der Dänen für das Christentum, mehr noch für die Macht der dänischen Kirche und Krone. Heinrich der Löwe konnte 1171 Rügen nur als Lehen behalten durch das Verlöbnis seiner verwitweten Tochter Gertrud mit dem damals erst neunjährigen Knud, Valdemars Sohn. Dem Heranwachsenden blieb wenige Jahre später – 1177 – die ungleiche Hochzeit nicht erspart, obwohl kurze Zeit danach Kaiser Friedrich I. »Barbarossa« (1121–1190) den inzwischen allzu mächtigen »Löwen« stürzte, dessen wichtige Hafenstadt Lübeck 1181 eroberte. Und auch Knuds Schwester wurde kaum gehört, als ein kurzer Besuch Valdemars beim Kaiser im Feldlager vor

Lübeck im gleichen Jahr ein Ehegelöbnis der jüngsten Tochter Valdemars und Barbarossas Sohn Friedrich (1167–1191) bewirkte. Hatten sich Absalon und der König davon die Belehnung mit den wendischen Ostseeregionen versprochen, wurden sie enttäuscht. Barbarossa band die kleinen norddeutschen Vasallen des entmachteten Heinrichs des Löwen durch den Lehenseid an sich, wollte jetzt dort auch selbst imperiale Politik fundieren. Deshalb mußte ihm nun Valdemar ebenso für seine dänischen Lande als Oberherrn Treue schwören. Aus gutem Grund baute der Däne seine Schutzmauern vor allem gegen künftige kaiserliche »Weiterungen«, orientierte sich mehr und mehr auf das Papsttum als gewichtige Gegenkraft.

Als Valdemar I. 1182 verstarb, war vieles geregelt, manches auf den richtigen Weg gebracht. Als Berater und eigentlicher Regent des nun 19jährigen Knuds konnte Absalon jetzt die Forderung des Kaisers auf Erneuerung des Lehnseides ablehnen. Stolz betonte der Erzbischof die Souveränität Dänemarks. Er bot hohnvoll dem kaiserlichen Abgesandten nur dann ein dänisches Vasallenverhältnis an, falls Barbarossa norddeutsche Gebiete an Knud vergeben würde.

Absalon konnte diesen Schritt wagen, weil sich der Staufer damals bereits entschieden der italienischen Frage zugewandt hatte, kaum mit einem größeren Heer die unbotmäßigen Dänen bekriegen konnte. Versuche des Kaisers, durch seine norddeutschen Vasallen die Dänen zu schwächen, blieben erfolglos. In einer Seeschlacht im Strelasund 1184 besiegte Absalon die Flotte Herzog Bogislaws I. von Pommern (1147–1187). Schnell wechselten die mecklenburgischen und pommerschen Fürsten in ein Lehensverhältnis zu König Knud, der sich nun »König der Dänen und Wenden« nannte (Rying, Denmark, 35).

Den künftigen Zwist zwischen Monarchen und Erzbischof konnte aber auch Absalon nicht bannen. Bald nach seinem Tode 1201 wuchs die Kluft zwischen weltlichem und geistlichen Machtanspruch auch in Dänemark. Wie einst Eskil König Valdemar I. bekämpfte, der Papst dem deutschen Kaisertum entgegentreten mußte, so sollten auch Absalons Nachfolger eigene Wege gehen. Beim Tode König Knuds 1202 und der Krönung Valdemars II., des jüngeren Bruders, waren die Gegensätze noch verwischt. Noch ernteten die zentralistischen Kräfte in Kirche und Königtum die Früchte der gemeinsamen Bemühungen Absalons und Valdemars I.

Großmacht in der Ostseeregion

Mit Beginn der Herrschaft Valdemars II. (1202–1241) konzentrierte das dänische Königtum eine Machtfülle, wie sie nicht einmal zu Zeiten »Gabelbarts« und Knuds des Großen gegenüber den norddeutschen Staaten erreicht wurde. Dieser Herrscher verschob die Südgrenze bis an die Elbe, eroberte 1219 sogar Estland. Erstmalig schien die Vision der Ostsee als dänisches »Binnenmeer« realisierbar geworden, wenigstens begann man am dänischen Hof davon zu träumen. Die Anmerkungen eines zeitgenössischen Lübecker Chronisten, die Dänen trügen nunmehr »nicht nur Scharlach, bunte Kleidung« und Pelze, »sondern sogar Purpur und Leinen« (Kjersgaard, Geschichte, 24), belegen einen sichtbaren Wandel auch im äußeren Bild der besitzenden dänischen Oberschicht. Für den Lübecker erwuchs dieser Wohlstand aus dem Heringsfang im Öresund und an den dänischen Küsten bzw. der Pferdezucht. Das läßt vermuten, daß auch Bauern und Fischer ihren Anteil am wachsenden Reichtum gewannen.

Aus Absalons und Valdemars I. Dänemark war wahrlich ein bedeutendes Reich gewachsen. Schon 1201 hatte Valdemar II. –, damals noch Herzog in Schleswig, Holstein erobert. Ein Jahr später erkannten Lübeck und Hamburg die dänische Oberhoheit an. Der Kreuzzug

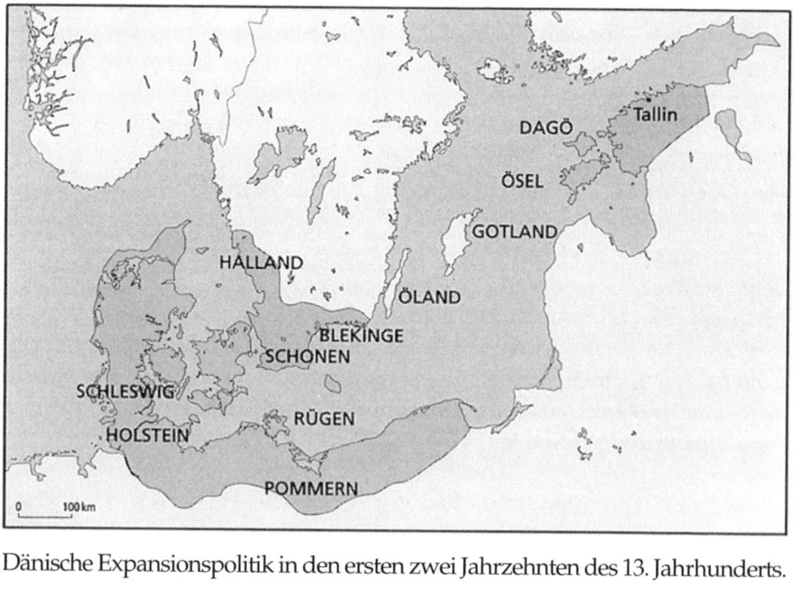

Dänische Expansionspolitik in den ersten zwei Jahrzehnten des 13. Jahrhunderts.

gegen die heidnischen Esten mit päpstlicher Duldung brachte Valdemar II. endgültig den Beinamen »der Siegreiche«. Das Königreich kontrollierte die Ostseeschiffahrt zwischen Schleswig und der finnischen bis zur baltischen Küste.

Als der Danebrog vom Himmel fiel …

Als Anfang Juni 1219 einige Esten mit Geschenken und untertänigen Gesten im Lager bei Lundanisse vor König Valdemar II. traten, glaubten viele Dänen hocherfreut, das Volk wolle sich unterwerfen. Um so überraschter erlebten die dänischen Ritter und Reisigen in der Nacht des 19. Juni einen Überfall kampfstarker estnischer Scharen. Glücklicherweise für die Eindringlinge lagerten die wendischen Verbündeten König Valdemars weiter entfernt, fanden Zeit, sich zum Kampf zu formieren. Das rettete die Dänen. Während des blutigen Ringens wogte der Kampf hin und her ...

Auch Dänemarks Erzbischof Anders Suneson, der mit nach Estland gesegelt war, erlebte die Wirren der Schlacht. Betend, die Arme gen Himmel hochgereckt, bat er Gott um Hilfe gegen die erbittert anrennenden Heiden. Die Legende will wissen, daß die Dänen jedesmal zurückgeworfen wurden, sanken dem alten Mann die müden Arme nach unten. Schließlich hätten zwei Domherren seine Arme gestützt, offenbar solcherart Gottes Wohlgefallen gesichert. Als Zeichen sandte der Herr vom Himmel das blutrote Banner mit dem weißen Kreuz, ermutigte so die Stürmenden …

Eine schöne Legende, interessant schon deshalb, weil sich solche Wunder offenbar des öfteren ereigneten. Bereits 312 wußten die Zeitgenossen von Kaiser Konstantins Schlacht an der Milvischen Brücke vor Rom ähnliches zu berichten. Die Deutschen erlebten mit der »Heiligen Lanze« in der Ungarnschlacht bei Augsfeld Gottes Eingreifen ebenso glücklich …

Dennoch half den Dänen dieses Banner einige hundert Jahre später wenig gegen die dithmarschen Bauern. Die Sieger von Hemmingstedt trugen es stolz davon.

Einige Historiker verweisen heute darauf, daß Tallin urspünglich »Danskerborg« hieß, dessen Wappen ein weißes Kreuz auf rotem Feld war. Vielleicht stürmten Tallins Kriegsknechte an diesem Tag an entscheidener Stelle unter diesem Zeichen …

Da überfiel 1223 der von Valdemar II. gedemütigte Graf Heinrich von Schwerin (1179–1227) überraschend den König und dessen ältesten Sohn während einer Jagd auf der Insel Lyö im Kleinen Belt. Der Mecklenburger brachte die kostbare königliche »Beute« auf Schloß Dannenberg südlich der Elbe. Valdemars Vasall bedeutete der ritterliche Ehrenkodex wenig. Natürlich rechneten er und andere norddeutsche Fürsten und Mitwisser auch mit dem dänischen Lösegeld. Wichtiger blieb ihnen aber die Schwächung der dänischen Macht. Immerhin wagte es damals selbst Kaiser Friedrich II. (1215–1250) nicht, Däne-

mark wieder in die kaiserliche Abhängigkeit zurückzwingen zu lassen. Allzu stark opponierte der Papst gegen solche Überlegungen. Und der dänische Hochadel stand scheinbar geschlossen hinter seinem gefangenen Herrscher. Wohlgeübt wirkten dessen Reisige. Die Kriegsmacht der Dänen war selbst für ein kampferfahrenes deutsches Ritterheer nicht einfach fortzudenken.
Das verstanden natürlich auch Valdemars II. »Wächter«. Neben dem gewichtigen Lösegeld erpreßten sie daher die königliche Versicherung, Valdemar dürfe sich nach seiner Freilassung nicht an ihnen rächen. Überdies mußte der Däne auf die Rückeroberung der ihm abgerungenen norddeutschen Gebiete verzichten. Nach mehr als dreijähriger Haft beschwor Valdemar II. alles, was Heinrich von Schwerin wünschte …
Durch eine päpstliche Bulle der erzwungenen Bindungen und Schwüre ledig, stand der dänische König wenig später mit einem großen Heer erneut auf deutschem Boden. Diesmal allerdings unterlag »der Siegreiche« in offener Feldschlacht bei Bornhöved am 22. Juli 1227 den vereinten norddeutschen Gegnern. Überraschend für die Dänen, wandten sich die dithmarschen Bauern mitten im wilden Schlachtgetümmel plötzlich gegen ihre dänischen Herren. Entschieden war das blutige Ringen um die uneingeschränkte Ostseeherrschaft der dänischen Großmacht. König Valdemar II. kam in des Wortes wahrster Bedeutung mit einem blauen Auge davon. Das andere hatte er auf der Flucht verloren.
In den Augen seiner dänischen Zeitgenossen galt der König dennoch als »der Siegreiche« wohl vor allem deshalb, weil Rügen und Estland

Darstellung der Schlacht bei Bornhöved in der Handschrift der »Sächsischen Weltchronik« von 1250.

als Provinzen Dänemarks verblieben. Dort und in weiteren Regionen rund um die Ostsee siedelten nun vor allem deutsche Bauern und Ritter, wuchsen deutsch dominierte Handelsstädte, gewöhnlich mit dem Wohlwollen Dänemarks. Das Land war weiterhin die bedeutendste Handelsmacht des Nordens. Auch das erklärt wohl das bleibende positive Bild König Valdemars II. in der dänischen älteren Chronologie. Und vielleicht beruht manches in der vorsichtigen Wertschätzung dieses Herrschers durch einige moderne dänische Historiker auch darauf, daß »der Siegreiche« sich jetzt anderen »Schlachtfeldern« zuwandte.

Valdemar II. konzentrierte seine Energien nun auf die Organisation der dänischen Verwaltung und die Intensivierung der Landwirtschaft, gewann hier manchen Kampf mit dem widerspenstigen lokalen Adel. Damals wurde »König Valdemars Grundbuch« geschrieben, eine Quelle von unschätzbarem Wert für die moderne Geschichtsforschung mit ihren statistischen und geographischen Angaben. Die Administration im zentralisierten dänischen Königreich der »goldenen Jahre«, selbst das Alltagsleben, lassen sich so besser rekonstruieren als in manchem anderen europäischen Feudalstaat. Die königlichen Kassen wurden vor allem durch die »Heringssteuern« gefüllt. Das Heer der dänischen Ritter finanzierte sich selbst, in Dänemark wie überall im damaligen Europa. Als Gegenleistung für Steuererleichterungen, später auch Befreiungen von jeglichen Schatzungen, dienten die Gepanzerten der Krone als eine Kaste von Berufskriegern, deren Privilegien und Güterbesitz nun erblich wurden. Doch waren zu dieser Zeit noch mehr als zwei Drittel der dänischen Bauern freie Landeigentümer in Waffen. Es war aber auch hier vor allem der zeitintensive Kriegsdienst der imperialen Politik Valdemars II., der viele Bauern nach einer Alternative suchen ließ. Allmählich begaben sich mehr und mehr freie Bauern freiwillig in den »Schutz« eines Berufskriegers, ordneten sich einem Ritter unter. Sie gaben »ihre Besitzrechte auf«, übereigneten Grund und Boden dem Roßdienst leistenden Adligen (Rying, Denmark, 40). Dem Ritter und neuen Grundherrn geleistete Dienste und Abgaben befreiten von steuerlichen und sonstigen Verpflichtungen gegenüber der Krone. So wollte es die kriegsinteressierte Aristokratie, gestattete es der eroberungssüchtige König. Und auch der Klerus lobte dieses System. Innerhalb eines Jahrhunderts wandelte sich die dänische Landwirtschaft von einer dominant bäuerlichen in eine überwiegend durch Pächter der aristokratischen Grundherrn betriebene.

Vielleicht noch verhängnisvoller für die Zukunft des dänischen Reiches wurde die Teilung Dänemarks in erbliche Fürstentümer für Valdemars II. Söhne. Der König selbst war seinerzeit überzeugt gewesen, Dänemark durch die Schaffung regionaler Verwaltungszentren unter Hoheit seiner Söhne als Einheitsreich besser regieren zu können – ein königlicher Irrtum. Wahrscheinlich überschätzte Valdemar II. die »nationalen« Bindungen seiner Erben. Er sei »blind gewesen gegenüber den Schwächen seiner nächsten Familienangehörigen« (ebd., 41), so eine moderne Wertung. Vielleicht ist es so unrecht nicht, wenn manche dänische Historiker eine Erklärung für königliche Illusionen darin suchen, daß Valdemar II. niemals aufsässige dänische Aristokraten erlebte. So konnte und wollte er angeblich an Ungehorsam und Rebellion der Dänen gegen seinen Willen nicht glauben. Zeitgenössische und spätere Äußerungen betonen eine solche Überzeugung Valdemars. Aber ein wenig merkwürdig bleibt solches Denken und Verhalten schon nach dem unfreiwilligen Besuch auf Schloß Dannenberg und dem Abfall der Dithmarschen bei Bornhöved. Kaum denkbar, daß Valdemar II. das naiv lediglich als Charakterzüge seiner deutschen Nachbarn verstand, wie das die ältere Chronologie behauptete. Die »Harmonie und Zusammenarbeit« (ebd.) zwischen den Söhnen und den lokalen Adelsgewalten währte jedenfalls nur so lange, wie der alte König in Dänemark herrschte. Und Valdemar II. gefiel sich offenbar in der Rolle des allen gebietenden Landesvaters, wenn er »die besten Männer seines Königreiches« (ebd., 42) zu jährlichen Zusammenkünften aufbot, so auf seine Weise die Traditionen der altdänischen Things fortsetzte. Bedauerlich für die zukünftige Entwicklung Dänemarks war, daß er sich dabei nur noch auf adlige weltliche und geistliche Würdenträger stützte, die freien Bauern und Städtebürger nicht hörte. Die Aristokratie dankte es ihm, in dem sie in dieser Phase relativ geschlossen hinter der Krone stand. Bei den Beratungen des sogenannten »Danehofs« wurden jetzt Gesetze erlassen, die den Interessen des Adels und des Klerus entsprachen und die alten lokalen Things allmählich erübrigten.
Auf einem solchen »Danehof« im März 1241 verkündete der greise König das »Jütländische Grundgesetz«, aufgezeichnet »für alle«. Dabei seien nicht eigentlich entscheidend »die vielen Bestimmungen über Familienrecht, Erbe und Prozesse, über Verbrechen, Strafe und Strafgelder«. Das wesentliche sei die Art und Weise, wie das »Jütländische Grundgesetz« geschaffen wurde und das in seiner Präambel verkündete, König Valdemar »gab es und die Dänen nahmen es entgegen« (Koch, 499). Es war ein Gesetzeswerk, »das in Wort und Geist«

der königlichen »Gesellschaftskonzeption entsprach« und eine Art Vermächtnis für das Gesamtwerk Valdemars II. sei, wie dänische Historiker heute urteilen (Rying, Denmark., 43). Ein wenig zu überschwenglich scheinen solche Worte aber doch, bedenkt man den plötzlichen Bruch in dieser Entwicklungslinie. Das betonen im übrigen auch einige dänische Experten einschränkend, schreiben über »tiefliegende« Risse im dänischen Staatsfundament. Innerhalb weniger als einem Jahrhundert war aus einem fast zerbrechenden dänischen Staat ein wohlverwaltetes kraftvolles Feudalreich geschaffen worden. Fast der gleiche Zeitraum genügte, um unter sieben Erben ein noch größeres Chaos zu schaffen. Und immerhin fielen vier der folgenden Könige durch Mörderhand.

Bruderkrieg, Brudermord und Chaos

Auf dem Höhepunkt eigener königlicher Macht hatte Valdemar II. seinen ältesten Sohn Erik als Mitregenten krönen lassen und Abel, dem Zweitgeborenen, das wichtige Herzogtum Schleswig verliehen. So glaubte er die Einheit des Reiches gesichert. Aber anders, als der Vater gehofft hatte, sah sich auch Abel als souveränen Fürsten. So war Streit vorbestimmt in der königlichen Familie. Der offene Kampf entbrannte bereits 1242 um Steuerausschreibungen und Heerbann. Erik verweigerte Abel die beanspruchte Unabhängigkeit für das Herzogtum, sah ihn nur als eine Art königlichen Stellverteter. Herzog Abel verbündete sich daraufhin mit den Grafen von Holstein und marschierte mit Heeresmacht nach Jütland und Fünen. Brennende Dörfer, die Plünderung der Städte Ribe und Odense kündeten unübersehbar schwere Zeiten für Dänemark an. Schnell sammelte Abel auch unter dem Adel Anhänger, konnte ebenso das aufstrebende Lübeck gewinnen. 1249 brannten Dänen und Deutsche Kopenhagen nieder, die starke Burg am Eingang des Öresunds. Die Lübecker konnten erleichtert aufatmen. Mit der Einäscherung der einstigen Metropole Absalons war nicht nur ein gefürchteter Handelskonkurrent auf lange Zeit vernichtet. Was symbolisch für den Aufbruch Dänemarks gegolten hatte, lag nun in rauchenden Trümmern, und bald würde alles brennen!

Adel und Kirche forderten ihre Rechte, wünschten weitere Privilegien. Vor allem der hohe Klerus wollte sich nicht länger unterordnen. Die Bauern reagierten verbittert, als der Machtkampf der Großen aus ihren Steuerpfennigen finanziert wurde. König Erik erzwang ein

»Pfluggeld«, eine Steuer auf alle Pflüge des Landes, brach den bäuerlichen Widerstand in Schonen. Auch der Adel und die Kirchen waren verärgert. Ihre Bauern wurden ebenso belastet, sogar die Pflüge der Herrenhöfe gezählt.

Außer dem bleibenden Schimpfnamen »Erik Plovpenning« (»Pflugpfennig«) brachte ihm die Steuer nur vorübergehend Gewinn. Der König konnte den Bruder in einem Feldzug in Schleswig schlagen und 1250 befriedigt Abels Unterwerfung feiern. Lange währte die Freude nicht. Wenig später war Erik tot, auf Abels Weisung in der Stadt Schleswig überwältigt und in der folgenden Nacht auf einer Insel in der Schlei erschlagen worden. Offenbar sympathisierten auch die Kirchenoberen mit dem Herzog. Der Erzbischof forderte sofort energisch, man solle die Tat auf sich beruhen lassen. Und auch das Thing in Viborg begnügte sich damit, daß Abel und einige seiner Ritter ihre Unschuld beschworen und wählte den Brudermörder zum neuen König.

Es gelang König Abel (1250–1252), das Land zu befrieden. Doch fiel er kurze Zeit danach im Kampf gegen steuerunwillige Friesen im westlichen Schleswig. Gottes Strafe für den Brudermord, so deuteten es damals nahezu alle in Dänemark, und viele äußerten es auch laut. Nicht wenige bedeutende Herren warnten vor einer Wahl des Abel-Sohnes Valdemar zum neuen Herrscher. Dies könne Dänemark nur weiteres Unglück bringen, so der Tenor auch bei jenen, die hier entscheiden mußten. Heute ist schwer zu bestimmen, ob hier nur Aberglaube, wirkliche Furcht vor einem Gottesgericht oder die Sorge vor erweiterten Machtpositionen der Abel-Sippe ausschlaggebend war. Bei einer Wahl Valdemars wären immerhin Königtum und schleswigsches Herzogtum vereinigt gewesen.

Die Entscheidung, den dritten Sohn König Valdemars II., Christoffer I. (1252–1259) zu wählen, brachte dem Land alles andere als Glück und Frieden. Es wiederholte sich, was schon Erik und Abel trennte. Valdemar Abelsen wurde wie sein königlicher Vater Herzog von Schleswig. Und wieder standen sich die Mächtigen der Dynastie, jetzt Onkel und Neffe, in unverhüllter Feindschaft gegenüber. Erneut verheerten ihre Kriegsknechte das Land. Wie seinerzeit Vater Abel fand auch Sohn Valdemar in Norddeutschland willige Verbündete. Fürst Jaromar von Rügen (1249–1260) nutzte den Konflikt. Er landete auf Bornholm und brannte das feste Schloß Lilleborg nieder, stürmte dann Kopenhagen und besetzte große Teile Seelands. Wenig später wurden die königlichen Ritter in Schleswig von Valdemars Reisigen vernichtend geschlagen.

König Christoffer I. starb dennoch nicht durch Valdemars Hand. Wahrscheinlich war es der Abendmahlswein, den der Abt des Zisterzienserklosters Ryd, Arnefest, dem König in Ribe reichte. Das liegt nahe, da der Klerus diesen Herrscher besonders haßte. Schon Erik Pflugpfennig hatte auch das Vermögen der Kirche besteuern wollen. Im Streit des dänischen Königtums mit den einheimischen Kirchenfürsten hatte dann Christoffer I. den Erzbischof Jacob Erlandsen aus der Absalon-Familie unter entwürdigenden Umständen auf Schloß Hagenskov festsetzen lassen. Dem anschließenden päpstlichen Edikt setzte der König sein Machtwort entgegen und ließ die dänischen Priester zum Gottesdienst zwingen. Er war erfolgreich. Die Mehrheit der niederen Geistlichen wünschte keine weitere Zuspitzung des Konflikts. Freunde gewann Christoffer I. aber weder unter ihnen noch bei den Prälaten. So blieb Abt Arnefest wohl nur die letzte Alternative … Als »Christ-opfer« (Lauring, 87) bedauerten nun viele den so plötzlich und überraschend verschiedenen Christoffer I.
Seine Gattin Margrethe, die Mutter des noch unmündigen Eriks, suchte nun den Ausgleich mit der Kirche. Sie gab Erzbischof Erlandsen frei, verglich sich schließlich auch mit Rom. Wirklich zur Ruhe kamen die Menschen in Dänemark trotzdem nicht. Nachdem Erik (1259–1286) als mündiger König die Herrschaft angetreten hatte, rebellierten die weltlichen Großen. Auch König Erik benötigte Geld, glaubte es beim Adel holen zu können. Der reagierte empört. 1282 erzwangen die Aristokraten die Unterschrift des Herrschers unter eine »Handfeste«, die »Magna Charta« Dänemarks. Hier setzte der Adel jährliche Ständeversammlungen durch, ließ Erik versichern, niemanden ohne juristischen Prozeß strafen zu wollen. Einigen war das nicht genug. Vier Jahre danach wurde der König in einer Scheune des Dorfes Finderup nordwestlich von Viborg in einer regnerischen Novembernacht ermordet. Der Leichnam wies 56 Wunden auf. Nur einen Mörder, den Ritter Arvid Bendtsen, konnten die königlichen Häscher greifen. In einem Prozeß in Nyborg wurden zahlreiche einflußreiche Oppositionelle des Hochadels trotz zweifelhafter Beweise verurteilt, mußten Dänemark verlassen. Neuerliches Morden und Brennen dänemarkweit war die Folge.
Eriks Sohn und Nachfolger, Erik Menved (1286–1319), damals noch ein Kind, wurde auch später nie wirklich erwachsen. Er setzte seinerseits den oppositionellen Erzbischof Jens Grand auf Nordseeland gefangen und führte den Kampf gegen die Kirche fort. Diesmal allerdings mußte sich der König Rom und der dänischen Kirche beugen. Das Interdikt des Papstes wirkte. Erik Menved verzettelte sich glei-

chermaßen auch in die schwedischen Thronwirren, unterstützte den gestürzten Birger Magnusson (1290–1319), seinen königlichen Schwager in Schweden. Auch das brachte Dänemark keinen Gewinn und Erik Menved kaum Freunde im Nachbarland. Der siegreiche schwedische Hochadel warf die dänischen Helfer König Birgers aus dem Lande, wählte einen neuen Herrscher. Derweil bereiste Dänemarks Herrscher Deutschland, vergnügte sich auf zahlreichen Ritterturnieren, wähnte sich bedeutend als europäische Persönlichkeit. Inzwischen kämpften seine Söldnerheere in Dänemark und Schweden mit wechselndem Erfolg. Da Erik Menved jetzt über noch weniger Geld verfügte, begann er, Teile Dänemarks zu verpfänden. Bäuerliche Unruhen unterdrückte er gnadenlos. Massen gehängter Bauern illustrieren das düstere Bild eines beginnenden Chaos in Dänemark.
Als Erik Menved 1319 verstarb, blieb seinem Bruder, König Christoffer II. (1319–1332) wenig, um das er noch kämpfen konnte. Feudale Anarchie herrschte überall im Lande. Dahin waren die Zeiten, wo sich die Großen im wohlverstandenen eigenen Interesse einer starken Königsmacht beugten, die Frieden nach innen und Expansionen nach außen garantierte. Und auch die Prälaten benötigten einen solchen Herrscher nicht mehr, der ihre Macht begrenzen wollte. Längst war vergeben, was an Rechten und Diensten erhofft werden konnte. Die Masse der einst so wehrhaften freien Bauern war unterworfen, mehrte geduldig den Wohlstand ihrer weltlichen und geistlichen Grundherren. Es war ein verhältnismäßig üppiger Reichtum, mit dem die Begüterten wohl lebten. Nun wollte der König zurückholen, was einst zu großzügig verliehen war. Rasch zeigte sich: Christoffer II. konnte nicht einmal das, war wahrlich nicht mehr als mancher seiner Vasallen.
Einzelne lokale Gewalten beherrschten mehr oder weniger unabhängige Provinzen. Wichtige Landschaften waren Pfänder deutscher Fürsten. Als sich die Grafen von Holstein an die Spitze der Unzufriedenen in der dänischen Aristokratie stellten, waren Christoffers II. Tage gezählt. Graf Gerhard von Holstein regierte als »Reichsverweser« zeitweilig im Namen eines von ihm eingesetzten bedeutungslosen Gegenkönigs. Er verhinderte nach Christoffers II. Tod die Wahl eines Nachfolgers. Frieden und wirtschaftliche Erholung brachten der Deutsche und seine Vögte dem Land nicht. Und auch der Steuerdruck steigerte sich eher. Während Gerhard von Holstein Jütland beherrschte, suchte sein Vetter Johann von Holstein vergebens, auf Seeland Fuß zu fassen. Versuche dieser Art mehrten das Chaos nur. Die Bauern litten. Der Adel registrierte verbittert, daß die Holsteiner

ihre Gefolgsleute in die Königsburgen legten und mit unerbitterlicher Strenge die Abgaben eintrieben. Auch der dänische Klerus mußte bald begreifen, daß die deutsche Fremdherrschaft weder milder noch freigiebiger war als die der letzten Könige. So waren alle unzufrieden. Überall erhoffte man sich von einem neuen starken dänischen Herrscher Ordnung und Besserung der Verhältnisse.

Derweil marschierte Dänemarks ungekrönter Regent, Gerhard von Holstein, ein hervorragender Heerführer, kreuz und quer durch Jütland, von einem Unruheherd zum andern, erreichte Randers. Dort ermordete ihn ein dänischer Ritter, Nils Ebbesen, in der Nacht zum 1. April 1340. Sofort erhoben sich überall in Jütland erneut die Dänen gegen die verhaßten Pfandherren, zwangen die Holsteiner zum Rückzug. Doch siegte im November 1340 wiederum ein holsteinisches Ritterheer bei Skanderborg, fiel hier auch Gerhards Mörder. Die Holsteiner waren dennoch zum Kompromiß geneigt, wollten vor allem ihre finanziellen Forderungen erfüllt wissen. Auch der Kaiser, Ludwig der Bayer (1328–1347), wollte eine Befriedung der Region. Ebenso sah Lübeck seine Handelsverbindungen empfindlich gestört. Beide – Kaiser und Hansemetropole – förderten die Wahl eines neuen dänischen Königs, wußten sich eins mit der Mehrheit des hohen Klerus und des Adels. Schutz der Heringsmärkte Schonens und die Kontrolle der Schiffahrtswege längs der dänischen Küste erwarteten die Deutschen von einem starken Herrscher. Die Garantie der Gesetze und den Schutz des inneren Friedens erhofften sich auch die Menschen in Dänemark. Christoffers II. Sohn Valdemar IV. Atterdag (1340–1375) war tatsächlich der richtige Mann zur rechten Zeit.

König Valdemar Atterdag und seine Gemahlin Helvig knien vor Gott und dem gekreuzigten Christus. Freskomalerei in der St. Petruskirche zu Naestved. Eine lateinische Inschrift mahnt: »Im Jahre 1375, am Tage vor dem Fest des St. Crispins, starb – vergiß es nicht – König Valdemar. Er ruht in Gott.«

DÄNEMARK IM HOCHMITTELALTER

Valdemar IV. Atterdag und die Konsolidierung des Reiches

Interessanterweise bezweifeln heute viele dänische Historiker die Darstellungen eines ausgebluteten Dänemarks um 1340. Das sei wohl doch eine Legende, das Land trotz der Verpfändungen und Kriegszüge kein »armes oder verwahrlostes Reich« gewesen (Hörby, 19). Die Menschen wären eifrig ihren Gewerben nachgegangen. Auch habe die Regierung Gerhards von Holstein ein besonderes Interesse gehabt, kein wirkliches Chaos zuzulassen. Nur dann brachten die verpfändeten Landschaften Gewinne.

Man muß aber wohl dennoch eine äußerst kritische Situation für das dänische Reich und sicher auch Bedrückungen, große persönliche Leiden der Menschen in Dänemark während der Holsteiner Periode vermuten. Die Ritter Gerhards von Holstein waren gewiß keine »Menschenfreunde«. Selbst wenn man voraussetzt, daß der Deutsche systematische Verheerungen unterband, so bedeuteten auch seine Feldzüge Brandschatzungen und Tod vieler unbeteiligter Bauern und Bürger. In Kriegszeiten blühen in den betroffenen Ländern nur wenige Gewerbe, gedeiht nur der entsprechende Handel. Breite dänische Bevölkerungsschichten jedenfalls waren mehr als unzufrieden. Latente Unruhe und immer wieder aufflackernde lokale Aufstände dokumentieren auch soziale Not. Doch sollte in der Tat für eine Gesamtsicht auf diese Periode berücksichtigt werden, daß die Klagen der holsteinfeindlichen dänischen Oberschicht während der Jahrzehnte nach 1319 – gewisse bewußte Übertreibungen und Verzerrungen – der nationalgefärbten dänischen Historiographie des 19. Jahrhunderts jenes Quellenmaterial lieferten, entsprechende Geschichtsbilder chaotischer Zustände für die erste Häfte des 14. Jahrhunderts zu entwerfen. Zudem dürfte es bereits für die Repräsentanten der absolutistischen Monarchie in Dänemark ein Jahrhundert vorher unerträglich gewesen sein, daß das dortige Königtum um 1340 nahezu »bankrott« war, die königlichen Kammerbeamten die Schulden und Verpflichtungen weitaus höher als die Einnahmen zu veranschlagen hatten. Um so beeindruckender schienen im nachhinein die Erfolge Valdemars IV., um so greller malten spätere Chronisten und Historiker die Ausgangssituation. Hier wurde das »Hohelied« des starken Königs intoniert, stand »Atterdag« als Idealfürst für die absolutistische Gewalt nach 1660 in Dänemark. In jenen Jahren nach der politischen Entmachtung des Hochadels interessierte nicht mehr, daß die adligen und klerikalen Zeitgenossen Valdemar IV. »den Bösen« titulierten (Danstrup, I, 128).

Für »Atterdag« wurde der Weg zur Krone frei, nachdem der ältere Bruder als eigentlicher Hoffnungsträger der damaligen dänischen und brandenburgischen Aristokratie zu Beginn der Epoche im Kampf um die Restaurierung der Königsmacht dem Grafen Gerhard von Holstein unterlag. Otto, Christoffers II. Erstgeborener, hatte am 6. Oktober 1333 seinem brandenburgischen Schwager den Verkauf Estlands vertraglich gelobt, wußte damit die Wittelsbacher – Markgraf Ludwig von Brandenburg, den späteren Herzog von Oberbayern und Grafen von Tirol (1315–1361), und dessen Vater, Kaiser Ludwig IV. (1328–1347), – hinter sich. Er wurde aber 1334 in der Schlacht auf der Heide bei Taps nahe Viborg durch die Holsteiner gefangengenommen und auf Schloß Stegeborg interniert. Nun konzentrierten sich alle Hoffnungen auf den jüngeren Bruder Valdemar, »einen der größten und nützlichsten Könige, die auf dem dänischen Thron sassen«, wie ihn Ludvig Holberg, Dänemarks großer Literat, Historiker und Politiker der Aufklärung bezeichnete (Danstrup, I, 119). Für Holberg und spätere Generationen galt als unbestrittene Wahrheit, was Dänemarks bedeutendster Historiograph des 16./17. Jahrhunderts – Arild Huitfeldt – behauptet hatte. Angeblich war der durch die Holsteiner und den eigenen oppositionellen Adel und Klerus vertriebene Valdemar am Hofe Kaiser Ludwigs des Bayern aufgewachsen. Die neuere dänische Historiographie zu dieser Periode unterstreicht jedoch, daß sich keine Belege für diese Behauptung finden lassen. Doch läßt sich ein besonderes Interesse des Kaisers und seines Sohnes an Valdemar nachweisen.
Ludwig, der Markgraf von Brandenburg, hatte sich 1324 noch glücklich geschätzt, die Tochter König Christoffers II., Margrethe, ehelichen zu dürfen. Aber außer der engen Verbindung zur dänischen Krone hatte Ludwig kaum wirklichen Gewinn verbuchen können. Die vereinbarte Mitgift war nicht gezahlt worden. So banden auch höchst materielle Interessen den Wittelsbacher an die königliche dänische Familie. Geld war nur dann zu erwarten, wenn sich das dortige Königtum erholte. Ein schwacher Hoffnungsschimmer war der Vertrag Ottos und Ludwigs über den beabsichtigten Verkauf des dänischen Estland an Brandenburg, eine »Mitgift«, die wohl die enge

Verbindung Brandenburgs und Dänemarks wert schien. Mit Ottos Niederlage gegen die Holsteiner blieb dem sicher tief enttäuschten Ludwig nur Valdemar, der jüngere Sohn Christoffers II., als neuer Garant. 1338 jedenfalls weilte dieser in Greifswald, privilegierte die Stadt und das benachbarte Anklam auch im Namen seines in Holstein gefangengehaltenen Bruders und Thronanwärters mit weitreichenden Handelsvorteilen auf dänischem Boden.

Manchem Ratsherren mochte das ein Wechsel auf eine ungewisse Zukunft sein, hatten doch beide in jenem Jahr nichts wirklich zu vergeben. Die Städte mögen dennoch befriedigt die Pergamentrollen empfangen haben, da um Valdemar herum einige bedeutende dänische Geistliche und weltliche Obere versammelt waren. Das war doch immerhin eine Perspektive und deutete künftige Änderungen in Dänemark an. Und man wußte wohl auch in jenen Kreisen schon damals, daß der Kaiser Valdemar stützte. Bereits 1335 hatte Ludwig der Bayer seinen Sohn bevollmächtigt, zwischen dem Herzog von Schleswig – dem gestürzten Valdemar III. – und Christoffers II. Sohn Valdemar zu vermitteln. Der Schleswiger traute dem Grafen von Holstein nicht, war wohl auch klug genug, nun in Prinz Valdemar den künftigen Herrscher Dänemarks zu sehen. Als dieser nun auch noch versprach, die allein in Jütland und Fünen auf ca. 100000 Mark Silber geschätzten Pfänder auszulösen und die Holsteiner zu entschädigen, war ein wesentliches Hindernis einer baldigen Befriedung Dänemarks ausgeräumt. Die Ehe Valdemars mit Helvig von Schleswig, der Tochter Herzog Valdemars, tat ein übriges. Der neue dänische König nutzte die stattliche Mitgift von 24000 Mark Silber als erste Anzahlung. Das steigerte die Bereitschaft der Holsteiner Gläubiger, die Konflikte mit Dänemarks Königshaus möglichst rasch beizulegen. Die Söhne Gerhards und auch Johann von Holstein glaubten sich im übrigen der geschlossenen Front der Gegner nicht länger gewachsen. Anfangs unterstützte auch die Hanse Valdemar IV. Atterdag. Die innerdänischen Kämpfe hatten deren Ostseehandel empfindlich gestört. Schnell wachsende Piratenflotten operierten von festen Stützpunkten auf dänischem Boden und verursachten spürbare Verluste in den Bilanzen der Hansekaufleute. In Lübeck und anderen norddeutschen Städten erwarteten die Magistrate energische Maßnahmen der dänischen Krone gegen die Piratennester.

Acht Jahre »Interregnum« in Dänemark hatten auch dort die Erwartungen an eine starke, ordnende Königsmacht wachsen lassen. Der hohe Klerus und selbst der Adel wünschten neuerlich eine Zentralisierung des Landes. Allgemein jubelten die Zeitgenossen König

Valdemar IV. zunächst als Friedensbringer und Befreier von Holsteiner Willkürherrschaft zu. Noch heute tituliert die dänische Historiographie Gerhards Regentschaft als »Militärdiktatur«.
Das Königtum Valdemars IV. war allerdings kaum weniger harsch, entwickelte sich zunehmend für viele diktatorischer als die Regentschaft der Holsteiner. Die Chronisten des Erzbischofes von Lund resümierten Jahrzehnte später die Herrschaft Atterdags in der Notiz, »alle Überlieferungen der früheren Tage, der Landesgesetze und die Freiheit der dänischen Kirche« wurden »mit Füßen getrampelt«. Die Rechte aller »seien so gering geachtet, daß man im Lande keine Zeit hatte zu essen, sich auszuruhen oder zu schlafen«. Vögte und andere königliche Beamte hätten um die Gunst des Königs geeifert, viele Dänen Leben und Eigentum verloren (ebd., 122).

Valdemar IV., der Mordbrenner – ein seinerzeitiges dänisches Urteil

Sie empfanden Trauer und wohl auch Zorn, die dänischen Mönche, Autoren der »seeländischen Chronik«, als sie Atterdags Eingreifen in die Auseinandersetzungen in Deutschland 1347 vermerkten. Nicht ohne deutliche Parteinahme für die gequälten Deutschen notierten sie, der König »verheerte Land, Burgen und Festen, Städte und Dörfer weit und breit durch Plünderung und Brand, verschonte nicht einmal das Eigentum der Mönche und Nonnen oder anderer kirchlicher Stiftungen und Personen, ja, er suchte die Bauern überall heim, schnitt einigen Ohren und Nasen ab, mißhandelte sie und verursachte allen großes Unglück« (Danstrup, I, 122).
Mag sein, daß die Übergriffe auf Kleriker den Unmut und das Urteil der seeländischen Mönche verschärften, das Bild dieses in der Tat bedeutenden dänischen Herrschers beschönigt es jedenfalls nicht. Die zahlreichen Erhebungen auch der dänischen Bauern und Adligen bekräftigen wohl diese negative Charakteristik Valdemars IV.

Damals hatten sich Adel und Klerus bereits wieder enttäuscht von Valdemar distanziert. Dieser Herrscher war allen zu mächtig und unabhängig geworden. Er gewann zunächst »seinen Thron, danach … sein Reich und seine Königsmacht«, dann auch früher verlorene dänische Territorien zurück, so eine treffende Wertung Valdemars IV. in der modernen dänischen Historiographie (Kjersgaard, Borgerkrig, 342). Andererseits ist man sich auch eins in der Feststellung, Atterdags Regierung markierte »einige bedeutungsvolle Schritte auf dem Wege der Bildung einer dänischen Ständegesellschaft« (Hörby, 16). Unbestreitbar leistete Valdemar IV. Bedeutendes für die Konsolidierung Dänemarks im Hochmittelalter. Schrittweise gewann er die verpfändeten Landschaften zurück, zahlte, kämpfte auch manchmal mit der Waffe in der Hand. Auf einem Adelstag in Ringsted benannte der König selbst die Summe von 10000 Mark Silber, die er »aus seinem Eigentum« aufgebracht haben wollte. Daneben hätte er, so ließ er laut zeitgenössischen Quellen verlauten, auch weitere 30000 aus dem Steueraufkommen des Landes für Rückkäufe verpfändeter Burglehen eingesetzt (Hörby, 35). Mitte der 50er Jahre waren tatsächlich nur noch Teile Schleswigs in fremder Hand, saßen die Schweden noch immer in den festen Plätzen Schonens. Johann von Holstein hatte sich bereits 1332 seine Ansprüche auf diese dänischen Provinzen durch Schwedens König Magnus Eriksson (1319–1364) mit 34000 Mark Silber vergüten lassen. Im Januar 1341 hatte Valdemar IV. seinerseits in Helsingborg sogar für seine Erben auf die Rückgewinnung Schonens und Blekinges verzichten müssen. Er hatte das keineswegs freudig getan, aber richtig kalkuliert, daß die Zahlungen durch Schwedens König die sozialen Spannungen dort verschärfen würden. So mußte er nur warten, bis seine Stunde kam.

Als er im August 1343 endlich siegreich in Kopenhagen einziehen konnte, war er seinem Ziel ein wenig näher gekommen. Obwohl er jetzt erneut gegenüber dem drohend auftretenden Magnus Eriksson aus guten Gründen auf Schonen verzichtete, eroberte er bis 1346 mit Kalundborg, Söborg und Vordingborg weitere wichtige Burgen, festigte seine Herrschaft in den dänischen Kernlanden. Den Verkauf Estlands am 29. August 1346 an den Deutschen Orden für 19000 Mark Silber konnte er dennoch nicht vermeiden. Davon beglich er, der Verträge und Versprechungen brach, wenn sie »nicht mehr von Nutzen waren« (Kjersgaard, Borgerkrig, 262), auch die Mitgiftschulden für seine Schwester bei den Wittelsbachern. Er brauchte den Kaiser und den Markgrafen von Brandenburg noch, hatte große Ziele auch in Europa.

Nachdem Valdemar IV. im Sommer 1347 als »Ritter Christi« von einer Reise ins Heilige Land zurückgekehrt war, konnte er Dänemarks Einfluß auch auf deutschem Boden weiter ausdehnen. Entschlossen griff er auf der Seite seines brandenburgischen Schwagers in die Auseinandersetzungen nach dem Tode Kaiser Ludwigs des Bayern ein, attackierte Albrecht von Mecklenburg als Parteigänger Kaiser Karls IV. (1355–1378). Als Mittler zwischen den Luxemburgern und Wittelsbachern profilierte sich Valdemar IV. weiter, galt nun als »anerkannter politischer Faktor« in Europa (Hörby, 34). Das Treffen der Mächtigen im Römischen Reich in Bautzen im Sommer 1350 stand ganz im Zeichen des Dänen. Die Aussöhnung Albrechts von Mecklenburg mit Ludwig von Brandenburg durch die dänische Politik

**»Nichts ist sicherer als der Tod
und nichts ist unsicherer als dessen Stunde ...«**

Das »Totenbuch« der Domherren von Ribe gilt als eine besonders aufschlußreiche Quelle über die Schrecken der Pest um 1350 in Dänemark. Hier formulierten sie jenen berühmten Satz, verzeichneten akribisch jedes Testament zugunsten ihrer Kirche. Sie hatten viele Namen einzutragen und zahlreiche Messen zu lesen. Natürlich vermerkten die Priester nur die Besitzenden, allein diese hatten etwas zu vererben.
So lautet eine Eintragung für den 17. August 1350, man habe des abgelebten Ratsherren Konrad Svave und seiner Hausfrau gedacht. »Sie starben im Jubeljahr währen des großen Sühnetodes ... im Jahre des Herrn 1350«. Das Ehepaar hatte dem Dom »einen Hof geschenkt, der gleich neben Albert Lübecks Hof liegt und sich von der Hundestraße bis zur St. Hansstraße erstreckt. Mögen beide bei den Heiligen in ewigem Licht weilen. Amen.« (Kjersgaard, Borgerkrig, 273).
Im Februar war die Frau des Ratsherrn Nils Bahe verstorben, im Juli auch dieser selbst. Ein paar Wochen danach notierte der Schreiber den Tod Tilmann Kremers, der seine Frau im Jahr zuvor verloren hatte. »Auf solche Art wurden drei der meistbegüterten Ehepaare der Stadt« in kurzer Zeit »fortgerissen«.
Ebenso raffte der Tod auch zahlreiche Priester in ihrer Tätigkeit als Seelsorger dahin. Die Namen vieler von ihnen füllen das Totenbuch. Mancher der sterbenden Kleriker konnte nicht einmal mehr testamentarisch über seine Habschaften verfügen. Als die Pestjahre vorüber waren, konnten die überlebenden Domherren einen Gewinn von fünf wertvollen Stadthäusern und acht Bauernhöfen bilanzieren.
Die moderne Forschung errechnet mehrere hundert Pestopfer allein in Ribe. In jenen Jahren wurden alle Todesstrafen in Geldstrafen umgewandelt, da niemand die Zahl der Überlebenden weiter verringern wollte. »Die Sterblichkeit war groß in Dänemark«, klagte damals eine Chronik (ebd., 274).

band nicht nur die Wittelsbacher auch weiterhin an Atterdag. Er gewann mit dem mächtigen mecklenburgischen Herzog auch einen Alliierten gegen Schweden. Die Eheschließung seiner Tochter Ingeborg mit Albrechts Sohn Heinrich war nur ein weiterer Erfolg seiner Politik und Meilenstein auf dem Wege zur Rückeroberung Schonens und Blekinges. Obwohl er sich zwischendurch auch Frankreich als »Condottiere« anbot, für gutes französisches Geld ein Söldnerheer nach England führen wollte und von einer Neubelebung des nordischen Großreichs Knuds des Großen schwärmte, verlor er das Ziel im Norden nie aus den Augen. Während er 1357 auf Fünen eine Adelsrevolte niederschlug, anschließend die letzten Pfänder Herzog Valdemars von Schleswig eroberte, rückte Albrecht von Mecklenburg gegen Schwedens König vor. Er besetzte Skanör und Falsterbo, ließ sich beide Landschaften für 12 Jahre übereignen. Wenig später vereinbarte

Albrecht von Mecklenburg mit Valdemar IV. weitere konkrete Maßnahmen gegen König Magnus Eriksson. Der Mecklenburger dachte an die schwedische Krone für seinen Sohn, überließ dem Dänen bereitwillig das Feld nördlich des Sunds. 1360 eroberte Valdemar IV. Schonen, Blekinge und Södra Halland und landete im Juli des folgenden Jahres auf Gotland. Vor den Mauern der alten Hansemetropole Visby besiegte er am 27. Juli ein gotländisches Bauernheer und zog wenig später in Visby ein.
Die Dinge in Schweden entwickelten sich höchst erfreulich für König Valdemar. Die dortige Ratsaristokratie setzte König Magnus ab und proklamierte dessen Sohn Håkon – den König in Norwegen – nun auch als Herrscher in Schweden. Überraschend für die »Königsmacher« einigten sich aber Vater und Sohn und riefen den Dänenkönig als Helfer ins Land. Die Hochzeit Håkons und Margrethes, einer jüngeren Tochter Atterdags, im Frühjahr 1363 in der dänischen Hauptstadt sollte die neue königliche Einheit der nordischen Reiche besiegeln. Nicht umsonst klagte die schon zu Lebzeiten legendäre Birgitta Birgersdotter – die später heiliggesprochene Schwedin – in bewegten Worten über diese Allianz. Magnus und Håkon seien »diesem schmeichelnden, schlauen Vogelfänger, der auf seiner Flöte bläst, um die Vögel anzulocken«, erlegen (Danstrup, I, 124). Und sie rief zum Widerstand auf. Gern boten die Mächtigen in Schwedens Hochadel nun dem jungen Albrecht von Mecklenburg, Herzog Albrechts Sohn, die schwedische Krone an.
Wahrscheinlich war es die mächtige Hanse, die einen deutschen Fürsten in Schweden wünschte, den dortigen Reichsrat gewann. Die Hanseaten wollten Atterdags jüngst errungene Machtpositionen schwächen, trafen sich hier mit den Bestrebungen der schwedischen Aristokratie. Die beiden Mecklenburger wurden durch Rostock und Wismar, bedeutende hansische Kommunen in dieser Zeit, mit Schiffen und Soldknechten unterstützt. Im Februar 1364 riefen die Schweden Albrecht von Mecklenburg auf dem Mora-Feld bei Uppsala, der traditionellen Wahlstätte, als neuen schwedischen König aus. Um so bestürzter reagierte man in Schwedens Hochadel, als Vater Albrecht zwei Jahre später im Traktat von Åholm Valdemars IV. Ansprüche auf Gotland, Väred und Finnveden, das Schloß Älvsborg am Kattegatt, Teile Västergötlands mit Varberg und Norra Halland billigte. Der alte Herzog vergab großzügig, was ihm nicht gehörte, kümmerte sich wenig um eventuelle Folgen für die Stellung des Sohnes in Schweden. Er sah seinen anderen Sohn, Heinrich, den Gatten der Prinzessin Ingeborg, bereits als möglichen Nachfolger Valdemars in Kopenhagen.

Und der schlaue Däne tat alles, den Mecklenburger in diesem Glauben zu bestärken.

»Bete für sie !«

Unweit der Mauern Visbys erinnert noch heute ein großes Steinkreuz an den Tod von wenigstens 1500 gotländischen Bauern gegen das Ritterheer König Valdemars IV. am 27. Juni 1361. Die Legende erhielt sich durch Jahrhunderte, das Blut der Gefallenen hätte sogar die Ostsee rotgefärbt. »Bete für sie«, mahnt die Inschrift auf dem Kreuz.

Von ihren hohen, starken Mauern hatten die Bürger Visbys nahezu ungerührt den Untergang des Bauernheeres verfolgt, Händlerkonkurrenz für sie durch Jahrhunderte. Nun kulminierte der Gegensatz zwischen den städtischen Hansen und den ländlichen Bauernkaufleuten im Kampf gegen die Dänen. Die deutschen Kaufleute in der noch immer bedeutenden Hansemetropole vertrauten zu Recht auf die Vernunft Valdemars, den Handel Visbys nicht zu behindern. Tatsächlich ist die sogenannte Plünderung der Stadt eine Verleumdung durch die Gegner Valdemars. Das Gerücht wurde gerne in Schweden und auch in einigen dänenfeindlichen Hansestädten geglaubt, reizte noch Ende des vorigen Jahrhunderts schwedische Künstler zu entsprechenden Illustrationen.

Atterdag wünschte mit dem Besitz Gotlands den Rußlandhandel über Visby zu kontrollieren, erhoffte sich hohe Steuern aus der Stadt. Auch glaubte er, eine wichtige Basis für künftige Schläge gegen drückende Lübecker Überlegenheit in der Ostsee gewonnen zu haben. Dafür mußten Gotlands Bauern sterben, füllten die Massengräber vor allem alte Männer und nahezu Halbwüchsige, ein letztes Aufgebot gegen dänische Bedrückung. Nur der Tod blieb den wenig Geübten als Alternative.

Atterdag hatte dennoch den Bogen überspannt. Obwohl seine Flotte zunächst die über den Verlust Visbys aufgebrachten wendischen Hansestädte besiegte, Lübeck sich beugen mußte, konnte selbst dieser energische Herrscher dem über nahezu unerschöpfliche Geldquellen verfügenden Kaufmannsbund seinen Willen nicht aufzwingen. Als er die Zoll- und Abgabensätze im Sund willkürlich hob, leisteten auch die bisher eher zögerlichen preußischen Hansestädte harten Widerstand. Valdemar verhöhnte noch die sich im November 1367 versammelnden Delegierten der Hanse in Köln als »schnatternde Gänse«. Vielleicht beunruhigte ihn nicht einmal sonderlich, daß sich Mecklenburger und Holsteiner dem Städtebund anschlossen und sich auf Jütland die einheimische adlige Opposition gegen ihn erhob. Er reiste nach Deutschland, gewann Pommern und Brandenburg als Verbündete, erlebte die Niederlagen seiner Heere nur aus der Ferne. Da seine deutschen Alliierten wenig helfen konnten, mußte Dänemark nachgeben. Der Friede von Stralsund 1370 begrenzte die Positionen Valdemars IV. erheblich: Der Hanse mußte freier Handel in Dänemark eingeräumt werden. Schonen wurde den Siegern als Entschädigung für die Kriegskosten auf 15 Jahre verpfändet. Ebenso lange durften die Hanseaten in den eroberten Burgen am Sund verbleiben. Die »Gänse« hatten gezischt und dann gebissen. Glück für Dänemark und seinen geschlagenen Herrscher war, daß die Hanse einen Frieden ohne Berücksichtigung ihrer Verbündeten vereinbarte. Mecklenburg und die Holsteiner hatten das Nachsehen. Ihre Hoffnungen auf territoriale Gewinne erfüllten sich nicht. Als Herzog Albrecht von Mecklenburg im Oktober 1371 endlich auch Frieden mit Atterdag vereinbaren konnte, gewann er nur dessen vage Versprechungen, die künftige Thronfolge der Mecklenburger in Kopenhagen zu fördern. Beide Rivalen um die Ostseeherrschaft waren hier übereingekommen, daß »Margrethe und ihr Sohn in einer solchen Situation mit allem entschädigt werden sollten, was ›redlich und möglich‹ sei« (Hörby, 53). Was da erfreulich für Albrechts Ohren klang, erwies sich schnell als bedeutungslos. Valdemar IV. zeigte sich nun noch weniger interessiert an Schweriner Wohlwollen. Sein königliches Versprechen bezüglich der Thronfolge Heinrichs von Mecklenburg wog nach seiner Niederlage im Wahlreich Dänemark ohnehin fast nichts. Dem mächtigen dänischen Hochadel galt er in jenen Jahren als entscheidend geschwächt.

Atterdag schaffte es dennoch, die einheimische Opposition erneut niederzuwerfen.

Der Autor der »Seeländischen Chronik«, wahrscheinlich ein Mönch eines Klosters bei Naestved, beurteilte Valdemar IV. als »einen unglaublichen Menschen, den man kaum lieben könne, aber den alle respektieren mußten« (Kjersgaard, Borgerkrig, 319). Man konnte ihn wohl auch schwerlich gern haben, nicht die Bauern und Bürger, die seine Eroberungen und Niederlagen bezahlen mußten, und wohl auch nicht der Adel und der höhere Klerus. Hatten sie einst seine Krönung erfreut gutgeheißen, so haßten viele von ihnen den Herrscher nun ebenso leidenschaftlich. Mit Sorge, oft mit berechtigter Furcht, sahen sie nahezu 50 neue feste Königsschlösser wachsen. Oft waren es ihre Adels- und die Kirchenbauern, die Valdemar IV. mit eisernem Willen zu den Schanzarbeiten heranziehen ließ, sich somit über die verbrieften Rechte der Oberschicht hinwegsetzte. Besonders verübelte man in den Kreisen der Nobilität dem Herrscher die Rücknahme der Donationen früherer Könige. Konnten die Belehnten keine eindeutigen schriftlichen Belege erbringen, verjagte sie Valdemar. Und grundsätzlich besetzte er die Burglehen mit Ministerialen, begünstigte diese gegenüber den erbberechtigten adligen Vasallen. So rebellierten sie wieder und wieder, scheiterten aber ebensooft an der fast unbeugsamen Energie des Königs. Ein übriges tat die Beulenpest. Auch in Dänemark starben die Menschen scharenweise, wurde riesige Ländereien herrenlos. Der König schlug diesen Boden zu seinen Domänen, vergab keine neuen Lehen oder ließ sich Zeit damit. Wahrscheinlich wirkte sich hier auch die beginnende Agrarkrise Europas förderlich aus, schwächte die Widerstandskraft des dänischen Adels weiter.

Die Kirchenoberen beklagten nicht zu Unrecht das Bündnis ihres Königs mit dem Papst. Es war Valdemar IV. während einer Europareise im Februar 1364 in Avignon gelungen, Urban V. (1362–1370) königliche Rechte bei der Vergabe einflußreicher Pfründen in Dänemark abzuringen. Fortan teilten »Papst und König … die Herrschaft über die dänische Kirche« (Kjersgaard, Borgerkrig, 352), »belohnte« das Papstum das dänische Königtum mit erhöhtem »Einfluß auf die Besetzung der Bischofsstühle und andere geistliche Ämter« (Hörby, 68–69).

Heringe – Dänemarks »Gold« des Mittelalters

Tief beeindruckt äußerte zu Beginn des 14. Jahrhunderts ein Franzose, Gott habe im Sund zwischen Ostsee und Kattegat »ein Wunder« vollbracht. Auf göttliche Weisung schwömmen dort die Heringe »in so großer Menge« während des Septembers und Oktobers, »daß man sie an vielen Stellen mit dem Degen zerhauen kann« (Kjersgaard, Borgerkrig, 190). Bereits 200 Jahre vorher hatte Saxo behauptet, während des Fischfanges keilten sich die Boote im Heringsstrom fest, könnten die Fischer ihn mit bloßen Händen greifen …

Übertreibungen dieser Art dokumentieren die Bedeutung des Heringsmarktes in Schonen für die mittelalterliche Welt weiter Teile Europas. Die Nachfrage nach Fisch vor allem während der Fastenzeiten füllte die Kassen des Königs von Dänemark, freute auch die Kaufleute der deutschen Hansestädte, förderte Handel und Gewerbe in Dänemark. Hunderte Koggen vor allem aus Lübeck,

Stralsund, Rostock, Wismar und Danzig, selbst englische, schottische und Schiffe aus Flandern lagen im Herbst in der Bucht bei Höllviken vor Skanör. Zwischen Malmö und Falsterbo, auch um Dragör auf Seeland herum wuchsen dann unzählige Verkaufsbuden und Arbeitsplätze. In Skanör entstand in jenen Wochen eine Handelsstadt mit Kaufhöfen und Handwerkszentren. Ein königlicher Vogt auf der Burg Skanör überwachte das Leben und Treiben während des Heringsmarktes. Die königliche Kanzlei teilte den einzelnen Hansestädten bestimmte Bezirke zu. Gewöhnlich verwaltete hier ein Ratsherr aus der dominierenden Kommune das Geschehen. In den sogenannten »fed« galt das jeweilige Recht der Hansekommune. Selbst eigene Friedhöfe für während dieser Herbstmonate versterbende Lübecker, Wismarer und Stralsunder wurden geweiht.

Während des »Heringsmarktes« galt ein »königlicher Friede«, der unter Trommelwirbel Anfang September verkündet wurde. Königliche Beamte und die einzelnen Hansevögte achteten streng darauf, daß es nicht zu größeren Streitereien kam.

Der angelandete Hering wurde sofort verarbeitet und gesalzen. Während die Innereien an gesonderten Plätzen zu Tran gepreßt wurden, sammelte man das Heringsfilet in speziellen Fässern. Eine besondere Behörde prüfte die Qualität und stempelte die Heringstonnen. Das notwendige Salz kam vor allem aus Lüneburg über die Trave.

Etwa 300000 solcher Fischtonnen wurden in den guten Fangjahren während des Hochmittelalters verschifft. Gleichzeitig handelten die Kaufleute auch nahezu alle anderen Waren, brachten die Schiffe aus West und Ost die speziellen Handelsgüter als »Leergut« in die schonischen Heringsplätze. Während dieser Monate reisten auch die Handwerker der benötigten Gewerke an, versorgten die Schiffsmannschaften mit allem Zubehör.

Vor allem der König gewann große Summen aus dem Schonenmarkt. Wohl konnten die Kaufleute ihre Waren frei einführen, doch mußte Zoll für alles erlegt werden, was weggefahren oder verschifft wurde. Die königlichen Vögte erhoben auch Gebühren für die Häuser, Hütten und Buden, ließen sich selbst die Arbeitsgenehmigungen der dänischen Fuhrleute, Träger und Prahmschiffer entgelten. Steuern auf das Backen und den Verkauf des Bieres füllten die königliche Schatulle außerdem. »Das kleine Tier, das eine Gabe Gottes an die Dänen war, mußten die Kaufleute teuer bezahlen«, klagte einst ein Lübecker (Kjersgaard, Borgerkrig, 201), vergaß aber hinzuzufügen, welche Gewinne vor allem die Hansekaufleute aus dem Heringsfang verbuchten.

Durch Valdemars IV. Erfolge gegen die Holsteiner reduzierten sich die Möglichkeiten der dänischen Nobilität und des hohen Klerus, den königlichen Aktivitäten erfolgreich Widerstand entgegensetzen zu können. Andererseits war der Herrscher klug genug, den inneren Frieden zu sichern, nachdem er die fremden Gläubiger entmachtet hatte. Durch besondere Privilegien für die dänischen Kaufleute 1354 suchte er deren Entwicklung zu fördern, mußte schon deshalb gegen die hansischen Freiheiten in Dänemark kämpfen. Auf der Höhe seiner

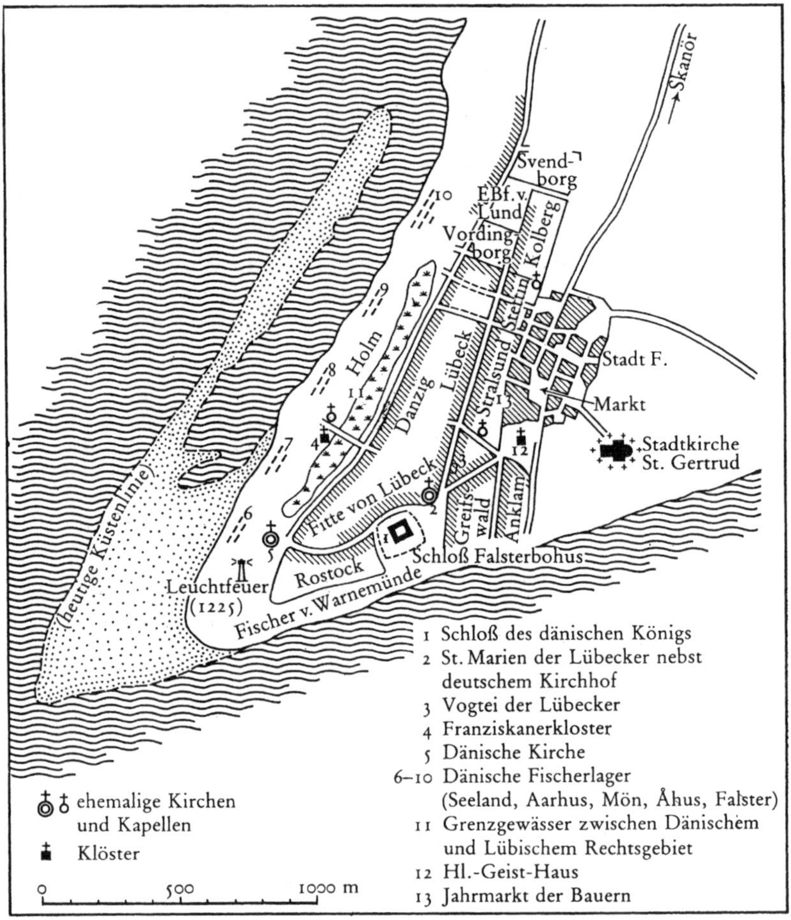

Die »Heringsstadt« auf Skanör mit den historischen Quartieren der Hanse-Städte.

Macht verfügte er Pfingsten 1360 auf dem »Danehof« zu Kalundborg einen allgemeinen Landfrieden. Darunter verstand er die »Schutzpflicht« des Königtums für alle Untertanen. Gleichzeitig sah sich Atterdag als souveräner Herrscher, ganz im Sinne der schon am Hofe Kaiser Ludwigs des Bayerns formulierten Ansprüche des durch Gott »gesegneten«, daher über allem stehenden Königtums. Er beeidete manches, ließ aber seine versammelten Ständerepräsentanten weitaus mehr beschwören. Valdemar IV. versicherte hier in Kalundborg feierlich allen Untertanen, sie in ihren Rechten schützen zu wollen, niemanden ohne richterliches Urteil festzusetzen. Auch wollte er den »Danehof« alljährlich zu Mittsommer einberufen. Die späteren Klagen der Kleriker über die Willkürmaßnahmen des Herrschers mögen übertreiben. Sie spiegeln aber wider, wie unzufrieden man in Kirchenkreisen war. Mag sein, daß dieser »Dänentag« von Kalundborg tatsächlich ein »Meilenstein« in der ständischen Entwicklung Dänemarks war. Wirklichen Einfluß erwarben die »Stände« aber wohl doch erst nach der Niederlage Valdemars IV. 1370 (s. S. 79), als sie mehr oder weniger souverän für den abwesenden Herrscher Dänemarks Existenz sicherten. Damit verhinderten sie zweifellos, daß der König gefährdete, was er mühsam über Jahrzehnte errichtet hatte. Neue gefährliche Abenteuer Valdemars IV. nach der Niederschlagung der jütländischen Adelsrebellion unterband aber wohl nur der plötzliche Tod des Königs am 24. Oktober 1375 auf Schloß Gurre auf Nordseeland. Er hinterließ mit Margrethe (1353–1412) eine Tochter, die auf ihre Weise das väterliche Erbe mehrte. Nicht einmal der frühe Tod ihres Sohnes Oluf (1370–1387), der nur kurze Zeit die norwegische und dänische Krone trug, zerbach diese ungewöhnliche Frau.

Die Kalmarer Union 1397

Dänemarks Margrethe, Erik und das nordische Einheitsreich

Auch den Herren Räten in Schweden mochte es recht sein, daß eine norwegische Adelsversammlung Valdemars IV. Tochter Margrethe zu Neujahr 1388 als Norwegens »Herrscherin auf Lebzeiten« huldigte. Die Dänin, eine Frau nur, hilflos, Marionette ihrer Interessen, so meinten nicht wenige der machtbewußten Großen auch in Schweden, als sie im März 1388 Verhandlungen mit Margrethe begannen. Wenig später huldigte auch Schwedens Aristokratie im sogenannten Dalaberg-Traktat Margrethe als Schwedens »Bevollmächtigte Frau und rechte Regentin«. Gelassen sah man hier König Albrechts unzureichende Werbungen in Mecklenburg. Nahe Kalmar, beim Schloß Axwall, standen bereits starke dänisch-norwegische Verbände. Sie wurden unterstützt durch schwedische Aufgebote der dortigen unzufriedenen Adligen und Bauern. Albrecht, der Mecklenburger, verhöhnte betont mutig Margrethe als »König Hosenlos«. Doch erlitt er nur einige Monate danach bei Fallköping am 24. Februar 1389 eine vernichtende Niederlage. Er fiel der Siegerin in die Hände, einer star-

ken Frau, wie man bald auch in schwedischen hocharistokratischen Kreisen begriff. Sie ließ den »Spötter« einkerkern. Im Norden begann eine neue Zeit.
Viele Antworten bieten sich an, sucht man die Ursachen für Margrethes Triumph und die nunmehrige Entwicklung zu einer Union der nordischen Staaten. Die Grenzen der einzelnen Reiche gegeneinander hatten beständig gewechselt, seit auf allen Thronen Erben des sogenannten schwedischen Folkunga-Geschlechtes saßen. Und selbst die Opposition innerhalb der einzelnen Reiche wirkte letztlich einigend. Man suchte Helfer gegen den eigenen König immer bei einem der nordischen Nachbarn aus der gleichen Dynastie. Stets fand man auch die Aristokratie des Nachbarreiches an der eigenen Seite. Der Kampf gegen eine starke Königsmacht einte den Hochadel aller nordischen Länder Ende des 14. Jahrhunderts. Im übrigen fiel es manchem der Aristokraten schwer zu entscheiden, ob er mehr Däne, Schwede oder Norweger war. Der Güterbesitz war weit verstreut im ganzen Norden. Eifrig geknüpfte Eheverbindungen nordenweit erlaubten kaum eine klare Abgrenzung. In Personalunion herrschten manche Könige über längere Zeiträume gleichzeitig über Landschaften Dänemarks, Norwegens und Schwedens. Verbindend wirkte des weiteren der Gedanke, der sich zunehmend ausbreitenden deutschen Oberschicht geschlossen entgegentreten zu müssen. Die Dänen lehnten die Holsteiner als Herrscher ab, in Schweden haßten viele nun die Mecklenburger. Wurde in Dänemark Valdemar IV. Atterdag »Symbol für die Befreiung des Landes«, so galt nun seine Tochter vielen Schweden als Retterin vor einer deutschen Überfremdung des Landes.
Es sollten dennoch weitere Jahre vergehen, bis die Dänin den Norden wirklich regierte.
Erleichtert konnte Margrethe 1395 ein Übereinkommen mit den Mecklenburgern treffen, Albrechts Freilassung gegen Zahlungen, vor allem aber für Ruhe im Norden eintauschen. Die Hanse war in der Tat noch immer mächtig, brauchte den Frieden und ungestörten Handelsaustausch. So erwirkten ihre Repräsentanten diesen Kompromiß. Jetzt öffneten sich der Dänin auch die Schlösser Albrechts in Schweden. Sie beschwor lächelnd die Landesgesetze, erfreute damit die unruhigen Schweden. Es dauerte dennoch nicht lange, da fanden sich diese wie seinerzeit durch den Mecklenburger neuerlich geprellt. Die Belehnung deutscher Ritter mit den Burgen Schwedens hatte damals die schwedischen Adligen besonders verbittert. Als Vögte Margrethes ritten nun wiederum Ausländer, jetzt vorrangig Dänen, über die Zugbrücken der Schlösser. Und auch die Kriegsbelastungen blieben. Ver-

gessen waren die dänischen Schwüre, die Steuern aufzuheben. Verärgert registrierten Ritter und Kleriker, daß ihre Bauern ebenso zahlen sollten wie bei Albrecht. Sie war nur ein wenig verbindlicher, die kluge Dänin. Sie gelobte baldige Veränderungen, erbat nur ein wenig Geduld. Besonders eindringlich warb Margrethe für ihre Idee eines allmählichen nordischen Zusammenwachsens, sah ihren Großneffen Erik von Pommern (1382–1459) als künftigen Unionsherrscher. Im Januar 1396 huldigten die Dänen Erik, den Margrethe dann im Frühling des Jahres auch den schwedischen Großen präsentierte. Im Sommer 1397 feierten diese Erik in Kalmar als Unionskönig, der an der Seite Margrethes regieren sollte.

Am 17. Juli 1397 wurde der 15jährige Erik in Anwesenheit von 67 Bischöfen, Prälaten und Rittern zum König über die drei nordischen Reiche gekrönt. Die eigentliche Herrin aber blieb Margrethe.

Interessanterweise liegt der Unionsbrief vom 20. Juli 1397 nur als Schreiben auf gewöhnlichem Papier vor, gesiegelt nur von wenigen, die der Dänin nahe standen. Das und anderes werten etliche Historiker als Beweis, daß die endgültige Vertragsfassung auf Pergament übertragen werden sollte. Dazu kam es jedoch nicht. Eine wirkliche Union blieb immer nur ein Projekt. Margrethe und die Großen Norwegens und Schwedens einigten sich nie endgültig.

Einiges spricht dafür, daß die Dänin die Angelegenheit bewußt in der Schwebe hielt. Der eigentliche Königsbrief für Erik vom 13. Juli 1397 wurde auf Pergament geschrieben. Er beinhaltet aber den Zusatz, daß Erik »bei uns alles macht, was er machen muß«, eine Rückversicherung der schwedischen Aristokratie (Den svenska historien, II, 199). Möglicherweise sagte die Formulierung Margrethe so wenig zu, daß sie diese nicht in das Unionspapier aufnehmen wollte. Dort lesen sich Eriks königliche Möglichkeiten tatsächlich weitaus umfassender: König der drei Reiche auf Lebzeiten, ein künftiger Sohn als Erbe der Krone. Nur bei Kinderlosigkeit sollten sich die Repräsentanten der drei Reiche zur Bestimmung eines Nachfolger zusammenfinden. Das waren Bestimmungen, die vermutlich die meisten der Anwesenden nicht siegeln wollten.

Heute interpretiert die Mehrheit der Historiker den Unionsbrief als Beleg für einen Gegensatz zwischen Zentralmacht und Ratsaristokratie von Anfang an. Die Herren setzten durch, daß »jedes Reich … nach seinen eigenen Gesetzen gelenkt werden« sollte, in Schweden beispielsweise die Schloßlehen somit nur in die Hände von Schweden gegeben werden durften (ebd., 200). Dem konnten und wollten Margrethe, Erik und wohl auch mancher dänische Große nicht zustimmen. So verzögerte die Regentin offenbar die bindende rechtliche Fixierung der Union, akzeptierte ein »irgendwie vorläufiges«, nicht wirklich fertigformuliert wirkendes Dokument (Hörby, 127) .

Für diese Auffassung spricht, daß im Krönungsbrief durchgesetzt werden konnte, daß die Krone nach dem Erbprinzip über die Schloßlehen verfügen durfte. Dem aber wollten wiederum die siegelnden Großen im eigentlichen Unionsdokument nicht zustimmen. So blieb nur das nicht zufällig im Dänischen Reichsarchiv erhaltene papierne Original mit der beschwörenden Formel, die nordischen Reiche »sollen nie mehr getrennt werden, so Gott will« (Åberg, 136). Bald zeigte es sich, daß vor allem nicht wenige der Beteiligten keine solche ewige Verbindung wünschten.

Einig waren sich Dänen, Norweger und Schweden offenbar in der Absicht, die Macht der Deutschen in Nordeuropa einzudämmen. Daran zweifeln auch die Historiker nicht. Weniger eindeutig scheinen manchem von ihnen jedoch die Antworten darauf, was Margrethe wollte. Einige urteilen, es gäbe keine Beweise für die Absicht Margrethes, ein dänisch beherrschtes nordisches Großreich zu schaffen. Die Königin hätte zwar auch in Schweden wie ihr Vater in Dänemark eine Rückgabe der Donationen an die Krone durchgesetzt. Doch habe sie sich immer entsprechend mit dem schwedischen Reichsrat abstimmen, nationale Gegensätze vermeiden wollen. Gewiß, so ist sie aufgetreten, hat ihrerseits versucht, Feuer und Wasser zu mischen, die Stärkung der Königsmacht angestrebt.

Vielleicht brachte Margrethe den Schweden wirkliche Zuneigung entgegen. Ihre häufigen Reisen dorthin allerdings belegen solches ebenso wenig wie die Ehrerbietungen, die sie gerne und auffallend dem Kloster Vadstena bekundete. Sie unterstützte die Heiligsprechung der Birgitta Birgersdotter, der bis heute einzig offiziellen Heiligen des Nordens, damals eine der bekanntesten europäischen Persönlichkeiten. Die Königin nannte sich gerne eine »Schwester« der verstorbenen Politikerin, Dichterin und Ordensgründerin. In die schwedischen Schlösser jedenfalls setzte schon sie ihre Gefolgsleute, Dänen und auch deutsche Ritter. Als Margrethe 1412 starb, König Erik endlich alleine schalten und walten konnte, führte er nur fort, was sie längst begonnen hatte.

Er hatte vieles gewollt, manches begonnen, nur weniges glücklich vollenden können, Erik von Pommern, der bekannteste Unionskönig. Er war Herrscher über das ausgedehnteste Reich Europas im ausgehenden Mittelalter, Erbe der Gedanken und Hoffnungen Margrethes. Ganz sicher keimte der Verfall des Unionsreiches bereits in den Anfangsjahren der Herrschaft der zielbewußten Dänin. Wie ihre Vorgänger auf dem schwedischen Thron, Magnus Eriksson und Albrecht von Mecklenburg, konnte Margrethe schwedische Politik nicht ohne gewichtige Steuerbelastungen organisieren. Auch ihre Basis verminderte sich durch den ständigen Wechsel des Steuerbodens in Adelsbesitz. Gleichzeitig wuchsen die Kriegsausgaben ins Gigantische. Später hatte sie an den Deutschen Orden und die Mecklenburger für den Erwerb Gotlands zu zahlen, durchlebte kostspielige Reibereien mit den Holsteinern gegen Ende ihrer Herrschaft. Unmittelbar vor ihrem Tode, auf einem Konzil zu Arboga 1412, brach sich die Unzufriedenheit in Schweden Bahn. Die dortigen Prälaten klagten scharf, Margrethes Steuerrechnungen verletzten die kirchlichen Freiheiten, negierten die Grundgesetze des Reiches Schweden. Eine solche Behauptung war gefährlich für die dortige Königsmacht, die traditionelle Ankündigung scharfer Auseinandersetzungen der Aristokratie mit der Krone.

Begrüßten seinerzeit hohe Würdenträger Schwedens freudig den Sturz Albrechts, so meinten nun manche von ihnen, Margrethes Regierung »bedeutete ... keine Verbesserung im Vergleich zum mecklenburgischen Regime« (Den svenska historien, III, 28). Wieder einmal glaubte man dort, vom Regen in die Traufe gekommen zu sein. Und König Erik mangelte es offenbar an jenem Feingefühl, mit dem Margrethe selbst schmerzhafte Eingriffe in die kirchliche Autonomie versüßte. Mit päpstlicher Hilfe setzte sie gegen den Willen des Domkapitels von Uppsala ihren dänischen Reichskanzler als Erzbischof ein. Wenig später konnte die Königin auch noch einen der Ihren als Erzdiakon durchsetzen. Sie schluckten, warteten auf ihre Stunde, die mächtigen Männer der Kirche Schwedens. Sie bemerkten bald, daß König Eriks Wünsche ausuferten, weit über den nördlichen Ostseeraum griffen.

Als mit der Niederlage des Deutschen Ordens bei Tannenberg 1410 dieser als »Vermittler« – mehr Konkurrent denn unparteiischer Sachwalter – zwischen Margrethe und Erik einerseits und den Mecklenburgern andererseits ausschied, begann Erik erstmalig von einem

»Dominium maris Baltici«, einer Herrschaft über den Ostseeraum zu träumen. Forderte er zunächst nur Estland vom Orden zurück, so weiteten sich seine Ziele schnell. Nun wollte er auch den Novgorodhandel kontrollieren. Vergessen waren die Erfahrungen, die nur etwa ein Jahrhundert vorher schon den schwedischen König Magnus Eriksson scheitern ließen. Wieder stand die Hanse im Wege, zusätzlich provoziert durch die Einführung des Öresundzolls.

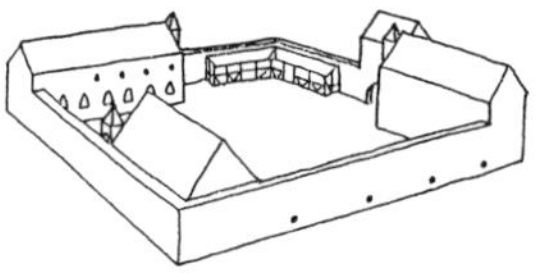

Rekonstruktionszeichnung des hochmittelalterlichen Aussehens der Burgen Kronborg (oben) und Helsingsborg (unten) zu beiden Seiten des Öresunds.

Der Öresundzoll

Als sich die Einnahmen aus dem Heringsfang verringerten, beschloß König Erik vom Pommern eine neue feste Abgabe im Sund: den Örezoll auf alle Waren, die zwischen Kattegat und Ostsee gesegelt wurden. Das durch eine starke Burg geschützte Helsingborg wurde nun für Jahrhunderte eine der wichtigsten Zollstätten der dänischen Monarchie. Hier sollten alle die Segel reffen und zahlen.

Nun bereuten Lübecks Hansen gewaltig, daß sie 1385 die dänischen Schloßpfänder längs des Sunds zurückgegeben und die Warnungen der preußischen Städte vor neuerlichen Übergriffen der dänischen Krone gering geachtet hatten.

Im Herbst 1422 erhob Erik erstmals Gebühren, drängte im Mai 1423 bei Verhandlungen mit den Repräsentanten der wendischen Hansestädte auf Zusicherungen, entweder die Zollsätze des Schonenmarktes steigern oder ständige Transitgebühren im Sund erheben zu dürfen. Der Streit verschärfte sich, mehrere Seeschlachten entschied der Däne für sich. 1429 jedenfalls wurde bereits gezahlt, 1857 zum letzten Mal.

Erste Kompromisse zwischen Erik und der Hanse bzw. den Holsteinern – die Bestätigung der Hanseprivilegien für das Unionsreich und die Bekräftigung bestimmter Besitzrechte der Holsteiner in Südschleswig – erwiesen sich als wenig tragbar. Sie mußten auf Sand gesetzt sein, weil der Unionskönig kurz nach 1430 in Schweden nahezu alle Schloßlehen mit Dänen und Deutschen besetzt hatte. Nun baute der dortige Hochadel auf Konflikte des Königs mit der Hanse und den Holsteinern. Bedauerlicherweise erlauben die Quellen keine

Aussage über die Haltung der Bauern. Die Historiker kennen nur das Aufbegehren des Adels und des Klerus. Dort allerdings agitierte man nahezu modern. Die Opposition argumentierte national, verband eigene, sehr persönliche Ansprüche mit der Klage, Erik wolle wider alle Vereinbarungen Schweden in ein dänisches Erbreich umwandeln. Schon jetzt verpflichte er die Vögte und Herren der Burgen und Schlösser auf eine Übergabe an seinen Cousin Bogislaw IX. von Pommern, den künftigen Unionskönig von Eriks Gnaden.

Bald zeitigte die hansische Seeblockade spürbare Auswirkungen. Die Menschen im Norden entbehrten das lebenswichtige Salz. In den Bergbaugebieten des schwedischen Dalarnas stapelte sich unveräußerliches Stangeneisen. Nun öffneten sich offenbar auch die einfachen Menschen der antiköniglichen Propaganda, brach dort der Aufstand aus.

Noch bis in unser Jahrhundert hinein galt der schwedischen Geschichtsschreibung der Bergmann Engelbrekt Engelbrektsson (um 1390–1436) als Symbol schwedischen Freiheitsstrebens gegen dänische Unterdrückung. Die moderne Forschung bezweifelt aber wohl doch berechtigt primäre nationale Bestrebungen.

Als sicher gilt, daß Dalarnas Bergleute und Bauern Mitte Juli 1434 vor Stockholm lagerten. Wenig später schanzten Engelbrekts Kämpfer bereits vor Nyköpinghus und Ringstadholmen bei Norrköping. Auch ist eine Zusammenkunft der aufständischen Führer mit einigen Reichsräten in Vadstena quellenkundlich belegt. In dessen Folge sagten drei Bischöfe und 16 Räte dem König brieflich den Gehorsam auf. Erst jetzt wuchs der Bauernaufstand auch zur nationalen Erhebung der Reichsräte gegen den Unionskönig Erik. Er richtete sich aber kaum gegen die Union als solche – ein romantischer Irrtum des 19. Jahrhunderts.

Der König und der Rat einigten sich am 3. Mai 1435 im Vertrag zu Halmstad auf die Anerkennung Eriks als König in Schweden, wenn der Herrscher zukünftig Schwedens Landesgesetze beachte. Hier stimmte Erik auch zu, den Reichshauptmann der aufständischen Heere, Engelbrekt, mit dem Schloß und Län Örebro zu belohnen. Man wird streiten können, ob der Monarch willens und in der Lage war, dieses Versprechen zu erfüllen. Die 25 Ratsmitglieder, unter ihnen der neue schwedische Erzbischof und Engelbrekt, hatten sich jedenfalls eidlich verbunden, »sich niemals König Erik zu beugen, sondern statt dessen ihn und seine Anhänger zu bekämpfen, wenn er das Abkommen von Halmstad anders deuten wolle« (Den svenska historien, III, 80–81).

Rasch zeigte sich, daß dieser Frieden keine Probleme löste. Im Juli 1435 bestätigte König Erik in Vordingborg die Privilegien der Hanse im Norden. Anschließend wandte er sich erleichtert dem schwedischen Unruheherd zu. Ihrerseits verunsichert bekräftigten im gleichen Herbst Repräsentanten des schwedischen Hochadels und des Unionskönigs alles, was man in Halmstad diskutiert hatte. Man einigte sich nun sogar, Stockholm, Nyköping und Kalmar dem Herrscher zur freien Verfügung zu überlassen. Die Opposition bestand nur noch auf der Forderung, Erik »solle den Rat hören, aber nach eigenem Gutdünken handeln« (ebd., 83). Dieses Zugeständnis räumte dem König die freie Verfügung über die Schloßlehen ein, war eine Folge des hansischen Friedens.

Wer immer auch in Stockholm dieses Abkommen bejaht hatte, am 11. Januar 1436 jedenfalls war es nicht mehr die Tinte wert. Eine einflußreiche Gruppe der Ratsaristokraten widerrief in Arboga das Stockholmer Papier. Erneut begann der bewaffnete Kampf, nun auch schon als interne Rivalität zwischen Engelbrekt und dem energischen schwedischen Hochadligen Karl Knutsson Bonde (1408–1470) um die Führerschaft. Die Ermordung des erkrankten Engelbrekts auf einer Insel im Hjälmaren am 4. Mai 1436 beraubte die Bauern und Bergleute ihres fähigsten Sprechers innerhalb der Aufstandsbewegung.

Während die schwedische Oberschicht nach Absprachen mit dem Herrscher suchte, kämpften die Bauern weiter. Sie stritten um eigene Ziele, kümmerten sich wenig oder gar nicht um schwedische oder dänische Herren in den festen Schlössern. Bauern und Bergknappen forderten die Aufhebung der drückenden Steuern, wünschten das Ende der kriegerischen Auseinandersetzungen rund um die Ostsee.

Tatsächlich wurde der bedeutendste Bauernkrieg Schwedens sowohl unter nationalem als auch sozialem Vorzeichen geführt. Der Widerstand gegen dänische Steuerbedrückungen und Proteste gegen gesteigerte Ansprüche ihrer schwedischen Herren einte die Haufen der Bauern und Bergknappen. Dem Hochadel gelang, sie ihrer glänzenden Führer zu berauben, den Kampf teilweise in einen Krieg gegen die dänischen Söldnerheere zu lenken. Wirklich zerschlagen konnten die Reichsräte die Bauern keineswegs, wollten es möglicherweise mit einem besorgten Seitenblick auf die gefährlichen dänischen Widersacher auch nicht.

Die Großen der drei nordischen Reiche einigten sich 1439 noch einmal auf einen gemeinsamen Herrscher. Christoph von Bayern war jedoch kaum mehr als ein »Präsident in einer skandinavischen Adelsrepu-

blik« (Kjersgaard, Geschichte, 31) und mit seinem Tode 1448 stellte sich die Thronfrage neu.
Obgleich Karl Knutsson Bonde sehr geschickt nationale Stimmungen im schwedischen Volk schürte, erstrebte er lange Zeit auch die Krone Norwegens. Im Herbst 1449 ließ er sich in Hamar sogar als norwegischer König huldigen. Das wie auch der Friedenskongreß der Ratsaristokratie Dänemarks und Schwedens im Frühjahr 1450 in Halmstad belegen, wie tief verwurzelt gerade hier noch der Gedanke an eine Stabilisierung der Union war. Man einigte sich auf die Formulierung, die Union »unter allen Umständen« wieder stärken zu wollen (Den svenska historien, III, 125).
Die Herren konnten dennoch nicht übereinkommen, meinten jeweils den eignen Machtzuwachs innerhalb des nordischen Einheitsreiches. Für den dänischen Thronkandidaten Christian von Oldenburg, einen Neffen Adolfs, des mächtigen Herzogs von Schleswig, entwickelten sich die Dinge aber glücklich. Als Karl Knutsson Bonde Anfang der fünfziger Jahre durch Extrasteuern Kirche und Adel Schwedens verärgerte, bot die empörte schwedische Opposition unter dem Erzbischof von Uppsala ein Heer gegen ihn auf. Am 23. Juni 1457 huldigte man Christian I. auch in Schweden, hörte befriedigt, daß dieser im Königseid alle Forderungen des schwedischen Reichsrates bestätigte.
Zunächst interessierte sich Christian I. entschieden mehr für die Machtkämpfe um Schleswig. Nach dem Tode des kinderlosen Herzogs Adolf 1459 wählte »die Ritterschaft Schleswig-Holsteins« im März 1460 Christian I. zum dortigen Herrscher (Hörby, 190). Die dänische Historiographie vermutet heute, Christian habe gedroht, »das Herzogtum Schleswig zur dänischen Krone« zu schlagen, falls er neben der damaligen Grafschaft Holstein nicht auch als Herzog in Schleswig bestätigt würde. Das habe »für die Ritterschaft« alles entschieden. »Daß Schleswig und Holstein unter ein und demselben Herrn verblieben, war für sie wichtiger als alles andere gewesen« (ebd.). So konnte der Oldenburger Schleswig und Holstein in Personalunion mit Dänemark verbinden. Christian I. brüskierte die Schweden erst, als er 1461 auch hier Steuern verkündete, um seine Brüder und den Herzog von Schauenburg für deren Verzicht auf Schleswig auszuzahlen. In Stockholm und anderswo in Schweden konnte sich niemand begeistern, Christians I. Erbansprüche in Schleswig begleichen zu müssen. Die wenig später beginnenden Unruhen fügen sich in das bekannte Bild. Der Machtkampf endete erneut in der Vertreibung des Dänen.

Ein kurzes Intermezzo mit Karl Knutsson Bonde schloß mit der offenen Herrschaft der Ratsaristokratie in Schweden. Nun bestimmten Reichsverweser die Politik. Die Herren fanden vor allem unter den Bauern wachsenden Rückhalt gegen neuerliches dänisch dominiertes Herrschaftsstreben. Mächtige schwedische Adelsfraktionen prägten in den nächsten Jahren die Entwicklung. Einzelne einflußreiche Aristokraten sammelten wieder und wieder Bauernaufgebote für ihre Ziele.

Im Mai 1470 erklärte einer der engsten Vertrauten Karl Knutsson Bondes, dessen Neffe Sten Sture, er sei von dem sterbenden Onkel durch einen heiligen Eid verpflichtet worden, als künftiger Reichsvorsteher Schweden zu befrieden. Damit begann die Schlußetappe auf dem Wege zur Bildung des frühneuzeitlichen schwedischen Nationalstaates in der Auseinandersetzung mit dem dänischen Königtum. Sten Sture (um 1440–1503) begann zielstrebig den Kampf gegen das feudale Chaos im Lande, glaubte zunächst in der Parteinahme für Christian I. und das Unionskönigtum die innere Spaltung überwinden zu müssen. Doch überspannte der Däne den Bogen, wollte die Herrschaft nicht mit dieser Fraktion des schwedischen Hochadels teilen. Er organisierte einen neuerlichen hansischen Boykott gegen Schweden. Zu den Verhandlungen erschien er mit einer starken Flotte vor Stockholm, zwang die Sture-Partei zur Neuorientierung auf den bewaffneten Kampf an der Spitze der Bauern Dalarnas. Während andere Reichsräte noch um einen neuerlichen Kompromiß mit Christian I. rangen, griff Sten Sture die aufmarschierten Dänen bei Brunkeberg vor den Toren der Hauptstadt an. In unmittelbarer Nähe des heutigen Hauptbahnhof Stockholms unterlagen die sieggewohnten Söldner Christians I. nach blutigem Kampf am 10. Oktober 1471. Lange Zeit werteten die Chronisten des Landes das Treffen stolz als ersten Triumph der schwedischen nationalen Erhebung. Noch heute symbolisiert das Denkmal des heiligen Georg, des Drachentöters, in Gamla Stan – der Altstadt Stockholms – diese Auffassung. Es war dennoch ganz anders.

Auf seiten König Christians kämpften einflußreiche schwedische Adelsgeschlechter, unter ihnen die später Schwedens nationale Größe repräsentierende Familie Oxenstierna. Sie banden ökonomische Interessen an den Unionsmonarchen. Und selbst ein starkes Aufgebot uppländischer Bauern stritt an der Seite der Dänen. Gegen die Union standen bei Brunkeberg Dalarnas Bergleute und Bauern sowie die Stockholmer Bürgerschaft. Man kann wohl berechtigt folgern, daß die zentralisierte Handelspolitik der Reichsverweser Sten Sture und sei-

ner Nachfolger eine wesentliche Ursache für die neuerliche Zuspitzung der Konflikte mit Dänemark war. Zwischen den ökonomischen Interessen der Dänen und einer eigenständigen schwedischen Warenproduktion für die europäische Nachfrage auf dem Eisen- und Kupfermarkt waren unüberwindliche Widersprüche gewachsen. Damit seien in Schweden Kräfte gewachsen, die »in staatlicher Selbständigkeit mehr Sinn als in einer nordischen Union sahen« (Peters, 47).
Offenbar konnte die Mehrheit des Hochadels ein Unionskönigtum dann akzeptieren, wenn die eigenen Interessen gewahrt blieben. Dagegen zwang die Opposition der Bauern und Bergleute Dalarnas, die Interessen der Stockholmer Bürger wie auch die Handelsverbindungen der Fleisch- und Butterexporteure der südlichen Landschaften Schwedens die weitsichtigsten Repräsentanten des schwedischen Reichsrates zur Ablehnung der Union. Wollte Sten Sture an der Spitze dieser Bewegung stehen, mußte er die antidänischen Gefühle nutzen, die Schlacht bei Brunkeberg selbst »zu einem nationalen Siege über ›den Erbfeind‹« manipulieren (Den svenska historien, III, 159). Dennoch konnte auch dieser energische Feldherr und nationalbewußte Politiker den neuerlichen Triumph des Unionskönigtums auch in Schweden auf die Dauer gegen die Mehrheit der dänenorientierten Aristokraten Schwedens nicht verhindern.
Mit einem gutgerüsteten Heer marschierte der Sohn Christians I. und neue dänische König Hans (1481–1513) im Sommer 1497 nach Schweden, belagerte kurze Zeit Stockholm. Ein vereinbarter Ehevertrag zwischen Dänemarks Kronprinz und einer Tochter des Moskauer Großfürsten bzw. ein formelles Bündnis beider Kronen gegen Sten Stures Allianz mit Lübeck, Riga und dem Deutschen Orden einige Jahre früher, hatten einflußreiche Mitglieder des schwedischen Reichsrates zum Widerstand gegen den ihnen zu mächtigen Reichsverweser ermutigt. Mit dem Erzbischof von Uppsala an der Spitze forderten sie die Anerkennung des Dänen als Unionskönig, drohten der Sture-Partei mit dem Bürgerkrieg. Im Frühsommer 1497 hatte der Reichsverweser den Sitz des Erzbischofs niedergebrannt, ihn selbst und einige dänenfreundliche Reichsräte Schwedens in der erzbischöflichen Feste Stäket eingeschlossen. Die Erfolge des dänischen Heeres unter König Hans Ende Juli und eine Niederlage der Sture-Truppen am 29. September 1497 entschieden jedoch den Kampf. Nun schloß sich auch Sten Sture schließlich widerstrebend dem übermächtigen Dänen an, ritt an seiner Seite am 11. Oktober in Stockholm ein. Unweit seines größten Triumphes ein gutes viertel Jahrhundert zuvor, erlebte der Schwede kaum sonderlich glücklich die Erneuerung der Union.

Als aber einige Jahre später am 17. Februar 1500 das dänische Heer nahe Hemmingstedt durch die Dithmarscher Bauern vernichtend geschlagen wurde, erhoben sich auch die Schweden neuerlich gegen die dänische Herrenmacht. Am 6. Mai 1502 kapitulierten die letzten dänischen Verteidiger des königlichen Schlosses in Stockholm. Wieder hatte Sten Sture die Union zerbrochen. Alle Versuche König Hans', die schwedische Herrschaft zurückzugewinnen, waren in den folgenden Jahren vergebens. Dagegen gelang es den Dänen, die in Norwegen ausgebrochenen Unruhen niederzuwerfen. Das ließ die Herren in Kopenhagen hoffen, schließlich auch die Schweden doch noch zu beugen. König Hans' Sohn Christian II. (1481–1559) hielt sich für berufen, das alte Unionsreich Margrethes und Eriks von Pommern mit Gewalt neu zu schaffen.

Christian II. und das Ende des Unionskönigtums

König Christian II. von Dänemark, nach einem Holzschnitt von Lucas Cranach von 1523.

Das sogenannte »Blutbad von Stockholm« beschäftigt bis heute immer wieder die dänischen und schwedischen Historiker, wurde zur »klassischen Streitfrage in der nordischen Historiographie« (Hörby, 250). Einig sind alle Kenner, daß dieses Ereignis »die Schlußkatastrophe in dem langen, erbitterten Kampf zwischen den Parteien im zerrissenen Schweden« war (ebd.). Erhalten ist ein pergamentbeschriebenes Dokument mit acht Siegeln, im dänischen Reichsarchiv aufbewahrt. Darin bekundeten Erzbischof Gustav Trolle und 14 weitere schwedische Geistliche, sie hätten am 8. November 1520 auf Gebot König Christians II. über die »offenbare Ketzerei« Sten Stures und seiner Anhänger befinden müssen. Obgleich damit inzwischen auch eine gewichtige Mitschuld der schwedischen geistlichen Opposition zur Fraktion um den jungen Sten Sture (um 1492–1520) an der Massenhinrichtung belegt ist, erwächst das Ende des Unionskönigtums doch ebenso zweifelsfrei vor allem aus der Fehlentscheidung König Christians. Er hatte um die Mittagsstunde des 7. Novembers 1520 die Feierlichkeiten anläßlich seiner

Krönung zum Erbkönig in Schweden höchst gewaltsam unterbrechen lassen. Zahlreiche Damen und Herren des schwedischen Hochadels, viele Prälaten, auch Stockholms Ratsherren, wurden beschuldigt, die »Ketzerei« des toten Reichsverwesers gebilligt und befördert zu haben.

Mehrfach in den letzten Jahren hatte der Däne Christian II. seine Söldnerheere nach Schweden geführt. Nun hatte er gesiegt. Manche der Schweden an den langen Festtafeln im Stockholmer Schloß hatten dies beklagt. Sie sahen die neuen dänischen Herren ungern in Stockholm. Christian II. hatte ihnen noch vor seiner Krönung zum neuen Unionsherrscher geloben müssen, er werde ihre alten Rechte achten. Nur mit Zustimmung des schwedischen Reichsrates sollte er Gesetze im Lande erlassen, Steuern ausschreiben können. Widerwillig hatte der Monarch diesen Forderungen entsprochen und eine allgemeine Amnestie bejaht.

Am 4. November hatten sie ihm dennoch überraschend als »Erbkönig« huldigen müssen. Dies war ein deutlicher Bruch der vorhergehenden Vereinbarungen, widersprach den alten Fundamentalgesetzen Schwedens. Der Däne konnte kaum zweifeln, daß er schon bald nach den Feierlichkeiten mit heftigem Widerstand des hohen schwedischen Adels rechnen mußte. Er war deshalb entschlossen, schnell und kompromißlos zu handeln.

Wenige Jahre vorher hatte Schwedens Reichsverweser Sten Sture der Jüngere behauptet, er dürfe in Notzeiten über die Gelder der Kirche und ihre festen Burgen verfügen. Der Verteidiger klerikaler Machtfülle, Erzbischof Gustav Eriksson Trolle (1488–1535), wurde 1517 durch Sture gestürzt und außer Landes gejagt. Der Papst reagierte verärgert. Er bannte im September 1519 den »Ketzer« Sten Sture und dessen Anhänger. Christian II. bot sich an, als »Exekutor« das Urteil des römischen Stuhls zu vollstrecken.

Am 20. Januar 1520 wurde Sture in der Schlacht auf dem Eise bei Åsund tödlich verwundet. Der siegreiche Christian II. entschied für sich, demnächst auch dessen Gefolgsleute und andere unliebsame Kritiker königlicher dänischer Machtfülle in Schweden zu beseitigen. Noch am Nachmittag des 7. Novembers vernahmen viele der so plötzlich gefangenen Gäste der Krönungsfeierlichkeiten die Anklage. Erzbischof Trolle warf ihnen im Beisein Christians II. antichristliche Verschwörung und ketzerische Verstocktheit vor. Am nächsten Morgen sprachen die geistlichen Richter ihr »Schuldig«. Das Urteil eröffnete dem König die gewünschten Möglichkeiten. Wer als »Ketzer« schuldig geworden war, bestimmte er selbst.

Unter den 82 Opfern, die Henker Jürgen Homuth auf dem Stockholmer Hauptmarkt selbst zählte, waren viele gar nicht in der Anklageschrift des Erzbischofs verzeichnet gewesen. 32 Bürger Stockholms mit den drei Bürgermeistern an der Spitze starben ebenfalls an diesem 8. November. Es »war ein gräßlicher und unbarmherziger Mord«, berichtete Schwedens Reformator und Historiker Olaus Petri (1493–1552) kurze Zeit später (Den svenska historien, III, 207). In Vadstena und Jonköping ließ Christian II. auf seiner Heimreise nach Dänemark weitere Gegner königlicher Souveränität töten. Die gesamte Opposition schien vernichtet, glaubte der König und irrte gewaltig.

Schnell brachen in diesen Wochen an mehreren Orten Aufstände aus. Einer der Anführer war Gustav Eriksson Vasa, ein Verwandter Sten Stures. Die Bauern und Adligen Dalarnas wählten ihn im Januar 1521 zu ihrem Hauptmann. Christians II. Statthalter in Stockholm konnte nur geringe Streitkräfte gegen die Aufständischen aufbieten. Er unterlag bei Brunbäcks Fähre am Dalälv Anfang April. Wenige Wochen später schlugen die »Dalkerle« – das Heer Gustav Eriksson Vasas – bei Västerås eine weitere dänische Armee. Auch Erzbischof Gustav Eriksson Trolle wurde in Uppland besiegt. Nun wechselte der dänenverbundene Teil des schwedischen Hochadels im Sommer 1521 auf die Seite der Sieger. Im August des Jahres wählten der Reichsrat und die aufständischen Bauern Gustav Eriksson Vasa zum Reichsverweser.

Damals lebte die Mehrheit der Schweden in Uppland, Östergötland, um Kalmar und in den Bergbaugebieten Dalarnas. Schon im 15. Jahrhundert hatten sich in Bergslagen in Dalarna bedeutende Erzgruben und Hütten entwickelt. Seit etwa 1510 gewann man in Sala nordwestlich von Uppsala Silber. In Västmanland, Dalarna, Närke, Värmland, Uppland, Södermanland und Östergötland waren zahlreiche neue Eisenhütten errichtet worden. Schwedische Kaufleute drangen damals auch in den Danziger Handel ein, belieferten selbst Lübecks Patrizier. Vasas Erfolg beruhte »zum großen Teil auf Christians lübeckfeindlicher Politik, die den Export der Grubeneigner bedrohte« (Den svenska historien, IV, 17). So wurde diese einflußreiche Schicht für den Aufstand gewonnen.

Aber es waren wohl vor allem die frühabsolutistischen Bestrebungen Christians II., die neben dem Widerstand des schwedischen Hochadels auch die Opposition des dänischen und schleswig-holsteinischen Adels provozierte. Der dänische König hatte die Privilegien der eigenen Nobilität eingeschränkt und die Freiheiten der dänischen Bauern erweitert.

Auch im mächtigen Lübeck war ihm ein gefährlicher Feind erwachsen. Christian II. förderte im eigenen finanzpolitischen Interesse zielstrebig die dänische Kaufmannschaft. Er wünschte, die Ostseeherrschaft der hansischen Städte zu brechen. Unmittelbar nach der Einnahme Stockholms im September 1520 ließ der König dänischen und schwedischen Kaufleuten Pläne zur Verdrängung der Lübecker vortragen. Er verfügte die Erhöhung des Ostseezolls durch den Öresund. Gleichzeitig knüpften seine Beauftragten Verbindungen zu holländischen Kaufleuten. Das konnte Lübecks Rat nicht hinnehmen.

Die Deutschen und einige dänische Aristokraten führten bedeutungsvolle Gespräche mit dem Onkel des dänischen Herrschers, Herzog Friedrich von Holstein (1471–1533). Außerdem vereinbarte Lübeck gemeinsame Maßnahmen mit Danzig. Bald verhandelten Sondergesandte der Travestadt auch mit dem neuen Reichsverweser Schwedens.

Gustav Eriksson Vasa bot zu Jahresbeginn 1522 den Lübeckern für Geld und deutsche Landsknechte die Zollfreiheit im Handel mit Schweden an. Auch wollte er die eigenen Kaufleute auf den Ostseeraum begrenzen, keine schwedische Kogge durch den Öresund segeln lassen.

Die Herren Ratsverwandten der Travestadt kalkulierten schnelle Gewinne sowohl für Lübecks Positionen im Ostseeraum als auch in den Bilanzen der einzelnen Patrizierhäuser. Noch im Frühjahr segelte eine erste Flotte mit Waffen und kampferprobten Kriegsknechten nach Schweden. Schon im Herbst 1522 folgte eine zweite. Mit Lübecker Waffenhilfe eroberte Vasa 1523 die Festungen der Dänen in Schweden und Finnland.

Mit Geld aus den Lübecker Kassen siegte auch Friedrich von Holstein. Im März 1523 konnte er schließlich seinen Neffen Christian II. außer Landes treiben. Beunruhigt vernahm Gustav Eriksson Vasa Gerüchte über neuerlich geäußerte dänische Unionspläne. Friedrich I. von Dänemark suchte sich die entsprechenden hansestädtischen Sympathien mit großzügigen handelspolitischen Versprechungen zu sichern.

Schwedens Reichsverweser mußte schleunigst reagieren. Es galt, Lübecks Gesandte zur Reichsversammlung der schwedischen Stände in Strängnäs im Frühsommer 1523 für ein eigenständiges schwedisches Königtum einzunehmen. Die Hanseaten entschieden sich schließlich für die Bejahung eines unabhängigen Schwedens. Ihnen blieb wichtig, daß keine der beiden nordeuropäischen Mächte übermächtig wurde. Sie hatten vielleicht auch gar keine Wahl angesichts der deutlich dokumentierten Freiheitsbestrebungen der Mehrheit der

Anwesenden in Strängnäs. Am 6. Juni 1523 wählte der Reichstag den Reichsverweser zu Schwedens König. Gustav I. konnte am 24. Juni mit großem Gepränge in Stockholm einziehen. Dessen Tore sollten sich nie wieder dänischen Heeren öffnen.

Alltagsleben und soziale Veränderungen auf dem Lande

Neuere Forschungen dokumentieren, daß manche früheren Schlüsse über das Wirtschaftsleben, den Alltag und die sozialen Veränderungen in Dänemark neu überdacht, manchmal sogar angezweifelt werden müssen. Es fällt auf, daß bestimmte historische Prozesse im Inselreich, in Jütland und den heutigen südschwedischen Landesteilen höchst unterschiedlich verliefen und bisher akzeptierte Verallgemeinerungen anfechtbar sind.

Es scheint, als wäre bis zum Spätmittelalter die Zahl der freien Steuerbauern stark gesunken, ein Prozeß, der in weiten Teilen Europas nachweisbar ist. Das gilt allerdings gerade für norddeutsche Nachbarterritorien Dänemarks in dieser Periode nicht. Die wenigen aufgefundenen Quellen belegen aber für Teile Seelands, daß bereits im 14. Jahrhundert vor der beginnenden Agrarkrise und den Pestjahren die übergroße Mehrheit der Bauern schon mehr oder weniger abhängige Hofbauern des Adels und der Kirche waren. Nur noch jeder achte besaß seinen Hof als Eigentümer.

In den datenmäßig erfaßten Bauerndörfern mischten sich die verschiedensten Eigentumsformen, lebten Untertanen der Kirche zwischen Pächtern verschiedener Adelsgeschlechter und freien Steuerbauern. Etwa jeder siebente Hof war Eigentum der Krone. Dem Zusammenleben der Bauern, Pächter, Häusler und dörflichen Unterschichten innerhalb der Siedlungen tat das offenbar wenig Abbruch, wenigstens belegen die Quellen keine innerdörflichen sozialen Auseinandersetzungen. Einiges spricht aber dafür, daß die sogenannte Landgilde, der Bodenzins, bis etwa 1300 beachtlich hoch war. Gewöhnlich erlegten die Bauern die Abgaben als Kornlieferungen, gaben Schweine, Gänse und Hühner. In den Küstengebieten Nordseelands fuhren sie manchmal auch Tonnen mit Meersalz auf die Adelssitze und zu den Vögten des Königs und der Kirche. In den westlichen Landesteilen Schleswigs wurde auch mit Butter gezinst. Dänische Abgabenbücher verzeichnen ferner Mehl, Leinwand und in manchen Gegenden sogar Fischernetze. Der Fronvogt des Bischofs von Roskilde erhielt von einigen Müllern des Stiftes Stiefel als

Abgabe. Diese höchst bemerkenswerte »Rente« wird von den Historikern als Beweis für »Nebentätigkeit« der Müller und ihres Gesindes gewertet. In jenen Zeiten, wo sich die Mahlsteine nicht drehten, niemand Korn brachte, werkelten manche Müller offenbar als Schuhmacher. Wahrscheinlich galten die Zunftprivilegien der städtischen Handwerker auf Roskilder Kirchenland wenig. Im übrigen sind damals schon Arbeitsdienste auf den größeren Eigenhöfen des Adels und der Kirche, selbst Geldzahlungen nachweisbar. Vor allem im Öresundtrakt lieferten die Bauern neben den üblichen Abgaben auch Heringe. Manches spricht dafür, daß die Bauern über die Rentleistungen hinaus mit Gewinn produzierten. Die Kaufmannsbücher der Hanseaten belegen, daß häufig Pferde gehandelt, bis 1300 immer auch und vor allem verschiedene Getreidesorten angebaut und verkauft wurden.

Olaus Magnus dokumentierte in seinen Holzschnitten in »Historia om de nordiska folken« auch einen regen Pferdehandel.

Damals boten die Dörfer ein anderes Bild als heute, drängten sich die Häuser dicht um die Kirche. Obwohl inzwischen erneut Zweifel bezüglich der sogenannten Wüstungen und eines auffallenden Rückgangs der Hofzahlen geäußert werden, haben die archäologischen Untersuchungen doch einige deutliche Befunde für Auswirkungen sozialökonomischer Veränderungen nach 1300 erbracht. Doch sprechen die dänischen Agrarhistoriker heute nicht mehr von einer Agarkrise sondern eher »von einer Wohlstandskrise« (Hörby, 98). Die Abgabenregister belegen, daß »die Landwirte des früheren Mittelalters Renten in einer Größe erlegen konnten, die die Bauern der späteren Zeiten nicht erbringen konnten und wollten« (ebd., 99). Eine überzeugende Erklärung dieses »Phänomens« kann allerdings bisher nicht gewagt werden.

Gleichzeitig belegten diese Forschungen auch bautechnische Entwicklungen und spürbare Änderungen der bäuerlichen Wohn- und Lebensweise. Es überraschte zunächst, daß die Häuser mancher Dörfer zwischen 1100 und 1500 immer wieder an gleicher Stelle, gewissermaßen als neue Kulturschicht entstanden, übereinander gebaut wurden. Stellten die neuen bäuerlichen Siedler ihre Holzhütten oder Lehm- und Fachwerkbauten auf, verwendeten sie gewöhnlich die Fundamente älterer Bauten. Die Siedlungshistoriker konstatierten, daß sich die dänischen Bauerndörfer des frühen Mittelalters »nicht sonderlich von denen« unterschieden, »die man aus der Eisenzeit kannte« (Kjersgaard, Borgerkrig, 297). Eine Seite des Hauses war als Stall abgeteilt. Mitten im einzigen größeren Wohnraum stand der Herd. Erst zu Beginn des 14. Jahrhunderts veränderte sich die Bauweise. Jetzt wurden Steinfundamente als Boden gemauert und darüber ein separates Wohnhaus errichtet. Ställe und Scheunen wurden als Nebengebäude gebaut. Gewöhnlich unterteilten die Bauern nun ihre Wohnbauten. Das Gesinde erhielt eine eigene Kammer. Zwei Feuerstellen, der Herd und ein Backofen, werden charakteristisch. Die Bauersfrau – so zeigt es ein Fresko in einer Dorfkirche – kochte Grütze über dem offenen Feuer, hängte den Topf nach Bedarf in unterschiedliche Höhe über die Flammen. Brot wurde im »Ofen« gebacken, nachdem dieser stark vorgeheizt, anschließend Glut und Asche herausgekratzt waren. Ein Loch in der Decke des Hauses war der Rauchfang.

Obgleich bis heute noch immer relativ wenige Untersuchungen alter Dorfformen vorliegen, gilt als gesichert, daß die dänischen Bauern des Mittelalters vor allem Holzhäuser aufstellten. Erst nach 1500 werden dort gesonderte »Wohnstuben« für die Bauersfamilie vom Wohn-Küchen-Trakt abgeteilt.

Wahrscheinlich waren die Sitztruhen zunächst das einzige »Mobiliar«, wohl als Bank für den bäuerlichen Hausherrn gedacht. Hier saß er alleine, verzehrte, was ihm die Frau gekocht hatte. Frauen und Mädchen aßen in dieser Zeit nicht gemeinsam mit dem Familienoberhaupt. Sie störten nur, war eine offenbar verbreitete Auffassung unter den niedrigen Dächern dieser Hütten und Häuser. Erst im Spätmittelalter nutzte man die Truhen auch für Kleidungsstücke, bewahrte mancher Bauer dort schon »Reichtümer« wie Schmuck und Leinen auf.

Man schlief später in einer Art Alkoven auf Stroh, manchmals bereits durch einen leinernen Vorhang abgetrennt. Einen Dachboden gab es während des gesamten Mittelalters nicht. An großen Haken hingen innen unter dem Spitzdach die Lebensmittel in Körben und Gefäßen herab. Schinken und Fleisch band man in den Rauch unterhalb der Dachluke oder Rauchöffnung. Alles im Haus war rauchgeschwärzt. Die später typischen einfachen Wandmalereien suchte man damals vergebens. Häuser galten als notwendiges, aber kaum sonderlich geschätztes tägliches Lebensbeiwerk. Eine Quelle von der Insel Fünen belegt für das 15. Jahrhundert einen Hausverkauf für 360 Schillinge. Interessanterweise berechnete man dabei für das Türschloß 24 Schillinge. In auffälligem Kontrast zu den einfachen, völlig schmucklosen Holzhäusern stand die Dorfkirche. Aus Stein gemauert, bunt ausgemalt, die Fenster manchmal sogar farbig verglast, blieb sie den Bauern der auch äußerlich sichtbare Mittelpunkt dörflichen Lebens. Sie sollte ihre wahre Heimstätte sein, hier trafen sich alle, ärmere und reichere Mitglieder der Dorfgemeinschaft.

Schon frühzeitig unterschieden sich freie und abhängige Bauern voneinander. Daneben trennten aber auch auffallende soziale Differenzierungen die Dorfgemeinschaft. Neben der kleinen Gruppe der Eigentumsbauern dominierten bei den Pachtbauern die sogenannten »Bryder«. Diese besaßen noch Teile ihres Hofes zu Eigentum. Sie bezahlten an die »Miteigentümer« – das waren manchmal die Grundherren, oft aber auch Eigentumsbauern – gewöhnlich Abgaben entsprechend dem Ernteertrag, in guten Erntejahren mehr als in schlechten. Und sie eigneten gewöhnlich größere Ackerflächen als die anderen, sozial schlechter gestellten Mitbauern. Eine weitere große Schicht stellten die »Landbor«, Bauern, die sich irgendwann unter den Schutz eines Herrn begeben hatten, und damit aus der Gruppe der freien, Waffendienst leistenden Steuerbauern ausgeschieden waren. Sie erlegten jährlich einen festgelegten Grundzins, unabhängig von den Ernteerträgen.

Schon damals existierten aber in den dänischen Dörfern auch jene, die nur ein kleines Stück Land besaßen. Sie steuerten dafür mit Hühnern, Gänsen, arbeiteten vor allem auf den größeren Bauernhöfen und den gewöhnlich noch relativ kleinen »Eigenwirtschaften« der Grundherren. Als Hofdienste Leistende entsprachen sie den Tagelöhnern und Kätnern späterer Perioden. Die unterste Schicht waren die sogenannten »Innesmänner«, die Einlieger, die als Knechte auf den größeren Höfen dienten, dort auch lebten. Während jedoch die Knechte manchmal noch benannt wurden, finden sich keine Berufsbezeichnungen für die Mägde und das sonstige weibliche Gesinde.

Die Quellen bis in die ersten Jahrzehnte des 14. Jahrhunderts dokumentieren, daß etwa die Hälfte des Reinertrages der bäuerlichen Wirtschaften in Form von Abgaben geleistet wurde, zweifellos eine hohe Belastung der Pachtbauern. Das resultierte aber daraus, daß der Grundherr in Dänemark gewöhnlich in dieser Zeit auch die »Hofwehr« stellte bzw. den Bauern mit Saatgetreide und Vieh versorgte. Verließ ein »Pächter« seinen Hof, mußte er in der Regel dem Nachfolger dieses »Zubehör« zum Hof überlassen.

Leider liegt bisher für die ältere Periode vor der sogenannten »Agrarkrise« der zweiten Hälfte des 14. Jahrhunderts nur ein Pachtkontrakt aus dem Jahre 1328 vor. Der Ritter Ingvar Hjart erhielt den Besitz Östergard von seinem Bruder, dem damaligen Bischof zu Roskilde, überlassen. Der schreibgewohnte Kleriker ließ eine Bestandsaufnahme anfertigen, die der Ritter quittierte. Dabei zeigte sich, daß Östergard eigentlich ein größerer Bauernhof war, aber mit geringem Viehbesatz und beschränkten Vorräten an Getreide, Öl und Butter. Wohlstand wurde hier nicht ausgewiesen. Deutlich wird, daß dieser niedere Adel durch die wenig später sich ausweitende Agrarkrise schwer getroffen, häufig sogar ruiniert werden mußte.
Tatsächlich berichten die Chroniken des Mittelalters des öfteren über schlechte Ernten, die viele ländliche Existenzen vernichteten. Durch fromme Rituale suchten Bauern und Grundherren gemeinsam, Gottes Gewogenheit und gute Ernten zu sichern. Mit dem Pfarrer des Kirchspiels an der Spitze, Heiligenbilder und Kreuze tragend, zogen sie alljährlich in den ersten Maitagen in einer Prozession um die Dörfer. Gewöhnlich gingen sie neun Mal um den Ort, hofften, damit erhört zu werden. Die kirchliche Zeremonie wurde durch ein Gebet aller am Kreuz in der Mitte des Dorfes beendet, häufig aber mit einigen kräftigenden Getränken »fortgeführt«. Einige der Priester verstanden sich auch hier als Vater der ihnen anvertrauten Gemeinde. Jedenfalls finden sich schon damals Sendschreiben mit mahnenden Worten an die seeländischen Geistlichen, keine »Gelage mit den Bauern zu halten, sondern sofort die ehrenwerten Sakramente … mit schuldiger Ehrerbietung zur Kirche zu tragen«, sich erst danach den üblichen Festlichkeiten hinzugeben (ebd., 289). Die bischöfliche Kanzlei wird gewußt haben, warum sie wenigstens vorher das Kirchengut gesichert haben wollte. Man feierte gerne in dänischen Dörfern, tat das offenbar auch recht heftig. So glaubte die Obrigkeit sich gut beraten, solche fröhlichen Zusammenkünfte durch festes Regelwerk zu steuern. Für jene Zeit drohten wahrlich nicht unerhebliche Geldstrafen, verstießen die Zecher gegen die Gewohnheiten. Selbst für zerbrochene Bänke galten festgesetzte »Gebühren«. Andererseits regelten auch Verordnungen, was die dörflichen Gemeinschaften steuern sollten, wenn unvermögende Bauern während der Arbeitsperioden erkrankten. Gute Nachbarschaft und gegenseitige Hilfe band größere und kleinere Bauern des jeweiligen Kirchspiels zusammen, erwuchs wohl aus der Notwendigkeit, das Überleben der Menschen zu sichern.
Waren bis etwa um 1300 ausreichend Menschen für die ländlichen

Tätigkeiten verfügbar, änderte sich das im Laufe des 14. Jahrhunderts deutlich. Jetzt mangelte es zunehmend an Arbeitskräften, mehrten sich – jedenfalls in Teilen Seelands – die »Wüstungen« rasch. Der Bischof von Roskilde, Nils Jakobsen Ulfeldt, ließ in den 70er Jahren des 14. Jahrhunderts ein neues Grundbuch seiner Höfe und Güter anlegen. Da das Bistum nahezu ein Sechstel aller seeländischen Höfe besaß, erlaubt diese Quelle wohl doch weitreichende Schlüsse über die Situation auf der Insel in dieser Zeit. Die Zahlen illustrieren einen auffälligen Rückgang der Häusleranwesen. Von diesen kleinen Höfen kamen vor allem die Knechte für die größeren bischöflichen Höfe. Gleichzeitig lassen sich deutlich herabgesetzte Abgaben der abhängigen Bauern feststellen. Einzelne Vögte vergaben bereits Teile des Haupthofes als zusätzliches Land an die zugehörigen Fronbauern des herrschaftlichen Bezirkes. So wollten sie diese Bauern an deren Höfe im Umkreis der unmittelbaren Burg- oder Klosterländereien binden und die notwendigen Arbeitsdienste auf dem eigentlichen Fronhof erhalten. Auf diese Weise wuchs ein Teil der »Häusler« allmählich zu Kleinbauern, »eine ziemlich spürbare Veränderung im Alltag des Dorfes« (ebd., 306). Auch um 1400 konnten – wenigstens verstehen einige Historiker die erhaltenen Quellen so – die Grundherren in Dänemark es nicht wagen, die Abgaben und Dienstleistungen ihrer Hofbauern und Häusler hochzusetzen. Selbst noch um 1420 parzellierten manche Grundherren auf Seeland ihre Eigenwirtschaften, die sich gewöhnlich weiterhin kaum von größeren bäuerlichen Anwesen unterschieden, um bäuerliche Pächter anzulocken. Hier verschwanden immer wieder Höfe und ganze Dörfer. 1407 wurde das Dorf Borup bei Fuglebjerg im südlichen Seeland in einer Quelle erwähnt, war aber bereits damals aufgegeben. Wald und Heide wucherten über die einstige Dorfmark. Erst die moderne Archäologie legte alles frei, weitere »verschwundene Dörfer« konnten in unserer Zeit wiederentdeckt werden. Es habe sich gezeigt, daß »Borup nur eine von Hunderten« aufgegebener Ortschaften war, bemerken die Autoren einer dänischen Geschichte. Vielleicht ist das zu vorschnell gefolgert, wie einige Kritiker meinen. Andere Kenner rechnen heute damit, daß auf Seeland ein Drittel bis ein Viertel aller Dorfgemeinschaften aus der Zeit des frühen Mittelalters verschwand. Liest man Bischof Ulfeldts Grundbuch, so »wirkt es wie ein tiefer Seufzer über die unglücklichen Zeiten« (ebd., 307). Worte, die in der Tat in einem zumindest einprägsamen Bild den Zustand der dänischen Agrarverhältnisse im Spätmittelalter umreißen! Erhaltene Schuldbriefe vom Ende des 14. Jahrhunderts bestätigen, daß zahlreiche kleinere Grundherren damals zu abhängigen Bauern herabsanken. Selbst größere Adlige, deren Höfe über weite Teile Seelands verstreut lagen, verschwinden jetzt aus der Geschichte. Schließlich wurde ein Adelshof sogar als Pfand »für ein braunes Pferd« gehandelt (ebd., 309).

Manche Historiker glauben, daß die Not des niederen und höheren Adels keine oder nur geringe Entsprechungen unter den Dächern der Bauernhütten und in den Katen der Dorfarmut gefunden habe. Steuerreduzierungen und verminderte Dienstverpflichtungen mußten von diesen Schichten »als eine Befreiung« empfunden worden sein. Ihre Arbeitskraft stieg im Wert. Sie wuchsen zu Kleinbauern und Pachtbauern. Eine Angleichung der verschiedenen Bauerngruppen und eine »Uniformierung« des sozialen Bildes des dänischen Dorfes sei die Folge gewesen. Anfang des 15. Jahrhunderts betrugen die feudalen Abgaben an manche Grundherren nur noch ein Drittel der Beträge hundert Jahre vorher. Wirklich besser ging es den Bauern offenbar dennoch nicht. Sicher verfügten viele von ihnen über ausreichend Lebensmittel. Aber Wohlstand, eine Perspektive für die Familie kann es kaum bedeutet haben. Die Menschen verließen ja nachweislich die Dörfer, taten das wohl nur, wenn sie ihnen keine oder nur noch unzureichende Lebensbedingungen boten. Die Nachfrage nach Agrarprodukten war mindestens ebenso spürbar gesunken, wie die Zahlen der Bauern und Knechte abgenommen hatten. Wirkliche Freude empfanden wahrscheinlich nur jene, die aus dem Ruin der kleinen Grundherren, der Katastrophe des niederen, Landwirtschaft treibenden Adels, künftige Gewinne erwarten konnten. Einige kapitalkräftige Aristokraten kauften große Grundherrschaftskomplexe zusammen, begannen die Umwandlung in ausgedehnte Eigenwirtschaften. Die Entwicklung umfangreicher Flächengüter »in immer weniger Händen« (ebd., 311) beginnt in jenen Jahren. Viele begüterte Aristokraten verlegten sich nun von der bisherigen Getreideproduktion auf Viehzucht und Butterhandel. Es bildete sich »eine neue Aristokratie der Viehmagnaten« (ebd.). In Dänemark »fraßen« nicht die Schafe die Menschen wie im England der frühen Neuzeit. Hier kündigte sich das Ende des Mittelalters in riesigen Ochsenherden an, bewirkte der Bedarf an Fleisch und Häuten in den Hansestädten und den schnell wachsenden niederländischen Kommunen umwälzende Veränderungen auf dem Lande.

Städtischer Alltag um 1500

Wie überall im Norden waren auch die Häuser der Städte des spätmittelalterlichen Dänemarks Holz- oder einfache, einstöckige Fachwerkbauten. Doch ermöglichte ein relativer Wohlstand über die Jahrhunderte bedeutende Veränderungen im Bild der dänischen städtischen Kommunen, wuchsen mit der Neuzeit großartige Renaissancehäuser der begüterten Kaufmannschaft, verschwanden nahezu alle Gebäude des Mittelalters, überdauerten auch die Hütten und Buden der Unterschichten die Zeitläufte nicht.

Während manches aus dem Schriftwechsel zwischen Großkaufleuten, dem König und dem Hochadel aufbewahrt wurde, finden sich naturgemäß nur wenige Papiere aus Kreisen der Handwerker, oft in Form von Bittschriften in den Behörden abgelegt. So formt sich ein Bild einer städtischen Gesellschaft mit offenbar kapitalkräftiger Oberschicht, interessant auch für das Königtum am Wechsel zwischen Mittelalter und früher Neuzeit, und einer größeren Gruppe weniger wohlhabender Zunfthandwerker in den sogenannten »Kaufstädten«. Das waren Orte, deren Marktrechte durch das Königtum privilegiert waren.

Wie in den deutschen Städten jener Zeit verwehrte das einheimische Patriziat den Zunftmeistern auch in Dänemark das Mitspracherecht und die Ratsmitgliedschaft. Der Rat ergänzte sich selbst, wollte vor allem die Steuerfreiheit erhalten wissen.

So regte sich offenbar nun auch hier Widerstand, stießen sich aber die Forderungen der kleinen Gewerbetreibenden an den königlichen Verboten jeder Opposition »gegen unsere Bürgermeister und Räte«, drohten noch Ende des 15. Jahrhunderts Widerspenstigen schwere Strafen (Kjersgaard/Hvidtfeldt, 123). Das war auch die Basis für ein teilweise schriftlich belegtes Einvernehmen einzelner Großkaufleute mit dem König. Andererseits untersagte auch hier ein herrscherlicher Erlaß den Erwerb adliger Güter auf dem Lande. Tatsächlich konnte sich auch nur eine Minderheit der städtischen Oberschicht über diese Beschränkungen hinwegsetzen.

Die Zunfthandwerker wußten sich aber wiederum einig mit der Kaufmannschaft, die städtischen Kaufmanns- und Handwerkermonopole gegen die Landbevölkerung durchzusetzen. Das schuf so etwas wie ein städtisches Gemeinschaftsgefühl zwischen Ober- und Mittelschicht. Jedenfalls sind ähnlich blutige Auseinandersetzungen um die Ratssitze wie in deutschen Städten bisher nicht bekannt geworden. Doch belegen auch die wenigen Quellen innerhalb der städtischen Bevölkerungsgruppen im Laufe des 15. Jahrhunderts wachsende soziale Unterschiede, klagten einzelne Handwerker in Schreiben an den König über materielle Not, mehrten sich die Differenzen zwischen den einzelnen Zünften.

DIE FRÜHE NEUZEIT IN DÄNEMARK

Thronwirren, Krieg und Reformation

Stehen die zahlreichen Kirchenbauten Dänemarks symbolisch für den Beginn des Hochmittelalters, so sind es die nahezu ebenso vielzähligen Herrenhöfe für die frühe Neuzeit. Sie dokumentieren gleichermaßen den Sieg der Adelswelt über das starke Königtum des späten Mittelalters, bezeugen den endgültigen Untergang der mittelalterlichen römisch-katholischen Kirche und der freien dänischen Bauern. In der Geschichte unseres Nachbarlandes ist Christians II. Scheitern Zäsur dänischer Entwicklung zwischen Mittelalter und Neuzeit.
Immer wieder rätseln die Historiker, warum der König 1523 Dänemark aufgab und vor den Adelsrebellen flüchtete. Er verfügte über ein kampfstarkes Heer. Bürger und Bauern sympathisierten mit dem Herrscher, waren zum Widerstand gegen die Adelsfronde und deren König Friedrich I. bereit. Kopenhagen und Malmö, die beiden bedeutsamen Kommunen des dänischen Reiches, standen entschieden zu Christian II. Damals mußte die Hauptstadt mehr als ein halbes Jahr belagert werden, bevor sie sich Friedrich I. öffnete. Malmö und Schonen widerstanden noch 1525 dessen Truppen. Hier und in Norwegen fand Christian II. bereitwillige Helfer, als er 1531 mit einem Heer nahe Oslo landete, dem Onkel die Krone wieder entreißen wollte. Friedrich I. hatte inzwischen dem Adel das »Hals- und Handrecht über dessen abhängige Bauern« – die Polizei- und Gerichtsgewalt – eingeräumt, sich damit kaum sonderlich empfohlen bei allen, die Christian II. anhingen. So fürchteten Dänemarks neuer Herrscher und selbstverständlich auch Gustav I. von Schweden diesen neuerlichen Machtkampf. Besorgt registrierten sie, welchen Zuspruch der Gestürzte unter Bürgern und Bauern fand.
Wenig später atmeten beide dann sehr erleichtert auf, verstanden, daß Christian II. zu einem Kompromiß neigte. Wie schon ein knappes Jahrzehnt zuvor, glaubte dieser Monarch plötzlich auch jetzt wieder seine Sache verloren. Tatenlos verharrte der »Bürgerkönig« (Venge, Tiden, 287), versuchte schließlich, sich auf dänischem Boden mit dem Usurpator auf dem Verhandlungswege zu vergleichen. Doch Friedrich I. negierte das gelobte »freie Geleit« für Christian, ließ den Neffen auf Schloß Sönderborg auf der Insel Alsen gefangensetzen.

Dänemarks Adel dankte es dem Holsteiner in der bemerkenswerten Würdigung durch den Aristokraten Arild Huitfeldt mehr als ein Menschenalter später, die »Erinnerung« an diesen großen Herrscher »müsse heilig gehalten und unvergessen bleiben für uns und unsere Nachkommen« (Danstrup, I, 165). Vom Standpunkt des Adels hatte er so unrecht nicht. Erstaunlich bleibt aber doch, daß 1977 der Historiker Johan Hvidtfeldt in eben diesem Sinne resümierte, der Holsteiner »wurde einer der bedeutendsten Politiker Dänemarks«, war ein »Vorkämpfer der Toleranz«. Dagegen sei Christian II. tatsächlich jener »Tyrann« gewesen als der er schon den Zeitgenossen galt, über den »nahezu das ganze dänische Volk, Bauern und Bürger, Knappen, Ritter und Prälaten« ein vernichtendes Urteil fällten (Kjersgaard/Hvidtfeldt, 541). Sicher kann kaum bezweifelt werden, daß Christian II. »keine eigentlich revolutionären Gedanken« hegte. In seinen Proklamationen »wurde bloß von der Unterdrückung der Bauern durch Kirche und Adel« gesprochen, sollte das Verhältnis zwischen Bauern und Herren »gerechter« werden (Venge, Tiden, 292). Aber immerhin war das auch eine ideologische Basis für manche Adelsrepräsentanten. Und tatsächlich schränkte Christian II. die Rechte des Adels über ihre Bauern ein. So war es gerade bürgerlicher und bäuerlicher Widerstand, der Friedrichs I. schnellem Triumph entgegenstand, lobten diesen wohl doch nur die Adligen und der hohe Klerus.

Sie konnten tatsächlich wenig klagen. König Friedrich I. zog sich bald wieder nach Gottorp zurück, ließ den hochadligen Reichsrat regieren. Dänemarks Aristokraten sahen wenig Grund, die Wünsche ihrer Bauern zu berücksichtigen. So war es denn auch auf Jütland besonders die unzufriedene Landbevölkerung, die Friedrichs I. Sohn, Herzog Christian, ablehnte. Unter Führung des legendären »Skipper Klement« stürmten sie 1534 dort die Herrenhöfe, brannten sie nieder und forderten die Freilassung König Christians II.

In jenen Monaten war Dänemarks Herrenstand höchst zerstritten, konnte sich nicht einigen, wer Nachfolger des am 10. April 1533 auf Schloß Gottorp verstorbenen Friedrichs I. werden sollte. Katholiken und Lutheraner standen sich gegenüber. Die Bischöfe der alten Kirche wünschten eher ein königloses Dänemark als Herzog Christian auf dem Thron. Einige von ihnen ließen solche Ansichten auch öffentlich verkünden. Wußten doch alle, wie sehr Friedrichs Sohn der neuen Lehre anhing. Besorgt bemerkten damals selbst standesbewußte Aristokraten, daß seit Christians II. Einmarsch in Norwegen unter den jütländischen »Bauern allgemeine Erregung herrschte« (Danstrup, I, 169). Auch war den Reichsräten bekannt geworden, daß sich die Bürgermeister Kopenhagens und Malmös mit Lübecks neuem mächtigen Mann, Jürgen Wullenweber, getroffen hatten. Alle drei hatten Herzog Christian einen Bund gegen die dänische Opposition angeboten, waren aber von dem Holstein-Gottorper abgewiesen worden. Wullenweber entschied sich nun für den Krieg gegen den dänischen Reichsrat und Friedrichs Sohn, gewann den Grafen Christoph von Oldenburg als Heerführer. Die sogenannte »Grafenfehde« war jedoch gleichermaßen auch der Krieg dänischer Bauern und Bürger gegen die dortige Adelsherrschaft. Im Namen des nach wie vor eingekerkerten Christians II. stritten sie für eigene Ziele, glaubten sich solcherart legitimiert.

Derartigem Druck ausgesetzt, entschied sich nun die Mehrheit des dänischen Adels für ein Bündnis mit Herzog Christian. Angesichts brennender Herrenhöfe erhofften sie Schutz durch einen starken Herrscher. Auf einem Herrentag in der Kirche von Ry in Mitteljütland siegten die Anhänger des Holsteiners, und der hohe katholische Klerus mußte sich fügen. Da die alte Krönungsstadt Viborg hart umkämpft war, huldigten Adel und Bischöfe König Christian III. in Randers am 19. August 1534. Drei Tage vorher war das jütländische Adelsaufgebot durch das Bauernheer Skipper Klements in der Nähe von Ålborg vernichtend geschlagen worden.

Dagegen unterlagen die Lübecker Schiffe der Flotte Christians III. Schweden, der Herzog von Preußen und einige deutsche Fürsten unterstützten den Holsteiner. Sein Feldherr Johann von Rantzau (1492–1565) besiegte anschließend die aufständischen Bauern und Bürger in Dänemark.

Bald widerstand nur noch Kopenhagen. Gescheitert war Wullenwebers Versuch, im Bündnis mit dänischen Bauern und Bürgern die Macht der Hanse dort und in Schweden neu zu fundieren. Sein Sturz im August 1535 kostete die dänische Opposition den hansischen Rückhalt. Als Christian III. am 6. August 1536 in seine über ein Jahr umkämpfte Haupstadt einmarschierte, blieb Bürgermeister Ambrosius Bogbinder nur der Freitod. Wenige Wochen später, am 9. September, ließ Rantzau Skipper Klement in Viborg hinrichten. Jürgen Wullenweber starb am 29. September 1537 in Wolfenbüttel auf dem Rad.

Kein dänischer König vor ihm habe einen so blutigen Weg zum Thron gehen müssen, keiner verfügte über so viel persönliche Macht wie Christian III. im August 1536, wertet die dänische Geschichtsschreibung. Lübecks Ära als bedeutende Ostseemacht war nun endgültig vorüber. Auch die dänische Nobilität hatte sich unfähig erwiesen, die

»Skipper Klements« Bauernkrieg

Siegestrunken, gnadenlos, wie die adligen Chronisten notierten, töteten die Bauernkrieger noch am Abend des 16. Oktobers 1534 alle Gepanzerten, die verwundet auf dem Schlachtfeld beim Dorf Svendsund nahe Ålborgs liegen geblieben waren. So groß sei der Haß der Bauern auf die Herren Ritter gewesen.
Es war ein großer Tag auch für den Bauernführer Klement Anders, den Kaufmann aus Ålborg und Kopenhagen, gewesen. Er, der einige Jahre als Kaperer für Christian II. gegen Lübeck stritt, war durch den Grafen von Oldenburg als Verteidiger der Sache des inhaftierten Königs gegen Adel und Klerus gewonnen worden. Für Christian II. – den »Bauernkönig« – hatte er eine »soziale Revolution« entfacht (Cedergren Bech, Reformation, 61). Schnell beherrschten seine Bauern das flache Land des nördlichen Jütland. Das aufgebotene Ritterheer hatte er hier bei Ålborg besiegen können. Ohne Kanonen aber konnte auch »Skipper Klement« das stark befestigte Randers nicht überwältigen.
Als der Krieg in Holstein gegen Lübeck entschieden war, marschierte mit Johann von Rantzau einer der besten Heerführer jener Zeit gegen die Bauernarmee. In einer zweiten Schlacht bei Ålborg unterlagen Klements Kämpfer. Rantzau ließ Ålborg plündern, verschonte nur Frauen und Kinder, nahm Rache für die adlige Schmach bei Svendsund.
Sie waren nicht weniger gnadenlos, die siegestrunkenen Holsteiner Landsknechte. Ein jütländischer Pachtbauer, Esben Nielsen, verdiente sich einen Freihof, lieferte den verwundeten Skipper Klement an Rantzau aus. Die Mehrheit der wenigen noch freien Bauern Jütlands büßte den Bauernwiderstand mit dem Verlust ihrer freien Höfe.

bäuerlichen Erhebungen niederzuwerfen. Am 12. August entschieden der König und seine Heerführer, die angehäuften Schätze der Kirche zur Zahlung ausstehenden Soldes zu nutzen. Einige Bischöfe wurden noch in derselben Nacht arrestiert, am folgenden Morgen sicherte man sich auch die Zustimmung des Reichsrates. Allen schien es besser, in diesen Tagen auf die Reichtümer des Klerus zu setzen, als durch neue Steuern Bauern und Bürger zum Äußersten zu treiben. Christian III. sah auch die Möglichkeit, die dänische Kirche seinem Königtum als »Staatskirche« unterzuordnen.
Im Oktober des Jahres versammelten sich die Stände in Kopenhagen, nun dominiert durch den Adel, der in seiner Gesamtheit auch deshalb das Ausscheiden des Klerus begrüßte. Obwohl Christian III. an jenem entscheidenden 12. August auch die Zerschlagung des Reichsrates und eine Alleinherrschaft bedacht hatte, beschied er sich doch mit der Entmachtung der Bischöfe. Für das Ja der Stände zur Übernahme der bischöflichen Güter und Schlösser durch die Krone gewährte er die Festlegung, Dänemark solle auch zukünftig ein Wahlreich bleiben. Ganz im Sinne des Adels genehmigte er die Freigabe des Handels in

Dänemark. Die Verlierer waren die einheimischen Kaufleute, deren ständisches Handelsmonopol damit endgültig aufgehoben war. Zufriedene adlige Gutsherren widmeten sich fortan verstärkt der Intensivierung der Viehzucht und Milchwirtschaft in ihren Herrschaften.

Eine neue königliche Geldquelle

Das traditionelle Lehenssystem als Belohnung für Dienste bedeutete den Verlust jährlicher Einnahmen aus der verliehenen Besitzung für das Königtum. Die Reformer führten nun die sogenannten »Rechenschaftslehen« ein. Hier ging eine festgeschriebene Summe an den Belehnten, der Rest an den König. Jetzt wurden alle neuen Lehen als »Rechenschaftslehen« vergeben. Beim Tode Christians III. waren schon $^3/_4$ aller Adelslehen solche »Rechenschaftsgüter« geworden. Dieses Reformwerk einiger hoher adliger Beamter weckte harten Widerstand breiter Adelskreise, wurde aber durchgesetzt. Es war ein Resultat der »starken Zentralmacht in den Händen des Adels« (Danstrup, I, 182).

In Zukunft, das wußten sie, konnten sie auch im Ochsen- und Butterhandel auf den Schutz durch den Landesherrn vertrauen. So waren sie schließlich doch die eigentlichen Gewinner des Bürgerkrieges geworden. Ihre besten Repräsentanten stellten sich dem Herrscher als hohe Beamte zur Verfügung. Gemeinsam verwirklichten sie eine Verwaltungsreform, sicherten dem König die örtlichen Abgaben. Christians III. Einnahmen aus den Landdistrikten verdreifachten sich rasch.

Hier auf dem Ständetag in Kopenhagen war dem König jedoch die Zustimmung des Adels, der Bürger und Bauern zur »Reformation« der Kirche das Wichtigste gewesen. Ungehindert konnte er nun das Kirchengut einziehen. Bald verfügte die Krone über die Hälfte des Grund und Bodens in Dänemark. Davor war es nur ein Sechstel gewesen. Da beließ Christian III. gerne den noch verbliebenen Mönchen und Nonnen die Klostergebäude, verlangte von seinen neuen Gütern lediglich pünktlich den Zins. Überrascht nahmen die Fürsten rings um Dänemark zur Kenntnis, daß diese »Reformation« – sieht man von den Übergriffen während des Bauernkrieges ab – nahezu friedvoll verlief. Hier wehrten die Reformatoren Bilderstürmereien ab, schützten die katholischen Kleriker vor radikalen Lutheranern.

Im katholischen Norwegen sah man die dänische Entwicklung mit besonderer Unruhe. Obgleich hier die Mehrheit der Reichsräte dem alten Glauben anhing, hatte auch sie sich nach Rantzaus Erfolgen schließlich für Herzog Christian ausgesprochen. Da organisierte Erzbischof Olav Engelbrektsson eine Bauernerhebung, setzte die

Reichsräte während einer Zusammenkunft in Trondheim gefangen. Während des Tumults wurde einer der entschiedensten Anhänger der Holsteiner erschlagen …

Waren die konservativen Kleriker zunächst voller Hoffnungen, so erwiesen sich die königlichen Burgen doch als gut geschützt, scheiterten die Bauernhaufen vor ihren Mauern. Die Revolte des Erzbischofs brach zusammen. Die Bischöfe in Hamar, Oslo und Stavanger wechselten ins dänische Lager. Olav Engelbrektsson floh im April 1537 verbittert nach Holland, beklagte das Ende norwegischer Freiheit und Souveränität.

Die Reformation auf Island

Noch zu Beginn des 16. Jahrhunderts bewahrte Island relativ große Selbständigkeit gegenüber Dänemark. Neben den Repräsentanten des dänischen Königs regierte das Althing, die Versammlung der isländischen Priester, Adligen und Bauern. Noch 1533 besaß es das alleinige Appellationsrecht. Andererseits war das damalige Island mit seinem rauhen Klima auf Lieferungen von außerhalb angewiesen. Wegen seiner Schwefelvorkommen wuchs Islands Bedeutung für Dänemark mit der beginnenden Schießpulverproduktion.

Durch die Reformation im »Mutterland« verschlechterten sich die Beziehungen der dänischen Obrigkeit und der isländischen Institutionen. Zeitweilig verband sich der Kampf um die Bewahrung der alten Kirche mit einer Selbständigkeitsbewegung. Es lebte sich in der Tat auch als katholischer Priester auf Island nicht übel. Hier konnte sich selbst der Bischof Jon Arason 1541 zu seinen drei Söhnen bekennen. Da mochte manchem der dortigen Kleriker sogar gefallen, daß es dennoch verboten war, die geduldete »Buhlin« zu ehelichen. Das Angebot der dänischen Obrigkeit, Bischof Arason könne sein Stift behalten, wechsle er nur über zum lutherischen Bekenntnis, überzeugte vielleicht auch deshalb kaum. Jedenfalls entschied sich Arason für den Kampf gegen die »Ketzerei«, marschierte mit 400 Bewaffneten quer durch Island, gab der katholischen Kirche zurück, was bereits als Eigentum des Königs »reformiert« war. Der empörte rechtgläubige Prälat ließ sogar die Leiche des seinerzeit abgefallenen Bischofs Gissur Einarsson ausgraben und außerhalb des Friedhofs betten. Sah sich der Katholik solcherart befriedigt, waren es auch die dänischen Lutheraner wenig später: Sie nahmen den rührigen Eiferer fest, köpften ihn und zwei seiner Söhne am 7. November 1550 und beendeten so die katholische Tradition Islands blutig. Bischof Arason aber lebte fort als Märtyrer und Kämpfer für Islands Eigenständigkeit.

Da hatte König Christian III. im Königseid auf dem Ständetag zu Kopenhagen bereits gelobt, das führerlose Norwegen dem dänischen Reich fest einzuverleiben. Da es Gott »so vorgesehen hat, daß Wir« Norwegens Reich und Schlösser besitzen, so soll es fortan »unter Dänemarks Krone ebenso wie die anderen Länder Jütland, Fünen oder Seeland« stehen, »kein Königreich für sich« bleiben, »sondern ein Glied des Dänischen Reiches und für immer unter Dänemarks Krone« sein (Cedergren Bech, Reformation, 134).

Die Island-Karte des Olaus Magnus von 1539.

Für Norwegens Herrenstand war diese Entwicklung nahezu »ein Todesstoß« (ebd., 135). Der König zog auch hier die umfangreichen Kirchenländereien ein. Und er beeilte sich nicht sonderlich, dem dort auch zahlenmäßig sehr geringen Adel die Lehen zu bestätigen. Tat er es schließlich doch, reduzierte er gewöhnlich dessen Ländereien erheblich. Fast symbolisch feierte Christian III. das Krönungsfest am 12. August 1537 in Kopenhagen ein Jahr nach der Entmachtung der katholischen Prälaten Dänemarks. Das alte Dänemark sollte es nicht mehr geben, ein neues Reich hatte begonnen. So war es kaum ein Zufall, daß nicht Dänemarks bedeutendster Reformator, Hans Tausen, den Holstein-Gottorper salbte und krönte. Wittenbergs Pastor Johann Buggenhagen predigte während des Krönungsaktes in deutscher Sprache, übergab dem Herrscher die Insignien. Dänemark wurde »in kirchlicher Hinsicht auf lange Zeit eine deutsche Provinz« (ebd., 195). Ein neues Fürstentum verband sich mit der geistlichen Erneuerung staatlicher Autorität. Fortan bestimmten »Kirche und Staat unter ein und derselben Obrigkeit, dem König, die weltlichen und geistlichen Verhältnisse der einzelnen Individuen« (ebd., 149).

Neuerliche Auseinandersetzungen um die Ostseeherrschaft

Dänisch-schwedische Rivalitäten im 16. Jahrhundert

Jahrzehntelang einte die gemeinsame Sorge vor einem habsburgischen Eingreifen zugunsten des gestürzten Christian II. – der Schwager Kaiser Karls V. – Dänemarks und Schwedens Könige. Der eigenwillige Däne selbst mochte dem Kaiser nichts, die Schwester wenig bedeuten. Aber hier ging es um reale Ansprüche der Habsburger Dynastie. Tatsächlich verhehlte man in diesen Jahren in Brüssel nie, daß man die Ansprüche der Erben Christians II. auf die dänische Herrschaft im Norden sehr familiär deutete. Mehrfach mußten beide Herrscher entsprechend inspirierte Aktionen abwehren. Die »kaiserliche Regierung in den Niederlanden« (Venge, Tiden, 309) erhob über den Pfalzgrafen, der mit einer Tochter des inhaftierten Christian II. verheiratet war, Ansprüche auf das Unionserbe. Auf kaiserliche Entsatzversuche Kopenhagens reagierte Christian III. mit einer militärischen Aktion im April 1536 in den Niederlanden. Als aber ein Heer Holsteiner Söldner am 8. August 1536 bei Heiligerlee den kaiserlichen Truppen unterlag, hatte sich Kopenhagen schon Christian III. geöffnet. Auch war der Staatsstreich des norwegischen Erzbischofs, für Christians II. Erben im Juli 1535 das Land zu sichern, bereits vorher gescheitert. Christian III. vereinbarte 1538 ein Übereinkommen mit dem Schmalkaldischen Bund gegen den Kaiser. Wenig später kamen er und Schwedens König im sogenannten Brömsebro-Traktat überein, Karls V. Ansprüche im Norden gemeinsam abzuwehren. Beide halfen sich im wohlverstandenen Eigeninteresse auch gegen bäuerliche Erhebungen für die alte Kirche. Damals konnten Christian III. und Gustav I. Vasa nicht einmal von weiteren Eroberungen träumen. Mehr oder weniger zufrieden vermerkten sie aber nach den Wirren der dreißiger und vierziger Jahre eine Stabilisierung ihrer Herrschaft.

Sympathie war es kaum, was beide füreinander empfanden. Klug genug waren sie dennoch, Erreichtes nicht durch abenteuerliche Unternehmungen gegeneinander zu gefährden. Jeder von ihnen verfolgte mißtrauisch die Entscheidungen des anderen. Besonders Gustav I. Vasa mutmaßte beständig neuerliche dänische Absichten gegen Schweden. Nie konnte er die Zeit auf Kallö, der Burg nahe Århus vergessen, wo ihn König Christian II. als Geißel festhalten ließ, noch weniger die Stockholmer Morde. Er haßte die Dänen aus tiefem

Herzen. Ebensowenig vergab er Dänemarks Reichsrat und dem neuen holstein-gottorpschen Königshaus, daß ihm 1524 das schon sicher gewähnte Gotland durch die Allianz Lübecks und Dänemarks wieder entrissen wurde. Beständig fürchtete Gustav I. Vasa um seinen wichtigen Hafen Älvsborg am Kattegat in nächster Nähe der dänischen Sundfestungen. Trostreich für ihn war nur, daß der Däne zuverlässig zum Brömsebro-Abkommen stand.

Am 14. September 1541 hatten dänische und schwedische Unterhändler nach langen, teils scharfen Diskussionen »eine zeitbegrenzte Allianz« vereinbart, »diktiert von der Notwendigkeit des Augenblicks« (Cedergren Bech, Reformation, 242). Immerhin hielt Christian III. während der Unruhen um den småländischen Bauernführer Nils Dacke, was er gelobt hatte. Gemeinsam standen dänische und schwedische Adelsaufgebote mit ihren Knechten gegen die gefährlichen bäuerlichen Insurgenten diesseits und jenseits der Grenze. Gustav I. wiederum wahrte ein Jahr später strikte Neutralität, als Kaiser Karl V. noch einmal das dänische Erbe gewaltsam sichern wollte.

Im Frieden zu Speyer am 23. September 1544 war auch das geregelt worden. Der Kaiser erkannte Christian III. »als erwählten König in Dänemark« an, akzeptierte auch für seine niederländischen Schiffer den leidigen Öresundzoll. So war es dem alten Vasa zweifellos ernst, als er die Nachricht vom Ableben Christians III. am 1. Januar 1559 in dem Seufzer beklagte, Dänemark habe »einen christlichen König verloren und wir einen guten Nachbarn« (ebd., 295). Allerdings war mit dem einseitigen Friedensschluß zwischen Karl V. und Christian III. auch das »letzte Band der Kalmarer Union zerrissen« (Venge, Tiden, 332). Gustav Vasa achtete den Dänen, vertrauen aber konnte und wollte er ihm nie.

Tatsächlich wurde es an der dänisch-schwedischen Grenze nie sonderlich friedlich. Kleine Zwischenfälle zählten immer auch zum Alltag. Aber es war doch ruhig geblieben zwischen beiden Reichen, fast vergessen waren die blutigen Feldzüge bis 1523. Die Menschen dort begannen, sich an ein friedliches Nebeneinander zu gewöhnen, schufen sich einen bescheidenen Wohlstand. Der dänischen und schwedischen Historiographie gelten die Jahre bis 1559 als glückliche Friedensjahre. Die Quellen dokumentieren tatsächlich wachsenden Reichtum, vor allem bei den städtischen Oberschichten und dem Gutsadel. Das war vor allem in Dänemark der Boden, auf dem allmählich wieder Erinnerungen an glanzvolle Zeiten eines dänisch dominierten Unionskönigtums keimten …

Empört berichtete der Däne Hans Munster 1559 über Verleumdungen der Dänen in den dickleibigen Werken der schwedischen katholischen Geistlichen Johannes und Olaus Magnus. Deren Bücher hatte er in Londons Buchhandlungen durchgeblättert und die Ehre seines Volkes beschmutzt gefunden, wie er dem dänischen Hof kundtat. Dort reagierte man umgehend mit einer Gegendarstellung. Der Reichsrat beauftragte den Kopenhagener Rhetorikprofessor Hans Svaning, die »Fälschungen« zu widerlegen. Bald konnten alle, die es lesen wollten, erfahren, in diesen schwedischen Schriften dominiere nur Bosheit und böswilliger Neid. Selbst eine so großartige und zuverlässige Quelle wie die des Saxo Grammaticus über die Leistungen der Dänen in der Geschichte habe der flüchtige Erzbischof Johannes Magnus verfälscht.

Offenbar hatte und wollte man in Kopenhagen vergessen, daß Saxos »Dänengeschichte« 1514 als Rechtfertigung dänischer Größe unmittelbar vor neuerlichem dänischen Ausgreifen nach Schweden erschien. Auch wußte man am Hofe, daß 1555 eine alte dänische Reimchronik in Kopenhagen spöttisch zitiert wurde, die wenig Freundliches über die Schweden anmerkte. Bekannt war gleichermaßen, daß Gustav I. Vasa daraufhin verärgert eine Gegenschrift veranlaßt hatte, sich tief gekränkt fühlte. Dennoch ließ sich nun auch Dänemarks Reichskanzler Johan Fries (1494–1570) zu einer Schrift hinreißen, verhöhnte seinerseits die Schweden. Solcherart schmähten sich dänische und schwedische Herren mit wachsender Freude, wünschten, es bei passender Gelegenheit nicht bei der Feder belassen zu müssen.

Als Zar Ivan IV. – der Schreckliche (1530–1584) – in einem neuerlichen russischen Westvorstoß nach Dorpat griff und Livland unterwerfen wollte, konnte Schweden kaum tatenlos zusehen. Im übrigen drohte das dänische Königtum, Schweden auch hier zu umklammern. Bestürzt vernahm Gustav I. Vasa, daß der Rat Revals König Christian III. die Unterwerfung der Stadt unter die dänische Krone angetragen hatte. Er und Erbprinz Erik überdachten sofort Gegenmaßnahmen, konnten aber beruhigt vernehmen, daß die Dänen vorsichtig das Revaler Angebot zurückwiesen. Christian III. wollte keinen Krieg mit Schweden.

Das sah König Erik XIV. nach dem Tode des Vaters 1560 offenbar ganz anders. Schwedische Truppen rückten 1561 in Reval ein. Gustav Vasas Nachfolger wußte zweifellos, daß der junge dänische König Frederik II. (1559–1588) einen solchen Machtzuwachs Schwedens nicht zulassen würde. Er wie auch einige einflußreiche Reichsräte verhehlten nicht, daß sie eine neuerliche Auseinandersetzung wünschten, die

Unionspläne wieder aufgriffen. Die Zeit der Brömsebro-Allianz war vorbei.
Erik XIV. wollte die Handelswege von Rußland über die Ostsee kontrollieren. Frederik II. hegte Hoffnungen auf eine Erneuerung dänischer Rechtstitel auf die Krone Schwedens. Nicht sonderlich gut gebildet, aber überzeugt, zum Krieger berufen zu sein, hatte er gleich nach seiner Krönung die dithmarschen Bauern niedergeworfen. Selbstbewußt ließ er verlauten, die Vasa hätten kein Recht, die drei Kronen in ihrem Wappen zu führen. Das käme nur Dänemark zu. Im übrigen sei Erik nur der Abkömmling eines schwedischen Adelsgeschlechts. Auch Lübeck wollte erneut kämpfen, erhoffte sich an der Seite Dänemarks die Wiedergewinnung früherer hansischer Machtpositionen.
Am 3. Juli 1562 vereinbarten Frederik und Lübeck wechselseitige Handelsfreiheiten und schlossen am 13. Juni 1563 eine Allianz gegen Schweden. König Erik XIV. hatte den Lübeckern mit Konsequenzen gedroht, sollten sie die schwedische Handelsblockade des russischen Narva durchbrechen. Kaiser Ferdinand I. (1556–1564) stellte sich hinter die Hansestadt, wollte als Schutzherr und Wahrer der Handelsinteressen der deutschen Ostseestädte auftreten. Gemeinsam mit anderen deutschen Fürsten versuchte der Habsburger dennoch, den Krieg zu verhindern. Er initiierte eine Friedenskonferenz in Rostock. Dänen und Schweden blieben jedoch den vereinbarten Gesprächen fern, ihre Herrscher und breite Adelskreise beider Reiche wollten den Krieg.
Frederik II. glaubte an einen schnellen Sieg. Er hatte bereits im Mai 1562 größere Abteilungen geworbener Kriegsknechte auf Seeland und Schonen gesammelt. Am 14. Juni verfügten Reichsrat und König eine Extrasteuer, belasteten auf dem Lande selbst die Einlieger und Knechte. Gleichzeitig hielt man eine schwedische Gesandtschaft auf dem Wege zu Eheverhandlungen nach Hessen in Dänemark fest, erhoffte sich damit empörte Reaktionen Schwedens.

Der Siebenjährige Krieg des Nordens

König Erik XIV. tat nach der Besetzung Revals das seinige, den Konflikt zuzuspitzen. Am 30. Mai 1563 griff eine schwedische Flotte unter nichtigem Vorwand ein dänisches Geschwader bei Bornholm an. Die überraschten Dänen verloren drei Schiffe. Die Schweden jubelten. Erik demonstrierte in einem Triumphzug durch Stockholms Straßen Siegesgewißheit. Verärgert und doch auch zufrieden reagierten der Däne und die Lübecker. Am 31. Juli verlasen die dänischen Herolde

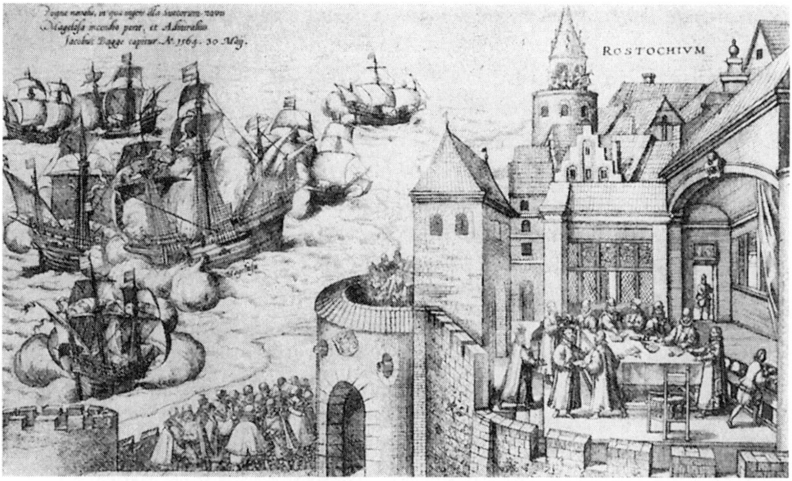

Kupferstich Ende des 16. Jahrhunderts über den Schlußkampf der Seeschlacht bei Öland am 31. Mai bzw. eine Szene von der Friedenskonferenz zu Rostock 1570.

vor König Erik XIV. im Stockholmer Stadtschloß die dänische Kriegserklärung. Zugleich überbrachten Lübecker Abgesandte den Bürgermeistern auf dem Stockholmer Rathaus die Kampfansage der Travestadt. Der schnelle Fall der hervorragend ausgerüsteten Festung Älvsborg, der Einmarsch eines größeren, kriegsgeübten dänischen Söldnerheeres, unfähige schwedische Heerführer und Auseinandersetzungen Eriks XIV. mit seinem Bruder Johan um die Souveränität des Herzogtums Finnland erschwerten die schwedische Kriegsführung. Verheerungsfeldzüge, abwechselnd durch dänische und schwedische Landschaften getragen, verschlechterten die Lebensbedingungen der Bauern, Bürger und kleinen Adligen beider Staaten spürbar. Schon 1564 brannten die Dänen etwa 1000 schwedische Höfe nieder, legten auf Öland weitere 300 in Asche. Erik XIV. berichtete nach der Einnahme Ronnebys 1564 stolz, das Wasser sei rot vom Blut der Dänen gefärbt gewesen. »Die Feinde waren so verängstigt, daß man nur geringe Mühe mit ihnen hatte; man stach in sie wie in einen Haufen Wildschweine, niemand wurde verschont, alle Männer wurden tot geschlagen«, mehr als 2000 seien tot, »außer einigen Frauen und Kindern« (Danstrup, I, 187). Im Januar 1565 verheerten die Schweden Schonen, brannten Ängelholm und Bastad nieder. Dann raubten und mordeten wieder die Dänen. Im Winter 1567–68 brannten in Östergötland wieder 683 Höfe ab, in Värmland 675. Inzwischen war König Erik durch die schwedischen Stände abgesetzt worden, regierte nun seit Januar 1569 sein Bruder, König Johan III. (1569–1592). Derweil »waren beide Länder so erschöpft, daß ein wirklicher Krieg nicht mehr geführt werden konnte.« (Cedergren Bech, Reformation, 444). Am 13. Dezember 1570 wurde in Stettin der Friede vereinbart. Der Krieg hatte ohne entscheidende Vorteile für eine der kämpfenden Seiten geendet. Johan III. verzichtete auf Blekinge, Skåne und Halland, Dänemark gab den Anspruch auf die Herrschaft über Schweden auf. Die Lübeck versprochene Entschädigung zahlten die Schweden nie.

Frederik II. hatte das schwedische Abenteuer nahezu 5 Millionen Taler gekostet. Dänemark war verarmt. Endgültig dahin war die Hoffnung auf ein großes nordisches Königtum unter dem Zepter Frederiks II. von Dänemark. Schwedens Stellung als bedeutende Ostseemacht wurde bestätigt, Dänemark hatte sich aber als stärker erwiesen. Entschieden war jedoch nichts. Einen »ewigen Frieden«, wie es die Herren in Stettin prophezeiten, würde es mit Sicherheit nicht geben. Das wußten alle, auch Dänemarks Reichsräte. War einsichtig geworden, daß Schweden nie wieder Teil Dänemarks werden würde, so blieb doch die Frage ungelöst, wer zukünftig den Ostseehandel beherrschen sollte.

Vom Grundadel zum Gutsadel

Die Entrechtung der Bauern

Den Preis des Krieges zahlten vor allem Dänemarks Bauern. Der Aristokrat Peder Oxe (1520–1575) verfügte als höchster Finanzbeamter des Reiches langfristige Steuern, die die Landbevölkerung entrichten mußte. Kurzfristig verpfändete er Domänen an adlige Grundherren, nicht zuletzt auch an sich selbst. Im 14. Jahrhundert hatten analoge Maßnahmen die Königsmacht entscheidend geschwächt. Jetzt dienten die gleichen Entscheidungen zur Stabilisierung des Königtums in Dänemark. Die Situation hatte sich prinzipiell verändert. Die Umgestaltung der Lehnsverfassung zahlte sich nun aus. Der Herrscher blieb unbestrittener Eigentümer, strich auch weiterhin einen bestimmten Anteil der Revenuen ein.

Oxe orientierte aber bereits 1570 besonders auf die Steuereinkünfte, preßte schon damals über eine Million Taler aus dem Land. Aus den einstigen außerordentlichen Belastungen der Bauern wurden seit den

Kriegsjahren ständige Abgaben an die Krone. 1571 bewilligte der Adel einen »Siebenjahrplan« für die bäuerlichen Zahlungen. Er konnte das um so unbedenklicher verfügen, als diese Lasten mit Ausnahme einer Sondersteuer für die Adelsgüter nicht galten.

Nach den Münzverschlechterungen während des Krieges erzwang Oxe auch eine Neubewertung des Geldes nach dem Realwert, stabilisierte so auch das dänische Wirtschaftsleben. Mit dem Frieden stiegen die Einnahmen aus dem Öresundzoll wieder deutlich. Geschickt belastete Oxe nun die Schiffer entsprechend der transportierten Güter, wurde die Gebühr nicht mehr wie bisher auf die Schiffe pauschal erhoben. Schnell stiegen die Zollgewinne auf das Dreifache.

Für König und Hochadel wurde Peder Oxe Symbol für die schnelle Erholung der Landesfinanzen. Der einfache Däne in Stadt und Land empfand ihn »eher als einen Teufel denn einen Retter« (ebd., 456). Dort registrierte man, daß die Besitzungen Oxes überdimensional wuchsen, imponierende Schloßbauten entstanden. Als eines seiner »Lusthäuser« plötzlich an einem für Peder Oxe weniger glücklichen Tage 1570 in sich zusammenstürzte, erzählte man sich überall in Dänemark, der Teufel habe dort »seine Finger im Spiel gehabt« (ebd.). Fünf Jahre später verstarb der Aristokrat überraschend. Rasch kam das Gerücht auf, der König selbst habe den bösartigen Mann getötet. »Bist du ein Ochse, sollst du auch sterben wie einer«, so hätte der Herrscher zornig gerufen, wollten einige wissen (ebd.). König Frederik II. dürften Äußerungen dieser Art so unrecht nicht gewesen sein. Dem Peder Oxe luden die einfältigeren unter den Dänen so alle Schuld an den Belastungen und Bedrückungen auf. Federik dagegen blieb manchem der Landesvater, der eigentlich gütig war, bösartige Handlungen seiner Berater ganz einfach nicht kannte.

Es war im übrigen eine wenig sympathische Geste dieses Herrschers, nach Oxes Ableben sofort nach Belegen für dessen Unredlichkeit suchen zu lassen. Auch die Erben des Kanzlers Johan Friis hatten der Krone 50000 Taler zu erlegen, um ihre Güter behalten zu können. Dort fanden die königlichen Ermittler einige Ungereimtheiten in den Abrechnungen heraus. Die Nachforschungen zu Peder Oxe waren wenig erfolgreich. Er war tatsächlich Dänemarks bedeutendster Finanzpolitiker am Beginn der frühen Neuzeit. Der keineswegs selbstlose Aristokrat sorgte für sich und das Reich, bereicherte auch Federik II. Angriffsflächen bot er jedoch keine. So blieb nur die Rache des Volkes, üble Nachrede, Haß auf den Blutsauger des kleinen Mannes.

Die Periode zwischen 1559 und 1596 gilt dänischen Historikern »als

Übergangszeit für die dänische Gesellschaft in ihrer Gesamtheit« (ebd., 473). Die Preise für Getreide und Ochsen stiegen ständig. Erlebten viele Dänen die Wirren am Anfang der Herrschaft Christians III. noch als eine Zeit »relativer Armut«, so änderten sich nun die Lebensbedingungen für größere Bevölkerungsgruppen. Nach dem Siebenjährigen Krieg sammelte sich trotz der Steuerlasten sichtbarer Reichtum bei manchen Bürgern, Bauern und dem landsässigen Adel. Dänemarks Kaufleute zogen Vorteile aus dem Niedergang Lübecks. Sie wurden erst allmählich durch die kapitalkräftigeren holländischen Handelsherren zurückgedrängt. Obgleich es »vor allem der Adel war, der profitierte«, erzielten auch einzelne Bauern teilweise bemerkenswerte Gewinne. Nur so ist es erklärbar, daß die gewaltigen Besteuerungen die Landwirte nicht ruinierten. Offen bleibt allerdings, ob diese Schröpfungen nicht nur den Luxuskonsum des Hofes und der Aristokratie finanzierten, der Masse der Bauern wenig realer Zuwachs blieb.
Immerhin bezeugen die Quellen, daß die Arbeitsleistungen der abhängigen Adelsbauern durch die Gutsbesitzer ständig gesteigert wurden. Das hatte »weitreichende soziale und politische Konsequenzen« für die dänische Gesellschaft (ebd., 476). Dem Adel wurde einsichtig, daß der Streugutbesitz unökonomisch war. Wie in Norddeutschland lernten auch hier die adligen Bodeneigentümer rasch, konnten das um so besser, als der König selbst die Ausweitung seiner Eigenwirtschaften auf Kosten der Königsbauern beschleunigte. Was unter Christian III. mit der Arrondierung großer zusammenhängender Jagdlandschaften begann, wuchs unter Frederik II. zu umfassenden Gutskomplexen. Während auf Nordseeland und in Jütland die Domänen ausuferten, schuf sich der Adel ähnliche Eigenländereien im südlichen Seeland, auf Fünen, Lolland-Falster, besonders in Schonen und Halland. Gleichzeitig zogen König und Adel die Wüstungen zu ihren Gutswirtschaften. Bauernhöfe, »mitunter ganze Bauerndörfer wurden gelegt«, eine Entwicklung, die gleichzeitig auch im deutschen ostelbischen Raum begann. Obwohl es in Dänemark dem Adel untersagt war, Eigentumsbauern auszukaufen, blieben auch diese nicht verschont. Der außerordentlich hohe Steuerdruck trieb vor allem sie in den »Schutz« der Krone oder adliger Herren, wohl kein besonders überzeugender Beleg für wachsenden Wohlstand für alle. Das sogenannte »Tagewerk« für die abhängigen Bauern wurde verschärft, die Fuhrdienste aller – auch der Eigentumsbauern – gesteigert. Die »Bauern wurden nicht nur verpflichtet, *bestimmte* Arbeiten auszuführen, sondern sie mußten nun auch tun, was das Gut

benötigte. Die Dienste im Rahmen des »Tagewerks« wurden ›unbegrenzt‹«. Damit wurden auch Dänemarks Bauern gezwungen, »mehr Pferde und Arbeitskräfte zu halten, als für den Eigenbedarf« der bäuerlichen Wirtschaft erforderlich waren (ebd., 477). Rentabel war so kaum zu wirtschaften.
Während der Herrenstand unmittelbare persönliche Vorteile aus den Preissteigerungen für Butter und Rinder zog, klagten die Bauern über gleichbleibende Belastungen. Die Forderungen an sie blieben stets in gleicher Höhe bestehen. Sie zahlten weiterhin ihre Abgaben an die Herrschaft in entsprechenden Tonnen Butter, lieferten Tiere wie vor hundert Jahren. Niemand berücksichtigte, daß die Butter oder das Kalb inzwischen wertmäßig gewaltig gestiegen war. Es war vor allem der jeweilige »Herr, der die Naturalabgaben in Geld umsetzte, die Vorteile der Preissteigerungen nutzte«. Daher weigerten sich die meisten adligen Grundherren, die Abgaben ihrer Bauern in festgesetzten Geldzahlungen anzunehmen. So wurde »der Grund zu dem Wohlstand gelegt, der typisch war für den Adel in der zweiten Hälfte des 16. Jahrhunderts«.
Jetzt entstanden jene zahllosen prächtigen Herrenhöfe des Adels. »Der Adel baute für die Zukunft« (ebd., 478), verstand nicht, daß das System der unentgeltlichen Hofdienste mehr oder weniger höriger Bauern kaum für die Ewigkeit bestehen würde. Die Hütten vieler Bauern blieben ein seltsamer Kontrast zum stolz präsentierten neuen Reichtum des Adels. Noch immer fehlten Schornsteine in deren Räumen, blieb der Bauer »mit seiner rauchigen Stube … im Mittelalter zurück«, befreite ihn erst »das 19. Jahrhundert« aus dieser Gebundenheit (ebd.). Wohl kaum unbegründet klagte Bischof Laurits Berthelsen damals, die adligen Herren »meinen, sie hätten alles aus sich selbst heraus gewonnen, und daß sie dazu geboren seien, das arme Volk zu verachten, es unterdrücken und verderben zu dürfen«. Die Mehrheit der Bauern hatte wohl allen Grund, Peder Oxe und andere Herren als Teufel zu sehen, sie möglichst zur Hölle zu wünschen. König Christian IV. – der Sohn Frederiks II. – konnte Ende des Jahrhunderts hoffen, als »Bauernkönig« und Helfer der nichtadligen Stände in die Geschichte einzugehen.

Adliges Leben nach 1570

Trabten kostbar gekleidete Reiter stolz über die Dorfwege und rumpelten gar schwere, hoch beladene Karossen mit Damen und Dienstmädchen zum Herrenhaus, verstanden die Bauern schnell, daß der

Herr ein Fest gab. Obgleich in deutschen Landen damals kaum weniger gefeiert wurde, charakterisierte seinerzeit ein deutscher Besucher seine dänischen Gastgeber in dem sehr persönlichen Eindruck, sie »essen und trinken« beständig.

Erhalten blieb ein Verzeichnis über Bestellungen eines Adligen für ein Hochzeitsfest. Der Glückliche berechnete 24 Ochsen, 80 Schafe und Lämmer, 24 Schweine, 150 Gänse und 200 Hühner als unerläßlich für die Tafel mit 300 geladenen Gästen. Selbstverständlich war auch an Fisch, Kräuter, Mehl und Butter gedacht, an Salz aus Lüneburg, mangelte es nicht an Rosinen, Safran, Kaneel, Mandeln und weiteren kostbaren Zutaten. Ganz sicher blieb kaum eine Kehle trocken, manche wurden überreichlich gefeuchtet ... Briefe einzelner Aristokraten bekunden die Freude, geladen zu sein, »einen guten Rausch« haben zu können.

Wie die Feste, so regelten auch das adlige Alltagsleben nahezu geheiligte Bräuche. In der Regel wurde das Neugeborene wenig später den Großeltern überlassen. So galt als sicher, daß die Kinder entsprechend der überlieferten adligen Traditionen erzogen werden konnten. Im dortigen Schloß wurden auch die ersten Lese- und Schreibkenntnisse vermittelt. Später standen höhere Schulbildung und ritterliche Tugenden auf dem Lehrplan, ergänzt durch die fast obligatorische Studienreise ins Ausland. Solcherart bildeten sich die meisten Adligen für den Dienst als Beamter für die jeweilige Kreisebene, einige wenige für ein höheres Staatsamt. Zurückgekommen, erwartete den jungen Adligen gewöhnlich der Hochzeitsakt, einer der herrlichsten Anlässe für ausgiebiges Essen und Trinken. Sehr häufig ließ sich auch der König die Gelegenheit nicht nehmen, das Fest selbst zu leiten. Tagebücher, Chroniken und Briefe dokumentieren, daß besonders Frederik II. »seine Verpflichtungen hier sehr ernst« nahm (ebd., 484). Da der Adel zu jener Zeit nur einige hundert Familien umfaßte, war das offenbar eine lösbare Aufgabe für einen so trinkgeübten Herrscher wie ihn. Immerhin verschwanden zwischen 1500 und 1600 insgesamt 67 Adelsgeschlechter aus dem Register, erbten auch in Adelskreisen trotz hoher Geburtenzahlen nur wenige Überlebende das über Generationen Erworbene. Im übrigen erlag auch in Dänemark mancher Herr von Adel seinen Verletzungen aus einem Ehrenhandel mit seinesgleichen.

Duelle gehörten hier wie überall in Europa zum adligen Alltag, waren erfreulich wohl nur für die königliche Kasse. 1571 mußte beispielsweise Laurids Brockenhuus, der Sohn des Reichsmarschalls, mit 10000 Talern für eine solche Auseinandersetzung büßen (ebd., 488).

Ehebruch und uneheliche Liebesbeziehungen, auch das trotz drakonischer Strafen nicht eben selten unter Dänemarks Adel in jenen Tagen, wurden gewöhnlich noch härter geahndet. Zwei Finger seiner rechten Hand sollte beispielsweise der Hofjunker Frederik Rosenkranz zu Rosevold opfern für glückliche Stunden bei einer der Damen Königin Sophies. Nur die Verpflichtung, sich in Ungarn gegen die Türken zu schlagen, bewahrte den Junker vor so sichtbarer Sühne. Schlimmer traf es die adlige Sünderin. Neun Jahre saß sie auf dem väterlichen Schloß in strengem Hausarrest, bevor sie wenigstens unter Aufsicht wieder in das Gotteshaus des heimatlichen Kirchspiels gehen durfte. Er war nicht eben leicht, der Alltag des Adels mit vollen Fleischtöpfen, übervollen Bierhumpen und drückendem Ehrenkodex … Zumindest klagten viele Adlige beständig, wünschten französische und deutsche »Freiheiten« auch für sich.

König Christian IV. (1588–1648)

Kein anderer König ist in Dänemark so populär wie er. Kaum eines der prächtigen Gebäude des alten Kopenhagen, wo nicht sein Signum prangt, jenes berühmte große »C« mit der kleinen »4«. Und auch an

Zeitgenössischer Stich über ein zweites Treffen auf der »Kolberger Heide« am 13. Oktober 1643.

Bildern ist kein Mangel. Mal reitet er in schwerem Harnisch, ein andermal stützt sich der mächtige, schwere Mann auf seinen riesigen Degen, ein Kriegsheld, unverwechselbar durch die starke fleischige Nase und den bekannten Knebelbart. Die berühmteste aller Darstellungen dieses Herrschers zeigt Christian IV. blutverschmiert mit einer Augenbinde am Hauptmast des Admiralsschiffes in der berühmten Seeschlacht auf der »Kolberger Heide« nahe der Kieler Förde, Sinnbild heroischer Kampfkraft und Unbesiegbarkeit …

Christian IV. ist in der Tat Dänemarks »großer nationaler König« für die dänische »Nachwelt« (Heiberg, 453). Ausländern mag das merkwürdig scheinen. Schließlich fällt die Gesamtbilanz seiner Regentschaft eher negativ aus. Als junger König herrschte Christian IV. über ein »wohlverwaltetes Reich mit einer bedeutenden europäischen Position«. Bei seinem Tode hinterließ er 1648 ein kaum zu leugnendes »politisches und ökonomisches Chaos«. Dänemarks Rolle »als europäischer Machtfaktor war für alle Zeiten« ausgespielt. Das Land war verarmt durch Heeresdurchmärsche, Plünderungen und Steuerplagen. Wüstungen breiteten sich aus. Selbst »die früher so wohlhabenden Kaufmannsstädte waren bis auf wenige Ausnahmen« ausgedünnt; die dortige Handelsschicht klagte über Kapitalmangel (ebd.).

Obwohl sich hier internationale Verwicklungen auswirkten, die europäische Absatzkrise mit der fehlenden Nachfrage nach Korn und Ochsen gerade auch die dänische Landwirtschaft traf und Reichsrat und adlige Kreisräte nahezu alle Reformansätze des Königs boykottierten, hatte Christian IV. durch eigene hochfliegende abenteuerliche Pläne die dänische Katastrophe wesentlich mitverschuldet. Aber während Bauern und Städter die Flucht der meisten lokalen adligen Herren mit Sorge und wohl auch Verachtung registrierten, war König Christian IV. überall, scheute weder Mühe noch fürchtete er Schlachtengetümmel. Und er betonte immer und an jedem Ort, daß er für das Reich und die Wohlfahrt seiner Untertanen stritt. Das mochte er gewöhnlich tatsächlich so empfinden. Den Dänen half jedoch kaum, was er für deren Glück versuchte. Geglaubt wurde ihm die ehrliche Absicht dennoch, jedenfalls besonders in Städten und Dörfern von jenen, die wenig privilegiert waren. So galt der König schon zu Lebzeiten vielen als treusorgender, wenn auch strenger Landesvater, ein Patriarch, der sich um das Wohlbefinden aller kümmerte.

Es scheint, als sei auch Christian IV. ehrlich überzeugt gewesen, daß er als Herrscher verpflichtet war, sich über den oft empfundenen,

manchmal unstrittigen Eigennutz seiner Reichsräte hinwegzusetzen. Nur so glaubte er, seinen »Verpflichtungen gegenüber Gott und dem Vaterland« gerecht werden zu können. Streben nach absolutistischer Herrschaft aus Verantwortungsgefühl, so kann man wohl viele politische Überlegungen des Königs umschreiben. Und ebenso sicher ist, daß der mächtige dänische Reichsrat jeden Erfolg Christians IV. immer auch mit Sorgen sah. Hier verstand man erweiterte Souveränität des Herrschers als Beschneidung eigener Positionen. So wünschten manche der Aristokraten dem König eher Dämpfer, ja Mißerfolge, bremsten seine Aktivitäten. Gefördert wurde diese Haltung auch durch persönliche Charakterschwächen Christians IV. Er hatte immer Recht, wußte alles besser, ließ sich kaum beraten, schon gar nicht dann, wenn er bereits entschieden hatte, was ihm und Dänemark zu Nutz und Ehren gereichte. Wollte er etwas gegen den Willen der Herren durchsetzen, scheute er nichts, war »auch grob unehrlich« (ebd.). Anfangs verfügte der Herrscher noch über ausreichende finanzielle Mittel, den nörgelnden Räten auszuweichen. Die Einnahmen aus dem Öresundzoll ermöglichten ihm unabhängige Entscheidungen. So konnte er gegen den Willen des Reichsrates Schweden angreifen und im sogenannten »Kalmarkrieg« schwächen. Der Friede zu Knäröd im Januar 1613 sah Christian IV. auf der Höhe europäischer Macht Dänemarks. Durch die Zahlung außerordentlich hoher »Ablösesummen« für die eroberte und besetzte Festung Älvsborg am Kattegat konnte der Däne die eigenen Kassen weiter füllen. Im übrigen fühlte er sich bestätigt, wertete den Erfolg gegen Schweden auch als Ermutigung zu weiterausholenden Großmachtplänen. Und Dänemarks Reichsräte konnten wenig oder gar nichts einwenden, entwickelte der König neue kriegerische Absichten.
Wahrscheinlich sahen einige von ihnen dennoch weiter als der siegestrunkene, erfolgheischende Regent. Sie verweigerten sich, als Christian IV. als »Degen« einer großen antihabsburgischen Koalition Frankreichs, der Vereinigten Provinzen, Englands und einiger deutscher Territorialstaaten den Siegeszug der Liga und des Kaisers 1626 stoppen wollte. Er dürfe nicht im Namen Dänemarks marschieren, ließen sie Christian IV. wissen, konnten Werbungen des Königs dennoch nicht verhindern. Die Zahlungen der »Koalition« kamen unregelmäßig und ungenügend. Die Kassen des Herrschers waren anfangs jedoch ausreichend gefüllt. Unglücklicherweise für den »Kriegerkönig« aus Kopenhagen erwuchs ihm in Albrecht von Wallenstein ein kaum zu bezwingender Gegner. Da half schließlich auch wenig, daß Christian IV. nur als Kreisoberster Niedersachsens

kämpfte, als deutscher Fürst, Herzog von Holstein, den kaiserlichen und Ligatruppen entgegentrat. Bald schanzten die Gegner im Norden Jütlands, sahen in Christian IV. sehr wohl den König von Dänemark. Sie fragten nicht, ob die Reichsräte in Kopenhagen das »deutsche Abenteuer« des »Obristen« verurteilten. Bald galt es sogar die Existenz Dänemarks, wenigstens wollten einige Herren in Wien und München eine strenge Bestrafung des dänischen Königs durchsetzen, dachten dabei vor allem an größere territoriale Gewinne. Glück für Christian IV. war, daß Albrecht von Wallenstein auch ein bedeutender Politiker war. Schlecht für das dänische Reich blieb dennoch, daß dessen König sich nur schwer mit dem plötzlichen Prestigeverlust der entscheidenden Niederlage abfinden wollte. Ihm fehlte es in der Tat an dem »Vermögen, seine Politik nach den wechselnden Umständen zu richten« (ebd., 454). Längere Zeit kämpfte Christian IV. weiter, stand auf verlorenem Posten. Nun zürnte er allen, den Reichsräten, den Heerführern und seinen Verbündeten, vergaß nur sich selbst als Schuldigen zu benennen. Bestenfalls neigte er dazu, sein Versagen gegen Tilly bei Lutter als Strafe Gottes für eigene Verfehlungen zu

Wieder im Kampf mit Schweden um die Ostseeherrschaft

»Ein aufgezwungener Krieg rechtfertigt sich selbst«, ließ der junge König Christian IV. das hohe Lied des Verteidigungskrieges über das Tor des Zeughauses in Kopenhagen meißeln. Das klang friedfertig und weise, berücksichtigte scheinbar die väterlichen Erfahrungen des siebenjährigen blutigen Ringens mit Schweden. Doch verstanden die Reichsräte schnell, daß Christian IV. auch hierin seinem energischen Vater nacheifern wollte, sehr eigene Vorstellungen künftiger gerechter Kriege für Dänemarks Größe entwickelte. Als König Karl IX. von Schweden Ansprüche auf Nord-Norwegen erhob, erzwang Christian IV. schließlich im Januar 1611 die Zustimmung des Reichsrates für einen Präventivkrieg. Am 1. Mai dieses Jahres fiel er in Schweden ein, eroberte wenig später die starke Festung Kalmar. Anfang August kontrollierte Christian IV. auch Öland. Die Herausforderung des alten kranken Karls IX. zum Zweikampf wies der Däne höhnisch zurück, verheerte nun Västergötland, eroberte die Schlüsselfestung Älvsborg am Kattegat. Doch scheiterte der dänische Angriff auf Stockholm 1612. Wieder zeigte sich, daß Dänemarks Ressourcen für eine Zerschlagung Schwedens nicht ausreichten. So stimmte Christian IV. Ende November 1612 Friedensverhandlungen an der dänisch-schwedischen Grenze zu. Obwohl er Schweden die freie Passage durch den Sund bestätigte, verstand sich der Däne als Sieger. Schweden willigte ein, eine Million Taler Reparationen innerhalb einer Frist von sechs Jahren zu zahlen, räumte den dänischen Truppen wichtige Pfänder auf schwedischem Boden ein. Erneut hatte Dänemark seinen »Rang als führende Macht im Norden behauptet« (Ellehoj, 206).

verstehen. Dort, in der Schlacht am Barrenberg, war Christians IV. Heer am 27. August 1626 durch den Feldherrn der Liga entscheidend besiegt worden.

War er kaum der große Staatsmann und Heerführer, für den er sich selber hielt, so war er doch ein König und Däne im wahrsten Sinne des Wortes, fleischlichen und geistigen Genüssen wahrlich sehr zugetan. Seine Affären werden noch heute ebenso verklärt berichtet wie die des liebes- und leibesstarken August von Sachsen. Und auch das läßt sich kaum leugnen: Mit 23 Kindern steht Christian IV. dem Dresdener als Vater wahrlich nicht nach, sieht man einmal von den legendären Überlieferungen um den Sachsen ab. Auch ließ er selten eine volle Kanne zurückgehen. Im Spätherbst 1632 notierte der damalige englische Sondergesandte am Hofe König Christians IV., dort sei es »Brauch, drei Tage in Folge voll zu sein«(Scocozza, Christian 4, 220). Einige Jahre vorher hatte auch ein enttäuschter Gustav II. Adolf, der König von Schweden, seinem Kanzler Axel Oxenstierna verbittert nach einem Treffen im schwedischen Kirchspiel Makaryd mit dem Dänenkönig berichtet, Christian müsse »betrunken gewesen sein«.

An jenem berühmten 22. Februar 1629 hatte der Kopenhagener gewiß nicht zum Vergnügen getrunken. Es ist nicht einmal sicher, ob er berauscht war. Aber er wünschte offenbar, so zu wirken. Und Gustav II. Adolf tappte wohl in die Falle. Damals war der alte »Jüte« – wie man die Dänen boshaft in Schweden diffamierte – nur noch Herr über die dänische Inselwelt und suchte nach einem Helfer in der Not, wandte sich deshalb an den schwedischen Rivalen. Erfreut hatte Schwedens Monarch die günstige Gelegenheit genutzt und Christian IV. ein Bündnis unter schwedischer Führung vorgeschlagen. Um so befremdlicher schien ihm dessen ablehnende Haltung, unerklärlich, da Christian IV. doch das Gespräch gesucht hatte. Nur Senilität und Trunkenheit blieben eine überzeugende Erklärung, waren schon deshalb einleuchtend, weil man in Kopenhagen tatsächlich gar zu oft und ausgiebig becherte. Der Schwede irrte diesmal aber gewaltig. Christian IV. – während der Verhandlungen merkwürdig abwesend und desinteressiert wirkend – wußte wohl, was er wollte. Er war noch immer der alte Fuchs, den man in Stockholm zu Recht fürchtete. Und er konnte höchstwahrscheinlich nach wie vor mehr vertragen als mancher seiner Gegner an der Tafel. Zwar war der Wein durch die knirschende Februarkälte gefroren im Pfarrhaus in Ulvsbäck eingetroffen und mußte aufgetaut werden. Aber auch das war es nicht. Der Däne wußte schon, warum er Schwedens Monarchen scheinbar ein Bündnis anbot und dann bei der Zusammenkunft seiner Sinne so wenig mächtig schien. Unflexibel, hilflos, ein schlechter Politiker war er hier keineswegs.

Der Kaiser war der eigentliche Adressat seiner Botschaft. Der Schwede wurde so Werkzeug geschickter dänischer Politik. Niemals war Christian IV. wirklich bereit, gemeinsam mit Schweden zu kämpfen.

Wien verstand und reagierte sofort und schloß am 5. Juni 1629 in Lübeck mit Dänemark Frieden. Christian IV. sicherte sich so äußerst vorteilhafte Bedingungen. Gustav II. Adolf sah seine Pläne gefährdet. Der Däne hielt sich in der Folge – ob trunken oder nüchtern – sichtlich zurück, bot sich nunmehr als Friedensmittler an, auch das kein direkter Beleg für politisches Versagen. Letztendlich half auch dies nicht sonderlich, schützte nicht vor Schweden. Dessen Reichskanzler Axel Oxenstierna hatte schon in den dreißiger Jahren einen notwendigen schwedischen Revanchekrieg gegen Dänemark vorausgesehen. Schwedische und dänische »Gesinnung ist soweit auseinander«, daß man sie nicht vereinigen könne. Das gehe einfach nicht »ohne Blutvergießen« und »dem Untergang einer der beiden Nationen« (ebd., 267). Wahrscheinlich war es die Niederlage 1643 gegen die

Kupferstich eines unbekannten Künstlers unmittelbar nach 1643. Christian IV. und Axel Oxenstierna spielen um den Öresundzoll.

plötzlich einmarschierten Schweden, die Christians IV. Ruf als vorausschauender Staatsmann endgültig schädigte.
Alles, was er versucht hatte, war ihm schließlich mißlungen. Am 23. November 1647 mußte er sogar eine Erklärung unterzeichnen, daß er keine Änderungen der Grundgesetze Dänemarks mehr versuchen würde, »signierte ... seine eigene vollständige Niederlage« im Kampf mit dem nun übermächtigen Reichsrat.
Wahrscheinlich verziehen ihm die kritischen unter seinen Dänen solches auch deshalb, weil er während seiner langen Regierungsperiode beständig versuchte, Landwirtschaft, Gewerbe und Handel zu fördern.
Als größter privater Landbesitzer Dänemarks hatte der König zu Beginn der zwanziger Jahre die verstreuten Domänendörfer nahe Kopenhagen zu großen Eigenwirtschaften zusammengelegt. Dabei unterschied auch er – ähnlich wie sein Vater Frederik II. – sich nicht von jenen adligen Landeigentümern, die ebenfalls nach großen zusammenhängenden Gutskomplexen strebten. Christian IV. bewirtschaftete seine Ländereien durch unentgeltliche Bauerndienste, war und blieb feudaler »Landwirt«. Verärgert registrierte er stete Ertragsrückgänge. Am 21. April 1624 wandelte er die Arbeitsleistungen eines Teils der Bauern in Geldrenten um. Als Arbeitskräfte behielt er nur jene Bauern, deren Dörfer in unmittelbarer Nähe der Domänen lagen. Und wieder entsprach der Gewinn nicht seinen Erwartungen. So begann er um 1644 zu überlegen, ob die Domänen nicht parzelliert und an bäuerliche Pächter vergeben werden sollten. Doch zeigte sich schnell, daß ihm auch die solcherart befreiten Bauern nur zögernd folgten. Häufig mußten sie für den Landerwerb zahlen, wurden dennoch immer wieder zu Arbeits-, vor allem zu Fuhrdiensten herangezogen. Andererseits beobachteten viele Bauern auch, daß ihre adligen Gutsherren das königliche Modell verwarfen und der Reichsrat entschieden gegen die Umwandlung der bäuerlichen Arbeitsrenten in Geldzahlungen polemisierte. Dem Bild des »guten Königs« nützte insgesamt, daß Christian IV. seit 1620 immer wieder die Aufhebung der Leibeigenschaft überdachte, den Widerstand des Adels aber nicht brechen konnte. Zwar verstanden viele die schließliche Verfügung vom 30. Mai 1646 als unbefriedigend, lasteten den »Kompromiß« aber dem Adel an. Tatsächlich konnten sich nur die Domänenbauern freikaufen. Doch galt das auch nur für diese selbst, sollten deren Kinder wiederum für ihre Freilassung bezahlen. Aber selbst zu solchen profitablen Zugeständnissen ließ sich der Adel nicht bewegen. Daher wog Christians IV. Angebot um so mehr, übersahen viele den eindeutig fis-

kalischen Sinn. Und der König sorgte dafür, daß die Prediger, Lehrer, Historiker, Lobsänger und politischen Dichter solches auch rühmend erwähnten. Er war ein Herrscher, »der sich in alles einmischte und alles bestimmen wollte« (ebd., 179).

Das beabsichtigte er auch zugunsten einer für den Fiskus gewinnträchtigen Gewerbeentwicklung zu tun, hob 1613 alle Zunftbeschränkungen auf. Künftig sollten sich Handwerk und Manufakturen ohne Behinderungen durch mittelalterliche Festlegungen der Meisterzahlen, der Preis- und Produktionsdiktate entwickeln. Das klang gut in den Ohren jener, die an gewinnträchtige Großprojekte dachten, war günstig vor allem für königliche Gewerbepläne. Als sich zeigte, daß Christians IV. eigene Manufakturen besonderer Privilegien und Schutz vor Konkurrenz bedurften, hob er 1621 seine eigenen Zunfterlasse wieder auf. Bestehen blieb nur die Verfügung, die Zünfte und gewerblichen Vereinigungen dürften neue Handwerker nicht behindern. Immerhin war das mehr, als deutsche Fürsten in ihren Territorien verordneten. Auch das lobten seine Propagandisten, fanden vor allem im kapitalkräftigen Großbürgertum eifrige Zustimmung. Neben einheimischen »Neureichen« waren es insbesondere holländische Einwanderer, die den König zu Investitionen in Manufakturen und Handelsvereinigungen ermunterten.

Der Gedanke eines Handels nach Ostindien mit den erwarteten märchenhaften Profiten begeisterte auch Christian IV. Am 17. März 1616 hatte die königliche Kanzlei einen offenen Brief an alle Interessenten versandt, die Einrichtung einer Ostindien-Kompanie angekündigt. Hauptinvestor wurde Christian IV. selbst. Andere reagierten wesentlich zurückhaltender. Wiederholt appellierte der König an vermögende Adlige und Kaufleute, ihrerseits größere Kapitalien bereitzustellen. Durch großzügige Privilegien wurde die Kompanie gefördert. An Indiens Südwestspitze gründeten dänische Seeleute im königlichen Auftrag eine Niederlassung, Trankebar, die erste überseeische Kolonie Dänemarks. Eine beabsichtigte Allianz mit dem Herrscher von Ceylon konnte dagegen nicht vereinbart werden. Als 1622 die ersten Schiffe mit Pfefferladungen nach Kopenhagen zurückkehrten, war die Ausbeute magerer als Christian IV. erwartet hatte. Der König zwang einige begüterte Aristokraten und Großkaufleute, dennoch Geld in neue Handelsunternehmungen zu investieren. Gleichzeitig appellierte er neuerlich an alle, suchte auch durch Gewinnversprechungen hartnäckig, die Kompanie auszuweiten. Bis 1643 hatte er selbst nahezu 500000 Taler investiert. Beständig wartete und hoffte Christian IV. »jedesmal auf das nächste Schiff«, dessen Ladung realen

Gewinn bringen sollte. Wichtiger war wohl aber für ihn das Prestige, die Tatsache, daß dänische Schiffe über die Weltmeere segelten. Deshalb widerstand er bis zuletzt allen Versuchen, das geldverschlingende Unternehmen aufzulösen. Erst nach seinem Tode wurden 1650 die Geschäftsbücher geschlossen.

Im gleichen Jahr endete auch ein weiteres königliches Experiment, die dänische Wirtschaft zu fördern. Nach englischem und holländischen Vorbild war in Kopenhagen ein »Zucht- und Kinderhaus« eingerichtet worden. 1609 beschäftigte das königliche Arbeits- und Ausbildungs-Institut bereits 26 Handwerksmeister, die sowohl Strafgefangene anleiteten als auch Kinder zu Manufakturarbeitern ausbilden sollten. Auf Wunsch Christians IV. wurde hier 1620 eine privilegierte Fachschule für Textilgewerbe eingerichtet. Insgesamt dürften ca. 5000 Kinder dort gearbeitet, etwa 600 als Gesellen die Ausbildung beendet haben. Doch war auch diese Produktion zu teuer, ließen sich die Gewebe daher kaum absetzen. Trotz dieser Erfahrungen begann der Herrscher im Frühjahr 1620 die Produktion von Seide. In Holland wurden erfahrene Meister angeworben, die skeptischen Einwände der Reichsräte und einiger erfahrener Großkaufleute nicht berücksichtigt. Christian IV. wußte wieder einmal am besten, was gut für sein Reich sei. Erneut scheiterte er. Auch der Verkauf der Werkstätten dieser Kopenhagener Manufaktur an einen erfahrenen holländischen Unternehmer 1624 rettete die investierten Kapitalien nicht. Wenig später wurde die Arbeit endgültig eingestellt. Nach dem mißlungenen »deutschen Abenteuer« fehlten Christian IV. dann auch die finanziellen Mittel, weitere merkantilistische Experimente zu versuchen. Im öffentlichen Bewußtsein blieb er so der Herrscher, der vieles wagte, sich und sein eigenes Geld nicht schonte. Und viele glaubten zu wissen, warum er seine Absichten nicht verwirklichen konnte.

Am 19. Oktober 1629 versammelten sich unzufriedene Delegierte der jütländischen Kaufmannsstädte. In einem Schreiben an den König beschuldigten sie den einheimischen Adel, immer und überall die Sanierung der dänischen Wirtschaft zu behindern. Sie zählten Übergriffe der Lokalgewalten gegen kaufmännische Initiativen auf, klagten über die ungehemmte Beanspruchung der bäuerlichen Arbeitsleistungen durch die adligen Grundherren. Klug hielt sich Christian IV. zurück, erlaubte erst im Mai 1636 die offizielle Zurückweisung der bürgerlichen Klagen durch den Reichsrat. Der König suchte keine wirkliche Allianz mit seinem Bürgertum. Das aber begriffen wohl nur wenige Repräsentanten der Städte. Obgleich er bestimmten frühabsolutistischen Tendenzen nachlebte, blieb Christian IV. doch der spätmittelalterlichen Ständeherrschaft verbunden. Das aber konnte wohl kaum einer der Zeitgenossen verstehen. Der König blieb lebendig als Gegner des Adels. Dieser verschuldete im Verständnis der nichtadligen Bevölkerungsgruppen die Niederlagen auf deutschem Boden und später die Katastrophe während des schwedischen Siegeszuges. So reifte in den Jahrzehnten nach seinem Tode – und dann vor allem nach dem Triumph des Absolutismus in Dänemark – »eine bürgerliche Auffassung«, die Christian IV. als Kämpfer »für das Interesse des Reiches« wertete, »dessen richtige Absichten beständig von einem Adel sabotiert wurden, der eigene niedrige Standesinteressen über die Wohlfahrt der Nation« stellte (ebd., 457). Vor allem die kapitalstarke Kopenhagener Kaufmannschaft förderte diesen Mythos. Später lebte Christian IV. als Dänemarks »großer guter König« vor allem durch die dortigen Romantiker weiter, wurde die Legende vom »nationalen Herrscher Teil« des dänischen »Kulturerbes« (ebd.). So steht selbst die heutige Historiographie vor einer nahezu unlösbaren Aufgabe, soll die eigentliche historische Wahrheit über Christian IV. verbreitet werden, schrieb kürzlich einer der bedeutendsten gegenwärtigen dänischen Kenner dieser Periode.

Der Sieg des Königtums über die Adelsmacht

Dänemark am Rande des Untergangs

Scheinbar sicherte der Reichsrat mit dem Königseid Frederiks III. am 7. Mai 1648 die »Adelsdemokratie«, die Herrschaft des Hochadels über das Königtum. Aber schon während des Ständetages unmittelbar nach dem Ableben Christians IV. deuteten sich tiefgehende Widersprüche innerhalb des Adels an. Die niedere Nobilität unterstützte die Forderungen der Geistlichen und Bürger, Steuern nur durch die Stände bewilligen zu lassen. Auch sollten Gesetze im Reichstag verfügt werden. Gleichzeitig wandten sich die adligen Sprecher aber auch gegen die Krone, forderten ein Verbot, bürgerliche Kreditoren mit Ländereien zu belehnen. Der Adel suchte das traditionelle Bodenmonopol zu bewahren.

Als der Reichsrat die adligen Ansprüche unterstützte, brach die »Koalition« der Stände auseinander. Verbittert verstanden Bürger und Geistliche, daß sich der Adel als Stand »ausgedehnte Steuerprivilegien, den Schutz des Adelsbodens und der Lehen« gesichert hatte (Danstrup, I, 230). Verärgert registrierten sie, daß die Aristokratie glei-

chermaßen den neuen Herrscher durch einen entsprechenden Eid an sich gebunden hatte. Beklagten schon seinerzeit viele Christians IV. scheinbar vergebliches Ringen mit dem egoistischen Adel, so reifte nun bei den vermögendsten Bürgern die Entschlossenheit, das Königtum im Kampf gegen Reichsrat und privilegienbewußten Adelsstand gegebenenfalls auch bewaffnet zu unterstützen. Die Bemühungen, die an ein Hamburger Kaufmannshaus verpfändete dänische Königskrone für die bevorstehende Krönung Frederiks III. auszulösen, empfanden viele als sichtbaren Kontrast zum Wohlergehen des Adels. Die Empörung und verletzter Stolz über das so gedemütigte Königtum bekräftigten das Bündnis des Hofes mit dem besitzenden Kopenhagener Bürgertum. Ole Worms, Kopenhagens Bischof, der Sohn bürgerlicher Eltern, wagte denn auch im November 1648 in einer Predigt vor dem König und den Großen Dänemarks die Mahnung an den Herrscher, Gott habe ihn eingesetzt, »die unbegrenzte Macht, die der Herr über alle Reiche der Welt ausübe«, mit ihm »zu teilen, wo es Dänemarks und Norwegens herrliche Lande gelte« (ebd.). Das war eine Kampfansage an den mächtigen Reichsrat und den gutsbesitzenden Adel, wurde damals auch so verstanden von allen. Der von Gott legitimierte Herrscher sollte seine Macht nicht mit anderen teilen!
Bis heute streiten die Historiker, ob Frederik III. verstand, daß die Kopenhagener Kaufmannschaft und die jenen Kreisen nahestehende hohe Geistlichkeit auf diese Weise den König zum Widerstand aufforderte und Hilfe versprach. Es sind keine eigenhändigen Notizen des Herrschers erhalten, nicht einmal Andeutungen in Briefen. Lange Zeit schrieb man besonders der Königin, der Braunschweiger Prinzessin Sophie Amalie, und dem deutschen Kammerschreiber Christoph Gabel bzw. weiteren deutschen Hofbeamten die Entscheidung für die Entmachtung des Reichsrates und den absolutistischen Umsturz zu. Die ältere dänische Historiographie sah in Frederik III. eher einen passiv Abwartenden. Der zweifellos hervorragend gebildete König wußte aber wohl doch, was er wollte und wie er zum Ziel kommen würde. Er mußte abwarten, konnte das Scheitern des Reichsrates kalkulieren. Dänemarks neuerliches Ringen mit Schweden, der Kampf um die Revidierung des Brömsebro-Diktates mußte so oder so, als Sieg oder Katastrophe, in eine grundsätzliche Umgestaltung der politischen Verhältnisse im Reich münden. Das Volk würde den Reichsrat als schuldig an Dänemarks Katastrophe benennen. Bestärkt durch die günstige internationale Entwicklung, insbesondere Karls X. Gustav Schwierigkeiten in Polen, erklärte Frederik III. Schweden am 1. Juni 1657 den Krieg.

Dänemarks Katastrophe 1658

Trotz bedeutender Waffenerfolge Schwedens in Polen Mitte der fünfziger Jahre verschlechterte sich die Situation 1656 für König Karl X. Gustav (1654–1660) rasch. Als die Schweden den niederländischen Danzighandel mit schweren Zöllen belasteten, entsandte der Haag eine Flotte, ermunterte Dänemark zum Krieg gegen Schweden. Ähnliche Aufforderungen kamen aus Warschau, Wien und dem fernen Moskau. Allen schien eine schwedische Beherrschung der Ostsee indiskutabel.

Derweil beobachtete man im schwedischen Hauptquartier in Polen besorgt, daß russische Streifkorps seit dem Sommer 1656 in Finnland operierten, im Herbst 1657 auch Österreich zur Verteidigung Polens eingriff. Die militärische Niederlage Schwedens auf polnischem Boden war nur noch eine Frage der Zeit. So wurde die dänische Kriegserklärung in Stockholm mit Erleichterung aufgenommen. Karl X. Gustav konnte sich nun einem schlecht gerüsteten Feind zuwenden, Polen verlassen, ohne das Gesicht zu verlieren.

Schon im Spätherbst 1657 beherrschte der Schwede die dänischen Festlandterritorien. Nach einem nahezu einzigartigen Marsch über den gefrorenen Kleinen Belt und dem Eis zwischen Langeland und Lolland bedrohte das schwedische Heer im Februar 1658 Kopenhagen. Im Frieden von Roskilde am 27. Februar 1658 verzichtete Dänemark auf Schonen, Halland, Blekinge, Bornholm, Bohuslän und das Tröndelag mit Trondheim. Schweden war nun übermächtig geworden. Wenig später, als Dänemark eine erzwungene Allianz mit Schweden sabotierte, landete Karl X. Gustav im August 1658 erneut auf Seeland. Jetzt war er entschlossen, Dänemark seinem Reich einzugliedern.

Nach den Niederlagen des Frühjahrs 1658 wuchs König Frederik III. im Herbst während der neuerlichen schwedischen Bedrohung zum Symbol des nationalen Widerstandes. Mit der rasch verbreiteten Bemerkung, er wolle »in seinem Nest sterben«, entflammte er den Widerstandsgeist der Kopenhagener. Die Bürger organisierten die Verteidigung, empfingen zufrieden die Privilegierung Kopenhagens im »Freiheitsbrief vom 10. August 1658«. Die Hauptstadt war nun freie Reichsstadt geworden. Ihre Repräsentanten galten als »selbständiger Stand mit gleichen Rechten auf alle Staatsämter« wie der Adel »und der Freiheit, Adelsland zu kaufen« (ebd., 238). Dem Magistrat hatte der König zugesichert, er dürfe Zölle und Steuern in Kopenhagen nach eigenem Befinden festlegen. Das Bündnis der Krone mit dem Besitzbürgertum gegen den Reichsrat war nun auch förmlich verankert.

Derweil vereinbarte Christoph Gabel im Haag die Entsendung einer niederländischen Flotte zur Sicherung Kopenhagens. Als die schwedischen Fregatten im Öresund den Holländern unterlagen, waren Kopenhagen und Dänemark gerettet.

Inzwischen marschierten die Österreicher, Polen und Brandenburger als Verbündete Frederiks III. durch Jütland. Gleichzeitig mehrten sich lokale Erhebungen in Schonen und Blekinge. Auch Trondheim ging verloren. Die Dänen besiegten auf Bornholm die schwedischen Besatzer. Ein abgeschlagener schwedischer Angriff auf Kopenhagen verschlechterte Karls X. Gustav Lage entschieden.

Zum Glück für Schweden vermittelten die Franzosen Verhandlungen Englands und der Niederlande. Im Haag einigten sich die europäischen Großmächte auf die Bestätigung des Friedens von Roskilde, konnte Hollands Ratspensionär Jan de Witt (1625–1672) als Bundesgenosse Dänemarks schließlich nur die Rückgabe Trondheims erzwingen. Die Großmächte drohten sogar mit militärischer Intervention, falls die skandinavischen Reiche den Beschluß negieren wollten.

Da weder Federik III. noch Karl X. Gustav das »Haager Konzert« akzeptierten, wie die Zeitgenossen den englisch-niederländischen Kompromiß betitelten, kämpften beide Parteien weiter. Dänemark und seine Alliierten drängten die Schweden mehr und mehr zurück. Doch wollte auch Jan de Witt selbst nach Karls X. Gustav plötzlichem Tod am 13. Februar 1660 keinen dänischen Siegfrieden. Auch intensivierte nun Kardinal Mazarin nach Frankreichs Triumph über Spanien 1659 seinen Druck im Haag und Wien, wünschte Schweden im eigenen machtpolitischen Interesse zu retten. In Kopenhagen begriff man die Gefahr, letztlich allein gegen Schweden zu stehen, am Ende sogar die geringen Zugeständnisse Stockholms – die Rückgabe Trondheims und des Tröndelags – zu riskieren. Daher verzichtete Frederik III. schließlich auf die ursprünglichen Ziele Dänemarks. Im Frieden vom 27. Mai 1660 zu Kopenhagen mußte er den Verlust der dänischen Provinzen nördlich des Sundes signieren und auch die Insel Ven im Öresund aufgeben. Schwer trug man in Kopenhagen daran, daß das Herzogtum Gottorp für souverän erklärt wurde. Nur Trondheim und Bornholm verblieben der dänischen Krone.

Dänemarks Zukunft belasteten nahezu fünf Millionen Taler Staatsschulden. Diese Last drückte auch den gutsbesitzenden Adel schwer. Daher hoffte der Reichsrat jetzt auf einen neuen Peder Oxe, glaubte ihn in Corfitz Ulfeldt (1604–1664) gefunden, einem der »Schwiegersöhne« Christians IV. Dieser erklärte Feind König Frederiks III. galt als der klügste Repräsentant des Adels, war gleichermaßen auch Schützling König Karls X. Gustav gewesen. Als er nach dessen Tod – durch die Rückgabe aller früher konfiszierten Besitzungen auf Geheiß des Schweden auch für viele dänische Adlige als Parteigänger des

Dänemark nach 1660.

schwedischen Erzfeindes diskriminiert – nach Kopenhagen zurückkehrte, arrestierten ihn die Männer des Königs zusammen mit seiner Gattin Leonora Christina, Christians IV. Lieblingstochter.

Der solcherart führerlose Adel war nun kein ernsthafter Gegner mehr für Kopenhagens Bürgerstand und einen entschlossenen Hof. Als der Ständetag im September 1660 in Dänemarks Residenzstadt eröffnet wurde, entschied die Diskussion neuer Steuern die künftige Entwicklung. Wie immer glaubte der Adel als privilegierter Stand, Bauern,

Priester und Bürger alleine zahlen lassen zu können. Diesmal aber weigerten sich die Bürgerrepräsentanten unter Vorsitz des Kopenhagener Bürgermeisters Hans Nansen gemeinsam mit dem Priesterstand und deren Sprecher, Seelands Bischof Hans Svane, die adligen Sonderrechte zu akzeptieren. »Alle sollten gleich behandelt werden«, forderte die Mehrheit der Ständevertreter (ebd., I, 240). Bestürzt vernahmen die Adligen neue bürgerliche Reformforderungen: Alle Lehen sollten meistbietend verpachtet, das Bodeneigentum nach dem Ertrag besteuert und die Schollenbindung der Bauern aufgehoben werden. Auch wünschten die Bürger die Wahlen zum Reichstag in den Provinzen unabhängig von Standesbeschränkungen, drohten die Ständeverfassung aufzuheben. Es war tatsächlich »ein revolutionäres Programm, das den alten Adelsstand aus der Zeit vor dem Kriege sprengen sollte« (ebd., 241).

Der ebenso entschiedene Widerstand des Adels erlaubte es der Hoffraktion und den Generälen, als Mittler im Streit einzugreifen. Christoph Gabel formulierte die Forderung nach einem gesetzlich verankerten Erbkönigtum in Dänemark, versprach damit die Lösung der Konflikte mit dem Adel. Hans Svane und Hans Nansen wie auch die Mehrheit der Delegierten unterstützten den Deutschen. Als mit Hannibal Sehested auch einer der noch immer geschätzten »Schwiegersöhne« sich offen auf Seiten des Königs stellte, zerbrach die adlige Widerstandsfront. Kampfbereit unterschrieben am 25. September Priesterstand und Bürgervertretung die »Resolution über eine Erb-

Hans Nansen

Hans Svane

Die »Schwiegersöhne«

Gegen Frederik III. stand innerhalb des Reichsrates eine spezielle Fraktion, die vier Schwiegersöhne Christians IV. Einige bedeutende Hochadlige hatten Töchter des Königs geheiratet, besetzten Schlüsselpositionen in Dänemarks Administration. Zwei von ihnen, Corfitz Ulfeldt und Hannibal Sehested (1609–1664), Reichshofmeister der eine, Vizekönig in Norwegen der andere, bestimmten Dänemarks politische Entwicklung nach 1648. Ulfeldt orientierte damals auf ein Bündnis mit den Niederlanden. Im Haag erreichte er, daß die Holländer den Öresundzoll in eine jährliche Sonderzahlung umwandelten, konnte so die bisherigen Einnahmen noch übertreffen.

Erfreulicherweise für König Frederik begannen bald nach 1650 einige Reichsräte, den mächtigen Ulfeldt zu fürchten. Spöttische Herabsetzungen des Herrschers durch den selbstbewußten Reichshofmeister und fälschliche Gerüchte über beabsichtigte Umsturzversuche der »Schwiegersöhne« vereinten die Hofpartei und einzelne mißgünstige Räte. Strenge Überprüfungen der Bilanzen Sehesteds und Ulfeldts deckten fehlerhafte Finanzmanipulationen der beiden auf. Ebenso konnten die beiden anderen, weniger bedeutenden Schwiegersöhne entmachtet werden. Ulfeldt floh mit Christians IV. Lieblingstochter Leonora Christina nach Holland, siedelte später zum Erzfeind Schweden über, diente Karl X. Gustav als exzellenter Verhandlungsführer gegen das besiegte Dänemark. Hier allerdings wirkte er eher zugunsten seiner Heimat, dankte ihm der Reichsrat diesen Einsatz trotz der offenkundigen Feindschaft Frederiks III. Für einige Jahre lebte auch Sehested in Schweden. Doch ließ er sich nicht gegen Dänemark gebrauchen, stellte sich nach der Katastrophe von 1658 König Frederik zur Verfügung.

regierung« (ebd., 242). Nach scheinbarem Zögern entschied sich Frederik III. zwei Tage später zur Annahme des angebotenen absoluten Königtums. Künftig konnte der Herrscher unabhängig von bindenden Beschränkungen gegenüber dem Reichsrat souveräne Macht ausüben. Verschlossene Stadttore, bewaffnete Bürgergarden und Militärgouverneure in den Provinzen sicherten den Staatsstreich. Am 13. Oktober kapitulierte der Reichsrat, ordnete sich Frederik III. als Erbkönig unter. Aufgehoben, nichtig, war das Königsversprechen von 1648 (s. S. 132), so die Verfügung der Stände am 16. Oktober.
Die Entscheidung, dem König anheimzustellen, nach eigenem Gutdünken ein neues Grundgesetz zu fixieren, war der totale Sieg des Absolutismus in Dänemark. Die feierliche Erbhuldigung am 18. Oktober 1660 vor dem königlichen Schloß in Kopenhagen unter starkem militärischen Schutz der Kopenhagener Bürgerwehr setzte den Schlußpunkt unter diese Entwicklung. In einem reichsumfassenden Zirkularbrief verkündete Frederik III. zu Jahresbeginn 1661 die vollständige Souveränität für sich und seine Nachkommen mit »allen

Majestätsrechten, absoluter Regierung und allen Regalien«. Alle Repräsentanten des Reiches Dänemark unterschrieben die Souveränitätserklärung diskussionslos.

Neue Verwaltungsorgane

Die veränderten Herrschaftsstrukturen erforderten auch moderne Verwaltungsbehörden. Schon während des Krieges mit Schweden war eine sogenannte »Kollegialsleitung« als oberstes Regierungsorgan mit einem »Admiralitätskollegium« und einem »Kriegskollegium« gebildet worden. Andererseits existierten noch immer die traditionellen zivilen Einrichtungen der Dänischen und Deutschen Kanzlei bzw. die Rentkammer. Der übliche Verfahrensweg, daß alle Schreiben der Regierung entweder die Dänische oder die Deutsche Kanzlei passierten, verlangsamte Regierungsentscheidungen. Ebenso hemmend wirkte sich aus, daß neben der Rentkammer noch eine »eigene Kammer des Königs« arbeitete. Hier verwalteten die Beamten neben den Mitteln für die königliche Hofhaltung auch die Einnahmen aus den Öresund- und Elbzöllen.

Mit der Einrichtung des Kollegialsystems schuf Hannibal Sehested ein neues Regierungsorgan. Dieser weitsichtige Reformer begriff die neuen Grenzen im Norden als unveränderlich und wollte mit der Anerkennung Schonens als »schwedische Provinz« die Beziehungen zu Stockholm verbessern. Anders als Gabel verstand Sehested, daß die Fortsetzung des Kampfes mit Schweden um die Ostseeherrschaft Dänemark in völlige Abhängigkeit von den Holländern führte. Als Alternative wünschte Sehested, Dänemarks innere Strukturen zu festigen. Er wollte ein nationales Heer aufbauen und die Bauern aus der Schollenbindung befreien.

Allerdings konnte sich Sehested nicht gegen die Revanchevorstellungen Frederiks III. und des höheren dänischen Offizierskorps durchsetzen. Die Schollenbindung der Bauern und die Pflicht zur Landmiliz blieben die Basis des dänischen Absolutismus, waren ein Zugeständnis der Krone an den gutsbesitzenden Adel, einigten gleichermaßen König und Landadel. Sehested konnte nur die Finanzbehörden reformieren, hier wie auch in anderen Regierungsämtern die formale Gleichsetzung bürgerlicher und adliger Beamter festlegen. Auch im Obersten Gerichtshof bzw. Staatsrat saßen Bürger und Aristokraten Seite an Seite. Der Adel dominierte weiterhin auf der lokalen Verwaltungsebene vor allem in den ländlichen Provinzen.

Für die Domänen bewirkte die Finanzreform eine grundlegende

Veränderung. War ursprünglich der Umfang des Landbesitzes die Machtgrundlage des Königtums, entschied der Herrscher nun über alle öffentlichen Einnahmen, unabhängig vom konkreten Grundbesitz. Daher schwächte der Verkauf der Krongüter zur Reduzierung der Staatsschulden den königlichen Einfluß nicht wie seinerzeit im Mittelalter. Dafür bildete sich nun neben dem alten Gutsadel ein neuer »starker bürgerlicher Gutsbesitzerstand« als Stütze des absoluten Königtums (ebd., 246). Die allgemeine festgeregelte Besteuerung des Bodens in Form einer »Matrikelsteuer« wuchs zur sicheren Basis der Staatseinkünfte und sicherte auch die Ausgaben der königlichen Hofhaltung. Durch eine Minderung der Söldnerzahlen des stehenden dänischen Heeres zugunsten einer allerdings wenig kriegstüchtigen Landmiliz bei starkausgebauten Festungen – einer defensiven Grundorientierung der dänischen Außenpolitik – sanierte Sehested die Landesfinanzen weiter. Es gelang ihm, »das Staatsbudget erstmalig nach langer Zeit« wieder zu balanzieren (ebd., 246).

Der absolutistische Steuerstaat während des Schonenkrieges

Dänemarks Finanzbehörden erwiesen sich als äußerst einfallsreich, ging es um die Sanierung der Staatsfinanzen. Während des sogenannten »Skåne-Krieges« wurden zahlreiche neue Steuern verfügt. 1677 mußten die Dänen eine »Schornstein- bzw. Esse-Steuer« für alle Formen der Öfen entrichten. Im gleichen Jahr erzwangen die Beamten eine Viehsteuer für Pferde, Kühe und Ochsen, erweiterten die Zahlungen im folgenden Jahr auch auf Schweine und Schafe. Gleichzeitig wurde eine Kopfsteuer auf alle Einwohner des Königreichs und eine Vermögenssteuer erhoben.
König Christian V. ließ allen Dänen mitteilen, er zweifele nicht, daß sie aufgrund der großen Erfolge der dänischen Waffen freudig neue Steuern für die Weiterführung des Krieges tragen würden. Hatte er solches wirklich gedacht, mußten ihn die Berichte seiner Steuerkollektoren erschüttern. Vor allem aus den Städten flüchteten die offenbar recht unwillig zahlenden Bürger aufs Land. Auch wurde rasch deutlich, daß sich selbst patriotische Dänen wenig oder gar nicht für Einquartierungen erwärmen konnten. Noch augenscheinlicher dokumentierten unzählige Desertationen der ausgeschriebenen einheimischen Soldaten die offenkundige Ablehnung der teuren Großmachtpolitik der Krone. Die Dänen zeigten sich so gar nicht bereit, für das Wohl des Königtums zu darben.

Neue Kriege mit Schweden

Der Krieg um Schonen

Nach 1660 hatte sich Dänemarks strategische Situation im Kampf um die Ostseeherrschaft katastrophal verändert. Noch zu Jahrhundertbeginn konnte Kopenhagen im Konfliktfall Schwedens Zugang zum Kattegat sperren, über Südnorwegen, Bohuslän, Halland, Schonen und Blekinge das innere Schweden einkreisen. Der Besitz Gotlands sicherte die Kontrolle weiter Teile der Ostsee. Mit den Friedensschlüssen von Roskilde und Kopenhagen hatte sich alles nahezu umgekehrt. Dänemark büßte ein Drittel seines Territoriums ein und konnte Schweden nur bekämpfen, wenn es durch seine Flotte die See beherrschte. Jütland blieb wegen der norddeutschen Besitzungen Schwedens in steter Gefahr, noch gesteigert durch die feindselige Haltung des Herzogs von Gottorp. Daher waren Dänemarks Herrschende überzeugt, die Rückeroberung Schonens und die neuerliche Unterordnung Gottorps seien für das Reich unerläßlich. Doch wußten sie auch, daß es starker Bundesgenossen bedurfte, sollte diese Zielsetzung verwirklicht werden.
Mit Unruhe blickte man damals auch in der dänischen Metropole nach Frankreich, wertete dieses als stärkste europäische Macht. Andererseits setzte man traditionell auf die niederländischen Ostseeinteressen, vertraute auf Flottenhilfe aus dem Haag. Gleichzeitig kalkulierten die Dänen aber ein, daß die holländische Kaufmannsrepublik eine neuerliche dänische Dominanz keineswegs freiwillig befördern würde. Einsichtig war ebenso für Kopenhagen, daß England Dänemark nicht helfen wollte, Polen und Rußland nicht konnten. Doch war mit dem Kurfürsten von Brandenburg ein ähnlich entschlossener Feind Schwedens gewachsen. Und der hatte zielstrebig aufgerüstet!
Der französische Raubkrieg gegen die Niederlande 1672 eröffnete den nach Revanche dürstenden Generälen und der Hofpartei in Dänemark endlich die erstrebten Möglichkeiten der Rückeroberung der verlorenen Provinzen. Schweden war durch Verträge zu Aktivitäten auf deutschem Boden gegen Frankreichs Gegner verpflichtet. So konnte es einem Zusammenstoß mit den Brandenburgern nicht ausweichen, da sich Berlin zu Hilfeleistungen für die Generalstaaten verpflichtet hatte. Auch der Kaiser mußte – widerwillig zwar – gegen Frankreich und Schweden reagieren, als französische Truppen in Kleve die Neutralität des Heiligen Römischen Reiches verletzten.
An der Seite der kapitalkräftigen Niederländer rechnete sich Kopen-

»Wißt Ihr es nicht, weiß ich es auch nicht«

Diese Worte König Christians V. an Peder Schumacher (1635–1688) zu Beginn seiner Herrschaft dokumentieren treffend die Kompetenzen des künftigen Ersten Ministers in Dänemark, der »Bescheid über nahezu alles« wußte. Er war Autor des »Königsgesetzes«, prägte entscheidend die neuen absolutistischen Staatsformen. Vor allem im dänischen Wirtschaftsleben legte der spätere Graf von Griffenfeld den Grund zum neuerlichen raschen Aufschwung des Besitzbürgertums, förderte das Zusammenwachsen von altem und neuen Adel. Er setzte auf den plötzlich gewinnträchtigen Überseehandel, entwickelte neue Manufakturzweige, erarbeitete sogar die erste Forstordnung Dänemarks zum Schutze der dänischen Waldungen. Der neue starke Mann in Kopenhagen setzte vor allem auf den aktienfinanzierten Kompanie-Handel. Obwohl geadelt, später in den Reichsgrafenstand erhoben, blieb Schumacher zeitlebens Förderer auch des dänischen Besitzbürgertums. Er entwickelte das höhere Beamtentum als wichtige Säule des Absolutismus in Dänemark.

Der Sohn eines deutschen Weinhändlers zeigte schon früh außergewöhnliche Begabungen. Er bereiste Europa, studierte an einigen der bedeutendsten Universitäten des Kontinents. Zu Beginn der 60er Jahre nach Kopenhagen zurückgekehrt, stieg er rasch im Dienste Frederiks III. zu höchsten Ämtern auf, gewann ebenso die Zuneigung Christians V. Durch die Ehe mit einer Enkelin des Kopenhagener Bürgermeisters Hans Nansen erwarb er auch umfangreichen Grundbesitz. Nach dem frühen Tode seiner Frau stieg Griffenfeld zum Reichskanzler, bald darauf auch zum Vorsitzenden des Obersten Gerichtshofes auf. Die Erhebung zum deutschen Reichsgrafen durch den Kaiser und die Belehnung mit der Insel Wollin durch Brandenburgs Kurfürsten waren weitere Zeichen internationaler Wertschätzung des bedeutendsten dänischen Politikers und Staatsmannes nach 1660.

Im Krieg Dänemarks gegen Schweden stürzte er dennoch, unterlag der Fraktion der Revanchepolitiker. Weitsichtig erkannte Griffenfeld, daß Dänemark Schweden nur besiegen konnte, wenn es vorher Frankreich gewann. Als seine Doppelpolitik durchschaut wurde, blieb ihm das Gefängnis nicht erspart, entledigte sich auch Christian V. des nun lästig gewordenen Mahners. Griffenfeld wurde wieder Peder Schumacher …

hagen reale Chancen aus, konnte auch nach einer deutlich spürbaren Sanierung der Landesfinanzen und gewachsener Wirtschaftskraft auf eigene Potenzen vertrauen. Allerdings rechnete Dänemarks Erster Minister, der Graf von Griffenfeld, mit günstigeren Resultaten, wenn es gelingen sollte, als neutraler Friedensmakler zwischen den kriegführenden Mächten zu vermitteln. Daher plädierte er nur für eine Verteidigungsallianz mit dem Kaiser und Brandenburg zur Sicherung der Vereinbarungen des Westfälischen Friedens. Der klug kalkulierende Politiker konnte sich aber nicht durchsetzen. Er mußte 1673 einen Allianzvertrag mit der Republik der Vereinigten Provinzen – den »Holländern« – akzeptieren. Griffenfeld fürchtete die Verpflichtung Dänemarks, den Niederländern militärischen Beistand leisten zu müssen, falls diese oder ihre Verbündeten durch einen Alliierten Frankreichs angegriffen würden. Das wiederum kam der »Kriegspartei« um König Christian V. höchst gelegen. Griffenfeld sah weiter. Auch er schätzte die durch die Niederlande gezahlten Subsidien, glaubte dennoch nicht an reale Siegeschancen gegen eine französisch-schwedische Koalition.

Als Schweden vertragstreu 1674 in Brandenburg einmarschierte, bot Griffenfeld sofort Frankreich Dänemarks Vermittlung an. Ludwig XIV. ließ ihn wissen, er könne sich eine Eheschließung des schwedischen Königs mit der Schwester des dänischen Herrschers als glückliche Lösung der offenen Fragen zwischen den beiden skandinavischen Reichen denken ... Da siegten die Brandenburger bei Fehrbellin am 28. Juni 1675 über eine schwedische Armee – ein militärisch nahezu unbedeutendes Treffen, dessen politische Folgen aber entscheidend wurden. In einer schnellen Reaktion besetzten die Dänen Gottorps Festungen, inhaftierten den Herzog in Rendsburg. Wenig später marschierten dänische Soldaten in Schwedens norddeutsche Besitzungen ein, ein neues Ringen zwischen Schweden und Dänemark hatte begonnen.

Am 16. Dezember 1675 kapitulierte die starke Festung Wismar, im Sommer des folgenden Jahres besetzten die siegreichen Truppen Christians V. auch die Herzogtümer Bremen und Verden, Schwedens Besitzungen seit 1648. Die dänische Flotte vollendete bei Öland am 1. Juni 1676 unter ihrem fähigen Admiral Niels Juel (1629–1697) die Erfolgsserie der neuen dänischen Streitkräfte, besiegte die zahlenmäßig überlegenen schwedischen Schiffe. Stolz berichtete Juel die Vernichtung von 11 gegnerischen Fregatten und den Tod von mindestens 4200 Seeleuten. Der Weg nach Schonen war frei.

Am 27. Juni 1676 ankerte eine dänisch-niederländische Flotte vor Ystad, landeten hoffnungsfrohe dänische Befreier hier und zwei Tage später bei Helsingborg, freudig begrüßt durch die Bevölkerung. Schnell fielen wichtige Festungen der Schweden. Da siegte König Karl XI., Schwedens junger Monarch, überraschend bei Halmstad über ein dänisches Korps, ein kaum erwähnenswerter Erfolg, wichtig aber für das Selbstbewußtsein der gedemütigten Schweden und ihres Herrschers. Ernsthafte Kontroversen zwischen König Christian V. und seinem Oberbefehlshaber schwächten die dänische Kriegsführung zusätzlich. Dennoch stand Schwedens König Ende November 1676 ganz offensichtlich vor einer vollständigen Katastrophe, zehrte der bewaffnete Widerstand der Bauern vor allem in Skåne, Blekinge, und

Auschnitt aus Romeyn de Hooghes Kupferstich der Eroberung Wismars durch die Dänen im Dezember 1675.

Halland an der Moral seiner Truppen. Die Schweden kämpften in »Feindesland«, taten durch unbarmherzige Fouragierung im übrigen auch alles, diesen Eindruck bei den Bauern zu vertiefen. Mit äußerster Erbitterung wurde daher die Schlacht bei Lund am 4. Dezember 1676 geführt. 8000 schlecht verpflegte, erschöpfte Schweden trafen auf etwa 11 000 siegesgewiße Dänen. Zum Glück für Karl XI. verlor die dänische Reiterei den »Wettlauf« mit ihren Gegnern um die besten Ausgangspositionen. Christians V. Armee konnte sich vor der Schlacht nicht entsprechend formieren. Dennoch wogte der Kampf stundenlang hin und her. Sowohl Christian V. als auch Schwedens Befehlshaber Johan Gyllenstierna flohen jeweils im Bewußtsein einer Niederlage schon während der Morgenstunden vom Schlachtfeld. Schließlich siegte Karl XI. in einem letzten verzweifelten Anreiten an der Spitze seiner Kavallerie. Da hatte der französische Gesandte bereits aus Malmö Ludwig XIV. über die bedauerliche Niederlage des Alliierten unterrichtet ...

Die Historiographie benennt Lund als bis dahin blutigste Schlacht auf nordischem Boden, rechnet mit mehr als 8000 Toten, darunter etwa 5000 Dänen. In Kopenhagen zeigte man trotzdem stolz die eroberten Fahnen, feierte den Tag als Sieg. In Stockholm wußte man es bald besser. Erneut wurde in Skåne die schwedische Herrschaft erzwungen, kehrten die unerwünschten neuen Amtleute und Steuereinnehmer zurück. Für die Gerne-Dänen bedeuteten die Drohungen, man lebe »besser mit einem öden Land als mit einem, daß voller Schelme und Verräter sei« (Olsen/Askgaard, 200), mehr als leere Worte.

Dennoch unterlag die neuerlich überlegene schwedische Flotte am 1. Juli 1677 in der Köge-Bucht wiederum Niels Juel. Damit ging der Krieg um Schonen und die südlichen Provinzen weiter. Frische dänische Truppen landeten, drangen wieder vor. Am 14. Juli siegte Karl XI. aber bei Landskrona ein zweites Mal über das feindliche Landheer. Bestürzt registrierte die dänische Führung panischen Schrecken bei vielen ihrer Soldaten angesichts energischer schwedischer Attacken. So waren die verlorenen Provinzen kaum zurückzugewinnen. Selbst die immer wieder überraschenden Überfälle bäuerlicher Scharfschützen auf schwedische Troßkolonnen, ebenso deren Siege über kleinere Eliteabteilungen Karls XI. änderten letztendlich wenig. Auch einige neuerliche Erfolge der dänischen Truppen 1678 blieben wirkungslos. Nun entschied Christian V., die Landschaften »zu veröden so viel wie möglich«. Es zeigte sich schnell, daß nicht mehr viel zu tun blieb für die Mordbrenner nach mehreren Jahren Krieg im einstigen Dänemark. Dänen und »Schnapphähne« taten es dennoch so gründlich, daß alle Sympathien für Dänemark in Skåne »nahezu vollständig ausgerottet wurden« (ebd., 242).

Nicht nur in Dänemark und Schweden wuchs in diesen Monaten Kriegsverdrossenheit. Auch im Krieg Frankreichs gegen die Niederlande und ihre Verbündeten zeigte sich, daß eine Entscheidung unmöglich zu erzwingen war. Am Verhandlungstisch galt es nun zu verteidigen, was dennoch geblieben war. Für Dänemark bedeutete das immerhin der Besitz Gotlands, Rügens, Wismars, der Herzogtümer Bremen und Verden und in Südschweden Helsingborg und

An der Seite Dänemarks – die »Schnapphähne«

Die Quellen jener blutigen Tage belegen, daß die Menschen in den heute südschwedischen Landschaften durch beide kriegführende Mächte erbarmungslos ausgeplündert wurden, sei es durch Steuern, Ausschreibungen von Soldaten oder bei Übergriffen der Soldateska beider Heere. Die Armeen suchten bewußt, die Kampfbasis des Gegners durch eine »Taktik der verbrannten Erde« einzuengen. Noch im Januar 1678 ließ Karl XI. alle Dörfer im Umkreis von 30 km um Landskrona verwüsten, um den dänischen Truppen jeglichen Unterhalt zu entziehen. Aber auch diese fragten wenig nach Freund oder Feind, sicherten sich gleichermaßen unberührt die notwendigen Existenzmittel. Hatten viele in Schonen zunächst freudig auf die Dänen als Befreier gehofft, schwanden die Erwartungen und wohl auch die Zuneigungen rasch.
Immer öfter sahen sich verzweifelte Bauern veranlaßt, mit der Büchse in der Hand den plündernden Soldaten entgegenzutreten. Naturgemäß zielten die sogenannten »Schnapphähne« oder Freischützen anfangs vor allem auf die verhaßten Schweden. Einige Bauernführer organisierten nahezu reguläre Freikorps gegen Karls XI. Truppen und Behörden. Ihre plötzlichen Überfälle erschütterten den Gegner mehr »als es die regulären dänischen Heere vermochten« (Olsen, 228). Dänemarks Militärführung bescheinigte einigen der Anführer als »Kapitäne« und »Rittmeister« militärische Kompetenzen, wollte sie so als »Streitkräfte« aufwerten, als »anerkannter Teil des dänischen Heeres« (ebd.). Letztendlich half den Freischützen das wenig, sahen die Schweden in ihnen doch Aufrührer gegen ihre legitime Herrschaft. Sie verweigerten selbst dann Pardon für die »Schnapphähne«, wenn diese an der Seite regulärer dänischer Truppen kapituliert hatten. Als die Festung Kristianopel im Winter 1677 geräumt wurde, erlaubten die siegreichen Schweden der Besatzung einen ehrenvollen Auszug. 70 gefangene Bauernkämpfer wurden sofort hingerichtet. Häufig töteten die Schweden die Freischützen besonders qualvoll.
Allmählich entwickelten sich die »Schnapphähne« auch zur Last für die Bauern Schonens. Auch sie mußten leben, benötigten Futter für ihre Pferde. Gerne nutzten die Dänen die Bauernkämpfer überdies als Fouriere für das Heer, kaum die Art, sich bei der gequälten Landbevölkerung beliebt zu machen. Mehr und mehr häuften sich bei den dänischen Behörden Klagen, daß die Schnapphähne »den Einwohnern großen Schaden mit Plünderung und Übergriffen zufügten« (ebd., 233). Nun unterschied man auch bei den Dänen deutlicher zwischen »Freischützen« und »Schnapphähnen«, »die Krieg auf eigene Hand führten« (ebd., 233).
Hatte Karl XI. zunächst einen Generalpardon ausgeschrieben, gingen seine Beamten im Frühjahr 1678 gegen die Freikorps mit gesteigerter Brutalität vor. Orte, die als zeitweilige Schlupflöcher galten, wurden niedergebrannt, »alleine Frauen und Kinder« verschonte man (ebd., 236).

Landskrona bzw. Teile von Bohuslän. Auch verfügte Kopenhagen mit dem eroberten Gottorp über ein weiteres bedeutsames Pfand, die Mühen und Lasten des Krieges wenigstens in bescheidene dauernde Gewinne zu wandeln.

Doch zeigte sich nun, daß Griffenfeld, Dänemarks früherer Staatsminister, die Situation zu Kriegsbeginn richtigt bewertet hatte. Ludwig XIV. schützte Schweden. Brandenburg und Dänemark blieben die großen Verlierer. Selbst ein keineswegs selbstbewußtes Schreiben Christians V., er lege sein Schicksal in Ludwigs XIV. Hände, appelliere an »Frankreichs Macht und Edelmut« (ebd., 249), erwirkte keinerlei Entgegenkommen. »Nicht ein einziges Dorf« blieb den Dänen, wie es Frankreichs Botschafter mehr oder weniger spöttisch gegenüber dem dänischen Verhandlungsführer beklagte (ebd., 250). Im Frieden zu Fontainebleau vom 23. August 1678 wurde Dänemark zur Aufgabe aller Erwerbungen gezwungen. Schweren Herzens unterzeichneten die Dänen am 26. und 27. September entsprechende Verträge mit Schweden. Als glückliche Fügung empfanden sie aber, daß auch Karl XI. gereizt auf die französische Arroganz reagierte. Der Sonnenkönig hatte es nicht für nötig gehalten, nach schwedischen Wünschen zu fragen. Eine dauerhafte Verärgerung Stockholms über Frankreich war genau das, was man in Kopenhagen wünschte. Beide Höfe vereinbarten die Ehe Karls XI. mit der Schwester Christians V., Ulrika Eleonora (1656–1693). Eine vorsichtige Annäherung und die schwedische Distanz zu Frankreich ließen für Dänemark Möglichkeiten offen, für die Zukunft auf Veränderungen hoffen zu können.

Letzter großer Kampf um die Rückgewinnung dänischer Lande

Von Humblebäck bis Travendal

In dänischen Hofkreisen und in der Generalität charakterisierte man die Ergebnisse von 1679 als französisches Diktat. Nach Jahren der Demütigung durch die schnellen schwedischen Siege 1643 und 1658 sprach man in Kopenhagen wieder stolz über die Kampfkraft der einheimischen Flotte und des Heeres, fühlte sich dem Feind ebenbürtig. Eine neue große Auseinandersetzung bahnte sich an, da Dänemarks Hoffnungen auf eine wirkliche Aussöhnung mit Schweden unerfüllt blieben. Insbesondere belastete nun vor allem die sogenannte holsteinische Frage die Beziehungen zwischen beiden skandinavischen

Mächten. In Kopenhagen verstand man Holstein-Gottorp noch immer als mehr oder weniger autonomen Teil des dänischen Territoriums und verfolgte deshalb höchst beunruhigt alle Souveränitätsaktivitäten des dortigen Herzogs. Hoffnungsvoll stimmte die Dänen, daß Schwedens barsche Zurückweisung der französischen Machtpolitik die Kluft zwischen Paris und Stockholm stetig weitete. Für die dänische Anerkennung der deutschen Eroberungen deutete Frankreich 1682 in einem Allianzpapier Bereitschaft an, Kopenhagens künftige Entscheidungen in Gottorp nicht zu behindern. Erfreut vermerkte man 1683 in der dänischen Hauptstadt die Entsendung einer französischen Flotte in den Sund während neuerlicher Drohungen Schwedens, feierte zufrieden, daß sich die Franzosen demonstrativ dem Kommando des dänischen Admirals Niels Juel unterstellten. Immerhin war nun keine Rede mehr davon, daß Karl XI. für Gottorp marschieren wollte. Gewonnen war das Herzogtum damit allerdings auch nicht. So handelte die ermutigte dänische Führung entschlossen, marschierte am 16. Oktober 1684 in Gottorp ein und ignorierte den schwedischen Protest. Im Sommer des folgenden Jahres mußten die schleswigschen Stände in Gottorp Dänemarks Herrscher huldigen, Schleswig als Teil Dänemarks anerkennen. In Kopenhagen triumphierte man. Übermütig geworden, beanspruchte König Christian V. als Herzog von Holstein nun auch Souveränitätsrechte gegenüber Hamburg und forderte einen Huldigungseid der einstigen Hansestadt. Da sich die Hamburger weigerten, sandte der Däne ein Heer an die Elbe. Sofort sah sich das Inselreich mit einer Koalition Hamburgs und Braunschweig-Lüneburgs konfrontiert, drohten Brandenburg und der Kaiser mit Konsequenzen. Dänemarks beschleunigter Rückzug zählte mehr als eine verlorene Schlacht. Nun wurde auf einer internationalen Konferenz in Altona auch die Gottorper Frage neuerlich diskutiert, gab Schweden den Ton an. Im Vertrag zu Altona vom 20. Juni 1689 verlor Kopenhagen wiederum das Herzogtum, wurde Herzog Christian Albrecht (1641–1694) mit allen Souveränitätsrechten bestätigt. Christian V. hatte den Bogen überspannt. Frankreich, selbst im Krieg mit dem Kaiser, deutschen Territorialstaaten, den Seemächten England und Holland, konnte Dänemark nicht helfen. In Kopenhagen wandte man sich enttäuscht den neuen Mächten zu, lieh England dänische Truppen, vereinbarte bald darauf auch mit dem Kaiser die Entsendung dänischer Regimenter. Wieder sah man beunruhigt die wachsenden Verbindungen zwischen Schweden und Gottorp. Das solcherart eingekreiste Dänemark fühlte sich hier besonders bedroht. So handelte man in Kopenhagen sofort, als sich die Nachricht vom

Ableben des gefürchteten Karls XI. Anfang April 1697 bestätigte. Dänische Truppen wurden aufgeboten und zerstörten Holstein-Gottorps neue Befestigungen.

Die Politiker in Kopenhagen wußten natürlich, daß sowohl Frankreich als auch die große gegnerische Koalition des Kaisers und der Seemächte auf die neu formierte kampfstarke schwedische Armee hofften, folglich eine Auseinandersetzung im Norden wenig erwünscht war. Doch konnten sie gleichermaßen kalkulieren, daß keine Großmacht militärisch zugunsten Schwedens eingreifen würde. Die Gottorp-Frage mußte gelöst werden, so oder so, meinten die Verantwortlichen um König Christian V.

Als das Projekt einer Ehe des jungen schwedischen Monarchen Karl XII. mit einer dänischen Prinzessin in Schweden abgewiesen wurde, intensivierte Kopenhagen geheime Gespräche mit Moskau. Dem Zaren lag viel an einer Beschränkung des schwedischen Einflusses, mehr noch an einem Zugang zur Ostsee. Wenig später konnte auch Polens neuer Monarch, Kurfürst August von Sachsen, überzeugt werden. Er hatte sich verpflichten müssen, der Krone Polens einige frühere Besitzungen von Schweden zurückzugewinnen. Jetzt wurde Realität, was bisher in den Metropolen der Schwedengegner nur vage gedacht war. Im Jahre 1699 wuchs ein geheimes Angriffsbündnis gegen das gehaßte Schweden, dessen Grenzen nun allen nur schwach verteidigt erschienen. Am 9. März 1700 überbrachte ein Kurier König Karl XII. die Nachricht vom Angriff sächsischer Truppen in Livland. Zwei Tage danach marschierten dänische Truppen in Holstein-Gottorp ein.

Als Karl XII. am 14. April 1700 Stockholm verließ, in den Krieg aufbrach, führten die Reitknechte im Troß des jungen Königs stolz auch den »Brandklepper« mit, das legendäre Pferd Karls XI. Es war dem Vater zu Beginn des Kampfes bei Lund von einem Korporal überlassen worden, als der königliche Streithengst im ersten Schlachtgetümmel erschossen worden war. Nun wurde es stolz als Symbol alter und erhoffter künftiger schwedischer Siege über die Dänen mitgeführt. Wer denn immer im schwedischen Lager auf dieses Pferd gesetzt hatte, sah sich bald bestätigt. Tatsächlich mochten viele am 4. August 1700 an Wunder glauben, dem »Brandklepper« zufrieden die Mähne streicheln. Der Tag begründete den Ruhm des 18jährigen schwedischen Herrschers Karl XII. Bei Humblebäck konnten die wenigen dänischen Abwehrkräfte kaum Widerstand leisten, als die Schweden dort landeten. Eine vereinte schwedisch-englische Flotte drängte die Dänen auf der Rede von Kopenhagen zusammen. Zwei Wochen danach marschierte die schwedische Armee auf das ungeschützte Kopenhagen, drohte der Verlust auch der kampfstarken dänischen Kriegsschiffe. Nur der schnelle Frieden von Travendal am 18. August 1700 zwang den jungen Schweden zur Aufgabe seines Vorhabens. Dänemarks neuer Regent, Frederik IV. (1699–1730), mußte die volle Souveränität Gottorps bestätigen, mehr als 260000 Rt. Reparationen versprechen.

Gedemütigt zogen sich die Dänen zurück. Aufgeben wollten sie aber keineswegs, beugten sich nur der bedrohlich demonstrierten schwedischen Stärke und den Garantiemächten des Altonaer Vertrages. Sofort wurde das dänische Heer reorganisiert, eine starke Bauernmiliz aufgestellt. Jeweils fünf Bauernhöfe mußten einen Soldaten stellen. Sonntägliche Übungen, mehrfache jährliche Kampfspiele auf Kompanie- und Regimentsbasis sollten die Kampfkraft dieser Landwehr sichern.

König Frederik IV. blieb fest entschlossen, den Krieg mit Schweden zu gegebener Zeit fortzusetzen. Zunächst sicherte er sich erste vorsichtige Sympathien der Seemächte, indem er 12000 Dänen als »Leihtruppen« für England und die Niederlande beließ. Klug anerkannte Kopenhagen die Kurfürstenwürde Hannovers, zog dieses auf seine Seite. Anfang 1701 überließ Frederik IV. auch dem Kaiser ein dänisches Korps von 6000 Mann. Dafür empfing das Land ca. 4,5 Mill. Rt. und wußte ein geübtes Heer für die Zukunft gesichert. In Kopenhagen war man nicht bange, zur rechten Zeit auch einen neuen Kriegsgrund zu finden. In klarem Verstoß gegen den Frieden zu Lund 1679 hatte Schweden in den ostsundischen Landschaften sofort begonnen, der dänischen Bevölkerung die schwedische Sprache und deren Gesetze aufzuzwingen. Zu gegebener Zeit konnte man diesen »Verschwedungsprozeß« (Jespersen, 249) ausnutzen.

»Jetzt oder Nie«

Noch im Oktober 1708 lehnte Kopenhagen ein russisches Allianzangebot ab. Schwedens Erfolge gegen Sachsen-Polen und Rußland mahnten zur Vorsicht. Andererseits war soeben das schwedische Entsatzkorps tief in der Ukraine vernichtet worden und Karls XII. Schwierigkeiten summierten sich unübersehbar. Die Zurückhaltung des absolut herrschenden dänischen Königs mochte aber auch daran liegen, daß der liebesfreudige Frederik IV. während des Karnevals in Venedig andere »Kriege« führte, dortige Eroberungen dem absolutistischen Herrscher Dänemarks wichtiger blieben. So jedenfalls kritisieren nicht wenige dänische Historiker die Reaktionen des Monarchen. Immerhin traf dieser auf seiner Heimreise durch Sachsen dann doch den in mancher Hinsicht gleichgesinnten enthronten polnischen König, August den Starken. Dort und mit der Nachricht über Karls XII. Flucht in das Osmanische Reich wuchs Dänemarks Bereitschaft zu neuerlichem Krieg mit Schweden beträchtlich. Bedauerlicherweise zeigte sich Rußland nach dem Sieg von Poltava im Frühsommer 1709 weniger an Dänemarks Mithilfe interessiert. Auch warnten manche Berater Frederik IV. wegen fehlender Gelder vor übereilten Aktionen. Die königliche Entschlossenheit konnte das nur wenig bremsen. »Jetzt oder Nie« wurde Frederiks IV. öffentlich bekundete Losung.

Am 22. Oktober 1709 vereinbarte Kopenhagen mit Rußland eine neue Allianz. Enttäuscht mußten die Dänen registrieren, daß der Zar weder Subsidien zahlen wollte noch russische Truppenhilfe versprach. Das Einverständnis der gegen Frankreich kämpfenden Seemächte erkaufte Frederik IV. mit der Zustimmung, auch weiterhin auf die dortigen dänischen Truppen zu verzichten, kalkulierte so auch eine begreifliche Verstimmung Frankreichs ein. Nur die dänischen Truppen des Kaisers kehrten zurück.

In Überschätzung der eigenen Kräfte erklärte Dänemark Schweden am 28. Oktober 1709 den Krieg. Zwei Wochen später landeten die Dänen in der Nähe Helsingborgs, besetzten die offene Stadt. Stolz verkündeten sie an ihren Transportschiffen und auf den Planwagen die königliche Parole des »Jetzt oder Nie«. Sehr tief ins Land kamen die Truppen nicht. Dauerregen und Kälte hinderte Christian Ditlev Reventlow (1671–1738), den dänischen Oberkommandierenden, am Weitermarsch in die alten schwedischen Kerngebiete. Damit stand die große dänische Armee in einem Raum, in dem weite Wüstungen noch immer vom letzten schweren Aufeinandertreffen beider Länder kündeten. Um Landskrona, Malmö und Kristianstad stand noch immer fast die Hälfte aller Höfe leer. Eine geregelte Versorgung der Truppen war daher kaum zu erwarten. Im übrigen trafen die Dänen diesmal nicht auf eine freudig gestimmte Bevölkerung, glaubten hier – eine Generation später – nur noch wenige an eine erfolgreiche dänische Mission.

König Frederik IV. erlebte die Probleme seiner Truppen eher störend, kämpfte er doch bereits wieder auf anderem, ihm vertrauteren Gebiet. Charlotte Helene Schindel fesselte seine Sinne mehr. In ihrem Bett gewann er seine Schlachten. Auch das Ausscheiden des fähigen, beunruhigt warnenden, erkrankten Reventlow bewegte den Herrscher nicht zu kraftvollen Anstrengungen zugunsten seines darbenden Heeres. Schon deshalb konnte der neue Befehlshaber dem energischen Gegenschlag des erfahrenen Magnus Stenbock (1664–1717), einem der besten Heerführer Karls XII., nur abgemattete, wenig motivierte Soldaten entgegenschicken. Am 10. März 1710 erlebte Dänemark ein neues militärisches Fiasko bei Helsingborg. Unter Verlust aller Vorräte und Zurücklassung der Pferde rettete sich über den Sund, was von der Armee geblieben war. Aus dem »Jetzt« war ein »Nie« geworden. Tatsächlich drängten seitdem keine dänischen Truppen mehr auf die schwedische Seite des Öresunds.

Vorläufig fanden sie in den deutschen Territorien Schwedens neue Räume. Wieder einmal schanzten die Dänen vor Wismar, bald marschierten einige ihrer Regimenter auch nach Schwedisch-Pommern. Hier vereinigten sich sich mit russischen und sächsischen Abteilungen vor Stralsund. Erfolgreich war der Feldzug kaum, am wenigsten für die dänischen Waffen. Auch eine Offensive der Dänen 1712 in den Herzogtümern Bremen und Verden bzw. der Einsatz der dänischen Flotte zwischen Rügen und dem Greifswalder Bodden konnte eine Landung eines neuen schwedischen Heeres unter Magnus Stenbock auf Rügen im Herbst nicht verhindern. Doch vernichtete die dänische Marine mehr als 70 Schiffe der schwedischen Versorgungsflottille, zwang Stenbock zu einem verzweifelten Angriff in Mecklenburg. Und wieder unterlagen die zurückweichenden Dänen, erlitten bei Gadebusch am 20. Dezember 1712 eine schwere Niederlage, alleingelassen von den verbündeten Russen und Sachsen. Die Schweden stießen in das angeblich neutrale Holstein vor, brannten Altona nieder. Wenig später, nun eingekreist von Dänen, Sachsen und Russen, mußte Stenbock aber in der Festung Tönningen am 16. Mai 1713 kapitulieren. Dänemark sicherte sich das Archiv des Gottorper Festungskommandanten, nachdem kurze Zeit später die Festung an die Dänen fiel. Die sofort veröffentlichten belastenden Dokumente belegten, daß Gottorp noch immer an der Seite Schwedens stand, folglich durch die dänischen Sieger besetzt werden konnte und mußte. Da Kopenhagen zugunsten Hannovers auf Bremen und Verden verzichtete, garantierte Englands König Georg – der Hannoveraner – Dänemark bereitwillig den Besitz Gottorps. Gottorp habe durch sein Handeln selbst den Altonaer Garantievertrag zerrissen, so Georgs Argumentation.

Mit dem plötzlichen Eintreffen Karls XII. in Stralsund am 20. November 1714 begann der Endkampf des Großen Nordischen Krieges auch für Dänemark. Der schließliche Verlust Pommerns und die Flucht Karls XII. am 22. Dezember 1715 nach Ystad mochten den Dänen als

Weihnachtspräsent scheinen, gewonnen war aber letztendlich noch immer nichts. Jetzt bedrohte der Schwede Norwegen, Dänemarks nördliche Besitzungen. Wohl brachte ein schneller schwedischer Vorstoß zu Beginn des folgenden Jahres Karl XII. kaum mehr als Erfahrungen. Doch verhinderte der König so eine vorbereitete Landung der Russen und Dänen im Sommer 1716 in Südschweden. Zar Peter I. (1672–1725) zweifelte nach dem schwedischen Norwegenfeldzug nicht, daß ein Krieg auf schwedischem Boden gegen diesen König nach wie vor mehr als ein kalkulierbares Risiko blieb. Er wolle vielleicht im kommenden Frühjahr marschieren, ließ er Frederik IV. und seine Gastgeber im Herbst in Kopenhagen wissen und wünschte deshalb seine Truppen auf Seeland zu belassen. Das wiederum begeisterte die Dänen keineswegs. In den folgenden Wochen bemühten sie sich eifrig, die Russen möglichst bald verabschieden zu können, glaubten nicht mehr an eine baldige gemeinsame Landung in Schweden.

Dänemarks Kriegskosten im Großen Nordischen Krieg			
1708	1710	1718	1720
1703868 Rt.	6474200 Rt.	9321812 Rt.	9036539 Rt.

Karls XII. zweiter Norwegenfeldzug im Spätherbst 1718 gefährdete noch einmal alle dänischen Pläne. Zwei kampfstarke Armeen – ca. 55000 Soldaten – griffen die dänischen Streitkräfte an. Erst der überraschende Tod des Schwedenkönigs im Laufgraben vor der Festung Fredriksten am 30. November/11. Dezember 1718 befreite Frederik IV. endlich von Dänemarks gefährlichstem Gegner. Ende Dezember war Norwegen feindfrei. Einen Frieden brachten die Verhandlungen in Stockholm im Frühjahr 1719 nicht. Immerhin wollten sich die Dänen mit Wismar und Schwedisch-Pommern bescheiden, forderten nur schwedische Zollzahlungen im Öresund und die Überlassung des schleswigschen Teiles von Gottorp. In Stockholm wußte man, daß England keine weiteren Störungen des Göteborg-Handels wünschte und Frankreich die schwedischen Hoffnungen auf die Restterritorien Pommerns unterstützte. Vor allem begannen die Briten zu fürchten, das Zarenreich könne durch weitere Erfolge gegen Schweden seine Dominanz im Ostseeraum gefährlich ausdehnen. Für englische Garantien der Integration Schleswigs in das Dänische Reich verzichteten die Unterhändler König Federiks IV. schließlich auf weitere

territoriale Gewinne. In Kopenhagen begnügte man sich mit der schwedischen Zusage, künftig im Öresund Zoll zu entrichten und vereinbarte die Zahlung von 600000 Rt. für die dänischbesetzten deutschen Besitzungen bzw. das im Sommer durch Dänemarks neuen Seehelden Peter Wessel-Tordensköld eroberte Marstrand.
Wirklich wichtig blieb den Dänen auch die Zusicherung Stockholms, künftig den Herzog von Gottorp nicht mehr unterstützen zu wollen. Wie die Dinge lagen, mußten die Dänen auch kaum befürchten, daß Schweden in absehbarer Zeit diese Allianz neu knüpfen konnte. Auch wenn einige deutsche Historiker heute meinen, Schwedens Großmachtzeit währte über den Frieden von Nystad vom 30. August 1721 hinaus, scheint doch die traditionelle Auffassung richtiger. Der »jahr-

Der Seeheld Peter Wessel-Tordensköld

Dänemark-Norwegens »nationaler« Seeheld wurde am 28. Oktober 1690 in Trondheim als Sohn eines Ratsherren geboren. 1706 heuerte er als Schiffsjunge auf einem Westindiensegler an, reiste im November 1709 nach Trankebar, der dänischen Kolonie in Indien. Zurückgekehrt als 3. Steuermann im Sommer 1710, wurde er Kadett in Kopenhagen. Schon im Juli 1711 kommandierte Wessel als Unterleutnant ein kleines Kampfschiff. Der 26. Juli 1714 gilt als der Tag der Bewährung für Peter Wessel. Mehrere Stunden kämpfte er gegen eine überlegene schwedische Fregatte, erwies sich als der bessere Seemann. Wenig später, am 28. Dezember, wurde er zum Kapitän befördert, im Februar 1716 nobilitiert.
Der Sieg über die schwedische Transportflotte im Fjord Dynakiel am 8. Juli 1716 war wohl Wessel-Tordenskölds größter Sieg. Die Schweden verloren insgesamt 44 Schiffe, 13 davon enterten die Dänen und führten sie fort. Karl XII. brach am folgenden Tag seinen Feldzug in Norwegen ab.
In den nächsten Jahren mußte der wagemutige Seeheld auch Niederlagen quittieren. Als er König Frederik IV. die Nachricht vom Tode Karls XII. brachte, wurde er zum Konteradmiral erhöht. Mit der Vernichtung der schwedischen Flotte im Hafen vor der Festung Marstrand erwies er sich am 21. Juli 1719 erneut als kühner Seeheld. Zum Vizeadmiral ernannt, galt er den dänischen und norwegischen Seefahrern als nahezu unbesiegbar. Selbst ein Rückschlag wenige Tage später vor Göteborg zerstörte nicht den Mythos dieses Flottenführers. In einem Duell in Deutschland fiel Tordensköld 1720 ruhmlos. Als Selbstmörder verdammt und nun auch in königlicher Ungnade, mußten seine Getreuen den Leichnam heimlich in einem Keller der Kirche zu Holmen bestatten. Erst etwa hundert Jahre später wurde der Trondheimer durch ein Staatsbegräbnis geehrt.

hundertelange Machtkampf zwischen Dänemark und Schweden« war vorüber (Kjeersgaard, Geschichte, 48), gewonnen hatte keines von beiden. Dänemark hatte aber seine ostsundischen Besitzungen endgültig eingebüßt. Für beide Staaten war »der alte Streit um das *Dominium maris Baltici* ... nur noch reine Vorzeit«, belanglose Geschichte (Jespersen, 315).

Das Ende des Einheitsreiches Dänemark-Norwegen 1814

Fast acht Jahrzehnte erlebte das dänisch-norwegische Reich keinen Krieg, entwickelte sich das Land nahezu ungestört. Wohl konnte zwischen Dänemark und Schweden kein Vertrauen wachsen, aber mit dem Verzicht auf die einstigen dänischen Landesteile jenseits des Öresunds waren die Voraussetzungen für eine erfolgreiche dänische Neutralitätspolitik gereift. Der Deutsch-Däne Johann Hartwig Ernst Bernstorff (1712–1772) sicherte zwischen 1750 und 1770 eine ökonomisch sehr erfolgreiche dänische Neutralität zwischen den Großmächten England, Frankreich und Rußland. Die dänischen Großkaufleute, Großagrarier und viele Unternehmer, selbst zahlreiche Bauern, verdienten während des Siebenjährigen Krieges 1756–1763 besonders gut. War es ursprünglich dänisches Schlachtvieh gewesen, das in Westeuropa besonders begehrt war, bedingte die deutlich gestiegene Bevölkerungszunahme in vielen europäischen Staaten eine spürbare Nachfrage nach Getreide. Vor allem exportorientierte Gutsbesitzer reagierten und reformierten die dänische Landwirtschaft. Gegen den Widerstand konservativer Landwirte setzten sie die Befreiung der mehr oder weniger hörigen und schollengebundenen Bauern durch, separierten die Äcker und Wiesen, sprengten so die letzten Überbleibsel einer spätmittelalterlichen Dorfwirtschaft.

Während des amerikanischen Unabhängigkeitskrieges nach 1775 erlebte Dänemark eine neuerliche Agrarkonjunktur, selbst die Waffenproduktion blühte. Der wirtschaftliche und handelspolitische Aufschwung während der Revolutionskriege trat in eine neue Phase ein. Dänemark-Norwegens Handelsflotte war nach England die zweitgrößte der Welt, beneidet von manchem Staat, beunruhigt verfolgt auch in London. Vor allem der weltweit ausgetragene Gegensatz zwischen England und Frankreich im Zeitalter Napoleons veränderte die Situation für die dänische Handels- und Gewerbeentwicklung. Der Versuch Rußlands, Preußens, Schwedens und Dänemarks, sich durch eine bewaffnete Neutralitätsallianz zu schützen, aktivierte England.

Dessen Flotte segelte in den Sund, als die Fregatten aller dänischen Verbündeten noch ohne Takelage in den heimischen Häfen lagen. Am 2. April 1801 besiegte eine englische Flotte unter Admiral Nelson nach hartem Kampf die ebenfalls noch nicht seetüchtige dänische Marine. Doch konnte Kopenhagen seine Neutralitätshaltung noch einmal verteidigen, auch das dem hartnäckigen Widerstand der dänischen Seeleute und Artilleristen geschuldet. Erst der Sieg Napoleons über Preußen und Russen 1807 und die verabredete Kontinentalsperre stürzten das kleine, letztendlich wehrlose Dänemark in eine neue schwere Krise. Großbritannien fürchtete, Kaiser Napoelon könnte die Dänen in ein englandfeindliches Bündnis zwingen und die große dänische Flotte gegen die Briten nutzen. Ein Dänemark aufgedrängtes Ultimatum für einen Anschluß an England und das verständliche Zögern der Dänen nutzte London zu einem schweren Bombardement Kopenhagens. Vergeblich beriefen sich die Dänen weiterhin auf ihre Neutralität. Mit einem barbarischen Präventivschlag zerstörten die Briten zwischen dem 2.–4. September 1807 prächtige Teile der Altstadt Kopenhagens, raubten die dänische Flotte. »Es war der härteste Schlag, der Dänemark seit den schwedischen Eroberungen vor hundertfünfzig Jahren traf«(Kjeersgaard, Geschichte, 54), da er das Inselreich künftig daran hinderte, seine wichtigen Verbindungen zu Norwegen zu halten. Der Mangel einer Flotte führte zu Hungersnot und einer schweren ökonomischen Krise besonders im norwegischen Teil des Doppelreiches.
Begreiflich, daß sich Dänemarks regierender Erbprinz Frederik, seit 1808 als Frederik VI. auch König, nun höchst empört hinter Napoleon stellte, Dänemarks Sein oder Nichtsein an Frankreichs Weltherrschaftspolitik knüpfte. Gleichzeitig bekämpften dänische Kaperer erbittert mit kleinen Kanonenbooten die verhaßten englischen Linienschiffe und Fregatten – Nadelstiche nur, gelegentlich aber doch unangenehm spürbar auch für die Briten. Der Brottransport nach Norwegen aber konnte so nicht gesichert werden. Das »allgemeine Gefühl der Verlassenheit« sei dadurch unter den Norwegern gewachsen, bemerken einige dänische Historiker, erklären damit auch die schnell zunehmende dortige Unabhängigkeitsbewegung (ebd., 55). Derweil beharrte König Frederik VI. auf der Allianz mit Frankreich. Er sah sich 1814 nach Napoleons Abdankung auf dem Wiener Kongreß mit schwedischen Ansprüchen auf Norwegen konfrontiert. Wollte Kopenhagen die Färöer, Island und Grönland retten, mußte Norwegen aufgegeben werden. Das begriff man auch in Kristiania, dem heutigen Oslo. Dort suchte man unter dem dänischen Prinzen Christian

Frederik, dem früheren Statthalter, eine unabhängige norwegische Monarchie auszurufen. Doch halfen weder das dänische Aufbegehren noch die norwegische Selbstbestimmung. Die Siegermächte entschieden, daß Schweden auch dieses alte dänische Territorium erhalten sollte. Das war die Belohung dafür, daß sich Frankreichs einstiger Marschall Jean Baptist Bernadotte, nun Schwedens Kronprinz Karl Johan, mit einem schwedischen Heer gegen seinen einstigen Kaiser gestellt hatte. Nicht einmal der kurze militärische Widerstand der empörten Norweger gegen die schwedischen Invasoren überzeugte die Wiener »Restauratoren«. In einem wahrlich »revolutionären Akt« zerschlugen sie die bis ins Mittelalter reichenden Bindungen Dänemarks und Norwegens. Alles, was Dänemark noch wagen konnte, blieb die Empfehlung König Frederiks VI. an den rasch enthronten Christian Frederik, eine weitreichende Autonomie der Norweger in den Unionsvertrag mit Schweden hineinzudrücken. Dänemark war nun endgültig auf eine Hinterbank des europäischen Geschehens verwiesen, wiederum hatte Schweden triumphiert.

Dänemarks aufgeklärter Absolutismus

Die Reformen der Minister

Mit Frederik V. (1746–1766) herrschte ein König, dessen Ausschweifungen »in sadistische Richtung pervertierten« (Cedergren Bech, Oplynsing, 301). Er vergaß bei solchen Betätigungen gewöhnlich auch alle königlichen Verpflichtungen. Daher regierte in seinem Namen ein Kreis hoher Beamter um den Grafen Adam Gottlob von Moltke (1709–1792) das Land. Das absolutistische Regime erinnerte in der Form »einer aristokratischen Bürokratie« in mancher Hinsicht »an die Adelswelt vor 1660« (ebd., 306). Moltke trieb die Erkenntnis, es sei besser, vorsichtig zu reformieren, als durch gewaltsame Einschnitte umstürzlerische Veränderungen zu wagen. Die herrschende Fraktion am dänischen Hof sah sich gezwungen, auf allgemeine europäische aufklärerische Tendenzen zu reagieren, fürchtete aber gleichzeitig die Reformforderungen der eigenen Generalität. Anders als die subalternen Regimentsoffiziere wünschten die Heerführer eine neue Heeresstruktur. Sie betrachteten das System der Landmiliz mit »Bauerndiensten« der Soldaten zu Friedenszeiten und »Verpflegungsgeldern« für das Offizierskorps auf dem Lande als unzeitgemäß. Dänemark benötigte ein »wirkliches Feldheer«, so meinten die Generäle (ebd., 308). Dem »Gutsbesitzer« Moltke widerstrebten solche Reformgedanken. Er wußte sich einig mit der Mehrheit der einheimischen Landjunker. Auch lehnte er aus Überzeugung kriegerische Aktionen ab, wollte keine Orientierung der dänischen Politik auf künftige Militärschläge. Moltke und seine Gesinnungsfreunde wollten Dänemark so entwickeln, daß Landwirtschaft und Manufakturen blühten. Sie setzten durch, daß in das neue Oberkommando auch konservativdenkende Gutseigentümer berufen wurden. Damit triumphierten auch hier die Anhänger einer Neutralitätspolitik Dänemarks zwischen den Großmächten. Diese Orientierung wurde durch die Ernennung des Hannoveraners Johann Hartwig Ernst von Bernstorff (1712–1772) fundamentiert. Der »ältere Bernstorff« wuchs zu einem der bedeutendsten Repräsentanten des konservativen aufgeklärten Absolutismus in Dänemark. Ursprünglich im diplomatischen Dienst Dänemarks aufgestiegen, war er 1751 zum Leiter der Deutschen Kanzlei in Kopenhagen und damit zu Dänemarks Außenminister berufen worden.

In der Mitte des 18. Jahrhunderts wurden auch hier Reformschriften publiziert, die eine Änderung der dänischen Gesellschaft forderten. Einige Aufklärer analysierten die Lage des Bauernstandes, beklagten die zahlreichen Beschränkungen der bäuerlichen Freiheiten. In manchen Pamphleten waren bereits Auffassungen formuliert wie: Der freie Bauer auf eigenem Grund und Boden diene der Entwicklung allgemeinen Wohlstands in Dänemark besser als hofdiensteleistende Zinsbauern, eine deutliche Kritik an der konservativen Landwirtschaftspolitik der Moltke-Fraktion. Einigkeit herrschte aber gleichermaßen bei allen darüber, daß die unerläßlichen Veränderungen schrittweise begonnen werden sollten. Im allgemeinen erstrebten alle Publizisten keine Zwangslösungen, wollten freiwillige Übereinkommen durch Überzeugungen erwirken. Obwohl Moltke wie auch Bernstorff vorgaben, solche Reformgedanken zu bejahen, erweiterten sie 1764 auf Druck breiter Kreise der Gutsbesitzer die Schollenbindung weiterer Jahrgänge der Landbevölkerung. Sie gaben sich überzeugt, nur so die notwendige Rekrutierung der Landmiliz im jeweiligen Gutsbezirk sichern zu können. Vielleicht glaubten sie es ja wirklich. Immerhin lebte der »jüngere Bernstorff«, Andreas Peter (1735–1797) – der Neffe – auf den Gütern des Onkels jene Reformen vor, die er als freiwillige Übereinkunft zwischen Herren und Bauern erstrebte. Er wandelte die bäuerlichen Hofdienste in Geldzahlungen um und vergab die Bauernhöfe zu Erbzins. Das war nun keineswegs sonderlich »revolutionär«, kaum antifeudal und wohl auch nicht wirklich bauernfreundlich. Der klug kalkulierende Herr über ausgedehnte Ländereien und abhängige Bauernscharen bekämpfte so lediglich einige der gröbsten Auswirkungen des überlebten Agrarsystems, band Bauern und deren Kinder auf seine Weise an die Ländereien des Onkels. Es war dennoch ein erster Schritt in die Zukunft. Nach dem Siebenjährigen Krieg begann der Staatsrat, das eigentliche ministerielle Regierungsorgan, verstärkt die neuen Staatsideen des aufgeklärten Absolutismus zu diskutieren. In Kopenhagen begriff man, daß Dänemark nur durch eine glückliche Fügung ein Krieg mit dem weitüberlegenen Rußland erspart geblieben war. Schon marschierten die dänischen Truppen. Doch wußten Bernstorff, Moltke und die anderen einflußreichen Räte, daß dieses Heer kaum Widerstand leisten konnte. Die Entthronung und Ermordung des Gottorper Dänenhassers in St. Petersburg, Rußlands neuem Zaren Peter III., durch seine Gattin Katharina rettete den Frieden. Wir sind noch einmal davongekommen, so lautete der allgemeine Tenor der öffentlichen Diskussionen in Dänemark. Dennoch fühlten sich die dänischen Großen keineswegs sicher. Sie öffneten sich nun scheinbar den Forderungen der Militärs auf eine Heeresreform. Jetzt sprachen auch Moltke und der ältere Bernstorff zeitweilig über die Notwendigkeit, ein starkes »stehendes« nationales Heer zu formieren. Diesem Ziel sollte die Landmiliz der Gutsbesitzer geopfert werden. Einige verantwortungsbewußte Generäle konnten und wollten nicht mehr akzeptieren, daß die Gutsbesitzer nach Belieben über ihre Bauernsoldaten verfügten, die Bauernsöhne und Knechte als schollengebundene Arbeitskräfte wichtiger blieben als wohltrainierte Berufssoldaten.

Als jedoch für die Hofpartei sichtbar wurde, daß die neue russische Herrscherin weniger auf Dänemark als auf Schweden zielte, blockierte Moltke erneut die Militärreform. Er setzte jetzt sogar die Ausdehnung der Schollenbindung der Bauern durch. Nur so sei eine erweiterte Landmiliz zu rekrutieren, die Sicherheit des Landes zu garantieren, argumentierten er und seine Fraktion. Bernstorff vereinbarte im März 1765 eine Verteidigungsallianz mit Rußland, die sich gegen Schweden richtete.

Von weiterführenden Reformen im Geiste des aufgeklärten Absolutismus war vorerst keine Rede mehr.

Erst 42 Jahre alt, verstarb Frederik V. am 14. Januar 1766. Viele Hoffnungen richteten sich in Dänemark nun auf den Nachfolger, Christian VII. (1766–1808). Der siebzehnjährige Prinz galt damals als Typ des neuen Herrschers: klug, modern, Gegner der konservativen Reformpolitik.

Anfangs wertete auch der Hof die Zeichen von dessen Geistes-

Klage St. Germains

»Die Adelswelt ist nur scheinbar ausgerottet. Der Adel herrscht noch und aus Furcht, der König könne sich allmächtig im Inneren machen, ... ist er dagegen, daß er ein Heer bekommt. Das gegenwärtige Heer ist nur Blendwerk. Das Übergewicht des Adels im Staat beruht auf der Herrschaft, die er über seine Güter behielt. Die Adligen sind kleine Despoten und eher als steuerschuldige Vasallen denn als Untertanen zu rechnen. ... diese Landmiliz ... ist ein Mittel, den gemeinen Mann zu unterdrücken und ein Hindernis für eine gute Zusammensetzung des Heeres. Dies ist der eigentliche Grund, warum das Fußvolk mit großen Kosten Ausländer rekrutieren muß ...«

(Klage des französischen Oberbefehlshabers der dänischen Armee, Claude Louis de Saint Germain im Sommer 1763)

krankheit als Ausdruck pubertären Aufbegehrens, hoffte, den jungen Regenten schnell in gewohnte Bahnen lenken zu können. Mit dem Motto, Christian VII. sei der »geborene ›aufgeklärte Monarch‹«, ein »Friedrich der Große auf dem dänischen Thron«, gewannen untergeordnete Hofbeamte rasch Einfluß auf den König. Der aber verstand offenbar nicht einmal die vorsichtig geäußerten Erwartungen seines Hoflehrers, »die unglücklichen Bauern erhofften von ihrem neuen König« tiefgreifende Entscheidungen (ebd., 418). Schon bald beklagten Reformer wie Konservative gleichermaßen, daß sich Christian VII. wie sein Vater »ungewöhnlichen« Ausschweifungen zuwandte.

Im übrigen begab sich der Regent im Juli 1768 auf eine Reise nach England und Frankreich. Hin und wieder zerschlug Christian dort das Inventar der Hotels, gab sich zwischendurch auch wieder herrscherlich, wenn sein Zustand sich besserte. Antworten auf die Frage, wie es künftig in Dänemark weitergehen sollte, wußte niemand zu geben. So blieb die Fraktion um Moltke und Bernstorff vorläufig noch an der Macht. Auch hatte der den König begleitende ältere Bernstorff seinerseits alles getan, den Schein zu wahren. Er und andere fürchteten jene offenkundige Neigung des Königs, sich besonders eifrig bei Huren und in Bordellen der untersten Kategorie zu vergnügen. In England umgab stets eine Gesellschaft von ca. einem Dutzend untadeliger Damen den Herrscher, hatte ihm gewissermaßen den Appetit zu verderben.

Vielleicht geschah es auch deshalb, daß Christian VII. schon nach acht Monaten wieder nach Kopenhagen zurückkehrte, früher als erwartet. Hinter den dicken Mauern des eigenen Schlosses amüsierte sich der Monarch offenbar besser, warf von Zeit zu Zeit fröhlich Flaschen und

Porzellan vom Balkon in die Menge. Dort wunderten sich nun immer weniger Dänen, drangen doch Gerüchte über ungewöhnlich ausgelassene Feste in die Öffentlichkeit …

Dänemarks Bauern um 1770

Als die Komtesse Schack auf Sponager einst in jenen Tagen äußerte, ohne strenge Aufsicht sei der Bauer »wilder als unvernünftige Tiere« (Cedergren Bech, Oplynsing, 258), drückte sie nur aus, was die übergroße Mehrheit ihres Standes dachte. Noch immer dominierte in alten und neuen Adelskreisen die Überzeugung, der Bauer sei zur Arbeit geboren, müsse streng gehalten werden. Da damals kaum ein Adelsbauer gewinnträchtig wirtschaftete, prägte auch tiefverwurzelte Verachtung des angeblichen bäuerlichen Schlendrians die Einstellung der Gutsherren. So notierte um 1750 ein dortiger Reformpublizist überzeugt, man könne nicht verneinen, »daß der seeländische Bauer« beschränkt und »unkundig seines wahren Wohls« wirtschafte, »alle Vorteile« gezielter Veränderungen ablehne (ebd., 260). Eine staatliche Untersuchung des Bauernalltags in Neble Torp vermerkte u. a.: »Niels Christensen … kam arm zum Hof, aber ärmer noch davon. Keiner seiner Vorgänger, so lange man sich erinnern kann«, schaffte es, auf dem Hof zu sterben, »aber doch in Sklaverei« (ebd., 259).

So glaubten nicht wenige Gutsbesitzer, durch Einziehung des Bauernlandes gewinnintensiver wirtschaften zu können. Sie orientierten nun auf schollengebundene Einlieger statt auf Zinsbauern.

Andererseits unterschieden sich die damaligen Dörfer jetzt bereits auffallend von jenen aus vergangenen Jahrhunderten. Neben verfallenen Hütten standen häufig schon gepflegte Häuser. Erschwerend wirkte aber der Flurzwang. Alle säten, pflügten und ernteten zur gleichen Zeit, arbeiteten mit schweren unhandlichen Eisenpflügen, besaßen gewöhnlich nur kleine Pferde. Besonders im Herbst hinderten die Jagdrechte der Gutsbesitzer die Bauern bei der Ernte, durften sie ihre Felder nicht durch Zäune vor Wildschaden schützen. Bei Verstößen prügelten die Beamten der Gutsherren manchmal aufsässige Bauern zu Tode. Bezeichnenderweise wurde keiner dieser Vögte jemals verurteilt.

Obwohl es eigentlich keine »Leibeigenschaft« im eigentlichen Dänemark gab, verkauften einige Grundherren ihre Bauern mit den Ländereien, erteilten oder verweigerten auch hier den Ehekonsens.

Als zwischen 1745 und 1748 Viehseuchen hunderttausende Tiere dahinrafften, die Lage der Bauern nahezu unhaltbar wurde, gewährte die Regierung eine befristete Steuerfreiheit. Gleichzeitig suchte sie aber durch verschärfte Schollenbindung die Bauernsöhne auch nach der Militärdienstzeit an den Gutsbezirk zu binden.

Der Bauer hielt in der Regel Pferde und Gesinde auf eigene Kosten für den Hofdienst. Gewöhnlich saßen die dänischen Bauern auf Lebzeiten auf ihren Höfen. Dennoch wurde damals mehr als die Hälfte vorzeitig »gelegt«.

Struensees Reformen

Während der Auslandsreise des Königs gewann der deutsche Leibarzt Johann Friedrich Struensee (1737–1772), ein Hallenser, sichtbaren Einfluß auf Christian VII. In Kopenhagen wirkte er bald auch als eine Art Vermittler zwischen König und Königin. Die englische Prinzessin Caroline Mathilde hatte 1766 als Fünfzehnjährige London verlassen und Christian VII. ehlichen müssen. Ganz offensichtlich entsprach die junge Dame nicht den sehr speziellen Neigungen des ebenfalls sehr unreifen dänischen Herrschers. Die Verbindung jedenfalls war »eine Tragödie vom ersten Moment an«, der König »mußte nahezu mit Gewalt zur Königin geführt werden«, wie dänische Historiker die Situation mehr oder weniger freundlich umschreiben (Cedergren Bech, 417). Er tat seine Pflicht, ein Thronfolger wurde geboren, mehr wollte Christian VII. aber wohl nicht. Die Königin interessierte ihn nicht. Offensichtlich vertraute er seinem Leibarzt auch hier, war ihm wahrscheinlich sogar dankbar für dessen verständnisvolles Eingreifen, wie entsprechende Äußerungen des Monarchen belegen. Der als Freidenker und Anhänger einer radikalen Aufklärung bekannte Mediziner spielte bald einen bemerkenswerten Part im Schlafzimmer der Königin – und zunehmend auch unter den refomwilligen dänischen Beamten.

Im Frühsommer 1770 usurpierte eine kleine Gruppe aufgeklärter Höflinge um Struensee die Regierungsgeschäfte. »Die Partei der Königin« hatte nun das Sagen, wie einer der enthronten Aristokraten bezeichnend formulierte (ebd., 436). Unterschriften des Königs unter Weisungen aller Art sicherte die »Palastrevolutionäre«, niemand aus der Opposition wagte, den Herrscher »gestört« zu nennen. Seine Entscheidung legitimierte alles …

Zweifellos fühlte sich Struensee auch persönlich berufen, im Namen des aufgeklärten absolutistischen Monarchen zu regieren, verstand sich als Wohltäter der Dänen. Bedauerlicherweise liegt bis heute keine deutschsprachige wissenschaftlich-historische Biographie dieses ungewöhnlichen Mannes vor.

Ende Oktober 1770 war der Machtkampf zwischen den »Aristokraten« und den »neuen Reformern« entschieden. Aus der vorsichtigen, nur äußerst zögerlich auf ökonomische Veränderungen reagierenden konservativen Herrschaft der Minister war der »aufgeklärte Absolutismus« gewachsen. Der ältere Bernstorff hatte ebenso wie vor ihm Moltke gehen müssen. Für den unfähigen Herrscher regierte und reformierte in Dänemark nun der Erste Minister Struensee.

Dieser hatte anfangs kein durchdachtes Reformkonzept, besaß wohl auch nicht das notwendige staatsmännische Format. Erst in den nächsten Monaten wuchs er in die Stellung des leitenden Reformministers, wie es die späteren Verhörprotokolle des Gestürzten von 1772 erweisen. Auch blieb er ein »Bürokrat«, unterließ selbst die notwendige Propaganda für die eingeleiteten Maßnahmen. Struensee »begriff nicht, daß er einen positiven Mythos um seine Person schaffen« mußte (ebd., 438). Da der Arzt durch und durch Zivilist war, suchte er auch keinen Kontakt zu den Reformwilligen im Militär. Bald saß er zwischen allen Stühlen, angefeindet als Machtegoist und Feind altehrwüdiger »Traditionen«.
Für Struensee galt als unerläßlich, alle Macht im »Kabinett« des Königs zu konzentrieren. Als »Sekretär« des Herrschers war er so der entscheidende Mann, überzeugt, nur er alleine könne das Land erfolgreich leiten. Deshalb mußte auch Dänemarks erfahrenster Außenpolitiker, Johann Hartwig Ernst von Bernstorff, gehen. Ein Fiasko der dänischen Flotte im Mittelmeer gegen Algier 1770 ließ den Hannoveraner straucheln.
Ein wenig hämisch betonten schon die Zeitgenossen, Struensee hätte durch die Einführung der absoluten Pressefreiheit selbst an seinem Stuhl gesägt, denn die Zeitungsredakteure und Publizisten hätten vor allem gegen ihn und seine Reformen geschrieben. Das stimmt und belegt, wie wenig ihn viele verstanden. Es bedeutet aber doch auch, wie unüberlegt manches war, was der Reformminister verwirklichen wollte. Da er mit der Zusammenlegung der Generalzollkammer und der Rentkammer auch die Ämter der Obersekretäre der Dänischen und Deutschen Kanzlei aufhob, rechneten ihm viele Beamte selbst die Zentralisierung der Finanzverwaltung als Fehler an. Manche fürchteten, er könne ebenso ihre Aufgabenbereiche fortrationalisieren. Schließlich strich der mächtige Mann gleichzeitig auch die bis dahin üblichen Sporteln der höheren Bediensteten. Struensee bestimmte festgesetzte Löhne für alle Kanzlisten, die den Wegfall der anteiligen Gebührensätze nicht ausglichen. Dann entließ er schließlich auch noch die Minister, entschied durch Kabinettsverordnungen alles. Und doch scheiterte er letztendlich an der Agrarfrage.
Zunächst mochte es den Reformern als gewichtiger erster Schritt auf dem richtigen Wege erscheinen, als am 20. Februar 1771 alle Hofdienste der Bauern gesetzlich festgelegt wurden. Die Reform beschränkte die Leistungen auf 48 Spanntage und 96 sogenannte »Handtage«, in denen der Bauer Pferde bzw. Gesinde als »Handarbeiter« schicken mußte. Kein Geringerer als Andreas Peter Bernstorff begrüßte diese

Veränderungen. Die Mehrheit der Gutsbesitzer aber haßte den Emporkömmling nun nur noch mehr.
Struensee begriff nicht, daß die spezifischen dänischen Voraussetzungen eine besondere Herangehensweise erforderten, wollte er die geplanten Veränderungen verwirklichen. Er und seine Helfer empfanden sich als Kosmopoliten einer neuen Weltordnung und werteten den nationalbekundeten Widerstand vieler Dänen gegen die deutsche Sprache und Verweise auf deutsche Lösungen als kleinlich und beschränkt. Im übrigen leitete Struensee einen mehrsprachigen Staat, in dem die Kommandos im Heer auf Deutsch gegeben wurden und selbst in vielen Kirchen Kopenhagens Gottesdienst in deutscher Sprache üblich war. Die ersten Oldenburger auf dem dänischen Thron empfanden sich als Deutsche. Bei Hof sprach man auch vor Struensees Zeit Deutsch. Ganz sicher war es auch nicht jener Trotz der Dänischsprechenden, über den der Reformer schließlich stürzte.
Für Struensee war Dänemark ein agrarisch geprägter Staat, protektionistische Maßnahmen zur Förderung der Manufakturen verbrauchten Unsummen von Steuergeldern. In Frankreich, einigen deutschen Territorialstaaten und auch in Schweden wurden nach 1763 liberale Wirtschaftstheorien diskutiert und erprobt. Daher lehnte der Deutsche nach seiner Machtübernahme die bisherige merkantilistische Politik der Moltke-Bernstorff-Fraktion überzeugt ab. Er löste das »Magazin«, die staatliche »Verlagsinstitution« für unbemittelte Gewerbetreibende, auf und gestattete die zollfreie Einfuhr ausländischer Produkte. Sofort brachen die dänischen Seiden- und Baumwollunternehmen zusammen. Ähnliches geschah auch in anderen Manufakturbranchen. Tausende Lohnarbeiter wurden arbeitslos.
Struensee erließ in den 16 Monaten seiner Regierung ca. 1800 Verordnungen. Viele der oft im Detail wenig durchdachten Gesetze wurden auch von überzeugten Reformern abgelehnt. So stand Struensee bald nahezu alleine, nun auch öffentlich als Liebhaber der Königin verurteilt. Am frühen Morgen des 17. Januars 1772 nutzten die Königinwitwe Juliane Marie von Braunschweig-Wolfenbüttel, ihr Sohn und Halbbruder Christians VII. – Erbprinz Frederik – und einige Unzufriedene unter Beamten und Militärs eine Hofgala zum Umsturz. Struensee wurde in seinem Schlafzimmer verhaftet und ins Kastell gefahren. König Christian VII. unterschrieb – seiner Sinne wieder einmal nicht mächtig – die Arrestorder und legitimierte im nachhinein die Palastrevolution. Einige Stunden später brachte eine Kutsche Königin Caroline Mathilde auf Schloß Kronborg. Gefangen waren auch weitere Vertraute Struensees. Jubelnd begrüßte Kopenhagens

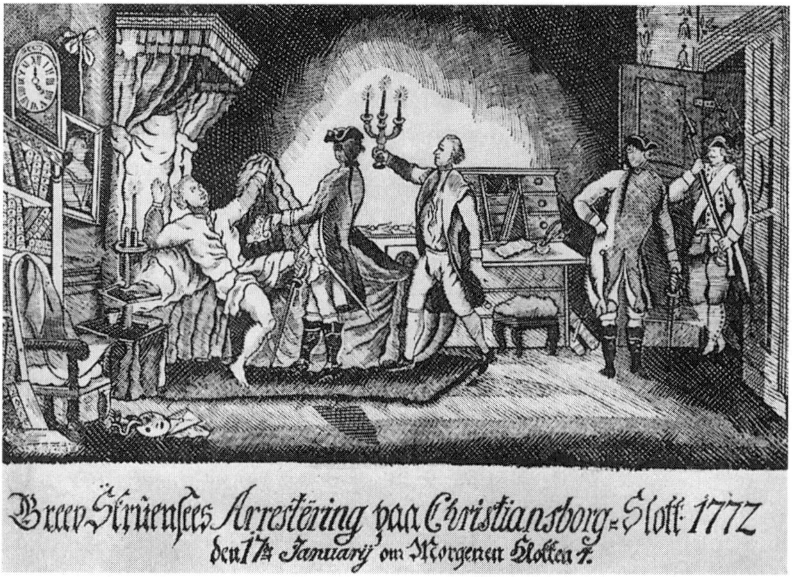

Bevölkerung die Entmachtung des verhaßten Reformers. Struensee war trotz ehrlicher Absichten den meisten Dänen mehr als fremd geblieben. Am 23. April 1772 verurteilte ein alles andere als unparteiisches Gericht den Deutschen zum Tode, wohl doch ein Justizmord, beabsichtigt, die »Revolutionäre« zu rechtfertigen. Gegen englischen Einspruch wurde die Königin geschieden. Eine englische Fregatte brachte sie im Mai nach Celle ins heimische Hannover.

Der neue Machthaber Ove Guldberg, Sekretär und Lehrer des Erbprinzen Frederik, war »von einer nahezu geheiligten Ehrfurcht für königliche Personen geprägt« (ebd., 493), so eine gängige dänische Wertung. Sieht man davon ab, daß Guldberg gegenüber der Königin weniger Rücksicht zeigte, mag man den Konservatismus des neuen Staatschefs wohl so charakterisieren. Jedenfalls wandte er sich scharf gegen jegliches aufgeklärtes Gedankengut. Dänemarks Entwicklung wurde nun für mehr als ein Jahrzehnt »im Geiste eines doktrinären Konservatismus« geprägt (ebd., 494). Doch sah sich auch Guldberg gezwungen, die Kabinettsregierung fortzuführen, »eine Praxis, die dem entsprach, wofür Struensee hingerichtet wurde« (ebd., 496). Guldberg zur Seite stand Christians VII. Halbbruder, dessen größte und offenbar einzige Stärke ein wahrhaft königlicher Appetit auf gebratenen Aal und andere Wunder der dänischen Küche blieb. Er

war vollständig unfähig, »einen vernünftigen Gedanken zu fassen«, urteilte einer der wenigen fähigen Beamten der neuen konservativen Regierung (ebd., 497). Guldberg sah seine wichtigste innenpolitische Aufgabe darin, die Bauern bei allen feudalen Verpflichtungen zu belassen. Bereits an Bauern verkaufte Domänenländereien wurden zurückgefordert. Im August 1773 bestätigte ein Gesetz neuerlich die Unbegrenztheit der Hofdienste. Nun erst änderte sich wohl die Einstellung mancher Bauern zu Struensees Reformen. Ein jütländischer Bauer bekannte damals recht freimütig, die Änderung der Hofdienstverordnung sei es »wohl auch gewesen, meine ich, daß sie ihm den Kopf abgeschlagen haben in Kopenhagen« (ebd., 500).
Erfolgreich waren sie nicht, die neuen Konservativen. Schließlich beriefen sie wieder jene, die vor Struensee für vorsichtige Veränderungen gewirkt hatten. Andreas Peter Bernstorff erwies sich als entschiedener Gegner der Kabinettsregierung Guldbergs, wünschte einen Staatsrat der Experten. So wuchs der Konflikt zwischen dem Günstling der Königinwitwe und ihres Sohnes mit dem jüngeren Bernstorff, kulminierte 1780 bei dessen Bemühungen um dänische Neutralität in den Verwicklungen während des amerikanischen Unabhängigkeitskrieges. Bernstorff stürzte über Rußlands Verärgerung. Das allerdings wollte Katharina II. gerade nicht. Sie distanzierte sich ausdrücklich von Guldbergs Intrige. Doch war es keineswegs nur die Replik der Zarin, die verdeutlichte: Guldbergs Jahre waren gezählt. Die gesamtgesellschaftlichen Probleme im dänischen Staat waren unübersehbar geworden, mußten gelöst werden. Der Adelsreformer würde wiederkommen!

Das dänische Reform-Modell des aufgeklärten Absolutismus

Mit dem neuerlichen Staatsstreich vom 14. April 1784 endete die Ära Guldberg, und es begann eine beschleunigte Reformperiode im Geiste des aufgeklärten Absolutismus der Spätphase, »vielleicht der glücklichste« Abschnitt der dänischen Geschichte, wie bedeutende Historiker unseres Nachbarlandes folgern (Vibaek, 11). An diesem Tag erzwang der 16jährige Kronprinz Frederik (1768–1839) überraschend die Unterschrift seines Vaters unter das Absetzungsedikt Guldbergs. Ein kurzes Handgemenge mit dem Halbbruder, ein entsetzt in seine Räume flüchtender »Herrscher« und eine nahezu rührende Familienszene zwischen dem kranken Vater und seinem Sohn prägten symbolisch diese neue Zäsur in der Geschichte des dänischen Absolutismus, unwirklich das Szenario, real dennoch die Folgen. Mit dem

Erfolg des Kronprinzen kamen die konservativen Reformer wieder, bereit, neue wirkliche Reformen einzuleiten. Mit Andreas Peter Bernstorff, Christian Ditlev Reventlow (1748–1827), Ernst Schimmelmann (1747–1831) und Ludvig Reventlow (1751–1801) fanden sich aufgeklärte Repräsentanten der dänischen Feudalordnung zur allmählichen Umgestaltung der dänischen Gesellschaft. Vorsichtig, eher zögerlich, öffneten sie das Tor in die Moderne. Alle vier waren Aristokraten, reich begütert, deutschstämmig, hochgebildet durch Auslandsstudien, beeindruckt durch die Spätaufklärung. Englands konstitutionelle Monarchie stand als Idealbild, ohne das die Grafen Dänemarks absolutistische Strukturen gewaltsam aufheben wollten. Alle hatten sie in England vor allem die dortige gewinnbringende großflächige Gutswirtschaft studiert, sahen hier ein Modell für die dänische Entwicklung. Anders als die Briten in ihrer Bauernpolitik, glaubten sie sich verpflichtet, die dänische Bauernschaft konservieren zu müssen.

Wie im ostelbischen Raum deutsche Junker, so begannen in den achtziger Jahren hier dänische Großgrundbesitzer verstärkt, das Bauernland und ihre Eigenwirtschaften zu separieren. Die Fraktion der aufgeklärten Aristokraten diskutierte in diesem Zusammenhang Überlegungen zur Rechtsstellung der Bauern. Da der Kronprinz ihre Argumente billigte, wagte der Reformerkreis um Christian Reventlow und Andreas Peter Bernstorff am 25. August 1786 die Einsetzung von Kommissaren zur Prüfung der Rechtsverhältnisse auf dem Lande. Sekretär der Kommission wurde der norwegische Jurist Christian Colbjörnsen (1749–1814), ein Bejaher des aufgeklärten Absolutismus als Schutzschild für bürgerliche Freiheiten gegen Adelswillkür.

Die Kommission setzte unabhängige Taxatoren ein, den Wert der Bauernhöfe bei Ablaufen der Pachtfristen zu schätzen. Damit wurde den Beamten der Gutsbesitzer diese Aufgabe entzogen und gutsherrlicher Willkür eine Grenze gezogen. Mit der Aufhebung der Schollenbindung am 20. Juni 1788 gingen Reventlow und Colbjörnsen den entscheidenden Schritt. Einige dänische Historiker nennen diese Maßnahme »revolutionär« (ebd., 78). Ein Jahr vor dem Donnerschlag der Französischen Revolution wirkt diese Entschlossenheit aber eher betulich, in dieser Glorifizierung für Nichtdänen schwer verständlich. Wahrscheinlich entsprach es dem dänischen Nationalcharakter, die so verfügte Freigabe des Bauerntums in verschiedenen Etappen durchzusetzen, zunächst nur bestimmte Jahrgänge zu berücksichtigen. Auch berechneten die Reformer das Befreiungswerk auf insgesamt

Eine erste antideutsche Welle

Unter König Frederik V. war Dänemark besonders offen für Emporkömmlinge und Glückssucher aus dem Ausland. Bereits Christian VI. fand seine »geistige Nahrung in Deutschland« (Cedergren Bech, Oplynsing, 315), orientierte sich auch bei der Wahl der Berater vor allem auf Deutsche. Zwischen 1746 und 1766 saßen im Regierungskollegium neben Deutschen nur ein Däne und ein Holsteiner. Die deutschstämmigen Grafen Moltke und Bernstorff setzten vor allem Verwandte in leitende Funktionen in den Staatsbehörden ein. So wuchs allmählich eine Unzufriedenheit der dänischsprachigen Bürger und Adligen, wünschten auch sie bei höheren Ämtern berücksichtigt zu werden.

Das eigentliche Problem für König und dänische Aristokratie war jedoch weniger die Geringschätzung der Dänen als ausgeprägtes Standesdenken. Im einheimischen Hochadel fanden sich nicht ausreichend vorbereitete Beamte für den höheren Staatsdienst. Doch war es für jene führenden Adligen undenkbar, »Bürgerliche in anderen als untergeordneten Stellungen anzuwenden« (ebd., 316). Selbst für eine Eheschließung erwartete beispielsweise der Vater des jungen Andreas Peter Bernstorff eine Gattin, die »weder bürgerlich noch neugebackenem Adel« entstammen sollte (ebd.). Einer der Vertrauten des älteren Bernstorff formulierte damals in seinen »Politischen Betrachtungen«, der Adel sei einem monarchischen Staat als »Stütze des Throns« unentbehrlich, müsse den Raum »zwischen Fürsten und Volk« auffüllen (ebd.).

In Dänemark lebte »eine kleine Oberklasse, die Deutsch und Französisch las und sprach«, mehr Verbindungen über die Landesgrenze pflegte, als sich auf die heimische Gesellschaft beschränkt zu fühlen. Gegen diese Haltung entwickelte sich um 1750 eine kräftige bürgerliche nationale Strömung. Nichtadlige drängten auf höhere Positionen in den Staatsbehörden, fühlten sich den ausländischen Aristokraten ebenbürtig. Dieser Gegensatz war »in Wirklichkeit sozial ..., wurde auf diese Weise national gemacht, und gewann hiermit eine ungeahnte Sprengkraft« (ebd., 318). Damit wuchs ein »nationaler Protest« gleichermaßen zum sozialen gegen die Privilegierung des einheimischen Adels. Es waren finanziell durch den Großhandel gutgestellte Bürgersöhne, die ihren Anspruch auf politische Macht gerade unter Frederik V. formulierten. Allerdings wirkte diese Bewegung in jener Zeit eher im Untergrund, war keine lautstark artikulierte Opposition. Vor allem während der Regierung Struensees sollte sie weiter an Einfluß gewinnen, auf das »Deutschtum« des »Tyrannen« und »Königinnenschänders« verbittert reagieren. Hier wuchs, was später kulminieren sollte in Ablehnung des alles beherrschenden Deutschtums, winden sich erste Wurzeln zu jener bis heute nachwirkenden Distanz.

zwölf Jahre. Gleichzeitig übernahmen staatliche Behörden die Militärausschreibungen in den Landdistrikten. Die Gutsbesitzer verloren das bis dahin wichtigste Druckmittel auf die eigenen Zinsbauern.

Es spricht für die Reife der Reformer, daß sie die Bauernbefreiung durch ein Verbot des Bauernlegens 1790 flankierten. Einen »Bauernschutz« für den Hofbesitz hatte es wie beispielsweise in Preußen auch schon hier gegeben, doch war es wie anderswo möglich gewesen, Bauern umzusetzen. Nun sicherten die Reformer, daß das Bauernland nicht zu den Eigenländereien der Gutsbesitzer geschlagen, die so »Gelegten« an anderer Stelle zu schlechteren Bedingungen entschädigt werden konnten. Doch konnten sich die Kommissionsmitglieder – in der Regel selbst Gutsbesitzer – nicht zur Annulierung der Hofdienste durchringen. Noch 1787 bestätigten sie sogar das Züchtigungsrecht des Gutsbesitzers über seine abhängigen Bauern. Erst 1799 wurde der Umfang der Hofdienste erneut juristisch fixiert. Und wieder protestierten empörte Landjunker gegen die angeblich unzumutbare Bevorzugung der Bauern durch die Regierung. Bald erwies sich aber auch für die Opponenten unter den Gutsbesitzern, daß »im neuen Dänemark diesem Kreis reichlich Bewegungsfreiheit gesichert war. Eine ›Hohe Zeit‹ für die Grundherren stand bevor« (ebd., 101).

Es war zweifellos ein längerer Reformprozeß, den die dänischen Reformaristokraten erstrebten. 1810 setzte man die Zehntzahlungen auf ein bestimmtes Maß, zahlten Dänemarks Landwirte erst 1973 »die letzte Rate zur Aufhebung der von Knud dem Heiligen mit frommen Gedanken eingeführten Steuer« (ebd., 83). Sicher, über die Motive König Knuds kann man streiten, weniger über die der Reformer. »Frömmigkeit« jedenfalls war es kaum, was die Umwandlung dieser einst klerikalen Steuer nach der Reformation in Zahlungen an die weltlichen Nachfolger motivierte. Und sehr bauernfreundlich, revolutionär gar war es wohl auch keineswegs, daß die Adelsreformer im Zeitalter der Französischen Revolution solche »Zöpfe« nicht abschnitten …

Tatsächlich war es für die Reformer kein leichter Weg. Häufig mußten sie auch erbitterten bäuerlichen Widerstand überwinden. Bereits die Separationen des Grund und Bodens lösten schwere Auseinandersetzungen auch unter den Bauern aus. Erfolgreich war das Reformwerk dennoch auf längere Sicht, so daß 1797 auch die Ritterschaft Holsteins mehr oder weniger freiwillig die Aufhebung der dortigen »Leibeigenschaft« bestimmte, nur eine Übergangsfrist von acht Jahren verteidigte.

Resümiert man die Maßnahmen, kann für 1807 konstatiert werden, daß 75% des Bauernlandes auf den Inseln und 50% in Jütland separiert waren. Somit war der Bauer – zwar noch immer als Zinsbauer feudal abhängig – doch zum selbständig wirtschaftenden Landwirt gewachsen, frei vom Flurzwang des nachwirkenden Mittelalters. Jetzt bestimmte er selbst Zeit und Umfang der gewünschten Kulturen, setzte sich der Kartoffelanbau auch in Dänemark durch. Dennoch währte es noch bis 1861, bis das letzte dänische Dorf auf Falster seine Ackerstreifen separiert hatte. Und weitere Jahrzehnte gingen ins Land, bis die letzten halbfeudalen Pachtverhältnisse auf dem Gesetzesweg aufgehoben waren. Da schrieb man schon das Jahr 1919.

Schon zu Reventlows und Bernstorffs Zeiten hatte die dänische Regierung den Prozeß der Umwandlung von Erbzins- in Eigentumsbauern durch Kredite für den bäuerlichen Landerwerb erleichtert. 1786 war deshalb ein spezieller Fonds geschaffen worden. 1797 wurden weitere entsprechende Kassen eingerichtet. Die gewinnorientierten, an flüssigem Kapital interessierten Gutsbesitzer begrüßten in der Regel den Eigentumskauf ihrer Bauern. Auch hier handelten die Reformer keineswegs zum Nachteil der Landjunker. Diese gingen nun allmählich nach englischem Muster zum Gutsbetrieb mit eigenen Lohnarbeitern, Zugvieh und moderner Technik über. Bis in die Napoleon-Ära Dänemarks waren schon ca. 60% sämtlicher Bauernhöfe Eigentum der Bauern geworden, »eine fantastische Entwicklung ohne Parallele in der Geschichte der dänischen Landwirtschaft« (ebd., 91). In der Tat kann man den Reformern den Erfolg nicht absprechen!

Mehr Widerstand leisteten die Gutsbesitzer gegen die Fixierung der Hofdienste. Die Kommission konnte nachweisen, daß die bäuerlichen Belastungen zwischen 1771 und 1788 um 25–30% gewachsen waren. Geschickt vermieden die Reformer, wahrscheinlich teilweise auch im eigenen Interesse, offene Auseinandersetzung mit der Opposition. Sie glaubten, auf ihre Weise das alte Problem lösen zu können. Jedenfalls resümierten sie 1807 zufrieden, daß »der wesentlichste Teil der Hofdienste der Erbzinsbauern verschwunden war« (ebd., 91). Durch den Eigentumserwerb der Höfe war diese Form feudaler Abhängigkeit endgültig weggefallen.

Die Agrarkonjunkturen nach 1788 mit hohen Getreidepreisen und Gewinnen im Butter- und Fleischhandel förderten die Entwicklung der dänischen Landwirtschaft und belohnten auch den Fleiß der nun selbständig wirtschaftenden dänischen Bauern. Allerdings »hinterließen die Reformer ein äußerst schlecht gestelltes Landproletariat«, sicherten so wohl nicht ganz ungewollt die Arbeitskräfte für die großen Güter (ebd., 92). In Dänemarks neue ländliche Siedlungen zog bäuerlicher Wohlstand ein, zahlte nun die Landarmut die »Spesen« der Reform. »Für die Einlieger ohne Grund und Boden bedeuteten die guten Zeiten oft nur, daß deren Hofdienste wuchsen« (ebd.).

IM BANNE DER RESTAURATION

»Ein armes kleines Land«

Der frühe Morgen des 23. Mai 1819 markierte für nicht wenige Kopenhagener den Beginn eines neuen Zeitalters, den Triumph der Technik. Bestimmten bisher die Winde um Dänemark herum die Schiffahrtsverbindungen zwischen Seeland, den anderen Inseln, dem Norden und dem Kontinent, so revolutionierte auch hier die Dampfmaschine die Seefahrt. Sichtbar für alle, kündigten sich baldige Veränderungen im dänischen Erwerbsleben an, wurden Dänemarks Wirtschaftszentren auch auf diese Weise enger an den Kontinent gebunden. Die »Caledonia«, das erste dänische Dampfschiff, näherte sich, von Kiel kommend, mit schwarzer Rauchfahne auffallend rasch Kopenhagen. Die Zeiten waren dennoch nicht so, daß sich nun schnell neue Konjunkturen für die Landwirtschaft und Gewerbe Dänemarks eröffneten. Noch immer schmerzte der Verlust der dänischen Flotte, mehr noch die neuen Zollgrenzen zum schwedisch dominierten Norwegen. Betroffen hörte selbst im fernen Java der Schiffspriester Poul Martin Möller, wie tief berührt hier die Krämer klagten, Dänemark sei »ein kleines, armes Land« (Vibaek, 435). Und stolz hatte der Geistliche seine Werte dagegen gesetzt: Dänemarks Frauen, die frische Brise dänischer See, die schattigen Wälder. Vielleicht war es nicht eigentlich viel, was er anführen konnte ...

Daten der Kolonialmacht Dänemark in Indien

19. November 1620	Vertrag über Tranquebar in Südindien als dänischer Besitz
24. März 1777	Tranquebar, Serampore und Filialen in Kalkutta und kleineren Orten Indiens als Eigentum der dänischen Krone
28. Januar 1808	England besetzt Serampore
12. Februar 1808	Tranquebar wird von den Engländern besetzt
Herbst 1815	Rückgabe Tranquebars und Serampore an Dänemark
22. Februar 1845	Dänemark verkauft seine indischen Kolonien

Verglichen mit jenen Jahrzehnten reger Handelstätigkeit zwischen 1775 und 1806 war kaum mehr geblieben als diese Selbstgenügsamkeit und Beschwörung der Idylle. Mochten er und seine Kameraden mit der Fregatte »Christianshavn« für die Asiatische Kompanie vor Indonesien kreuzen, die alten Zeiten der großen dänischen Seefahrt waren trotzdem vorbei. Die heimatlichen Warenlager würden auch sie nicht füllen können. Ausverkauft war alles, was sich um die Jahrhundertwende in Kopenhagens Hafenhäusern stapelte. Es mangelte vor allem an Kapital. Verändert waren auch die Verhältnisse im Welthandel. Die Matrosen der wenigen dänischen Schiffe verloren sich in den Seemannskneipen in Übersee zwischen den Massen holländischer, englischer und französischer Seeleute. Nun brachten die Fahrten nach Batavia und Kanton nur noch Verluste ein. Seit etwa 1818 mehrten sich die Konkurse dänischer Handelshäuser. Ähnlich erlebten die Landwirte und Fabrikanten die neue Zeit. Die Kornpreise fielen ins Bodenlose, wertlos fast schienen Güter und Ländereien. Selbst die Zuckerraffinerien Kopenhagens erwirtschafteten nur noch ein Viertel früherer Gewinne. Die seit dem 17. und beginnenden 18. Jahrhundert als dänische Kolonien in der Karibik blühenden Inseln St. Thomas, St. John und St. Croix belasteten das »Mutterland« zunehmend. Niemand fragte mehr nach teuer veredeltem karibischen Zuckerrohr dänischer Pflanzer. Um 1831 kriselte es auch auf den Plantagen selbst. Die dänische Regierung mußte den Zuckerrohrhandel in ihren Kolonien freigeben, besiegelte so das Ende der Kopenhagener Raffinerien. Dennoch währte es noch bis zum 31. März 1917, bevor Dänemark seine karibischen Inseln an die USA übergab.

Der eigentliche Zusammenhalt zwischen den drei mittelamerikanischen Inseln und Dänemark war aber schon vor 1850 nahezu zerbrochen. Die Kolonien kosteten weitaus mehr als sie einbrachten. Trotz bedeutender Zuschüsse erholte sich das Plantagensystem nicht mehr, dahin war der einst legendäre Reichtum der dänischen Pflanzer und Kaufleute.

Längere Zeit sah es in den Provinzstädten des Inselreichs kaum besser aus. Die Landbevölkerung konnte eigene Erzeugnisse nicht absetzen, geschweige denn teure gewerbliche Produkte kaufen. Im Jahre 1820 vermerkten die Redakteure der »Handels- und Industriezeitung«, daß die Getreidepreise »mancherorts unter dem halben Erzeugerpreis« lägen (ebd., 464). Während die Bauern durch Selbstgenügsamkeit in der Regel ihre Höfe retteten, endeten viele Gutsbesitzer im Ruin. Andere, kapitalkräftigere Junker, erwarben schließlich die Konkursmasse »zum Spottpreis« (ebd., 465). Erst mit

der Freigabe des Getreidehandels in England änderte sich allmählich die Situation für Dänemarks Bauern und Gutsbesitzer. Schwierig gestaltete sich vorerst aber weiterhin die Lage der Handwerker und Fabrikanten.
Ein Schwarm Hamburger Handelsreisender mit englischen Waren bezog die ausgedünnten jütländischen Märkte und beschleunigte den Zusammenbruch der dänischen konkurrenzschwachen Unternehmen. Nur langsam eroberte sich die Dampfmaschine das dänische Erwerbsleben. Noch 1820 gab es dort erst vier große stationäre Anlagen, zwei von ihnen im Staatsbesitz. Dänemark war in der Tat um 1830 »ein unterentwickeltes« Industrieland, wie es die dänische Historiographie treffend charakterisierte (ebd., 461). Doch verfügte es nach wie vor über eine große Zahl erfahrener Handwerker und Kaufleute. Schon 1839 konnte Christian Dehm, ein Mecklenburger, beeindruckt berichten, daß die dänische Kriegsflotte bereits wieder über sechs moderne Linienschiffe und 15 Fregatten verfügte, auf einheimischen Werften gebaut, Zeugnis für die Leistungskraft des dänischen Schiffbaus. War das auch nur ein Schatten der einstmals zweitstärksten Marine der Welt, so deuteten sich hier doch Möglichkeiten künftiger industrieller Expansionen an, stand nur erst wieder ausreichend Kapital bereit.

Bäuerlicher Alltag nach 1815

Knapp ein Menschenalter nach der Aufhebung der Schollenbindung und den ersten größeren Separationen lösten sich die alten Dorfformen allmählich auf. Einzelgehöfte der Bauern lagen inmitten zusammenhängender Ackerflächen. Und doch meinten manche Zeitgenossen, viel habe sich nicht verändert im Leben der dänischen Landwirte. Noch immer bauten sie ihre Gehöfte als geschlossene »Vierecke«, verstrichen Wände und Fußböden mit Lehm , legten nur in die »guten« Stuben manchmal auch schon hölzerne Dielen. Winzige Fenster erhellten tagsüber die Räume, waren gewöhnlich aber bereits verglast.
Die kleinen Katen der Häusler unterschieden sich deutlich von den großen Bauerngehöften. Aber auch sie lagen in der Regel einsam inmitten der zugewiesenen Feldanteile, waren nur manchmal auf dem alten Allmendeland des Dorfes in gedrängten Siedlungen erbaut. Während der Aussaat im Frühjahr und in den Erntemonaten halfen Kätner und Einlieger wie seit »Urzeiten« Bauern und Gutsherren bei

den Arbeiten, nährten sich ansonsten als Torfstecher, Kohlenbrenner und Kleinviehhalter eher mühsam.
Und wie einst pflügten die meisten Bauern Seelands noch immer mit dem schweren altmodischen Radpflug, normalerweise von vier bis sechs Pferden gezogen. Selten nur sah man hier den effektiveren Schwingpflug, wenigstens beklagten zeitgenössische Beobachter der landwirtschaftlichen Entwicklung Dänemarks solche Erscheinungen. Die Knechte könnten ihn nicht lenken, die Schmiede diese Gerätschaften nicht warten, erklärten Pastoren und reisende Ökonomen den lokalen Behörden die kaum verständliche Abneigung vieler seeländischer Bauern gegen die neue Agrartechnik. Noch immer hielt man hier oft mehr als ein halbes Dutzend Pferde pro Hof, fehlte Milchvieh fast völlig. Reformer und veränderungswillige Beamte bemängelten immer wieder bäuerliche Unkenntnis und fehlende Bereitschaft, die agrarwissenschaftlichen Erfahrungen und Erkenntnisse umzusetzen.
Vielen Bauern ging es dennoch besser als vor 1788. Auf Fünen glaubte ein zeitgenössischer Ökonom 1840 behaupten zu können, es gäbe »vielleicht keinen Bauernstand in Europa« in ähnlichem Überfluß wie hier. Mehrfach täglich käme warmes, gutes Essen auf die Bauerntische, mangele es hier selbst an Bier und Branntwein nicht (Skovmand, 42). Nun konnte dort keine Rede mehr sein vom geplagten, auf dem Gutshof seines Herrn fronenden Bauern. Mag sein, daß die inspizierenden lokalen Beamten auch hin und wieder übertrieben, wenn sie allzu üppige Freizeit und mangelnden Fleiß der Landwirte kritisierten. Die Quellen jedenfalls belegen, daß fröhliche Feste, Tanz und Liebe auf Fünen den Alltag bestimmten. Gerade hier summierten sich uneheliche Geburten ungewöhnlich hoch. Andererseits bildeten sich auf dem Lande auch Lesegesellschaften, wuchs die Zahl der Schreib- und Lesekundigen sprunghaft. Sogar Zeitungen wurden in manchen Bauernhaushalten bereits abonniert. Kaum zufällig dominierte auf Fünens Feldern der Schwingpflug, baute man häufig auch schon Raps an, wurde der Boden gemergelt, konnten die Kornerträge deutlich gesteigert werden. Durch den Hopfenanbau erwirtschafteten viele Bauern auf Fünen Gewinne. Auch zeigte man hier Besuchern stolz den gepflegten Obstgarten des Hofes. Doch belasteten die meisten hiesigen Erbpachthöfe hier wie anderswo nach wie vor umfangreiche Hofdienste auf den Gütern.
Ein völlig anderes Bild weisen die jütländischen Landschaften auf. Hier dominierte oft noch die Gemengelage, bauten die Bauern nicht einmal Kartoffeln an, fürchteten eine Auszehrung ihres kargen Acker-

bodens. Erst nach 1830 glaubten Beobachter, auch dort deutliche Veränderungen registrieren zu können. Jetzt begannen einige Reformer, meistens Gutsbesitzer und Grund und Boden besitzende Akademiker, verstärkt die Heideflächen zu kultivieren. Erste zaghafte Schritte, die viel zu langsam Erfolge zeitigten, wie die Behörden klagten.
Kein Geringerer als Dänemarks großer Volksbildungspolitiker des vorigen Jahrhunderts, der Pastor Nikolai Frederik Severin Grundtvig (1783–1872), skizzierte 1838 jene Jahrzehnte seit der Kontinentalsperre »als ein Wellental, in dem ›Dänemark‹« für längere Zeit »in Armut und Mißmut, Ohnmacht und Gleichgültigkeit versank« (ebd. 73). Es sei ein Land in Stagnation, so, glaubte er, empfanden es auch viele dänische Patrioten in jenen Jahren. Fortschritt sahen manche von ihnen kaum in den Bauerndörfern, am ehesten auf den großen Gütern einiger zukunftssorientierter Aristokraten und begüterter bürgerlicher Pächter.

Kopenhagen, eine »geschlossene Stadt«

Noch immer war Kopenhagens Altstadt hinter den Wällen im wesentlichen eine Schöpfung des 17. Jahrhunderts. Nicht einmal die Zerstörungen Ende des 18. Jahrhunderts und das Bombardement 1807 hatten sonderliche Veränderungen bewirkt. Doch lebten um 1825 fast 115000 Einwohner in Dänemarks Metropole. Vor den Befestigungen fand sich ausreichender Baugrund, doch erlaubten die städtischen Gesetze dort nur die Errichtung einstöckiger Fachwerkbauten. Außerdem beschränkten die Öffnungszeiten der Stadttore die Bewegungsfreiheit der Einwohner. Es gab noch immer nur vier Zugänge zur Stadt. Drei von ihnen wurden zwischen Mitternacht und Morgengrauen versperrt. Nachtwandler durften das Nordtor nur nach Zahlung einer Torgebühr passieren. Bäuerliche Händler hatten ihre Waren an den Stadttoren zu verzollen und mußten außerdem noch zwei Schillinge pro Wagen am Schlagbaum entrichten. Selbst die Arbeiter mußten auf ihrem Weg zu den Fabriken vor der Stadt täglich zwei Schillinge zahlen.
In Kopenhagen herrschten damals unzumutbare hygienische Verhältnisse. Aus den umliegenden Seen wurde Trinkwasser durch halbverfaulte Rinnen geleitet. Häufig schwammen tote Fische in den Wassereimern.
1849 empfahl der Magistrat, ein öffentliches Spültoilettensystem aufzubauen, ein Vorschlag, der jedoch gegen den Willen fast aller Bürgervertreter am Nein des Stadtpräsidenten scheiterte. Noch 1860 wurde der Abfall durch unterirdische Kloaken in den Hafen geleitet. Bei der Untersuchung einer Typhusepidemie 1842 im Bredgade-Viertel entdeckte man wenig später, daß die Wasserversorgung eine solche Kloake passierte, die die Abfälle des Frederik-Hospitals ableitete.
1853 erschütterte eine schwere Choleraepidemie Kopenhagen, bei der 4737 Menschen starben. Doch erst drei Jahre später, 1856, wurde ein neues Wasserversorgungssystem übergeben, konnte nun das Grundwasser in Eisenrohren abgeleitet werden.

Neuerliche Agrarreformen

Um 1835 zählte man etwa 67000 Bauernhöfe in Dänemark, darunter 42000 Eigen- bzw. Erbpachthöfe. Die Bauern klagten über Sonderrechte der Gutsherren, monierten insbesondere die immer noch geforderten Hofdienste. Auch wußten viele bäuerliche Landwirte über Steuerbegünstigungen der Herren zu berichten, kritisierten bei den Behörden Ungerechtigkeiten der Patrimonialgerichtsbarkeit. Wie im Mittelalter verursachten die herrschaftlichen Jagdvergnügungen schwere Schäden auf dem Ackerland der Bauern.

Mit den neuen Agrarkonjunkturen der dreißiger Jahre weitete sich auch die Kluft zwischen größeren Bauern und Häuslern, wuchs die neue ländliche Unterschicht zahlenmäßig rasch in die Breite. Die adligen Reformer hatten eine solche Entwicklung vorausgesehen, wünschten sie gesichert. Die Hofdienste seien unerläßlich. Man könne nur die Verpflichtungen von den Bauern auf die Kätner und Einlieger verlagern, skandierten selbst noch in diesen Jahren viele Gutsherren Dänemarks.

Würdigen dänische Historiker im allgemeinen das Reformwerk zur Bauernbefreiung, merken sie doch ebenso kritisch die negativen Auswirkungen auf einzelne soziale Schichten an. Noch zu Beginn der dreißiger Jahre des vorigen Jahrhunderts habe es eigentlich nur wenige begüterte Bauern gegeben, »aber mehr als früher, die zuwenig hatten«. Manche Kätner und Einlieger wären so arm gewesen, »daß sie nicht das tägliche Brot hatten in den Hütten, die nicht ihr Eigentum waren« (Skovmand, 95). Das verstanden auch die Zeitgenossen. Viele von ihnen bedeuteten, daß eine neue Reform der Landwirtschaft unumgänglich sei. Solche Forderungen gewannen nach der französischen Julirevolution an Gewicht und fanden auch bei Regierungsvertretern Gehör. Der absolutistische Hof diskutierte besorgt die allgemeine Bejahung der französischen Ereignisse im Inselreich, konnte dennoch beglückt notieren, daß Reformforderungen in Dänemark weiterhin in Form von Bittgesuchen formuliert wurden. Vorsicht schien aber geraten. Daher entschieden König und Minister, einer möglichen Radikalisierung beizeiten vorzubeugen, auf herrscherlichen Befehl dem souveränen Königtum »beratende Ständeversammlungen« zur Seite zu stellen. Obwohl konservative hohe Beamte Bedenken äußerten, entschloß sich Frederik VI., für die Wahlen zu diesen Gremien die Eigentums- und Pachtbauern gleichzusetzen. Wahlrecht und Wählbarkeit wurden durch das Grundeigentum bzw. die Erbpachtrechte bestimmt, die Bauern als politischer Faktor eingeschlossen. Am 28. Mai 1831 unterzeichnete der Herrscher einen Erlaß, künftig ein beschränktes Mitspracherecht der Dänen bei Staatsangelegenheiten vorzubereiten. Frederik VI. wußte wohl, daß er jetzt einen Prozeß einleitete, der auf längere Sicht Veränderungen bewirken würde. Immerhin war die Wahlverordnung zu den ersten Ständewahlen seit 1660 am 15. Mai 1834 eine Absage an die Privilegierung des Adels. Die bäuerlichen Wähler wurden den Aristokraten und Besitzbürgern gleichgestellt. Auf dem Lande schloß das Gesetz nur das Gesinde bzw. die Landarmut aus. Nahezu kurios war gleichermaßen, daß selbst Beamte, oft auch die Pastoren auf den Dörfern, aufgrund der Eigentumsklausel nicht wahlberechtigt waren. Im übrigen blieben die Ständeversammlungen Beratungsorgane, verpflichteten den Herrscher nicht, die Empfehlungen der Abgeordneten zu berücksichtigen.

Die bäuerlichen Sprecher formulierten in den Ständeversammlungen bald auch Hoffnungen auf Weiterführung der Agrarreformen in Dänemark. Insbesondere sprachen sie sich nun für eine grundsätzliche Umgestaltung der ländlichen Besitz- und Eigentumsverhältnisse aus.

Zögernd, dann bald entschiedener, forderten liberale bürgerliche Gegner der Konservativen die Ablösung der Hofdienste durch staatliche Verordnungen. Eine gewinnträchtige Landwirtschaft setze freie Bauern »mit vollem und uneingeschränkten Eigentumsrecht« voraus, erfordere die Umwandlung »aller Pachthöfe in Eigentum« (ebd., 184). Deshalb müsse der Staat notfalls auch gegen den Widerstand der Gutsbesitzer die Pachtverhältnisse annulieren. Gemeinsam wirkten liberale Politiker und Journalisten mit einigen bäuerlichen Repräsentanten für die endgültige Bauernbefreiung. In der »Gesellschaft der Bauernfreunde« schufen sie sich am 5. Mai 1846 ein Kampforgan. Ausdrücklich schrieben sie den »Übergang der Pachtländereien in Eigenbesitz« (ebd. 189) in das Programm. Doch überlagerten in den folgenden Jahren nationale Konflikte zwischen Deutschen und Dänen im Inselreich mehr und mehr die Diskussionen um Reformen in der Landwirtschaft. Jetzt standen Verfassungsfragen und die Aufhebung absolutistischer Herrschaftsformen im Vordergrund, erhitzten die Debatten um das Schicksal Schleswig-Holsteins die dänischen Politiker aller Lager.

Ein überlebtes System

Stand Kronprinz Frederik 1788 für den Beginn der Bauernbefreiung durch das aufgeklärte absolutistische System, so galt seine späte Regentschaft nach 1820 zunehmend als Bremsklotz notwendiger weiterführender Reformen. Der Herrscher regierte eifrig das Land, verlor sich aber in kleinen, eher betulich wirkenden Maßnahmen. Nahezu einfältig wirkte beispielsweise auch seine Notiz an den Außenminister anläßlich der französischen Julirevolution 1830. Er mißbilligte den Sturz König Karls X. durch Louis Philippe, den »Bürgerkönig«, und glaubte anmerken zu sollen, er hoffe, Dänemarks Gesandter in Paris habe nicht bei dem Usurpator »zu Mittag gespeist« (Skovmand, 128). Persönlich regelte der König zahllose unbedeutende Verwaltungsentscheidungen, kümmerte sich um lokale Belange. Öffentliche Problemdiskussionen empfand er als Schmähungen seiner Regentschaft und drohte gerne und oft mit der Zensur der Presseorgane. Immer häufiger klagten politischdenkende Dänen, der König und dessen Regime hätten sich überlebt. Dänemark benötige neues Denken auch an höchster Stelle dringend. Nur so erhofften jene auch Veränderungen im Beamten- und Verwaltungsapparat, die unerläßlich schienen. Es könne einfach nicht so weitergehen, daß der alte Herrscher nach Gutdünken Staatsämter vergäbe und Gehälter nach der Lautstärke der Klagen festsetze. Als höchst anstößig empfand man Frederiks VI. Begeisterung für Militär und Uniformen, höhnte gerne, eine gutsitzende Montur öffne Wege zu höchsten Karrieren. Nepotismus und Ämterschacher galten zunehmend als typische Auswüchse der unbeschränkten königlichen Souveränität. Keineswegs unbekannt war, daß beispielsweise Staatsminister Poul Christian Steman seine Aufgabe erst übernahm, nachdem ihm der König die Nachfolge seines Sohnes als Amtmann in Sorö zusicherte. Wie in dieser Familie waren auch in vielen anderen Fällen hochdotierte Ämter erblich, zweifellos ein Relikt des Absolutismus seit 1660. Auf diese Weise waren Einsatzwillen und Verantwortungsgefühl schwerlich im »Beamtenstand« zu entwickeln (ebd. 86). Noch zu Jahresbeginn 1835 ließ Frederik VI. als Reaktion auf eine Debatte über Pressefreiheit wissen, »Wir alleine sind im Stande zu beurteilen«, was der »Nutzen und das Beste« für das Wohl des Volkes und des Staates sei (ebd., 157). Das war eine Auffassung, die Andersdenkende bei Demonstrationen, scheinbar als Fastnachtaufzüge organisiert, entschieden widerlegten. Revolutionär war der Tenor dennoch kaum, selbst dann nicht, als Frederik VI. tatsächlich die Pressefreiheit noch einmal beschränkte. Man wartete im damaligen Dänemark geduldig auf den Tod des Herrschers, hoffte auf baldige Veränderungen ...

DÄNEMARKS SCHLESWIG-PROBLEM

Er war keineswegs sonderlich zufrieden, König Frederik VI., als er während des Wiener Kongresses geloben mußte, dem Herzogtum Holstein in den nächsten Jahren eine Verfassung zu geben. Doch sicherte er mit diesem Versprechen, daß neben Norwegen nicht auch Schleswig-Holstein verloren wurde. Als deutscher Teilstaat seit undenklichen Zeiten war Holstein am 8. Juni 1815 Mitglied des Deutschen Bundes geworden. Damit war Dänemarks König gleichzeitig auch deutscher Reichsfürst und in Frankfurt, der Bundeshauptstadt, repräsentiert. Als unbeschränkt regierender Herrscher in Dänemark wollte Frederik VI. auch in den folgenden Jahrzehnten seiner südlichen Provinz kein Mitbestimmungsrecht einräumen. Ende September 1830, als eine Folge der französischen Juli-Ereignisse, drangen Österreich, Preußen und Hannover gegenüber Dänemarks Delegiertem beim Deutschen Bund auf die baldige Erfüllung des seinerzeit gegebenen Verfassungsversprechens. Tief beunruhigt ahnte der König gefährliche Verwicklungen …

Tatsächlich wurde am 5. November 1830 in Kiel eine Schrift »Über das Verfassungswerk in Schleswigholstein« publiziert. Der Kanzleirat Uwe Jens Lornsen argumentierte für eine Verfassung Holsteins. Er betonte gleichermaßen die Unteilbarkeit Schleswig-Holsteins und wollte folglich auch diesen Teil Dänemarks einbezogen wissen. Künftig sollten beide Herzogtümer, von Kiel aus regiert, mit Dänemark nur noch in Personalunion verbunden bleiben, eine Forderung, die in Kiel Begeisterung, in Kopenhagen jedoch Empörung hervorrief. Lornsen wurde inhaftiert, der pflichtvergessene Zensor ebenfalls bestraft. König und Regierung übersahen, daß trotz erster Sympathiebekundungen der Holsteiner für Lornsens Überlegungen niemand auf die Straße ging. Immerhin war vielen der sich als deutsch Empfindenden einsichtig, daß Schleswig zu mehr als der Hälfte von Dänen bewohnt wurde, die sich nicht als Deutsche begreifen wollten.

König Frederik VI. suchte zunächst, beiden Teilstaaten getrennte Ständeverfassungen zu gewähren, glaubte wohl so, seinem Lande wenigstens Schleswig als geschlossenes Herzogtum erhalten zu können. Bald erwies sich aber, daß der König und seine Berater das Zusammengehörigkeitsgefühl der Deutschen in den Herzogtümern unterschätzt hatten. Zumindest hatte sich der Herrscher falschen

Hoffnungen hingegeben. Während sich Liberale und Konservative noch über Formulierungen des Verfassungstextes stritten, hatten in Kiel einige Gelehrte das ihrige versucht, die nationalen Leidenschaften zu erregen. Bald stritten Dänen und Deutsche, in welcher Sprache in der Ständeversammlung Schleswigs diskutiert werden durfte. Nun ergriffen auch die dänischen Liberalen in Kopenhagen Partei. Höchst unklug bestanden die Deutschen auf ihrer Sprache auch für die Dänen. Die wiederum reagierten energisch, benannten bezeichnend das im Juni 1838 erscheinende Wochenblatt »Dannevirke« (»Dänenwerk«), suchten auf diese Weise die Grenzproblematik stärker ins öffentliche dänische Bewußtsein zu rücken. Bald saßen selbst dänische Schulkinder in rasch gegründeten dänischen Leihbibliotheken, trennte der Sprachenstreit beide Nationen.

Am 14. Mai 1840 entschied Dänemarks neuer Herrscher, Christian VIII. (1839–1848), die dänische Sprache in Nordschleswig als Amtssprache zuzulassen. Schnell wuchsen nun unüberbrückbare politische Differenzen zwischen Dänen und Deutschen in Schleswig, als die Dänenbekenner kurze Zeit später verkündeten, »Dänemark bis zur Eider« verteidigen zu wollen, das alte »Dänenwerk« als Grenze interpretierten (Skovmand, 175). Nun bekannten sich schon Zehntausende zum Dänentum, taten das auch noch, als der König seinerseits verzweifelt versuchte, durch Kompromisse den dänischen Gesamtstaat zu retten. Inzwischen steigerte sich auch die deutsche Bewegung in Schleswig-Holstein zur Angelegenheit des deutschen Volkes, glaubte man selbst im Süden des Landes, uralten deutschen Boden verteidigen zu müssen. In der Frankfurter Nationalversammlung der deutschen Revolutionäre 1848 ereiferten sich zahlreiche bekannte deutsche Gelehrte erbittert über die dänische Entscheidung, eine freie liberale Verfassung für Dänemark und Schleswig auszuarbeiten. Diesen Schritt verstanden die Abgeordenten und natürlich auch konservative Politiker und Fürsten einiger deutscher Staaten als Niederlage des deutschen Elements in Schleswig. Auf den Schlachtfeldern Schleswigs und Jütlands kämpften zwischen 1848 und 1850 deutsche Schleswig-Holsteiner und eine preußische Armee um eine »deutsche« Lösung. Rußland und Österreich erzwangen aber den Rückzug der Preußen. Schließlich wurde durch die Großmächte der Status quo der dänischen Monarchie festgeschrieben. Im Londoner Protokoll vom 2. August 1852 verpflichtete sich Kopenhagen, die Autonomie und unlösbare Einheit der Herzogtümer im dänischen Staat zu wahren.

Nach Rußlands Niederlage im Krimkrieg schöpften die dänischen Nationalliberalen neue Hoffnung, doch noch ein einheitlich struktu-

Schleswig-Holstein, ein historischer Sonderfall

Im Bewußtsein Thietmars von Merseburg stand schon im frühen Mittelalter das »Dänenwerk« als befestigte Grenze zwischen Dänen und Deutschen, mochte ihm auch Kaiser Heinrich IV. berechtigt Lehnsherr des Königs sein. Etwa 150 Jahre später hatte sich das Herzogtum Schleswig von Dänemark getrennt. Als der bisherige schleswigsche Herzog 1326 König von Dänemark wurde, belehnte er am 15. August dieses Jahres Gerhard III. von Holstein »mit dem dominium direktive und dem dominium utile«, bestätigte somit die Selbständigkeit des Herzogtums. Der Gewinn der dänischen Krone wog den Verzicht auf, meinte Valdemar III. Erst 1460 konnte der dänische König als Herzog von Schleswig und Graf von Holstein erneut anerkannte dänische Hoheitsrechte sichern. Damals wurde jedoch die schicksalsschwere Formulierung von Christian I. beschworen, beide Landschaften sollten »ewich tosamende ungedelt« verbleiben. Gleichzeitig räumte er dem Adel beider Fürstentümer ein Widerstandsrecht gegen eventuelle spätere Teilungsabsichten der dänischen Krone ein. Als 1806 das Heilige Römische Reich deutscher Nation zerbrach, war von Opposition oder gar entschiedenem Widerstand gegen eine Eingliederung Holsteins keine Rede gewesen. Wie Schwedens König Vorpommern und Rügen in sein Reich integrierte, verfügte auch Kronprinz Frederik im Namen seines Vaters, daß Holstein fortan dänische Provinz sei. Erst der Wiener Kongreß widerrief diese Entscheidung, definierte Holstein als Bestand des Deutschen Bundes und Schleswig als dänisches Herzogtum. Da aber fühlten sich Holsteiner und Schleswiger längst schon als staatliche Gemeinschaft. Es war nur zu entscheiden, ob man sich künftig geschlossen einem deutschen Nationalstaat oder Dänemark zuwenden wollte. Inzwischen dominierten Deutsche auch bedeutende Teile Schleswigs, war das alte »Dänenwerk« nur noch in dänischer Erinnerung eine Grenzlinie. Selbst im nördlichen Teil des Landes sprach man aus praktischen Erwägungen Deutsch, der Gutsadel ohnehin, die meisten Beamten ebenso und Bauern und Handwerker aus Gewohnheit und weil die Deutschen das Dänische gewöhnlich nicht beherrschten …

riertes Dänemark bis zur Eider formen zu können. Unter dem nationalliberalen Staatsminister Carl Christian Hall (1812–1888) nahm der dänische Reichstag am 13. November 1863 eine gemeinsame Verfassung für Dänemark und Schleswig an. Die dänischen »Eider-Politiker« glaubten, so das deutsche Holstein aus dem dänischen Staatsverband ausscheiden zu können. Da erkrankte König Fredrik VII. am 15. November und verstarb unerwartet.Gemäß der Vereinbarungen des Londoner Protokolls wurde der Glücksburger Christian IX. (1863–1906) einen Tag später dänischer Monarch, ein Deutscher, dem viele Dänen mißtrauten. Der neue Herrscher lehnte die Novemberverfassung als Gefahr für die Existenz des dänischen Staates ab, fürchtete ärgerliche Reaktionen der europäischen Großmächte. Andererseits wußte er nur zu gut, wie erregt die dänische Öffentlichkeit jede seiner Maßnahmen beäugte. Der Glücksburger bangte um den Thron, ahnte wohl auch einiges von den ernsthaften Umsturzplänen schwedenfreundlicher »Skandinavisten« in Dänemark. Viele Dänen erhofften eine neue »Union« mit Schweden-Norwegen, und Karl XV. (1859–1872) schien nicht wirklich abgeneigt, sollten sich die Ereignisse in Kopenhagen so fügen … Daher unterschrieb Christian IX. am 18. November 1863 nach längerem Zögern wider bessere Einsicht jenes Dokument, das Holstein und natürlich auch das kleine Lauenburg von Dänemark und Schleswig trennen mußte. Der Thron war gerettet, der dänische Gesamtstaat aber verloren. Christian IX. gab sich keinen Illusionen hin; problematisch blieb, daß einige seiner Minister die Lage falsch beurteilten. Hall und seine Gesinnungsgenossen vertrauten insbesondere auf die wiederholt versprochene Waffenhilfe Schweden-Norwegens.

Im Geiste eines mehr oder weniger illusionären »Skandinavismus« hatten Schwedens Monarchen Oscar I. (1844–1859) und Karl XV. größere Truppenkontingente angeboten. Ebenso mißverstand man in Kopenhagen eine Rede des britischen Premiers Henry John Palmerston (1784–1865) im dortigen Unterhaus. Dieser hatte erklärt, Dänemark würde im Kriegsfalle nicht alleine kämpfen müssen. Doch wollte er später dabei nicht an britische, sondern schwedisch-norwegische Unterstützung gedacht haben. In Stockholm beabsichtigte der Herrscher, am 15. Dezember 1863 zu marschieren, die Regierung aber nicht. Und die Minister, nicht der König, bestimmten. Briten und Russen forderten in Kopenhagen wenige Tage später die Annulierung der Verfassung, bedauerten, andernfalls keine Hilfe versprechen zu können.

Am Weihnachtsabend 1863 rückten sächsische und hannoveranische Truppen in Holstein ein. Das mochte letztendlich den Vorstellungen der »Eider-Politiker« sogar entgegenkommen. Sehr beunruhigend blieb aber die gleichzeitig erhobene Forderung des Deutschen Bundes, auch für Schleswig die November-Verfassung aufzuheben. Da der Deutsche Bund aber die Forderung Preußens und Österreichs am 14. Januar 1864 verwarf, gegebenenfalls Schleswig zu besetzen, keimte doch Hoffnung in der dänischen Hauptstadt auf. Auch verweigerte das preußische Abgeordnetenhaus Bismarck die notwendigen Kriegskredite …

Überraschend für die Dänen marschierten am 1. Februar 1864 dennoch preußische und österreichische Heere in Schleswig ein. Otto von Bismarck nutzte die Gunst der Stunde, den offenkundigen dänischen

Die Schleswig-Holstein-Kriege 1848–1851 und 1864.

Bruch der internationalen Vereinbarungen. Die schnellen Erfolge der übermächtigen antidänischen Allianz überzeugten auch die europäischen Garanten des Londoner Übereinkommens, Lauenburg und Schleswig-Holstein einschließlich des dänisch bevölkerten Nordens – »Südjütland« – aus dem dänischen Staatsverband auszuscheiden und an den Deutschen Bund anzugliedern. Das war die Katastrophe, die das Königtum und die Konservativen mit ihrer Orientierung auf die Konservierung des alten dänischen »Gesamtstaates« unbedingt vermeiden wollten.

Bald zeigte sich, daß solcherart Geschehenes nicht wieder annuliert werden konnte, nicht durch Drohgebärden und wohl auch nicht durch stolz bekundetes Dänentum. Das große, sich gerade in jenen Jahrzehnten besonders eifrig jener angeblichen Nibelungentreue und germanischen Traditionen hingebende Deutsche Reich brachte wenig Sympathien für die besiegten, trotzigen, doch so engverwandten Dänen Nordschleswigs auf. Vertrauten viele von diesen in den ersten Jahren nach der Abtrennung vom Mutterland noch auf die baldige Vereinigung durch die Stimmabgabe für Dänemark, so war bald kaum noch zu zweifeln an der Endgültigkeit der Entscheidungen von 1864.

Statistik des »Deutsch«-Dänischen Krieges

- Kampflose Aufgabe der Verteidigungsstellung am »Dänenwerk« durch die Dänen am 5. Februar 1864 und Rückzug auf das Schanzenwerk von Düppel
- Eröffnung des Bombardements der Düppeler Schanzen durch die Preußen am 16. März 1864
- Sturm der Düppeler Schanzen durch die Preußen am 18. April 1864
- Eröffnung einer internationalen Konferenz zum Schleswig-Holstein-Problem am 25. April 1864 in London
- Waffenstillstand zwischen Dänen, Österreichern und Preußen am 12. Mai 1864
- Beginn neuerlicher Kampfhandlungen am 26. Juni 1864
- Landung der Preußen auf Alsen am 29. Juni 1864
- Frieden von Wien am 30. Oktober 1864 mit Verlust Schleswig-Holsteins

Anfangs ließen die offenkundigen Gegensätze zwischen Preußen und Österreichern noch manche Möglichkeiten offen, konnte man sich selbst nach der österreichischen Niederlage auf den Frieden von Prag berufen. Dort war am 23. August 1866 im Artikel 5 festgeschrieben worden, die nördlichen Bezirke Schleswigs müßten an Dänemark abgetreten werden, »wenn die Bevölkerung durch freie Abstimmung den Wunsch zu erkennen geben sollte, mit Dänemark vereinigt zu werden« (Geschichte Dänemarks 1830–1939, 192). Vor allem Frankreichs Kaiser Napoleon III. bekundete den Willen, die Abstimmung in Nordschleswig durchzusetzen. Er schien vielen Dänen auch mächtig genug, es tun zu können. Den Politikern in Kopenhagen allerdings war früh schon klar geworden, daß Bismarcks Vertragstreue ihren Preis haben würde. Schon 1867 hatte der Preuße eine Volksbefragung nur dann zulassen wollen, garantierte die dänische Regierung besondere Rechte einer deutschen Minderheit im solcherart veränderten Grenzraum. Wohl nicht zu Unrecht fürchtete man in Kopenhagen deutsche Möglichkeiten, auf diese Weise die dänische Entwicklung lenken zu können. Einst hatten Deutsche den Dänen Drangsalierungen vorgeworfen, sich durch den Sprachenzwang gedemütigt, auch behindert gefühlt. Nun traten preußische Beamte emsig für eine Assimilierung der Dänen ein. Nach 1889 unterrichteten die Lehrer in der Regel nur noch in deutscher Sprache, widersetzten sich nur einige Privatschulen. Der Zwang wirkte und half doch nicht. Viele Dänen verließen die Heimat, wollten nicht in der verhaßten preußischen Armee dienen. Andere paßten sich an. Doch allmählich wuchsen in den neunziger Jahren des vorigen Jahrhunderts neue Organisationsformen der gewiß nicht kleinen dänischen »Minderheit« heran, wirkungsvoll unterstützt durch nationale Vereinigungen für »Südjütland« in Dänemark. Das mochte Bismarck und seinen Nachfolgern wenig gefallen, in Kopenhagen wagte man es dennoch. Hier und anderswo mehrten sich Ablehnung und Haß, sprach man vom großen Nachbarn im Süden. Der deutsche Gesandte glaubte beunruhigt, steigende Deutschfeindlichkeit zu spüren. Das preußische Deutschland reagierte auf seine Weise. In Nordschleswig häuften sich daraufhin Ausweisungen dänischer Bürger, füllten sich die Gefängnisse mit Dissidenten. Wirklich erfolgreich waren die Deutschen auch diesmal nicht. Die Dänen blieben in ihrer Mehrheit ihrer nationalen Gesinnung treu, wollten keine Deutschen werden.

DIE INDUSTRIALISIERUNG

»Was nach außen verloren ging, muß im Inneren gewonnen werden«, so reagierten nach 1864 große Volksgruppen Dänemarks und entwickelten bemerkenswerte Energien, die Heidelandschaft Jütlands zu erschließen. Dänemark war kleiner geworden, hatte gleichzeitig größere Gruppen von Aussiedlern aus seinen früheren deutschen Provinzen zu integrieren. Besonders schmerzte, daß gerade in Schleswig-Holstein, im Hinterland Hamburgs und Kiels, wichtige frühe industriellen Zentren Dänemarks gewachsen waren, nun dort auch günstige Eisenbahnverbindungen verlorengingen.
Fanden Bauern und landhungrige Kätner durch Erschließung öder und bisher wenig oder nicht genutzter Ländereien Existenzmöglichkeiten, so brachten Fabrikanten und Handwerker aus Schleswig-Holstein nun auch Erfahrungen und Kapital für eine beschleunigte industrielle Entwicklung ein. Fleiß und die Bereitschaft, Landwirtschaft und Gewerbe durch industrielle Verfahren zu revolutionieren, erklären den auffallenden wirtschaftlichen Aufschwung Restdänemarks nach 1864.
Bereits 1868 war mit Esbjerg ein neuer wichtiger Nordseehafen als Alternative für Hamburg und die entrissenen Holsteiner Häfen übergeben worden, erschlossen sich so kurze Wege zum englischen Markt. Die dortige, ständig wachsende Nachfrage nach veredelten dänischen Agrarprodukten zwang Dänemarks Gutsbesitzer und Bauern, durch neue Technologien die dänische Landwirtschaft zu intensivieren.
Noch immer streiten die Historiker, ob die »industrielle Revolution« in Dänemark wie auf deutschem Boden nach 1850, wenigstens aber nach 1864 oder erst ab 1890 einsetzte. Tatsächlich hielt sich dort bis zur Jahrhundertwende selbst in Ökonomenkreisen beharrlich die Überzeugung, die sich entwickelnde dänische Industrie habe keine Zukunft auf dem Weltmarkt. Dänischen industriellen Unternehmen bliebe nur der heimische Markt. Erfolge müsse das Land wie einst in Großmachtzeiten durch den Export von Schlachtvieh suchen, nun ergänzt durch hochwertige Molkereiprodukte. Bald zeigte sich, daß es nicht eigentlich die wenigen Großbetriebe, sondern die dänischen Bauern waren, die sich in Genossenschaften vereinigten und gemeinsam den industriellen und agrartechnischen Fortschritt für bessere Ernteergebnisse erschlossen …

Ab 1850 begannen die dänischen Landwirte mit umfangreichen Drainagearbeiten. Bis 1880 waren immerhin schon etwa 20% der Ackerflächen drainiert. Natürlich setzte sich der agrarische Fortschritt in den etwa 300–500 Gutswirtschaften schneller durch, konnten die Großagrarier auf den wachsenden Investititonsbedarf rascher reagieren. Doch förderte der dänischen Staat zielstrebig die Entwicklung eines ländlichen privaten Kreditwesens, gewährte Kapital zu niedrigen Zinssätzen und unterstützte schon bald nach 1864 die Einrichtung von Häuslereien. Auch wurden bis 1885 die letzten Hofdienste der bäuerlichen Betriebe aufgehoben. Ab 1899 stimulierte der Staat durch ein besonderes »Kätner-Gesetz« den Landerwerb durch die Häusler und Einlieger. Zwei Millionen Kronen Staatskredite halfen der Landarmut über die Anfangsschwierigkeiten und erleichterten den Kauf kleinerer landwirtschaftlicher Anwesen. Doch setzten sich schließlich die Großagrarier mit ihrer Forderung durch, den Bodenerwerb der Häusler einzuschränken. Der sogenannte »eingeklemmte« Häusler mußte neben der eigenen Kätnerstelle auf den Ländereien der Güter und größeren Bauern arbeiten, wollte er sich und seine Familie erhalten. So folgert man wohl berechtigt, erneut habe der dänische Staat – regiert von der Partei der »großen Bauern«, wie man in Dänemark die Gutsbesitzer benannte – den Arbeitskräftebedarf der Junkerwirtschaften gesichert. Doch muß man wohl ebenso bekräftigen, daß diese zielstrebige Förderung der Landarmut auch für die Häusler selbst Früchte trug. Schon 1909 wurde auf dem Gesetzesweg das Areal der Kätnerstellen erweitert, bedeutete diese Initiative wenigstens für die Erfolgreichen unter den Häuslern eine bäuerliche Perspektive. Der Masse der Tagelöhner konnten und wollten die konservativen Politiker auf diese Weise aber wohl nicht helfen. Wenn dänische Historiker dennoch gerne von einer »revolutionierenden« Wirkung der Gesetzgebung sprechen, zielen sie zweifellos auf den insgesamt offenkundigen sozialen und wirtschaftlichen Aufschwung der dänischen Landwirtschaft ab.
Auf dem Lande und in den kleinen Städten bewährte sich insbesondere das rasch wachsende System der Sparkassen. Zählte man 1865 erst 76 derartige Einrichtungen, waren es fünf Jahre später bereits 169 und 1900 sogar schon 513 Geldinstitute. Auf dieser Basis großzügig kreditiert, gründete eine Gruppe Bauern auf Jütland bei Varde 1882 eine genossenschaftliche Molkerei, wagte den Kampf gegen die Gutsmolkereien der Umgebung. Schnell entstanden Hunderte solcher bäuerlichen Genossenschaften in der Milchverarbeitung. Bereits 1885 arbeiteten 84 Vereinigungen. Die Zahl wuchs bis 1890 auf über 600,

und fünf Jahre später waren es sogar schon 832 Molkereien. Unter Staatskontrolle produzierten die Bauern auch Qualitätsbutter, die durch ein Gütesiegel markiert wurde und auf dem englischen Markt sehr gefragt war. Bald exportierten Dänemarks Bauern und Gutsbesitzer auch Schinken und »Bacon« nach englischer Art.
Das Genossenschaftssystem bewährte sich auch während der Agrarkrise nach 1893. Damals reformierte Dänemarks Regierung die Steuergesetzgebung, widerstand jenen, die Schutzzölle forderten.

Relativ früh nutzten Bauern und Gutsbesitzer nach 1864 die neue Agrartechnik der Sä- und Erntemaschinen, wurden Mäh- und Dreschmaschinen eingesetzt, revolutionierte die Zentrifuge den Milchbetrieb. Ein dänischer Erfinder ließ sich sogar schon eine Melkmaschine patentieren.
Bald standen Dampfmaschinen auch in Betrieben bäuerlicher Vereinigungen. Noch 1839 fanden sich in ganz Dänemark nur 31 Dampfmaschinen, die mit Holz und Torf gefeuert wurden. Um 1883 sind dort bereits 2776 registriert, 1897 5810 und 1909 sogar schon 6856. Eine Flotte von Dampfschiffen transportierte dänische Butter und Milchprodukte vor allem nach England. War die »Caledonia« seinerzeit ein technisches Wunder und eine Ausnahme, so fuhren bis 1862 schon 43 Dampfer, bis 1909 bereits 652 zwischen den dänischen Inseln und England hin und her. Im Jahre 1890 überstieg der Anteil an Dampfschiffen in der Gesamttonnage Dänemarks erstmalig den der Segler. Zahlreiche Eisenbahnen transportierten Handelsgüter durch Dänemark an die jeweiligen Kais kleiner oder größerer Häfen. Lagen 1868 erst 530 km Schienen, war bis 1873 das Gleissystem auf 905 km und 1913 auf 3870 km erweitert.
Der landwirtschaftliche Aufschwung kam auch der Gewerbeentwicklung bzw. den zögerlicher wachsenden industriellen Betrieben zugute. Die dänische Industrie entwickelte sich in der Regel nicht aus kleinen Handwerksmeistereien. Selbst in Kopenhagen betrieb die Mehrzahl der dortigen, bis Ende der fünfziger Jahre des vorigen Jahrhunderts zunftgebundenen Gewerbetreibenden auch nach der endgültigen Verfügung der Gewerbefreiheit und der Auflösung der letzten Zünfte weiterhin kleine Werkstätten. Gewöhnlich ließen sich kapitalkräftige Aussiedler aus Schleswig-Holstein in den größeren

dänischen Städten nieder und gründeten gemeinsam mit lokalen Handelshäusern, manchmal auch mit Beamten oder Akademikern, kleinere industrielle Unternehmen. Dänische Textil- und Tabakfabrikanten verließen häufig Schleswig-Holstein, da sie nach dem Wegfall der dänischen Zollschranken der hochentwickelten deutschen Konkurrenz nicht gewachsen waren. Von der Produktion für den lokalen Markt auf den Inseln und in Nordjütland erhofften sie sich bessere Perspektiven. Obwohl auch Dänemark nach 1864 eine sogenannte »Gründerzeit« erlebte, wuchsen größere Betriebe erst in den neunziger Jahren. Statistiken weisen aus, daß 1872 in dänischen Fabriken etwa 35000 Arbeiter beschäftigt wurden. Deren Zahl hatte sich bis 1897 mit 73000 mehr als verdoppelt, wuchs dann aber bis 1906 nur noch auf ca. 90000 an. Zählte man hier 1872 erst 47 Betriebe, die mehr als 100 Arbeiter entlohnten, waren es 1897 dagegen schon 165 größere Unternehmen. 1906 beschäftigten dann 218 Betriebe mehr als 100 Arbeiter. Doch blieb die Mehrheit selbst der Schiffswerften weiterhin eher mittelständisch.

Obwohl die Zahl der Bankunternehmen von 18 im Jahre 1870 auf 136 bis 1909 relativ schnell wuchs, verfügten die meisten der Geldinstitute nur über wenig Eigenkapital. Häufig liehen dänische Industrielle noch in den neunziger Jahren des vorigen Jahrhunderts im Ausland die notwendigen Gelder. Da hatte in Dänemark auch eine erste spürbare Urbanisierungswelle deutliche Umstrukturierungen bewirkt. Im Jahre 1834 registrierten die Statistiker noch etwa 79% der Bevölkerung Dänemarks im ländlichen Raum. Selbst 1870 lebten nur knapp 25% der Dänen in Städten. Um 1890 hat sich das Bild aber verändert. Nun zählte man 33,4% der Bevölkerung als »Städter«, und bis 1911 stieg der Anteil an der Gesamtbevölkerung sogar auf über 40%, von denen mehr als ein Fünftel in Kopenhagen wohnte. Viele von ihnen fanden in der Kleinindustrie einen Arbeitsplatz.

Andererseits erhielten dänische Konsortien bereits Ende der sechziger Jahre Großaufträge zur Verlegung der Telegraphenkabel, konnte die Werftindustrie auch im Dampfschiffbau bald an die großen Traditionen der Segelschiffahrt anknüpfen. Die 1866 gegründete »Vereinigte Dampfschiff-Gesellschaft« ließ in den nächsten Jahrzehnten eine Flotte von 100 Dampfern auf Kiel legen …

Man wird – sieht man auch auf die agrartechnischen Veränderungen – den Beginn der industriellen Revolution in Dänemark wohl doch in die Jahrzehnte nach 1864 legen müssen, gewissermaßen an den Beginn der dänischen »Jetztzeit«.

AUFBRUCH IN DIE HEUTIGE GESELLSCHAFT

Konservative, Liberale und Sozialdemokraten

Mit Christian IX. erhielt Dänemark einen König, der sich den Idealen des aufgeklärten Absolutismus verpflichtet fühlte. Herrscher und Aristokratie, so glaubte der Glücksburger zeitlebens, hatten im wahren Interesse des Volkes zu entscheiden. Sie wüßten besser als die wenig gebildeten Bauern, Bürger und selbstredend die besitzlosen Unterschichten, was das Wohl des Landes erfordere. Für diese Oberschicht hing Dänemarks Zukunft von einer florierenden Landwirtschaft ab, deren Rückgrat die großen Güter sein mußten. Gleichzeitig knüpfte jene agrarische Elite ihre Ideale an die Bewahrung konservativer Strukturen. Alles für Dänemark, durch König und uns, nichts aus den Händen leichtfertiger liberaler Politiker, so lautete das Motto einiger hochbegüterter Großagrarier nach 1864. In diesem Geiste verstand sich Christian IX. als Landesvater. So begriffen ihn breite Kreise der konservativen Opposition nach dem verlorenen Krieg. Dänemarks Mißerfolge rechneten sie den Nationalliberalen und ihren »demagogischen« Losungen an. Die Konservativen fühlten sich als Retter der Heimat – und selbstredend auch als Wahrer ihrer aristokratischen Traditionen – berufen, wieder den Staat zu regieren, die als chaotisch empfundene Verfassung von 1849 aufzuheben. Parlamentarismus, Gleichheitslosungen und Zweifel an der Rolle des Adels als Stütze des Throns empfanden alte und neue Aristokraten als Selbstaufgabe des Landes. Die Beschwörung dieser Werte galt als Fortsetzung jener unglücklichen Katastrophenpolitik nach 1848. Ebenso vertrauten breite Schichten der dänischen Bevölkerung einem verantwortungsbewußten königlichen Landesherrn und konservativen Traditionen mehr als Freiheitsbekundungen liberaler Politiker. Viele lehnten entsprechende Reformforderungen und Mitspracherechte der »Habenichtse« ab. Nur Eigentum garantiere Verantwortung, verpflichte zur Verteidigung vertrauter Lebensformen. Wer nichts besäße, verlöre auch nichts, wage, alles umzustürzen …

Als mit dem vermögenden Gutsbesitzer Jacob Brönnum Scavenius Estrup (1825–1913) 1865 ein besonders konsequenter Konservativer das Innenministerium übernahm, jubelten insbesondere jene, die durch gigantische Anstrengungen Dänemarks Verteidigungskraft

erhöhen wollten. Estrup galt als erfolgreicher Landwirt, der ein Regierungsamt aus tief empfundener persönlicher Verantwortung für das Land übernahm, sein Ministergehalt eher belächelte. Er hatte schon 1849 bemerkt – und war nie müde geworden, es zu wiederholen –, das »allgemeine Wahlrecht« der Verfassung sei eine schädliche Verirrung, Dänemarks Grundgesetz müsse revidiert werden.
Als die konservativen Politiker um Estrup die Regierung übernahmen, hatten sich Dänemarks Verfassungsgrundlagen prinzipiell verändert. Das seinerzeit komplizierte Verhältnis zwischen den Herzogtümern und dem Königreich Dänemark bedingte verschiedene parlamentarische Organe, eigene Parlamente für die einzelnen Landesteile und solche, die für alle galten. Mit der Reduzierung auf Restdänemark konnten und mußten die verschiedenen Verfassungsinstitutionen vereinigt werden. Die Gegner des allgemeinen Wahlrechts setzten durch, daß die neue Erste Kammer, das Landting, nur von einer begrenzten Anzahl vermögender Wähler – insgesamt höchstens 10000 – bestimmt werden sollte. Gleichzeitig räumte man dem König das Recht ein, unter den 66 Abgeordneten zwölf nach Gutdünken zu ernennen. So wollten die »Väter« der Verfassungsrevision garantieren, daß die »besten Männer Dänemarks«, die am meisten Befähigten und wie ausdrücklich betont, die »Reichen«, entscheidenden Einfluß bekamen (Skovmand, 496). Offenbar persönlich überzeugt, argumentierte Estrup, eine Erste Kammer müsse sich auf Landbesitz gründen. Nur dann könnten die Abgeordneten selbständig und unabhängig bestimmen ... Eine merkwürdige Logik, die für den Innenminister selbstredend ausschloß, grundbesitzende Abgeordnete könnten vor allem zugunsten jener Wähler entscheiden, die umfangreiche Ländereien besaßen. Es spricht einiges dafür, daß Estrup das Wohl Dänemarks mit dem eigenen und anderer Großagrarier gleichsetzte, das auch tatsächlich so empfand! Als besonderen »Wählerauftrag« verstand er, 1875 von Christian IX. mit der Regierung betraut, um jeden Preis und auch gegen den Willen einer Volksmehrheit, die äußerst kostspielige und eigentlich sinnlose Befestigung Kopenhagens durchzusetzen. Bedenkenlos setzte er sich dabei gegen mehrheitliche Gegnerschaft durch, löste das »Parlament« beliebig auf und regierte mit »Not-Haushalten«.
Schon die Zeitgenossen verstanden den privilegierten Status der »Gutsbesitzer« durch das neue Wahlsystem. Die damals auflagenstärkste Tageszeitung des Nordens, »Dagbladet«, charakterisierte treffend, die »großen Bauern« hätten sich alle Macht angeeignet (ebd. 506). Tatsächlich hatten die »nationalen Gutsbesitzer« die Regierung

des Landes übernommen, »die sie ein Menschenalter lang nicht mehr aus den Händen gaben« (ebd.). Durch eine Wahlentscheidung waren sie legal an die Macht gekommen und verteidigten diese nun aber jahrzehntelang mit weitaus weniger legitimen Mitteln.
Da wurde die Verfassungsrevision bereits von vielen Dänen als nationales Unglück empfunden. Als 1872 die Repräsentanten der sogenannten »Linken«, liberale Politiker, im Folketing – der Zweiten Kammer – die Mehrheit erhielten, hatten sie auch und vor allem im Wahlkampf für die Wiedereinführung der Verfassung von 1849 gestritten. Die konservative Regierung allerdings blieb trotzdem im Amt, wurde weiterhin von den meisten der wenigen Delegierten der Ersten Kammer getragen. Fortan standen sich »Linke« und »Rechte« – die Konservativen – in der Auseinandersetzung um den »Parlamentarismus« und der »Verteidigungsfrage« unversöhnlich gegenüber.
Die »Linken« blieben in ihrer Mehrheit überzeugt, eine »Festung« Kopenhagen würde alle Großmächte »wie ein Magnet« anziehen, weil Dänemarks strategische Bedeutung für Rußland, Großbritannien und das Deutsche Reich damit weiter wachsen mußte. Dem Lande wäre dadurch nicht zu helfen. Dänemark könne keinem Angriff einer Großmacht widerstehen. In der breiten Volksbewaffnung lägen weitaus größere Abschreckungsmöglichkeiten, so wurde argumentiert.
Im Frühjahr 1873 spitzten sich die Auseinandersetzungen zu, als Christian IX. eine Forderung der »Linken« nach Einführung parlamentarischer Regierungsformen verwarf. Die liberale Opposition, hinter der vor allem Bauern, vermögende Kaufleute und Gewerbetreibende wie auch viele Akademiker standen, vertraute nun auf das legitime Recht, den Staatshaushalt im Folketing ablehnen zu können. Im Herbst des Jahres verweigerte die Mehrheit der Abgeordneten der Zweiten Kammer die Zustimmung zum notwendigen »Finanzgesetz«. Daraufhin löste die konservative Regierung das Folketing auf. Obgleich die anschließenden Wahlen erneut eine Mehrheit der »Linken« bestätigten, beauftragte der König am 11. Juni 1875 Estrup, eine neue konservative Regierung zu bilden.
Dieser war überzeugt, die Hürde der Finanzbewilligung umgehen zu können. Die Verfassung von 1866 erlaubte dem Monarchen, »wenn der Reichstag nicht zusammengetreten ist, vorläufige Gesetze« zu erlassen, die dann »dem nächsten Reichstag vorgelegt werden« müssen (Dybdahl, 137). Es galt nun nur noch, so glaubte Estrup, den Reichstag dann zu entlassen, wenn er den Haushalt ablehnte. Bis das nächste Folketing zusammentrat, bestimmte dann der König, regier-

Grundtvig und die Volkshochschulbewegung

Er war 1866 bereits eine lebende Legende im dänischen Volk, Nikolai Frederik Severin Grundtvig (1783–1872), der Pastor, Dichter, Historiker und Volksaufklärer. Um das allgemeine Wahlrecht zu behaupten, kandidierte der alte Mann für die Erste Kammer. Es sei »ein so großes bürgerliches Gut, daß ein Volk, das es einmal als gesetzlichen Besitz erhalten hat, es niemals wieder preisgeben darf«. Das hier beabsichtigte Landting habe seine »Wurzel in Privilegien, im Geldbeutel« und kluger politischer Berechnung. Grundtvig wurde gewählt. Die Revision der Verfassung konnte selbst dieser Mann des Volkes nicht verhindern.

Für das dänische Volk gewann Grundtvig vor allem als Bildungspolitiker kaum zu überschätzende Bedeutung. Aus einer ursprünglich religiösen Wurzel der Auseinandersetzung mit theologischen Dogmen gegen die institutionalisierte Staatskirche erwachsen, begründete die von Grundtvig propagierte »Volkshochschule« als fundamentale Bildungsbewegung breitester bäuerlicher Schichten Dänemarks einen eigenen Weg »zur demokratischen Lebensform« (Kjersgaard, Geschichte, 58). Als der mehr als 83jährige Grundtvig gegen die Verfassungsrevision polemisierte, war schon eine Generation von Politikern aus der Volkshochschulbewegung erwachsen, standen einige von ihnen bereit, das Land in demokratische Strukturen hinüberzulenken. Der langjährige Führer der liberalen Opposition zu Estrups Regierung, Christen Berg (1829–1891), wie auch der spätere erste liberale Staatsminister Dänemarks, Jens Christien Christensen (1856–1930), waren Bauernsöhne und Volkshochschullehrer, standen Grundtvigs Gedankenwelt nahe.

Die »Volkshochschule« bildete schon bis zum Tode Grundtvigs auf 52 Studienanstalten jährlich etwa 2000 Bauernsöhne und zahlreiche Frauen neben Religion in Geschichte, Literatur und Gesellschaftslehre, frischte auch Kenntnisse in den Elementarfächern auf. Ende des Jahrhunderts gab es bereits 75 Volkshochschulen in den verschiedensten Teilen Dänemarks, eine Art zweiter Bildungsweg und zunehmend eine frühe politische Bildungsstätte der »Linken«. Noch heute lebt diese Tradition der Volkshochschule in Dänemark, etwa vergleichbar unseren katholischen und evangelischen »Akademien«.

ten die Konservativen in seinem Sinne. Den neuen Reichstag – war Estrup sicher – könne er dann wieder entlassen, sollten die »Linken« erneut die Gelder verweigern … eine unendliche Geschichte, die nur einen Staatsminister bedingte, der bewußt die Rechte der Opposition negierte.

Die Verfassung von 1866 räumte tatsächlich dem König die freie Wahl der Minister ein, unabhängig von Wahlergebnissen. Vergebens entgegnete die Opposition immer wieder, dem Regenten stehe nur ein freies Wahlrecht zwischen den Kandidaten der siegreichen Parteiung zu. Unbeeindruckt bestanden König und konservative Minister auf ihrer Lesart des Grundgesetzes. Estrup störte auch nicht, daß die Wahlen im April 1876 nach dem ersten »vorläufigen Finanzgesetz« des Königs noch mehr »Linke« auf die Reichstagsbänke brachten. Er löste ungerührt ein Jahr später erneut das Folketing auf und regierte wiederum mit dem provisorischen Haushalt, verlor bei der folgenden Wahl noch mehr Stimmen. Das dänische Volk bekundete solcherart tiefe Unzufriedenheit mit dem konservativen Verständnis des Grundgesetzes.

Da löste 1879 die Nachricht , das Deutsche Reich verweigere den Nordschleswigern das Selbstbestimmungsrecht, allgemeine Bestürzung unter den Dänen aus und aktivierte die »Verteidigungspolitiker« der »Rechten« überall in Dänemark. Schnell gewann der Gedanke, Kopenhagen gegen deutsche oder andere Willkür zu befestigen, nun selbst in Arbeiter- und Handwerkerkreisen der dänischen Hauptstadt deutliche Zustimmung. Da zählte nicht mehr oder doch nur bedingt, daß Jütland, die Inseln, selbst Seeland vor Kopenhagen mehr oder weniger schutzlos einer möglichen Invasion preisgegeben werden sollten. Estrup und Christian IX. mochten zufrieden sein. 1883 sprachen sich in einer geschickt organisierten Adresse an den Monarchen über 100000 Dänen für den raschen Ausbau der Befestigungen um Kopenhagen aus, wünschten die Bewilligung der Militärausgaben. Die »Linke« reagierte mit dem Versuch, Verbindungen zur jungen Sozialdemokratie aufzubauen und gemeinsam für das Programm einer neuerlichen Revision des Grundgesetzes zu wirken.

Damals formierten sich die Sozialdemokraten Dänemarks wieder, nachdem einer erster klassenkämpferischen Euphorie Mitte der siebziger Jahre Enttäuschung und Abkehr größerer Arbeitergruppen folgten. Hatte man sich in Kreisen der Arbeiter und Handwerksgesellen 1873 den verhafteten sozialdemokratischen Führern besonders verbunden gefühlt, erschütterte die sozialdemokratischen Sympathisanten das Eingeständnis der Freigelassenen 1877, sie hätten sich von der Polizei bestechen lassen, in die Vereinigten Staaten auszuwandern. Estrup und andere Konservative hatten gehofft, durch die öffentlich gewordene Korrumpierung dieser Funktionäre einer Politisierung der wachsenden Gewerkschaftsbewegung eindrucksvoll entgegenzuwirken. Um so unangenehmer berührte sie nun das Bündnis der »Linken« mit der 1878 reorganisierten sozialdemokratischen Vereinigung Kopenhagens. Bedeutsam und zukunftsträchtig wurde in diesem Zusammenhang eine Initiative der liberalen Studentenorganisation, die eine Abendschule für Arbeiter organisierte, politische Bildung

ganz im Sinne der Volkshochschulbewegung vermittelte. Im Sommer 1884 wurden erstmalig zwei Sozialdemokraten in den Reichstag gewählt. Gegen die 19 »rechten« Abgeordneten standen nun 83 Sprecher der vereinigten »Linken«.
Die Regierung Estrup wich dennoch nicht, fürchtete ebensowenig die Ende März 1885 dem König durch das Folketing angedrohte revolutionäre Zuspitzung. Christian IX. hatte in seiner Antwort verkündet, er könne die ihm zustehende »verfassungsmäßige Stellung« nicht räumen, dürfe sich nicht dem »Druck des Reichstages« beugen und die Regierung entlassen (ebd. 169). Statt dessen »entließ« wieder einmal Estrup die Folketing-Abgeordneten und verabschiedete neuerlich einen »vorläufigen« Haushalt. Die wahrlich nicht volksgetragene Regierung bevollmächtigte sich selbst, über die Gelder Dänemarks zu verfügen, die für die Verteidigungsmaßnahmen nötig würden, ein »Wechsel« in unbestimmter Höhe. Estrup reagierte, drohte den »linken« Möchtegern-Revoluzzern seinerseits mit militärischer Gewalt, erlebte beglückt eine wachsende Verunsicherung unter den Liberalen und überlebte schließlich sogar ein mißglücktes, mehr als dilettantisches Revolverattentat.
Erst 1894 trat Estrup zurück, konnte das um so beruhigter, als Kopenhagens Befestigungen trutzten, ein neues konservatives Heeresgesetz verabschiedet war. Es dauerte dennoch weitere sieben Jahre, bis im Frühjahr 1901 erstmalig eine liberale Regierung Dänemark im Zeichen beginnender Demokratie umbildete. Sie reformierte das alte Steuersystem, modernisierte das Strafrecht und setzte auch in der lokalen Verwaltung Wahlfunktionen durch. Vorbei waren die Zeiten, in denen begüterte Gutsbesitzer in der Provinz selbstredend Lokalpolitik bestimmten. Schließlich wurde das »privilegierte Wahlrecht zur Ersten Kammer, dem Landting« aufgehoben. Der Reichstag beschloß das Wahlrecht für Frauen, markierte eine wesentliche Zäsur der Geschichte der europäischen Demokratie. Da aber schrieben die Chronisten bereits das Jahr 1915. Längst war die Allianz zwischen der »Linken« und den Sozialdemokraten zerbrochen, warfen diese den liberalen Reformern Gesetze zugunsten der begüterten Bauern vor. Vor allem die Kleinbauern und Kätner seien weiterhin benachteiligt. Nun standen »radikale Linke« – die Sozialliberalen – und Sozialdemokraten vereint auch gegen die Kompromisse der Liberalen mit der konservativen »Rechten«.

Dänemarks frühe Arbeiterbewegung

Der sogenannte historische »Vergleich« zwischen Unternehmerverbänden und den Arbeitergewerkschaften im September 1899 gilt vielen Sozial- und Wirtschaftshistorikern Skandinaviens als wesentliche Zäsur in der Geschichte der Arbeitskämpfe und auf dem Wege zur gegenwärtigen Partnerschaft der Unternehmer- und Gewerkschaftsorganisationen Dänemarks.

Seinerzeit empfanden sich die meisten Gewerkschaftsfunktionäre als Teil der dänischen Sozialdemokratie, vertraten aber seltener als Schwedens und Norwegens Gewerkschaftsführer revolutionäres Gedankengut. Das mag tatsächlich eine Erklärung darin finden, daß hier »die eigentlichen Industriearbeiter trotz allem zu wenige waren, um ein eindrucksvoll mächtiges Proletariat zu bilden«, wie eine gängige dänische Erklärung betont (Kjersgaard, Geschichte, 65). Die Arbeits- und Lebensbedingungen der dänischen Arbeiter waren allerdings keineswegs besser als die der schwedischen oder deutschen. Auf die Wirtschaftskrise um 1890 reagierten viele verzweifelte Dänen mit einer Auswanderungswelle.

Die sozialdemokratischen Partei- und Gewerkschaftspolitiker bemühten sich von Beginn an sehr um die Integration der »Kleinbürger«, wollten vor allem »durch das Stimmrecht einen Einfluß im Reichstag« gewinnen (ebd.). Obwohl man den politischen Kampf um das Streikrecht ebenso wie die konkreten Auseinandersetzungen um Lohnerhöhungen als Einheit empfand, entschieden sich die sozialdemokratischen Funktionäre 1878 für eine organisatorische Trennung zwischen der Partei und den Gewerkschaften, um auch jene Arbeiter zu gewinnen, die aus religiösen Gründen oder anderen politischen Bindungen und Überzeugungen den Sozialdemokratismus ablehnten. Allerdings fungierte der neue »Sozialdemokratische Bund« dennoch als eine Art »Dachorganisation« der Einzelgewerkschaften, weil die zahlreichen Lohnkämpfe eine Koordinierung erforderten. Die Tendenz zur organisatorischen Einheit der Gewerkschaftsbewegung wurde durch den Zusammenschluß der Unternehmer Kopenhagens 1885 beschleunigt.

Im gleichen Jahr kam es zum bislang heftigsten Arbeitskonflikt in Dänemark. Auf Lohnstreiks in der Metallindustrie erfolgte eine allgemeine Aussperrung der Arbeiter durch die Industriellen. Erklärtes Ziel der Arbeitgebervereinigung war die Liquidierung, wenigstens aber die Schwächung der Gewerkschaften. Die Mehrheit der Unternehmer beabsichtigte so lange zu kämpfen, bis deren Arbeiter aus den

Gewerkschaften ausschieden. Überrascht mußten sie erkennen, daß eine bedeutende Mehrheit in der dänischen Öffentlichkeit hinter den Arbeitervereinigungen stand. Bauern lieferten Lebensmittel für die Streikenden, und Solidaritätskomitees organisierten Kinderverschikkungen aufs Land, um die Arbeiterfamilien zu entlasten. Nach vier Monaten entschieden sich auch die »Hardliner« unter den Unternehmern für einen Kompromiß. Die Arbeiter der Metallindustrie mußten auf die erhofften Lohnsteigerungen verzichten, sicherten sich aber die Anerkennung ihrer Mitgliedschaft in Gewerkschaften. Künftig akzeptierten auch besonders unwillige Arbeitgeber die gewerkschaftlichen Organisationen als Interessenvertreter und Sprecher bei Arbeitskonflikten. Das stärkte die Gewerkschaftsbewegung und führte den Verbänden weitere Mitglieder zu. 1898 sahen sich die Funktionäre veranlaßt, eine eigenständige Gewerkschaftszentrale, den »Vereinigten Fachverband« zu schaffen. Da stand den Arbeiterverbänden bereits seit 1896 eine zentralisierte »Arbeitgebervereinigung« gegenüber. Auch damals hatte ein lokaler Streik der Ziegeleiarbeiter zunächst alle betroffenen Unternehmer des Industriezweiges, dann auch solche benachbarter Verbände vereint. Gemeinsam erstrebten sie eine Entscheidung auf dem Arbeitsmarkt. Im Frühsommer 1899 schien den Unternehmern der Zeitpunkt günstig. In einem landesumfassenden Arbeitskampf über fünf Monate mit Streik und allgemeinem Lockout erschöpften beide Seiten ihr Kampfpotential. Am 5. September einigten sich die Repräsentanten des Unternehmerverbandes und der Landesorganisation der Gewerkschaften auf jenen »Vergleich«, den beide Parteien als Sieg verstanden.

Gemeinsam vereinbarten sie feste Regeln für künftige Auseinandersetzungen auf dem Arbeitsmarkt. Arbeitskonflikte setzten fortan die vorangehende Zustimmung von drei Vierteln der Mitglieder der jeweiligen beteiligten Verbände voraus. Der »Gegner« mußte über die vorgesehene Abstimmung informiert werden und wenigstens eine Woche vor Beginn der Kampfhandlungen gewarnt sein. Kam es entgegen dieser Vereinbarungen zum Arbeitskampf, hatte sich die jeweilige Organisation zu distanzieren. Den Unternehmern war hier wie wenig später in Schweden besonders wichtig, daß die Gewerkschaften das »Recht der Arbeitgeber« anerkannten, »die Arbeit zu leiten und zu verteilen« (Dybdahl, 232). Tatsächlich »bekamen Arbeits- und Lohnkonflikte« durch diese »freiwilligen Abmachungen später fast einen parlamentarischen Anstrich«, wohl doch ein sehr treffendes Bild (Kjersgaard, Geschichte, 65). Durch ein ständiges Schiedsgericht für Arbeitskonflikte wurde 1910 die Übereinkunft von 1899 fortgeschrieben. Damals hatten sich jene Arbeiter wieder den Gewerkschaften genähert, die nach dem September-Vergleich verärgert und enttäuscht ausgeschieden waren. Nun waren schon 51% aller dänischen Arbeiter in den Gewerkschaften organisiert.

NEUTRAL IM ERSTEN WELTKRIEG

Nach 1871 verfolgten nahezu alle Dänen beunruhigt die wachsende militärische Stärke des Deutschen Reiches, registrierte man dort vor allem in politisch interessierten Kreisen den Weltmachtanspruch der Deutschen. Es zweifelte wohl kaum ein Däne, daß man weder der deutschen Flotte noch einem Landheer gewachsen war. Auch den starken Befestigungsring um Kopenhagen begriffen die meisten Menschen in Dänemark nur als einen kurzen »Haltepunkt« für eine mögliche deutsche Invasion, geeignet, so lange verteidigt zu werden, bis britische oder russische Hilfskorps heran waren. Besser noch, so meinten fast alle Dänen, sei aber eine strikte Neutralität für das Land. Den Politikern des Inselreichs erschien aber problematisch, diesen Wunsch gegen die verfeindeten Großmächte durchzusetzen.
Gaben sich die Deutschen um die Jahrhundertwende noch der Illusion hin, Großbritannien könne möglicherweise einem antideutschen Bündnis an der Seite Frankreichs fernbleiben, war die Gefahr eines Weltkrieges zwischen Entente- und Mittelmächten nach 1910 nicht mehr zu übersehen.
Beunruhigend für Kopenhagen blieb, daß Dänemark am Schnittpunkt vitaler Verbindungslinien der Ententemächte lag. Deutschland mußte daher immer befürchten, die britische und die russische Flotte könnten die Wasserwege nach Petersburg sichern wollen, dänisches Territorium am Öresund oder längs des Großen und des Kleinen Belts besetzen. In Kopenhagen vertraute man darauf, daß Großbritannien solche Absichten nicht hegte, der keineswegs unbedeutenden deutschen Flotte kaum in der Ostsee begegnen wollte. Es blieb aber ungewiß, ob Deutschland von ähnlichen Prämissen ausging.
Die dänische Regierung wußte nur zu gut, wie verärgert und auch verunsichert man in Berlin die offenkundige Ablehnung Deutschlands durch die übergroße Mehrheit der Dänen notierte. Vertrauensbildende Maßnahmen schienen König und Ministern in Kopenhagen daher das Gebot der Stunde, als Deutschland am 30. Juli 1914 anfragte, »ob Dänemark eine wohlwollende Neutralität einnehmen wolle«, falls es zum Weltkrieg käme (Rasmussen, 40). Kopenhagen konnte das um so lauter bejahen, als Berlin gleichzeitig versichern ließ, es habe keine aggressiven Absichten gegen Dänemark. Besorgt reagierten Dänemarks Verantwortliche auf antideutsche Massen-

demonstrationen am 2. August. Ausdrücklich warnte Christian X. (1912–1947) sein Volk vor unbesonnenen Sympathiebekundungen, forderte strikte Unparteilichkeit der Presse und der dänischen Öffentlichkeit. Dänemark beruhigte die deutsche Heeresleitung schließlich am 3. August sogar mit der Versicherung, man bliebe bei voller Neutralität, selbst für den Fall einer unbeabsichtigten bzw. unverschuldeten Verletzung dänischen Territoriums durch die Deutschen. Überzeugend hatte der König den zögerlichen Ministern klargelegt, daß jede britische Flottenhilfe zu spät käme, wage man einen Zusammenstoß mit den Deutschen. Dieser unangenehmen Wahrheit verpflichtet, stimmte Dänemark auch widerwillig zu, den Großen Belt auf Bitte der deutschen Seekriegsleitung zu verminen. Richtig vermuteten die Dänen, London beabsichtige keinen Flottenvorstoß in die Ostsee und wäre mit der Verminung einverstanden. Das Argument, sonst würden es die Deutschen selber versuchen und dänische Inseln besetzen, überzeugte im übrigen auch den britischen Botschafter. Wahrscheinlich belächelte man in Englands Hauptstadt den Eifer der Deutschen, wußte, daß diese sich nur selber behinderten. Tatsächlich bat Berlin wenig später um Entfernung der Minen, hatte nun verstanden, daß diese die Einsätze der deutschen U-Boot-Flottille gefährdeten. Da war es zu spät. Nicht unklug argumentierten die Dänen, eine Säuberung der Gewässer auf Bitten Deutschlands würde als Bruch der Neutralität gewertet werden können, als einseitiges dänisches Engagement zugunsten Deutschlands. Die Minen blieben, wohin sie deutscher Übereifer gewünscht hatte …

1916 schuf der Maler Robert Storm Petersen seine Karikatur eines Kriegsgewinnlers, eines sogenannten Gulasch-Barons. Jener kauft gerade einen Velasquez. »Den nehm' ich. Aber können wir den Maler nicht ein bißchen anders heißen lassen, den Namen kann ja niemand aussprechen.«

Die Neutralität erwies sich bald als höchst vorteilhaft für Dänemark. Stimmen wurden laut, die an die Zeiten dänischer Hochkonjunktur während des Siebenjährigen und des amerikanischen Unabhängigkeitskrieges erinnerten. Deutschland und Großbritannien wünschten beide die Fortführung der Austauschbeziehungen mit Dänemark, räumten im gegenseitigen Einverständnis bestimmte Quoten ein. Die Deutschen wagten nicht, Bedingungen zu stellen. Die Briten ihrerseits drohten Dänemark, es dürfe den Deutschlandhandel nicht erweitern. Andernfalls würde man die dänische Küste blockieren. Das allerdings war angesichts der Stärke der deutschen Flotte doch eher eine unbedeutende Geste. Im übrigen spricht einiges dafür, daß Dänemarks Außenminister Erik Scavenius (1877–1962) ernsthaft erwartete, Deutschland könne den Krieg gewinnen ...

Während der ersten Kriegsjahre intensivierten die nordeuropäischen Staaten ihre Zusammenarbeit, konnten auch Mißverständnisse zwischen Schweden und Dänemark rasch beseitigt werden. Trotz der offenkundigen Deutschfreundlichkeit der schwedischen Oberschicht und des dortigen Königshauses wünschte Stockholm eine engere Zusammenarbeit mit den Dänen. Norwegen wiederum war an dänischen Agrarprodukten schon deshalb interessiert, weil die deutschen U-Boote englische Lieferungen behinderten.

Sehr früh entschied die dänische Regierung mit wohlwollender Unterstützung der Sozialdemokraten, das Wirtschaftsleben des Staates unter Kriegsbedingungen zu lenken. Nur so glaubten die Minister der »Radikalen Linken«, den Verteilungsprozeß sozial gerecht regulieren zu können und auch den weniger Begüterten ausreichend Lebensmittel zu sichern. Auf dem Gesetzesweg wurden zahlreiche Rationierungsmaßnahmen durchgesetzt. Neujahr 1918 mußte dennoch die Fleischabgabe drastisch beschränkt werden. Nun standen nur noch ganze 280 gr. pro Woche einem Erwachsenen zu, eine Verfügung, die auch die fleischproduzierenden Dänen besonders hart traf. Zucker war damals schon längere Zeit rationiert, nur noch 2 kg durften für eine Person im Monat abgegeben werden. Doch erschlossen die findigen Dänen immer wieder Möglichkeiten, die Berechtigungsmarken für eine gegen die andere knappe Ware zu tauschen. Nicht unberechtigt folgern dänische Historiker, die »günstige Versorgungssituation und die sozial betonte Verteilungspolitik« erklären, warum Dänemark »keine Demonstrationen und Unruhen in annähernd demselben Umfang« wie Schweden erlebte (ebd., 135). Auch die organisierten großen Aufmärsche der »Syndikalisten« im Februar 1918 blieben letztendlich nur eine Episode zunehmender revolutionärer Stimmung bei breiteren Arbeitergruppen. Zwar waren relativ viele dabei, als es am 11. Februar galt, die Kopenhagener Börse als »Symbol des Kapitalismus« zu zerstören, doch klagten schließlich nur einige verprügelte Börsianer, später auch noch Polizisten und Sicherheitskräfte, über Beulen und blutende Nasen. Die erstrebte große Revolution war das nicht. Da half auch wenig, daß die syndikalistische Presse Sozialdemokraten und Gewerkschaftsführer als »zuckerfressende Schoßhunde der bürgerlichen Gesellschaft« verhöhnte. Die übergroße Mehrheit der dänischen Sozialdemokratie setzte in diesem Frühjahr auf die durch den Krieg immer wieder verschobenen Wahlen auf der Basis der veränderten Verfassung.

König, Konservative Volkspartei, Radikale Linke, Linke und Sozialdemokraten waren sich im wesentlichen einig gewesen, keinen Wahlkampf führen zu wollen, der früher oder später in antideutschen Losungen gipfeln würde. Mit dem deutschen Siegfrieden von Brest-Litowsk und der großen Westoffensive der deutschen Heere schien neuerliche Vorsicht geboten. Keine der dänischen Parteien wagte damals laut, die bevorstehende und erhoffte Befreiung der Nordschleswiger zu propagieren.

Als man am 22. April 1918 doch wählte, siegten nicht die Radikalen Linken, denen Dänemark sozialen Frieden und ökonomische Sicherheit verdankte. Die liberale »Linke« konnte 272000 Wähler auf sich vereinigen, die Sozialdemokraten 263000. Nur 192000 entschieden sich für die Radikalen, die Regierungspartei, 168000 Stimmen entfielen auf die Moderaten. Das war eine knappe Mehrheit für die Regierungsallianz der Sozialliberalen und der Sozialdemokraten.

Obgleich die Sozialdemokraten lange Zeit eine direkte Regierungsbeteiligung abgelehnt hatten, glaubten sie sich angesichts der Radikalisierung in Dänemarks Arbeiterbewegung verpflichtet, gemeinsam mit den Sozialliberalen weitreichende Reformen gegen eine »Revolution der Straße« wagen zu müssen. Ende Oktober meinten auch gemäßigte sozialdemokratische Gewerkschaftsführer, nur noch durch die Proklamierung des Achtstundentags gewaltsame Auseinandersetzungen verhindern zu können.

Verärgerte Unternehmer reagierten zunächst mit Verweigerung und Aussperrungen auf die gewerkschaftlichen Forderungen und Streiks in einigen Wirtschaftszweigen. Als sich jetzt die Situation auch in Dänemark gefährlich zuspitzte, einigten sich die beiden Arbeitsmarktparteien aber rasch. Führende Sozialliberale und Sozialdemokraten unterstützten offen diese Entwicklung und überzeugten auch widerstrebende Wirtschaftslenker. Jetzt trug Früchte, daß Gewerkschaften und Unternehmerverbände bereits seit längerem in gemeinsamen periodischen Verhandlungen über die »Umverteilung des gesellschaftlichen Reichtums« berieten (ebd., 185). Gegen die revolutionsorientierte syndikalistische Gewerkschaftsbewegung mußte ein Zeichen gesetzt werden, daß auf »dem Verhandlungsweg« gewichtige Vorteile für die Arbeiter vereinbart werden konnten (ebd). Regierung und Opposition einigten sich, zum 1. Januar 1920 den Achtstundentag gesetzlich einzuführen.

Das war die überzeugende Fortsetzung jener Politik der kleinen Schritte, in Zusammenarbeit mit den Großindustriellen den künftigen Sozialstaat aufzubauen. »Der Wohlfahrtsstaat, um den Ausdruck einer späteren Zeit zu gebrauchen, wurde in der Dunkelheit des Krieges geboren und entwickelte sich unter dem Druck der Ereignisse schnell« (ebd., 87–88). Wollten die reformorientierten Kräfte die blutige Revolution vermeiden, mußte die Regierung nun handeln, als auch in Deutschland und Österreich Barrikaden wuchsen, in Finnland »Rote« und »Weiße« zusammenstießen, nahezu die gesamte norwegische Sozialdemokratie sich zur 3. Internationale bekannte, selbst in Stockholm größere Zusammenstöße zwischen Arbeitermassen und Polizei zum Alltag zählten.

In diesem Sinne waren schon im Oktober 1919 gegen den Widerstand der konservativen Agrarpolitiker durch die sogenannten »Bodengesetze« jene Beschränkungen aufgehoben, die so lange die Mehrheit der Kätner gehindert hatten, eigene selbsttragende Bauernwirtschaften aufzubauen.

DER AUFBAU DES WOHLFAHRTSTAATES

Dänemark in einer neuen Welt

Schlossen Dänemarks Regierende selbst 1918 ein deutsches Ausgreifen bis zum Skagerrak nicht völlig aus, so änderten sich mit den Friedenswerken von Paris und Versailles auch für Kopenhagen die bisherigen politischen Gegebenheiten. Deutschland war auf Jahre sichtbar geschwächt, Rußland im Kalkül dänischer Außenpolitik ebenfalls an die Peripherie gedrängt. England und Frankreich, die europäischen Siegermächte, rechnete man in Kopenhagen nicht eigentlich zu den Gegnern, vor allem nicht mehr, nachdem Deutschland als Opponent britisch-französischer Weltmachtinteressen scheinbar ausgeschieden wurde. Die zahlreichen neuen Staaten an der Ostseeküste blieben verteidigungsstrategisch für Dänemark bedeutungslos. Doch zweifelten nur wenige politisch Weitsichtige im Inselreich, daß Deutschland wieder hochkäme, sein Riesenpotential in Europas Mitte industriell, militärtechnologisch wie auch mental durch die siegreiche Koalition nur beschränkt kontrolliert werden konnte. So entschieden sich Kopenhagens regierende Politiker bewußt auch gegen den Willen breiter Bevölkerungskreise aller politischen Richtungen für die nationalfundierte Grenze nördlich Flensburgs und wiesen alle Okkupationsforderungen deutschgewordenen Territoriums des alten Dänenreiches zurück. Im übrigen fanden sich jetzt auch wachsende Gruppierungen ehrlichen Herzens bereit, den Deutschen das für 1864 eingeklagte Unrecht zu vergeben, wollten wenigstens über eine allmähliche Aussöhnung ernsthaft nachdenken.

Das anfangs offensichtlich großartige Experiment der Weimarer Demokratie beeindruckte besonders Dänemarks Sozialdemokraten und Sozialliberale. Interessiert und mit deutlicher Sympathie folgte man hier den Bemühungen, den preußisch-deutschen Staat mit dem in Dänemark abgelehnten – als typisch »deutsch« verstandenen – »Untertanen«-Typ in eine Republik mit demokratisch denkenden Staatsbürgern zu wandeln. Gleichzeitig beunruhigte die Dänen aber die deutliche ökonomische Instabilität Deutschlands. Nicht wenige Dänen lehnten auch die unverantwortlichen Reparationsforderungen der Siegermächte als chaostreibend ab. Um so anziehender empfanden junge dänische Akademiker das lebhafte deutsche Kultur- und

Geistesleben der »goldenen Zwanziger«. Viele von ihnen erlebten Berlin als wichtige Inspirationsquelle für Dänemarks »Öffnung« nach Europa.

Dennoch fühlten sich die meisten Dänen auch zwischen 1920 und 1929 vor allem von England angezogen, sahen die nordeuropäischen Nachbarn als eng verbunden und wünschten ein weiteres Zusammenwachsen der skandinavischen Staaten. Obgleich kaum Illusionen über die tatsächlichen Möglichkeiten des Völkerbundes als unparteiisches Organ der Weltgemeinschaft bestanden, war Dänemark sofort beigetreten, suchte aber eine wirkliche Beschränkung der dänischen Souveränität abzuwehren. Kopenhagen wollte Sonderbedingungen für die Akzeptanz der traditionellen dänischen Neutralität aushandeln.

Es waren vor allem die Sozialdemokraten, die bei den Wahlen 1920 triumphieren konnten. Sie waren angetreten, unsinnige Verteidigungsausgaben zu reduzieren, die Festung Kopenhagen als unzeitgemäß zu schleifen. Viele von ihnen forderten, dem Geist der Zeit entsprechend und auch deutschen Antimilitaristen seelenverwandt, eine totale Abrüstung Dänemarks. Mit 48 Mandaten wurden sie nach den Liberalen damals die zweitstärkste Partei im Reichstag, überzeugten viele Wähler, als sie stimmgewaltig nach dem »starken« Staat riefen. Tatsächlich wagten auch die regierenden Liberalen bis 1921 nicht, die kriegswirtschaftlich bedingten Getreiderationierungen aufzuheben. Dänemarks Ökonomie litt unter deutlichem Preisverfall und sinkender Industrieproduktion. 1922 erschütterten einige Bankkonkurse die Öffentlichkeit, rettete nur massives staatliches Eingreifen das größte Geldinstitut des Nordens, Dänemarks »Landmandbank«. Und die Arbeitslosenzahlen wuchsen beängstigend …

Mit dem Vorschlag, durch öffentliche Aufträge zum Brückenbau über den Kleinen Belt und staatliche Sonderhilfen für Langzeitarbeitslose das dänische Wirtschaftsleben zu sanieren, gewannen die gemäßigten Sozialdemokraten laut artikulierte Zustimmung auch unter den traditionell eher liberal bzw. konservativ wählenden Beamten. In den Gewerkschaftsvereinigungen diskutierte man empört Anregungen der Unternehmerorganisationen, durch deutlich herabgesetzte Löhne und die Annulierung des Achtstundentags eine »Gesundung« der Wirtschaft zu sichern. Und man reagierte in der Arbeiterschaft verbittert darauf, daß die regierende »Linke« – die Liberalen – die Unternehmerforderungen legitimierte. So wurden »1921 und 1922 … die Jahre der großen Arbeitskämpfe« in Dänemark (Geschichte Dänemarks 1830–1939, 400), polarisierten sich Liberale, Sozialliberale und

Sozialdemokraten, reformorientierte und revolutionärgesinnte Arbeiter und ihre gewerkschaftlichen Vertretungen weiter. Die Parlamentarier reagierten mit Verbesserungen der Altersrenten, dem Bau von Altersheimen, konnten so aber die Massen der unzufriedenen Arbeiter und kleinen Bauern kaum gewinnen.

Sozialdemokratische Hoffnungen

Von allgemeiner sozialer Unzufriedenheit getragen, notierten die Sozialdemokraten am 11. April 1924 ihren bis dahin größten Wahlerfolg. 470000 Dänen gaben ihre Stimmen im Vertrauen, eine kommende sozialdemokratische Regierung unter Thorvald Stauning (1874–1942) würde das Parteiprogramm von Odense aus dem Jahre 1923 verwirklichen. Dort hatten die Delegierten die führenden Politiker verpflichtet, »den Kurs der Kriegszeit« fortzuführen, »auf einen Wohlfahrtsstaat« hinzusteuern (ebd., 409).

Das mochte um so visionärer klingen, als Staunings Ministerium zunächst vor allem mit einer außerordentlich hohen Arbeitslosigkeit konfrontiert wurde. Schwere Arbeitskonflikte erschütterten das Land. Alle früheren Absprachen zwischen den Arbeitsmarktparteien schienen hinfällig. Andererseits verstanden auch führende Unternehmer die Gefahren einer Radikalisierung und schätzten die besonnene, kompromißorientierte Haltung der Mehrheit der sozialdemokratischen Politiker und Gewerkschaftsbürokraten. Der bedeutendste Arbeitskampf Dänemarks vom 18. März bis 5. Juni 1924 schloß mit einem Vergleich zugunsten der ungelernten Arbeiter. Das gewerkschaftliche Ziel, die Arbeitersolidarität durch eine Angleichung der Löhne weiterzuentwickeln, konnte jedenfalls für die folgenden Jahre durchgesetzt werden. Doch scheiterten die Sozialdemokraten an der Valuta-Problematik. Die erstrebte Senkung des Wertes der Krone ließ sich nicht realisieren. Schon im August 1925 war der Sollwert des folgenden Jahres erreicht, häuften sich die Probleme der Landwirte. Dänische Agrarerzeugnisse ließen sich schwerer auf den ausländischen Märkten verkaufen, gewinnen konnten so nur die industriellen Unternehmer und damit auch die Arbeiter der auf den dänischen Markt orientierten Fabriken. Letztendlich wuchs aber auch hier die Arbeitslosigkeit weiter, waren 1926 schon 21% und ein Jahr später 22% der arbeitsfähigen Bevölkerung ohne Erwerbsmöglichkeiten.

Verärgert hatten die Dänen die Sozialdemokraten abgewählt, sich wieder den Liberalen zugewandt. Deren Alternative bedeutete nun die Kürzung der staatlichen Ausgaben für Sozialmaßnahmen und die Herabsetzung der Einkommens- und Vermögenssteuern. Steuerbegünstigte Unternehmer würden, so glaubten die liberalen Politiker, behaupteten es zumindest, nun bereitwillig investieren, neue Arbeitsplätze schaffen. Hatten dies auch die dänischen Arbeiter gehofft, so wandten sie sich schnell wieder desillusioniert den Sozialdemokraten zu. Deren Propagandalosungen gegen die Liberalen zündeten in den Worten: »Den Armen nehmen und den Reichen geben« (ebd., 415). Und es zeigte sich, daß auch in Dänemark nach 1925 vor allem jene überwogen, die glaubten, ihnen nehme die Regierung das wenige, um es den wenigen Hochbegüterten zu geben. Zwar stürzten die Liberalen scheinbar über eine Auseinandersetzung mit den Konservativen bezüglich der Reduzierung des Verteidigungshaushaltes, doch bedeuteten die Wahlergebnisse mit der Hinwendung zu Sozialdemokraten und Sozialliberalen die unmißverständliche Forderung der Stimmberechtigten nach einer umfassenden sozialpolitischen Umgestaltung Dänemarks. Der Tenor des sozialdemokratischen Wahlkampfes 1929, man müsse die eingesparten Gelder aus der Abrüstung für die Finanzierung sozialökonomischer Verbesserungen des Volkes nutzen, überzeugte selbst die kleinen Gewerbetreibenden an den Wahlurnen. Auch sie litten unter der mangelnden Kaufkraft der sozial benachteiligten Volksschichten. Die Regierung sollte »Miteigentumsrechte der Arbeiter« an der Produktion finanzieren, die Reduzierung der Staatszuschüsse für Krankenkassen, Unfallversicherung und Arbeitslosenhilfen aufheben. Schluß mit den »Übergriffen gegen Alte, Kranke und Invaliden« – damit begeisterten die sozialdemokratischen Agitatoren ihr Wahlvolk. Die Konservativen verloren 20% ihrer Sitze, ein »Erdrutsch«, während die Sozialdemokraten fast 100000 neue Stimmen und acht weitere Mandate errangen. Klug verkündete Stauning, nur eine Koalitionsregierung aus Sozialdemokraten und radikalen Liberalen könne die »Umgestaltung der sozialen Gesetzgebung« gegen den konservativen Widerstand wagen. Er wußte zweifellos, wie hoch die Ziele markiert waren: Noch immer lag die Arbeitslosigkeit in Dänemark bei 15%.

1929 – Dänemarks »Zäsur«

Für die Mehrheit der dänischen Historiker ist es ein geläuterter Stauning, der 1929 einen wirklichen Wandel in der Entwicklung Dänemarks zum Sozialstaat einleitete. Gemeinsam mit dem Sozialliberalen Peter Munch (1870–1948) trat der Sozialdemokrat, tatsächlich einst ein »Handarbeiter«, mit der Parole an: »Wohlfahrt für den ›kleinen Mann‹«, wurde nie müde, sich in Stadt und Land als einer der ihren darzustellen.

Das Instrumentarium Staunings war keineswegs neu erdacht, sollte wohl treffend als Anknüpfung an erste Versuche während der Regierungsperiode 1924 charakterisiert werden. Anders als damals hatte er nun aber mit Munch eine sozialliberale Fraktion an seiner Seite, wirkte die Desillusionierung der Dänen fort, begünstigte die Reformvorhaben der beiden seelenverwandten Politiker. Die Erfahrungen aus der Depression der Weltwirtschaft stimulierten die Aktivitäten Staunings und Munchs, durch staatliche Eingriffe das dänische Wirtschaftsleben zu reglementieren. Jetzt glaubten auch viele leitende Beamte mit liberalen und konservativen Grundüberzeugungen, die steigende Arbeitslosigkeit und die daraus resultierende Radikalisierung nur noch »mit umfassenden Beschäftigungsmaßnahmen« bekämpfen zu können. Stauning war tief überzeugt, das freie Spiel der Kräfte des Marktes müsse Dänemark in eine allgemeine Katastrophe treiben, an deren Ende schließlich die sozialistische Diktatur nach sowjetischem Muster stehen würde. Das wollte er verhindern, glaubte es zu müssen. So leitete seine Regierung sogar Begrenzungen für die Produktion von Schlachtvieh ein, reglementierte sie durch Staatszuschüsse und Ausgleichszahlungen an Schlachthöfe und Landwirte für beschränkte Schlachtungen. Einig waren sich sozialdemokratische und sozialliberale Minister auch, den Außenhandel zu kontrollieren und strikte Regeln für die Devisenbewirtschaftung durchzusetzen.

Doch konnte die Regierung selbst auf diese Weise nicht verhindern, daß Ende 1930 auch Dänemark die Auswirkungen der Weltwirtschaftskrise trafen. Die Landwirte konnten kaum noch etwas absetzen, und viele Höfe mußten aufgegeben werden. Erneut zielten die Bauern mit ihren Klagen und Vorwürfen auf die Regierung und Gewerkschaften, denen die Landbevölkerung wiederum einseitige Begünstigung der städtischen Arbeiter und Industrieunternehmen vorwarf. Solche Angriffe verstummten jedoch Anfang 1932, da nun die Arbeitslosigkeit in der Industrie auf fast 50% stieg. Trotz beschwörender Appelle der Regierung, propagierten die Unternehmerverbände jetzt die angeblich unumgängliche Notwendigkeit, alle Arbeitslöhne um 20% senken zu müssen, kündigten zum 1. Februar 1933 sogar eine allgemeine Aussperrung an. Das zwang Staunings Mannen zu einem weiteren Reglementierungsschub, der nun das gesamte Wirtschaftsleben erfaßte. Der sozialdemokratische Staatsminister lehnte aber eine Sozialisierung ab und sicherte sich damit auch den Rückhalt der Sozialliberalen und selbst mancher Konservativer. So beugten sich auch jene Politiker aus der Opposition, die nur ungern weitere staatliche Eingriffe und Vorschriften für die private Wirtschaft akzeptieren wollten. Die Regierung beschränkte in Schlüsselindustrien die Produktionsmenge, legte die Preise und Arbeitslöhne fest, kontrollierte Ein- und Ausfuhr, »übertrug durch Steuern und Zuschußregelungen Einnahmen von einer Gesellschaftsgruppe auf die andere« (ebd., 424). Die Arbeitslosigkeit sank, ließ sich aber dennoch nicht unter 20% drücken.

So war auch die neue agrarfördernde Maßnahme zugunsten weiterer Kätnerstellen ein Versuch der Regierung, Arbeitsplätze zu schaffen, auch auf dem Lande unter den ärmeren Gruppen »für die Wohlfahrt der Staatsbürger zu sorgen« (ebd., 424–425). Tatsächlich konnten so ca. 5000 neue Kleinbauernwirtschaften begründet werden, eine besondere Form, den urbanen Druck auf die dänische Gesellschaft zu mindern.

Das besondere Verdienst der Staatsreformer erwuchs daraus, daß der »Versorgungsstaat« – wie die dänische Historiographie diese Entwicklung wohl berechtigt und ohne negative Wertungen kennzeichnet – formiert wurde, als durch staatliche Eingriffe in die Wirtschaft des Landes eine »Umschichtung der Einnahmen« gewagt wurde. Damit entwickelte sich der »Wohlfahrtsstaat« in Dänemark aus bescheidenen Anfängen nun allmählich zum dominierenden Element der dänischen Gesellschaft (ebd., 426).

Triumph des Wohlfahrtsgedankens

Vor allem die größeren Bauern empfanden wenig Freude, lasen sie die Erklärungen der Regierung zur beabsichtigten Sozialpolitik. In den Wirren der großen Depression werteten sie ihre mißliche ökonomische Situation als Ausfluß der einseitigen Industrieförderung durch Sozialdemokraten und radikale Liberale, blickten hoffnungsvoll auf König und Konservative. Im Juli 1935 marschierten etwa 40000 Bauern aus allen Landesteilen zum Regenten und erbaten ein königliches

Machtwort zu ihren Gunsten. Die Kluft zwischen den Parteien der »Rechten« und der »Linken« war über der Wohlfahrtsidee noch tiefer geworden. Der Aristokrat und Hofjägermeister Jörgen Sehested (1885–1943) sprach aus, was viele Konservative empfanden: Es seien die »Sozialisten«, die »den freien Bauern zu einem armen und verschuldeten Proletarier machen« wollten. Sie scheuten sich nicht, so Sehested, im Geiste ihres Engagements mit der Industrie, die Bauern zahlen zu lassen und sie »dem jüdischen Kapital« auszuliefern, das der Hofjägermeister »an der Kernwurzel Dänemarks« nagen sah (ebd., 438). – Es war aber wohl weniger Antisemitismus, der diesen Konservativen leitete. Er und seinesgleichen konnten die sozialdemokratische Reformpolitik nicht tolerieren, sahen den Konkurs der »großen und kleinen Bauernwirtschaften« – um hier das Klischee der »großen und kleinen Bauern« im Verständnis der dänischen Großagrarier aufzugreifen – als Preis für erwünschten materiellen Wohlstand der Arbeiterschaft. War es Sehested ernst mit der Diffamierung der bäuerlichen Kreditgeber als »marksaugende Juden«, so folgten ihm und solchen Losungen jedenfalls die bäuerlichen Wähler Dänemarks nur bedingt. Bei den Wahlen am 22. Oktober 1935 konnten die Konservativen vor allem die ländliche Bevölkerung gewinnen. Doch fühlten sich die Sozialdemokraten erneut als Sieger. Sie vereinten 46% aller abgegebenen Stimmen für ihre Propagierung einer »Valuta-Politik« der starken Krone. Damit gewannen sie wiederum ca. 100000 weitere Ja-Kreuze für sich und versammelten sechs zusätzliche Delegierte auf den Bänken des Reichstages. Gemeinsam mit den Sozialliberalen stellten sie als Regierungsblock 82 gegen 67 Mandate der Opposition. Das überraschte vor allem Konservative und »Linke«, die in der sozialdemokratischen Propagierung einer Sozialisierung der Nationalbank und Überlegungen zur eventuellen Verstaatlichung aller Geldinstitute und des Versicherungswesens einen »Stolperstein« erhofften. Wahrscheinlich honorierten die Wähler vor allem das Versprechen Staunings, die »umfassende Wohlfahrtspolitik« fortsetzen zu wollen (ebd., 439). Das war kaum, was die konservativen Bauernvertreter wünschten. Sie forderten ihrerseits staatliche Zuschüsse und besondere Kredithilfen. Um so mehr störte die Bauern da die Klage der Arbeiterfunktionäre, der Staat begünstige sie auf Kosten der Arbeiter. Allerdings griff die Regierung in größere Arbeitskonflikte der Gewerkschaften ein, untersagte Streiks und Aussperrungen, erzwang Schiedssprüche. Stauning trat an die Öffentlichkeit mit der These, die Gewerkschaften müßten die Zwangslage der Sozialdemokratischen Partei verstehen, Rücksicht auf die schwierige Gesamt-

situation des Landes nehmen. Man könne nur verteilen, was aufzuteilen wäre. Wohlfahrtspolitik setzte Augenmaß voraus, bedeutete der Erste Sozialdemokrat Dänemarks, fand damit auch Gehör bei gemäßigten Gewerkschaftsführern.
Noch im gleichen Jahr schufen die Arbeitervereinigungen eine Wirtschaftsorganisation der sozialdemokratischen Arbeiterbewegung, analysierten hier die Wirtschaftsentwicklung, diskutierten Aktivitäten, Möglichkeiten und Grenzen der Tarifbewegungen. Stauning selbst berief einen der gemäßigten Gewerkschaftler, Kjaerböl, als Wirtschaftsminister in die Regierungskoalition, knüpfte das Band zwischen politischer und gewerkschaftlicher Sozialdemokratie wieder fester. Gemeinsam erließen die Politiker und Arbeiterrepräsentanten der Gewerkschaften ein Verbot der Überstundenarbeit, akzeptierten als Ausnahmen nur sogenannte »unumgängliche Arbeiten«. Gleichzeitig senkte das Parlament das Rentenalter auf 60 Jahre, schuf damit zusätzliche freie Arbeitsplätze. Stauning rechnete mit nachhaltigen Wirkungen im Kampf gegen die Arbeitslosigkeit. Ein Steuerausgleichgesetz zugunsten benachteiligter Kommunen minderte die gröbsten finanzpolitischen Ungerechtigkeiten zwischen industriellen und agrarischen Kreisen. Die Wahlen 1939 kosteten die Sozialdemokraten jedoch vier Mandate. Vor allem in den größeren Städten stimmten die Arbeiter gegen die sozialdemokratische Arbeitsmarktpolitk der Rücksichtnahme auf die Unternehmerwünsche. Die Kommunisten konnten ebenso wie die dänischen Nationalsozialisten drei Abgeordnetensitze gewinnen. Das neue Parlament bestätigte dennoch die notwendige Grundgesetzänderung, bekräftigte die kompromißorientierten Reformanliegen der Sozialdemokraten und Sozialliberalen. »Der Wohlfahrtsstaat war Ende der dreißiger Jahre wirtschaftlich, sozial und politisch weitgehend verwirklicht« (ebd., 443).

Grönland, jahrhundertelang vergessener »Außenposten«

Er war ein friedloser Mensch, Erik der Rote (um 950–um 1007), einer der bedeutenden Vikingerhäuptlinge auf Island, der 982 die Ostküste Grönlands erreichte. Als Mörder aus Norwegen, dann nach weiteren Bluttaten auch von Island verbannt, suchte er neuen Siedlungsraum für sich und seine Sippe. Als er drei Jahre später mit 14 Schiffen und etwa 400 Verwandten und Freunden zurückkehrte, hier eine Kolonie gründete, schien es ihm wohl tatsächlich »grünes« Land, das damals wärmere Grönland. Jedenfalls kamen nun immer mehr in den schmalen Grünstreifen an der Ostküste, lebten bald zwischen 4–5000 vielleicht sogar 6000 Vikinger hier in zwei größeren Siedlungen. Im »Ostgau« wuchs Brattahlid nahe des heutigen Julianehåb am Eriksfjord, der Hauptsitz der Erik-Familie, im »Westgau« 300 km nördlicher beim heutigen Godthåb ein weiteres Zentrum. Schnell entwickelte sich ein bäuerlich-fernhändlerischer Kulturraum mit relativ stabilen Verbindungen zu Island und Norwegen. Neben Schaf- und Rinderzucht blühte vor allem der Handel mit Walroßzähnen und Häuten.

Bis heute konnten die Archäologen etwa 280 mittelalterliche Wohnstätten, 17 Kirchen und zwei Klöster nachweisen. Um die Mitte des 13. Jahrhunderts begann der Zerfall der kleinen Gesellschaft am Rande des ewigen Eises mit einer spürbaren Klimaverschlechterung, vor allem aber wegen des wachsenden Desinteresses in Island und Norwegen. Schon damals galt der prächtige Bischofssitz Gardar mit seinen weitläufigen Stallanlagen für Hunderte Kühe auf einer Landzunge zwischen Eriksfjord und Einarsfjord eher als Verbannung denn sonderlich nachgesuchte Pfründe. Und 1261 mußte sich das freie kleine Staatswesen ebenso wie Island der norwegischen Krone unterordnen, konnte nur so der notwendige Nachschub am lebensnotwendigem Holz, Eisen und Getreide gesichert werden. Und immer häufiger stießen die Nachfahren der Vikinger mit den von Norden in die südliche Küstenzone dringenden Eskimos zusammen. Zwischen 1341 und 1364 gingen die Ortschaften im Westgau in blutigen Auseinandersetzungen verloren. Schon 1379 kämpften auch die Einwohner Brattahlids in einer Schlacht gegen die Eskimos ums Überleben. Damals fielen 8 Nordmänner, wurden viele verletzt. Da war der letzte Bischof, Alf, bereits einige Jahre tot, und niemand drängte in die verwaiste Residenz auf der eisigen Insel. Letztmalig verzeichnete die Kirche von Gardar 1414 eine Trauung. Da zählte Grönland bereits zum Unionsreich der dänischen Krone, geriet in den Wirren nach 1430 allmählich in Vergessenheit. Dennoch müssen immer wieder vereinzelt Schiffe Brattahlid angesegelt haben. Grabfunde in Bodenschichten des ewigen Eises bei Herjolfsnaes 1921 belegen, daß die Kleidermode deutlich durch den Stil des hansischen Nordeuropas beeinflußt war. Fast zufällig stieß um 1540 ein deutsches Schiff an die Küste nahe Brattahlid. Die Matrosen fanden hier einen Toten. Der Mann umklammerte ein fast völlig abgeschliffenes Messer. Offenbar war er der letzte der einstigen Nordmänner. Niemand schien da gewesen, ihn zu begraben …

Erst mit der Suche nach der Nordwest-Passage segelten wieder häufiger Schiffe in die grönländische Region, wetteiferten nun Engländer, Niederländer und Dänen um den auch für den Walfang wichtigen Raum. Von der dänischen Krone ermutigt, landete der norwegische Pfarrer Hans Egede 1721 an der Ostküste. Er vermutete, die seit Jahrhunderten verwaisten Nachfahren der

christianisierten Vikinger bedürften einer neuerlichen Missionierung. Mit ihm kamen auch einige Kaufleute …
Nordmänner fanden sie nicht mehr. Egede blieb und begann die Christianisierung der Eskimos. Die Kaufleute gründeten einige Filialen. Um 1774 übernahm der dänische Staat die Kompanie, richtete eine lokale Verwaltung der nördlichen Kolonie ein, organisierte den Walfang und Tranhandel.
In Kopenhagen empfand man dennoch wenig Freude, als Dänemark Norwegen durch den Wiener Kongreß verlor, tröstete sich nur schwer mit Island, den Färöern und Grönland. Erst im Verlaufe des 19. Jahrhundert wuchs allmählich das Interesse der dänischen Zentralbehörde in Kopenhagen, wurden mehrere Expeditionen ins Innere Grönlands ausgerüstet. Nachdem 1933 der Internationale Gerichtshof in Den Haag norwegische Ansprüche auf Teile Grönlands abgewiesen und Dänemark als Kolonialmacht bestätigt hatte, wuchs die strategische Bedeutung der großen Eisinsel in den Auseinandersetzungen der Anti-Hitler-Koalition mit Deutschland. Das heute fast autonome Grönland mit einem Parlament und lokaler Regierung ist aber weiterhin Bestandteil des dänischen Königreiches, ähnlich abhängig von Kopenhagens Hilfe wie einst im Mittelalter von der norwegischen Krone und dem frühen dänischen Unionskönigstum.

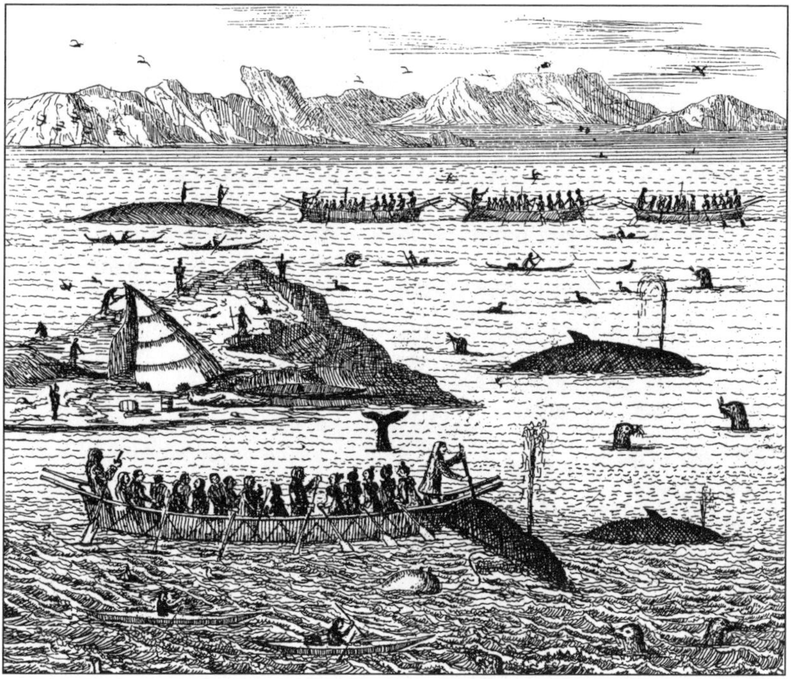

Walfang durch Eskimos zu Zeiten von Hans Egede. Der Missionar studierte die Kultur der Eskimos und sandte seine Beobachtungen nach Kopenhagen.

WÄHREND DES ZWEITEN WELTKRIEGES

Die Politik der »strikten Neutralität«und der 9. April 1940

Als Nachbar Deutschlands verfolgte Dänemark mit wachsender Unruhe die deutschen Aggressionen gegen Österreich und die Tschechoslowakei, fürchtete seinerseits neuerliche Auseinandersetzungen wegen Nordschleswig. In Kopenhagen registrierte man aufmerksam, daß Premier Chamberlain zu Jahresbeginn 1939 Griechenlands, Polens und Rumäniens Politikern Hilfe bei einem Angriff zusagte. Staatsminister Stauning hatten seinerzeit während eines Londonbesuchs im April 1937 ähnliche Überlegungen bewegt, auch er suchte eine britische Garantie seines Landes. Doch war er damals abrupt von Außenminister Anthony Eden unterbrochen worden, bevor er sein Anliegen formulieren konnte. Jener hatte eingeworfen, er sei froh, »you had not asked for any plegdes from Britain« (Seymour, 63). Offenbar, so folgerten die Dänen, galt ihr Staat den Briten als zu wesentlich für die deutschen Interessen, um sich hier binden zu lassen.

Da appellierte am 15. April 1939 Präsident Roosevelt an Deutschland, eine Erklärung abzugeben, in nächster Zukunft einige kleinere Nachbarn nicht angreifen zu wollen. Alle fürchteten deutsche Übergriffe, so der Amerikaner. Dänemarks Außenminister Peter Munch beeilte sich, dem deutschen Gesandten auf eine Anfrage zu versichern, sein Land fühle sich nicht bedroht. Froh war er dennoch kaum, als Außenminister Ribbentrop wenige Stunden nach Hitlers Aufkündigung des Flottenvertrages mit Großbritannien und des Nichtangriffspaktes mit Polen am 28. April 1939 allen skandinavischen Staaten ein entsprechendes Abkommen anbot. Dänemarks Regie-

Karikatur von Herluf Bidstrup 1939 zum Nichtangriffspakt.

rung wagte nicht, den unerwünschten deutschen Vorschlag abzulehnen. Wenigstens, so sah es Außenminister Munch in einer Debatte mit den anderen Ministern, könne man den Vertrag als eine Anerkennung der Grenze in Schleswig verstehen. Am 31. Mai signierte der dänische Gesandte in Berlin einen Nichtangriffsvertrag mit Deutschland auf zehn Jahre. Sicher war man in Kopenhagen nur, daß Dänemark dieses Abkommen einhalten würde.

Wie erwartet, überschritt die deutsche Wehrmacht wenige Monate später die polnische Grenze. Noch am 1. September 1939 erklärte auch Dänemark gleich Schweden und Norwegen seine strikte Neutralität. Man hoffte in Kopenhagen, daß Berlin wie 1914 den dänischen Friedenswillen akzeptieren würde. Im übrigen wußten die dänischen Politiker, daß Großbritannien nicht helfen konnte. Am 3. Februar 1940 bemerkte selbst ein so entschlossener Politiker wie Winston Churchill zu skandinavischen Journalisten, Dänemark könne bei einem deutschen Einmarsch nicht geschützt werden, »weil es so entsetzlich nahe bei Deutschland läge, so daß es unmöglich ist, Hilfe zu bringen«. Er würde auf keinen Fall eine Garantie Dänemarks abgeben, Kopenhagen könne nur versuchen, zwischen Deutschland und Großbritannien zu balancieren (Rying, Denmark. History, 349). Churchill hatte aber keine Zweifel, daß Deutschland den Nichtangriffspakt brechen würde.

Am 8. April 1940 wurde allen Verantwortlichen in der dänischen Führung klar, daß die deutsche Wehrmacht eine Großaktion vorbereitete. Berechtigt folgerte man, daß die Deutschen auf Norwegen zielten, da man auch in Kopenhagen wußte, daß Großbritannien und Frankreich seit geraumer Zeit in die norwegischen Territorialgewässer eindrangen, man in London und Paris »offen die norwegische Neutralität verletzte« (ebd., 351). Um die deutschen Erztransporte über Narvik zu stoppen, planten die Alliierten die Verminung der norwegischen Küstengewässer, wollten an drei Punkten der Westküste Norwegens landen. Bis zuletzt hoffte die Kopenhagener Regierung, daß der deutsche Schlag nur der Sicherung der vitalen Interessen Deutschlands in Norwegen gelten würde. So negierte man deutliche Hinweise, selbst deutsche Indiskretionen aus Kreisen um den Chef des deutschen Nachrichtendienstes. Aus Opposition gegen Hitlers verantwortungslose Politik wünschte Admiral Canaris, Kopenhagen zu warnen. Am 3. April unterrichtete in seinem Auftrag der Oberst Hans Oster den niederländischen Militärattaché in Berlin über die bevorstehende Besetzung Dänemarks. Wenig später konnte der dortige Gesandte Dänemarks seinen Außenminister entsprechend informieren, bezweifelte aber die Glaubwürdigkeit der »Quelle«.

Minister Munch informierte zwar sofort Staatsminister Stauning, formulierte aber ähnliche Bedenken wie sein Berliner Botschafter. In Kopenhagen glaubte man zu wissen, daß Dänemark ausdrücklich nicht in die deutschen Angriffspläne einbezogen war. Insbesondere der dänische Marineoberbefehlshaber vertraute entsprechenden Versicherungen der deutschen Admiralität.
Tatsächlich war eine deutsche Okkupation Dänemarks endgültig erst im Februar 1940 beschlossen worden, weil die deutsche Luftwaffe Basen auf dänischem Territorium zum Schutze der norwegischen Eisenerzroute für unerläßlich hielt. Am 11. Dezember 1939 hatte der norwegische Major Quisling Hitler über geheime britische Pläne zur Landung in Norwegen und die Zustimmung der norwegischen Regierung informiert. Nun war auch der »Führer« überzeugt, daß Deutschland eine Besetzung Jütlands erwägen müsse. Am 13. Dezember 1939 erteilte er entsprechende Weisungen, akzeptierte am 29. Februar 1940 die erarbeitete »Weserübung«, die Angriffskonzeption. Als Ribbentrop am 4. April informiert wurde, warnte jedoch selbst er vor einer Besetzung Dänemarks. Tatsächlich war auch im Januar vorübergehend die Planung eines deutschen Angriffs auf Dänemark aufgegeben worden. Dänemarks Neutralität war Deutschland nützlicher, so meinte selbst Admiral Raeder zu dieser Zeit. Erst am 5. März erzwang die Luftwaffe die Entscheidung, auch Kopenhagen zu besetzen.
Die Dänen versuchten noch immer alles, die deutsche Führung zu überzeugen, daß sich das Land auf jeden Fall aus allen Kriegshandlungen gegen Deutschland heraushalten würde. Um die Deutschen nicht zu irritieren, untersagte die dänische Regierung sogar notwendige Gegenmaßnahmen, lehnte jede Einberufung der Reservisten ab. Unglücklicherweise glaubte das deutsche Oberkommando, Norwegens Besetzung nicht ohne deutsche Stützpunkte in Dänemark sichern zu können. So setzten sich die Deutschen auch hier über alle völkerrechtlichen Bedenken hinweg.
Am 8. April 1940 informierte Außenminister Munch die Regierung über die begonnene englische Minierung der norwegischen Küstengewässer und nordwärts fahrende deutsche Schiffskonvois. Auch wußten die Minister bereits, daß sich zwischen Rendsburg und Flensburg eine mehr als 50 km lange deutsche Miliärkolonne auf die Grenze zubewegte – eine Vorsichtsmaßnahme der deutschen Wehrmacht wegen befürchteter britischer Landungen in Jütland, beruhigten sich die dänischen Politiker gegenseitig. Am selben Nachmittag bemerkte der deutsche Botschafter in Kopenhagen gegenüber dem

dänischen Außenminister, die britischen Maßnahmen könnten auch Folgen für Dänemarks Sicherheit haben. Doch bat der Deutsche ausdrücklich Dänemarks Regierung, Berlin nicht durch Einberufungen der dänischen Reservisten und Wehrpflichtigen zu beunruhigen ...
Mit dem Argument, Dänemark vor einer britischen Besetzung schützen zu müssen, landeten in den frühen Morgenstunden des 9. April 1940 an verschiedenen strategisch wichtigen Orten des Landes deutsche Truppen, drangen Wehrmachtskolonnen auch über die Grenze in Nordschleswig ein. Nach kurzem sporadischen Widerstand – insgesamt fielen 16 dänische Soldaten und 24 wurden verwundet – stellte die dänische Führung den aussichtslosen Kampf ein, bewahrte damit das Land vor Zerstörungen und größeren Menschenverlusten. Der deutsche Gesandte hatte mit der vorbereiteten Bombardierung Kopenhagens gedroht. Andererseits garantierte der Diplomat Dänemarks Außenminister die territoriale Integrität und Souveränität des Staates. Die Dänen sollten sich selbst regieren dürfen, Deutschland würde sich mit einigen Militärbasen begnügen, auch weiterhin die dänische Neutralität akzeptieren.
Tatsächlich bemühten sich die Deutschen sofort um »Schadensbegrenzung«, versicherten in einem Memorandum, von dänischem Boden militärisch nur dann handeln zu wollen, falls Deutschland dort von Briten und Franzosen angegriffen würde.
Stauning formierte unmittelbar nach dem deutschen Überfall eine Sammlungsregierung aus Repräsentanten aller großen Parteien, vereinte die Politiker in der Losung hinter sich, Dänemark müsse geeint die schwierige Situation des Landes meistern. Der Sozialdemokrat äußerte überzeugt, wolle man Dänemark »unbeschadet durch diese Periode führen, werden wir alle gezwungen sein, Dinge zu tun, für die man uns später bespucken wird« (Danstrup, II, 313). Dänemarks neuer Außenminister, Erik Scavenius, war überzeugt, Deutschland werde den Krieg gewinnen, und Dänemark müsse sich damit abfinden. Am 8. Juli 1940 betonte er in einer aufsehenerregenden Rede über Dänemarks künftige Außenpolitik, in Europa sei eine neue Zeit angebrochen, wachse eine »neue Ordnung in politisch-ökonomischer Hinsicht unter Deutschlands Leitung«. Dänemark müsse »seinen Platz finden in einer notwendigen und wechselseitigen Zusammenarbeit mit Großdeutschland«. Unmißverständlich hatte Scavenius gleichzeitig aber unterstrichen, das dänische Volk hoffe, in diesem neuen Europa »seine Selbständigkeit bewahren zu können«, »Verständnis für seine Eigenart und seine traditionelle, friedliche, politische und soziale Entwicklung zu finden« (ebd., 321).

Die Färöer unter britischer Besetzung

Am 12. und 13. April landeten die Briten auf den Färöern, argumentierten ähnlich wie die Deutschen mit der Notwendigkeit einer Besetzung des Landes, um dem Gegner zuvorzukommen. Überrascht mußten die Deutschen verstehen, daß der Protest des dänischen Amtmannes und des dortigen Parlaments wesentlich milder ausfiel als die Erklärung der dänischen Regierung einige Tage vorher bei der deutschen Eroberung Dänemarks. Churchill hatte kurz vorher versprochen, bei Kriegsende die Inselgruppe an Dänemark zurückgeben zu wollen. Ebenso hatten auch die Deutschen ihre Okkupation der dänischen Territorien begrenzt. Die Briten versicherten, die Unabhängigkeit der Inseln akzeptieren zu wollen und sich nicht in die inneren Angelegenheiten der Färöer einzumischen.

Schnell zeigte sich, daß das Verhältnis der Insulaner zu den etwa 8000 britschen Soldaten nahezu ungetrübt blieb. Von Ablehnung, Sabotage der britschen Arbeiten an den aufzubauenden Abwehrstellungen und Flugplätzen oder gar bewaffnetem Widerstand war nichts zu spüren.

Da die Verbindungen zu Dänemark abgebrochen waren, übernahm das dortige Lagting am 3. Mai 1940 die Legislative und Exekutive, wurde dem Amtmann ein Bestätigungsrecht der Entscheidungen des Parlaments eingeräumt. Bestrebungen einer Selbständigkeitsbewegung, die bei den lokalen Wahlen im Frühjahr 1943 starke Stimmengewinne verbuchen konnte, fast die Hälfte der Abgeordneten des Lagtings stellte, unterbanden die Briten unter Hinweis auf ihre Verpflichtungen als zeitweilige Besatzungsmacht gegenüber dem dänischen Reichstag.

Großbritannien wurde auch Hauptabnehmer des Fischfangs der Färöer Fischflotte. In einem besonderen Abkommen wurden die Färöer 1941 an das britische Währungsgebiet angeschlossen.

Obgleich die deutschen Nazis mit ihren dänischen Gesinnungsfreunden sympathisierten, deren Führer in die dänische Regierung zwingen wollten, siegten doch die gemäßigten deutschen Kräfte. Deutschlands Botschafter in Kopenhagen warnte ausdrücklich vor einer Einmischung in die dänische Politik. Er befürchtete negative Auswirkungen auf die deutsche Zielstellung, aus Dänemark ökonomisch »so viel wie möglich herauszuholen« (ebd. 353). Auch in der Folgezeit enthielt sich die deutsche Politik direkter Eingriffe in das dänische Rechtswesen, entwaffnete die dänische Armee nicht, erzwang nur die Nutzung dänischer Handelsschiffe für den Eisenerztransport zwischen Norwegen und Deutschland. Verärgert, aber dennoch relativ hilflos, mußten die deutschen Besatzer zur Kenntnis nehmen, daß viele dänische Schiffsbesatzungen in alliierte Häfen flohen, sich dort Deutschlands Gegnern anschlossen. Auch wurde schnell bekannt, daß sich dänische Freiwillige in den antijapanischen Widerstand in China einreihten oder in der britischen Armee kämpften und einige Gesandte Dänemarks an die Seite der Alliierten wechselten.

Obwohl Erik Scavenius durch seine Politik Dänemark vor deutschem Einfluß und einer dänischen Naziregierung bewahren wollte, lehnte die übergroße Mehrheit des dänischen Volkes die begrenzte Zusammenarbeit mit Deutschland entschieden ab. Zunächst reagierte man wie einst in Schleswig nach 1864 mit einer Rückbesinnung auf das Dänentum, gründete überall im besetzten Land Vereine für vaterländische Gesänge, wetteiferte in »Wettbewerben nationaler Bestimmung« (Wendt, 100), diskutierte über Geschichte und dänische Kultur. Später wuchs die direkte antideutsche Propaganda spürbar, kritisierten verschiedene Redakteure die deutsche Politik mehr oder weniger deutlich. Vor allem mehrten sich gewaltsame Zusammenstöße der Dänen mit den einheimischen Nazis, wandten sich mehr und mehr Dänen auch öffentlich gegen jene Händler und Unternehmer, die mit der Besatzungsmacht zusammenarbeiteten. Die erzwungene Übergabe einiger dänischer Torpedoboote an die deutsche Kriegsmarine und deutsche Forderungen nach Entfernung bestimmter deutschfeindlicher Politiker aus der Regierung verstärkten die wachsenden antideutschen Aktivitäten.

Am 26. Juni 1941 erklärte die dänische Regierung, daß Deutschlands Krieg gegen die Sowjetunion im »allgemeinen europäischen Interesse« sei (ebd. 119). Da viele Dänen den Kampf der Finnen gegen die UdSSR 1939/40 mit großer Sympathie verfolgt hatten, nahm man diese Erklärung relativ ruhig hin. Doch dann forderte die deutsche Botschaft das Verbot der Kommunistischen Partei Dänemarks und die Internierung der dänischen Kommunisten, ein Bruch mit den demokratischen Traditionen und der Übereinkunft vom 9. April über Dänemarks Souveränität. Als die Sammlungsregierung und die beiden Kammern des Parlaments am 20. August 1940 zustimmten, die Immunität der kommunistischen Abgeordneten aufhoben, trieben die deutschen Besatzer die Kommunisten in den Untergrund, organsierten auf ihre Weise unfreiwillig ein Sammelbecken aller unzufriedenen Dänen. In völliger Verkennung der Situation äußerte Ribbentrop am 11. November 1941 in einem Bericht an Hitler seine Zustimmung zur Politik der dänischen Regierung, ermutigte das Naziregime zur Forderung an Kopenhagen, dem Antikominterpakt beizutreten.

Nach schweren internen Auseinandersetzungen vereinte Erik Scavenius schließlich die anderen Minister und Parteiführer in der Überzeugung hinter sich, den Deutschen erneut entgegenkommen zu müssen, die Zustimmung zum Antikominterpakt von weiteren

Zugeständnissen Berlins gegenüber der dänischen Innenpolitik abhängig zu machen. Die Unterschrift Scavenius' unter das Dokument am 25. November 1941 aber löste erstmalig umfangreiche Demonstrationen auf Kopenhagens Straßen gegen die Politik der Regierung aus. Die Kommunisten im Widerstand und andere Bevölkerungsschichten fanden nun verstärkt Zulauf. Erste Sabotageakte desillusionierten die deutsche Führung. Illegale Zeitschriften beschuldigten Deutschland des Völkermords, verurteilten die deutsche Aggressionspolitik. Registrierte man 1940 nur insgesamt 10 Sabotageakte, waren es 1941 schon 19, wuchsen die Anschläge auf Eisenbahntransporte und Fabriken im 1. Halbjahr 1942 auf 21, mehrten sich die Aktionen danach sehr rasch. Ein übriges bewirkte die sogenannte Telegrammkrise vom 26. September 1942.

Mit der Politik »der kalten Schulter« reagierten die Dänen auf die deutsche Besatzung. Der Kopenhagener Arzt Österberg karikierte dieses Verhältnis in einer illegal verschickten Serie, verdeutlichte auf eine sehr anschauliche Art die dänische Ablehnung eines Zusammenlebens mit den deutschen Soldaten und Offizieren.

Hitlers Glückwünsche zum Geburtstag König Christians X. hatte der Monarch wie immer nur mit der lakonischen Formel »Spreche meinen besten Dank aus« beantwortet. Diesmal aber hatte der »Führer« die Antwort gelesen und reagierte höchst verärgert (ebd., 137). Der deutsche Botschafter wurde abberufen, der Oberbefehlshaber der dortigen Wehrmachtseinheiten ausgewechselt, Dänemarks Gesandter ausgewiesen. Selbst eine beabsichtigte Entschuldigung des dänischen Kronprinzen in Berlin wurde verworfen. Hitler wünschte die Annulierung

des Übereinkommens vom 9. April 1940, wollte jetzt den bedingungslosen Anschluß Dänemarks an Deutschland.
Glücklicherweise siegte schließlich auch in Deutschland eine Gruppe gemäßigter Diplomaten und Nazis. Der neue »Reichsbevollmächtigte« Dr. Werner Best war überzeugt, durch eine Politik der Kompromisse in Dänemark mehr zugunsten Deutschlands vereinbaren zu können als durch Gewaltakte. Mit der Regierungsumbildung und der Ernennung Eriks Scavenius' zum neuen Staatsminister durch den König gab sich Best zufrieden, gewann auch Ribbentrop. Obwohl die dänische Bevölkerung aufgebracht reagierte, Scavenius für seine Nachgiebigkeit gegenüber den Deutschen beschimpfte, belegte die neue Ministerliste, daß keine dänischen Nazis und wirkliche Sympathisanten der deutschen Politik nominiert waren. Erneut hatten die dänischen Politiker nachgegeben, gleichzeitig aber eine wirkliche deutsche Einflußnahme verhindert. Die Erklärung der Regierung vom 10. November 1942, sie werde weitere Sabotageakte mit der Härte des Gesetzes bestrafen, war so sicher ehrlich gemeint, änderte aber kaum etwas an der Realität. Überall war jetzt einsichtig geworden, daß Deutschland den Krieg verlieren mußte.
Werner Best wünschte die bestmögliche Zusammenarbeit mit der dänischen Regierung im Interesse einer reibungslosen Versorgung Deutschlands mit notwendigen Lebensmitteln, nährte aber keine Illusionen. Schon am 25. Januar 1943 berichtete er nach Berlin, daß 90% der Dänen Deutschlands Feinden den Sieg wünschten (ebd., 145). Dennoch setzte Best seine vorsichtige Politik gegenüber Scavenius auch gegen den neuen deutschen Befehlshaber der Wehrmachtseinheiten in Dänemark durch, der für eine Politik der Härte plädierte. Ganz im Geiste einer Fortsetzung der Kompromißpolitik wandte sich noch am 15. Mai 1943 König Christian X. an sein Volk, warnte über den dänischen Rundfunk vor einer Fortsetzung der Sabotagepolitik gegen Deutschland.
Die Landung der Amerikaner auf Sizilien und die machtvolle russische Sommeroffensive 1943 bestärkten jedoch den dänischen Widerstand. Am 24. August sprengte eine dänische Gruppe den Ausstellungskomplex »Forum« in Kopenhagen, der gerade zur Einquartierung für deutsche Soldaten umgebaut wurde. Obgleich die Regierung und die dänische Gewerkschaftsführung eine scharfe deutsche Gegenreaktion verhindern wollten, indem sie die Aktion verurteilten, verdeutlichte die allgemeine Zustimmung und Begeisterung der dänischen Öffentlichkeit doch, daß die Tage der Zusammenarbeit zwischen Dänen und Deutschen gezählt, die Regierung und Politik

die Kontrolle über das Volk verloren hatten. Werner Best, der sofort nach Berlin beordert wurde, mußte Scavenius am 28. August ein Ultimatum stellen: Ausnahmezustand im ganzen Land, absolute Pressezensur, verschärfte Justiz gegen Sabotageakte mit Todesurteilen. Soweit konnte und wollte auch Scavenius nicht mehr folgen. Die dänische Regierung lehnte ab. Am Morgen des 29. August besetzte die deutsche Wehrmacht erneut strategische Stellungen in Dänemark, entwaffnete die Armee. Die Flucht zahlreicher Kriegsschiffe nach Schweden und die Selbstversenkung eines Teils der Flotte konnten die Deutschen nicht unterbinden. Von nun an, so frohlockten die Widerstandsgruppen, sei Dänemarks Ehre wiederhergestellt, habe sich das Land in den weltweiten Kampf gegen Hitlerdeutschland eingereiht.

Ohne Regierung und Reichstag

Sofort zeigte sich, daß die deutschen Hardliner sich verrechnet, jene klüger und überlegter entschieden hatten, die bisher auf Kompromisse und Zusammenarbeit mit der Regierung bauten. Die Deutschen waren weder vorbereitet noch in der Lage, die Verwaltung Dänemarks innerhalb kurzer Frist und ohne umfassende Veränderungen übernehmen zu können. So wandten sich die deutschen Militärbehörden noch am Abend des 29. Augustes an die dänischen Behörden, legten den höheren Ministerialbeamten nahe, weiterhin im Amt zu verbleiben. Während sich der König und die Regierung über ein formales Ausscheiden der Minister einigten, bestärkten die Politiker gleichermaßen die Chefs der höchsten dänischen Behörden, das drohende Chaos zu verhindern, nun ihrerseits das Ruder zu führen. Am 23. September verkündete der bisherige Direktor des Außenministeriums, Nils Svenningsen, es existiere keine Regierung mehr, doch würden die sogenannten Chefs der Departments auf ihren Posten verbleiben und ihre Ressorts auf der Grundlage der dänischen Gesetze verwalten. Damit wurden Exekutive und Legislative in einer Hand vereint, ein Vorgang, der »einzigartig« in Dänemarks moderner Geschichte sei, so eine moderne dänische Wertung (Wendt, 175).

Natürlich wußte auch Werner Best, daß Vilhelm Buhl, Dänemarks amtierender leitender Politiker, und die Parteizentralen im Hintergrund das Geschehen lenkten. Während die Deutschen offiziell die Entscheidungen vorgaben, modifizierten die Dänen die Vorgehensweise, »dänisierten« die deutschen Weisungen.

Schon am 18. September hatte Hitler bestimmt, die dänischen Juden nach Deutschland deportieren zu lassen. Obwohl Best selbst einige Zeit vorher eine »Lösung« der Judenfrage anregte, offenbar, um seinen Eifer und die nationalsozialistische Gesinnung in Berlin nachzuweisen, ließ er nun über den deutschen Marineattaché mitteilen, demnächst würden Gestapo und dänische Freiwillige versuchen, die Juden zu verhaften.
Das aus Berlin angereiste »Sonderkommando Eichmann« konzentrierte sich auf die sogenannten »Volljuden«, verschonte jene, die mit Nichtjuden verehlicht waren bzw. minderjährige Kinder aus solcher Ehe hatten. Insgesamt konnten aber »nur« 202 Kopenhagener Juden ergriffen und am folgenden Tag nach Swinemünde verschifft werden. Von dort transportierte man sie weiter nach Theresienstadt. Hierher wurden auch jütländische Juden deportiert, insgesamt 472 Personen, von denen 52 die Haft nicht überlebten. Im übrigen hatte man auch die 150 internierten Kommunisten nach Deutschland verbracht, sie ins Konzentrationslager Stutthof bei Danzig weiterverschickt.

Ein Augenzeuge über die Judenverfolgungen Anfang Oktober 1943

»Die Razzien in den Nächten nach dem 1. und 2. Oktober fanden nach 21.00 Uhr abends statt. Alle Telefone im Gebiet Großkopenhagens waren abgeschaltet, so daß Hilferufe in jedweder Form unmöglich waren. Überall, wo Juden wohnten, fuhren die Jeeps vor, bemannt mit Gestapovolk oder dänischen Handlangern. Die Vorgehensweise war je nach Gelegenheit unterschiedlich, nach Temperament oder politischer Haltung. Es kam vor, daß die Behandlung der Juden relativ anständig war, daß man doch versuchte, die Erschreckten zu beruhigen und versicherte, ihnen würde im Laufe weniger Stunden gestattet werden, wieder heimzukehren. Aber in der Mehrzahl der berichteten und dokumentierten Fälle war die Vorgehensweise so brutal wie man es nur denken konnte. Schläge und Stöße begleiteten die deutschen Weisungen. Rücksichtslos wurden Alte und Kranke verschleppt, nur Todkranke ließ man liegen ... Ohne Ausnahme wurde verlangt, daß alles, was man an Geld, Gold oder Schmuck besaß, mitgenommen werden sollte. Die dänischen Nazisten waren am eifrigsten und sicherten sich auf diese Weise ihren Anteil an der Beute« (Wendt, 180–181).

Noch heute ist man in Dänemark berechtigt stolz darauf, daß die übergroße Mehrheit der etwa 7000 dänischen Juden verborgen, später nach Schweden geschleust werden konnte. Dank der Warnungen von deutscher Seite scheiterte die Aktion der Gestapo. Trotzdem war es gerade dieser Bruch der dänischen Traditionen, der »das dänische Volk mit so gewaltigem Zorn erfüllte«. Nichts habe die Menschen mehr erregt, »wie die Deportation ihrer jüdischen Landsleute« (ebd., 182). Best hatte reihenweise protestierende Dänen zu empfangen, die ohne Scheu ihre Ablehnung ausdrückten. Am 3. Oktober, einem Sonntag, verlasen die Pastoren in allen Kirchen des Landes einen Hirtenbrief der Bischöfe zugunsten der »jüdischen Brüder und Schwestern«, deren Befreiung gefordert wurde (ebd., 183). Am 6. Oktober 1943 hoben die deutschen Behörden, durch den offenkundigen Widerstand vorsichtiger geworden, den Belagerungszustand wieder auf, entließen die internierten dänischen Offiziere und Soldaten. Doch mußten sie schnell erkennen, daß auch diese Maßnahme kaum den gewünschten Erfolg zeitigte.

Inzwischen hatte sich ein Koordinationsorgan des dänischen Widerstandes formiert, der sogenannte »Freiheitsrat«, die heimliche Regierung Dänemarks, wie sich bald erwies. Am 16. September, in der »regierungslosen Zeit«, vereinigten sich die mitgliederstärksten Widerstandsgruppen zur besseren Koordination ihrer Aktionen gegen die deutschen Besatzer. Schon kurze Zeit später schufen die Führer spezielle Organe, einige Sonderausschüsse, die im Lande die Politik des »Freiheitsrates« popularisieren und umsetzen sollten. Bereits im Januar 1944 begann der »Freiheitsrat« mit der Rekrutierung und Aufstellung einer Untergrundarmee, die bei einer in nächster Zeit erhofften alliierten Landung als reguläres Korps an der Seite der Befreier kämpfen sollte. Zahlreiche dänische Offiziere, die sich bis zum 29. August 1943 an die Anordnungen der dänischen Regierung gebunden fühlten, suchten jetzt den Kontakt zum Widerstand. Vor allem nach den deutschen Aktionen des 22. Oktobers – durch Entwaffnung und Internierung gedemütigt – glaubten sie nun, für die Fehlentscheidungen der dänischen Politik seit 1933 sühnen zu müssen. Viele von ihnen emigrierten nach Schweden, reihten sich in die dortige dänische Brigade ein. Dabei verstanden einige konservative Militärs ihren Einsatz auch als patriotische Pflicht, bei Kriegsende einer verfassungsmäßigen Regierung pflichttreue Streitkräfte zuzuführen, das erwartete Chaos zu bekämpfen, einer »Bolschewierung« des Landes entgegenzuwirken.

Ab Juli 1944 organisierte ein besonderes Gremium des »Freiheitsrates« auch die Zusammenarbeit mit den traditionellen Parteien und den Politikern. Eine Legion geheimer Kuriere und die zahlreichen illegalen Presseorgane sicherten den Kontakt zwischen »Freiheitsrat« und den Widerstandsgruppen.

Inzwischen wechselten zahlreiche Widerstandsgruppen von Sabotageakten allmählich zur gezielten Vorbereitung von militärischem

Widerstand über, ordneten sich immer häufiger den Berufsoffizieren unter. Im Oktober 1944 ernannte der »Freiheitsrat« den Generalleutnant Ebbe Görtz (1886–1976) zum Oberbefehlshaber aller militärischen Einheiten. Dennoch gelang es nicht wirklich, die Kluft zwischen den regierungstreuen Offizieren und den Widerstandskämpfern »der ersten Stunde« zu überbrücken. Vor allem die Kommunisten verurteilten die Loyalität des Heeres bis zum 29. August 1943, lehnten die kampflose Übergabe der Waffen an die deutsche Wehrmacht ab. Andererseits mißtrauten viele höhere Militärs gerade den kommunistischen Kämpfern, fürchteten eine Öffnung Dänemarks gegenüber den siegreichen sowjetischen Truppen. Manchen schien die Widerstandsbewegung »zu kommunistisch geprägt« (ebd., 193).
Es war offenbar auch diese Sorge, ein befreites Dänemark dem linken Widerstand überlassen zu müssen, der schon Ende 1943 die Emigrantenorganisationen in Großbritannien aktivierte. Hier entschied die Führung, den Aufbau der Résistance von London aus lenken zu wollen. Auch die britische Regierung wünschte, die bewaffneten Widerstandsgruppen vom »Freiheitsrat« zu isolieren, plante eine Kriegsführung über die BBC. Erst im Mai 1944 konnten sich Briten und Mitglieder des »Freiheitsrates« einigen, daß bei Beginn der Kriegshandlungen auf dem Kontinent auch die dänischen Einheiten dem alliierten Oberkommando untergeordnet werden sollten. Mit dem 14. Juni 1944 unterstellte sich die militärische Führung des »Freiheitsrates« den Befehlen der Alliierten. Wenige Tage später, am 22. Juni, zerstörte ein Einsatzkommando als Arbeiter verkleideter Widerstandskämpfer Dänemarks bedeutendste Waffenfabrik im Kopenhagener Freihafen, »der größte aktive Einsatz von dänischer Seite während des Zweiten Weltkrieges« (ebd., 202).
Hinrichtungen gefangener dänischer Widerständler durch die deutschen Militärbehörden schürten nur den Widerstandswillen der Dänen. Wieder einmal glaubten einige Wehrmachts- und Polizeiführer, durch energische Vergeltungsaktionen die nun rasch in die Breite wachsende Feindseligkeit vor allem der Kopenhagener pazifizieren zu müssen. Mit sogenannten »Clearingmorden« – wie die dänische Bevölkerung die oft willkürlichen Gegenschläge, Hinrichtungen und Sprengungen dänischer öffentlicher Einrichtungen benannte – provozierten die Deutschen gemeinsam mit ihren dänischen Gefolgsleuten nur eine Eskalation der Auseinandersetzung. Obgleich Hitler in der »Wolfsschanze« eine fünffache Vergeltung forderte, einigten sich Werner Best, SS-Obergruppenführer Günter Pancke und der Wehrmachtsoberbefehlshaber in Dänemark auf eine differenzierte Vorge-

hensweise. Weder das Königshaus noch hohe Beamte, führende Sozialdemokraten und Gewerkschaftsführer sollten behelligt werden. Alle drei setzten vor allem auf eine »Dänisierung« des Kampfes, vertrauten auf die Mitarbeit dänischer Nazis und bezahlter Spitzel. Deren Erfolge beunruhigten zunehmend auch viele dänische Spitzenpolitiker. Die als Vergeltung für die Sprengung der Waffenfabrik verkündete Verwüstung des »Tivoli« in Kopenhagen, der Dänen liebstes Vergnügungszentrum, verbitterte nahezu alle. Einen gleichzeitig verkündeten Ausnahmezustand beantworteten die Kopenhagener mit einer sofort in die Breite wachsenden Streikbewegung. Die Situation geriet schnell außer Kontrolle, und die deutsche Führung erwog schließlich wider bessere Einsicht bereits Bombenschläge. Als Aufrufe gemäßigter politischer Käfte der dänischen traditionellen Parteien hilflos verebbten, der »Freiheitsrat« die offene Konfrontation suchte, setzte Werner Best noch einmal seine Linie der Zusammenarbeit mit der bürgerlichen und sozialdemokratischen Mitte durch, akzeptierte einige Forderungen des »Freiheitsrates«. Das verhaßte »Schallburg-Korps«, eine Einheit dänischer Nazis, wurde aus Kopenhagen abgezogen. Diese Niederlage und der deutlich gewordene tiefe Haß der übergroßen Mehrheit des dänischen Volkes verunsicherte die deutsche Führung weiter. Beunruhigt verfolgten Best und der verantwortliche General der deutschen Streitkräfte das Vordringen der Alliierten an allen Fronten. Immer wahrscheinlicher erschien eine britisch-amerikanische Landung auf Jütland. Hatten anfangs die dänischen Polizeieinheiten, wenn auch eher zögerlich, die Sabotage bekämpft, befürchtete das deutsche Oberkommando nun den sofortigen Anschluß der waffentragenden Polizei an die erhofften Befreier.

Am 19. September 1944 besetzten Wehrmacht und SS-Einheiten überraschend die Polizeistationen und Stützpunkte in den Großstädten und Grenzregionen, internierten zahlreiche dänische Polizisten. Zwischen 7000–8000 Polizisten gingen sofort in den Untergrund, verstärkten die Widerstandsgruppen. Unverständlicherweise hatten die Deutschen eine solche Reaktion nicht erwartet, reagierten sogar überrascht, daß nunmehr auch keine Ordnungsmacht mehr an ihrer Seite wirkte. Für Verbrecher und Schwarzmarkt-Kriminelle begannen nun glücklichere Zeiten. Städtische polizeiliche Sondereinheiten patrollierten durch die Straßen, die klassische Ermittlung von Straftaten konnten sie nicht übernehmen.

Auch diese Maßnahmen vertieften die Spaltung zwischen den deutschen Besatzern und den Dänen weiter. Immer offenkundiger propagierten dänische Politiker nun auch offiziell den Kriegszustand mit

Islands Lossagung von Dänemark

Am 10. April 1940 beschloß das isländische Parlament, die souveränen Rechte des Königs von Dänemark bis auf weiteres selbst zu übernehmen. Damit entsprachen die isländischen Politiker einerseits der Tatsache, daß Dänemark besetzt war und eine deutschlandfreundliche Politik nicht mitgetragen wurde, andererseits auch dem Willen nach Unabhängigkeit der Mehrheit der Isländer. Erstmalig war unmittelbar nach Ende des Ersten Weltkrieges die Loslösung von Dänemark diskutiert worden. Zehn Jahre später und noch einmal 1937 fand sich auch eine Mehrheit der Abgeordneten im Allting für die Auflösung der Union. Doch sah der Vertrag mit Dänemark entsprechende Verhandlungsrunden vor. Danach konnte erst dann eine Unabhängigkeit proklamiert werden, wenn auch dreijährige Debatten mit der dänischen Regierung keine Lösung brachten.

Überraschend für die Politiker in Kopenhagen kündigte aber das Allting am 17. Mai 1941 die Auflösung der Union mit Dänemark an. Kopenhagen könne seinen Verpflichtungen aus dem Unionsvertrag nicht nachkommen. Das britische Oberkommando auf Island unterstützte zwar die antideutsche Haltung der Isländer, wünschte aber aus Rücksicht auf die dänische Regierung eine Aufkündigung der Union erst nach Kriegsende im Disput zwischen Reykjavik und Kopenhagen geklärt. Ebenso betonten die USA – die im Juli 1941 den Schutz Islands anstelle der Briten übernahmen – ihre Neutralität in der Auseinandersetzung zwischen Unionisten und Souveränitätspolitikern im dänischen Königreich. Die Isländer blieben aber bei ihren Entscheidungen. Am 23. Februar 1944 beschloß das Allting einstimmig, die Union mit Dänemark aufzuheben, wenn ein Volksentscheid der Isländer diesen Schritt billige. Wenig später, am 8. März, entschieden die Parlamentarier auch, daß das souveräne Island als Republik konstituiert werden sollte. Auch darüber hatte die Volksabstimmung zu befinden.

Dänemarks Monarch appellierte an Islands Allting, die Entscheidung bis zur Befreiung Dänemarks aufzuschieben, eine Bitte, die Islands neuer Staatsminister Sveinn Björnsson jedoch ablehnte. Das isländische Volk solle souverän bestimmen, wann und unter welchen Umständen es die Trennung vom alten Mutterland wünsche. Tatsächlich entschieden sich zwischen dem 20.-23. Mai 1944 bei einer Wahlbeteiligung von nahezu 99% für die Auflösung der Union 97% und für die Einführung der Republik 95% der Isländer. So wurde am 17. Juni 1944 die Republik Island proklamiert, Björnsson zum ersten Präsidenten in der Geschichte des Landes gewählt. Noch während der Unabhängigkeitsfeiern traf ein Telegramm König Christians X. ein mit den besten Wünschen für Islands Zukunft.

Deutschland. Hatten Regierung und Behörden nach dem 9. April allgemein den fortbestehenden Neutralitätsstatus proklamiert, änderte sich mit dem 29. August 1943 erstmalig auch die dänische Interpretation. Nun appellierten die Politiker im Hintergrund immer häufiger an die Alliierten, Dänemarks Widerstandskampf anzuerkennen. Je deutlicher sich die deutsche Niederlage abzeichnete, desto energi-

scher wurde Dänemarks Platz an der Seite der Anti-Hitler-Koalition betont.
Großbritannien und die USA hatten schon früher prinzipiell Dänemarks Notlage hervorgehoben, erklärten am 1. Mai 1944, das Land stände an ihrer Seite im Kampf gegen Deutschland. Doch weigerte sich Moskau, den dänischen Widerstand entsprechend anzuerkennen. Die Sowjetunion verwies auf Dänemarks Beitritt zum Anti-Kominternpakt, die Verfolgungen der dänischen Kommunisten und die zahlreichen anderen Zugeständnisse an Hitlerdeutschland. Selbst die Delegierung eines Repräsentanten des »Friedensrates« nach Moskau minderte die sowjetischen Einwände kaum. Insbesondere widerstrebte der UdSSR eine künftige Sammlungsregierung aus Mitgliedern des »Freiheitsrates« und den als antikommunistisch verstandenen Ministern der Sammlungsregierung um Sozialdemokraten und Linksradikale. Im Vertrauen auf Großbritannien hoffte die Mehrheit der dänischen politischen Kräfte auf den inneren Kompromiß, einigte sich nur auf eine Bestrafung aller offenkundigen Anhänger Deutschlands und eine Entschädigung für Verfolgte des deutschen Besatzungsregimes. Auch kamen sie am 15. Dezember 1944 überein, keine Minister zu übernehmen, die für die Politik der offiziellen Zusammenarbeit mit Deutschland standen. Dennoch währte es bis in die Apriltage 1945, bis ein Kompromiß ausgehandelt wurde, der jeweils neun Minister für die künftige Nachkriegsregierung aus beiden Lagern vorsah.
Da allerdings war der Bruch mit der Besatzungsmacht lange vollzogen. Alle deutschen Lieferungen nach Dänemark waren eingestellt worden. Nun brachten die deutschen Züge und Schiffe nur noch Flüchtlinge und verwundete deutsche Soldaten ins Land, konzentrierte sich die Wehrmacht auch hier auf eine scheinbar entschlossene Verteidigung bis zum letzten Blutstropfen. Verhandlungen der Regierung Dönitz am 2. und 3. Mai bei Flensburg mit den Befehlshabern der deutschen Streitkräfte in Dänemark und Norwegen mußten alles entscheiden. Erst die Kapitulation Admiral Friedeburgs am 4. Mai im britischen Hauptquartier in der Lüneburger Heide rechtfertigte endgültig die Politik der dänischen Regierung und des Königs nach dem 4. April 1940. Wie mit den Briten ausgehandelt, kapitulierten die Deutschen am 5. Mai um 8.00 Uhr in Kopenhagen, konnte die dänische Brigade ungehindert in Helsingör landen. Kopenhagen blieb nahezu unzerstört, Dänemarks Soldaten marschierten am 6. Mai in eine siegreiche Stadt ein, deren Preisgabe nahezu als Geschenk der Deutschen gewertet werden konnte. Lediglich Bornholms Komman-

dant weigerte sich, die Insel den sowjetischen Truppen zu übergeben, beugte sich nach einem schweren Bombardement erst den Weisungen eines ranghöheren, aus Ostpreußen eingetroffenen Generals.
Abgesehen von dieser Katastrophe überstand Dänemark dank der vorsichtigen Haltung der dänischen Behörden die Kriegszeit wesentlich glücklicher als alle anderen besetzten Staaten. Selbst in Deutschland traf der Mangel die Menschen härter als dort. Die neue Regierung unter dem Sozialdemokraten Vilhelm Buhl konnte nahezu intakte Strukturen übernehmen. Kurz aufflackernde Kämpfe zwischen dänischen Nazis und der Widerstandsarmee nach dem Abmarsch der deutschen Truppen wurden schnell entschieden. Schon am 13. Mai konnte die dänische Polizei neu formiert werden. In den nächsten Wochen traf der Volkszorn die Kollaborateure. 78 Prozesse vor dänischen Gerichten endeten mit dem Todesurteil, 46 wurden tatsächlich vollstreckt. Auch Werner Best wurde zum Tode verurteilt, später aber begnadigt und am 29. August 1951 ausgewiesen. Die letzten deutschen Kriegsverbrecher verließen Dänemark im Februar 1953. Da aber hatte sich das Verhältnis zu Deutschland für viele Dänen bereits grundsätzlich verändert.

DER TRIUMPH DES WOHLFAHRTSSTAATES

Dänische Varianten der »gemischten Gesellschaft« zwischen 1945 und 1950

Mitte der siebziger Jahre leitete ein bedeutender dänischer Publizist seine Chronik der dänischen Entwicklung zwischen 1945 und 1972 mit der provozierenden Wertung ein, Dänemark sei ein »beschütztes demokratisches Treibhaus am nördlichsten Ende der alten Welt, fern der Machtzentren«. Unmittelbar bei Kriegsende hätten sich die Dänen für einen Mittelweg »zwischen Solidarität und Egoismus« entschieden, befänden sich noch immer auf dieser Straße in die »gemischte Gesellschaft«, gelenkt von zwei Kräften, »auf der einen Seite durch die Sozialisierung, auf der anderen vom Liberalismus« (Hammerich, I, 13).

Die Widersprüchlichkeit dänischer Geschichte nach 1945 wurzelte ganz sicher im Erbe der deutschen Besatzungszeit. Der Mangel an Polizei- und Ordnungskräften hatte vor allem in den Großstädten Chaos und Kriminalität stark wachsen lassen. Gewisse Beschränkungen im Warenangebot erschwerten das Alltagsleben der sozial weniger gut gestellten Bevölkerungsgruppen. Die Mehrheit der Dänen, traditionell kaffeedurstiger als die Deutschen, empfand die Reglementierung der Kaffeeimporte als besonders bedrückend. Da jedoch niemand hungerte, erlebten die meisten Menschen zwischen Jütland und Fünen die wiedergewonnene Freiheit als ersten Schritt auf dem Wege rasch erwarteter sozialer Aufwärtsbewegung. Da nahm man die Pferdegespanne auf den Straßen eher als kurzes Durchgangsstadium, erwartete eine neue Welle der Motorisierung in nächster Zeit. Die »dunklen Jahre der Besatzung« waren vorüber, nun leuchte »Licht über dem Land«, dachten die meisten und stellten in den Abendstunden des 4. Mai 1945 symbolisch eine Kerze ins Fenster. Bis in unsere Tage hat sich diese Demonstration ungebrochenen Vertrauens in eine helle Zukunft der Nation erhalten.

Damals allerdings wichen laut artikulierte Freude und Begeisterung über die Befreiung schnell den aufbrechenden inneren Spannungen und Konflikten. Schon am 4. Juli 1945 demonstrierten Tausende Kopenhagener vor dem Reichstag. Sie forderten die 40–Stunden-Woche und einen bezahlten dreiwöchigen Jahresurlaub. Gleichzeitig

mehrten sich »wilde Streiks«, da größere Arbeitergruppen Lohnkompensationen wegen der schon bald einsetzenden Preissteigerungen forderten.
Zunächst schürte die Sozialdemokratie diese Unzufriedenheit, rechnete mit Stimmengewinnen auch aus den Mittelschichten bei den Wahlen am 30. Oktober 1945. Mit Überlegungen zur Sozialisierung des Versicherungswesens, der Banken und Teilen der Schwerindustrie reagierten auch die dortigen sozialdemokratischen Politiker in ihrem Nachkriegsprogramm auf den Linksruck in der Bevölkerung. Das Dokument sei »eine Kriegserklärung an alles, was es an kapitalistischen Elementen in der bestehenden Gesellschaft gibt«, verkündete der Stauning-Nachfolger Hans Hedtoft-Hansen auf dem Parteitag im August 1945 (Wendt, 348).
Tatsächlich gewannen die Sozialdemokraten 48 Mandate, bedeutend mehr als alle anderen politischen Gruppierungen. Es reichte dennoch nicht. Selbst im Bündnis mit den Kommunisten blieben die traditionellen Arbeiterparteien den Konservativen, Radikalen und der bürgerlichen »Linken« unterlegen. Doch konnten sich die »Nichtsozialisten« ebensowenig auf eine Sammlungsregierung einigen. Die Politiker der »Linken« bildeten schließlich eine Minderheitsregierung, hofften auf die Tolerierung durch die Abgeordneten jener Parteiungen, die Sozialisierungen ablehnten. Schnell erwiesen sich die Gräben zwischen Konservativen und Liberalen als zu tief. Die »Linke« scheiterte an den wachsenden innenpolitischen Spannungen. Neuwahlen am 28. Oktober 1947 brachten den Sozialdemokraten 9 neue Mandate. Interessanterweise konnte aber die »Linke« sogar 11 zusätzliche Sitze im Reichstag verbuchen, damit den Abstand zu den siegreichen Sozialdemokraten geringfügig verringern. Da jedoch beide Parteien die Stimmengewinne aus den traditionell konservativen bzw. kommunistischen Wählerkreisen erzielt hatten, veränderte sich das Kräfteverhältnis kaum. Am 13. November 1947 bildete Hans Hedtoft – der im November 1945 seinen Doppelnamen aufgegeben hatte – eine sozialdemokratische Regierung. Da allerdings sprach auch der Staatsminister nicht mehr von »Sozialisierung«. In seiner Regierungserklärung distanzierte er sich von den programmatischen Erklärungen des Sommers 1945, versprach statt dessen eine Politik auf breitestmöglicher parlamentarischer Basis. Tatsächlich wurden vor allem in der Landwirtschaft einige wichtige Gesetze mit Zustimmung aller Parteien verabschiedet. Die ernsthaften ökonomischen Probleme des Landes konnten aber auf diese Weise nicht gelöst werden. Die Devalvierung der dänischen Krone im September 1949 brachte wegen der

verteuerten Importe keine spürbaren Erfolge. Der aufwendige Militärhaushalt verschärfte die aktuen Valutaprobleme. Auf einer Krisenkonferenz am 8. August 1950 entschieden sich die Sozialdemokraten für neuerliche verstärkte staatliche Reglementierungen der Wirtschaft, wünschten wiederum verschärfte Importkontrollen, erhöhte indirekte Steuern, wollten sogar eine spezielle – von den Konservativen mitgetragene – Wehrauflage verabschieden. Darüber stürzte die Hedtoft-Regierung schließlich, der es auch nach einer weiteren Parlamentswahl im September des Jahres trotz zusätzlicher Stimmengewinne nicht gelang, die versprochenen Sozialreformen durchzusetzen. Der König beauftragte nun den Politiker Erik Eriksen von der »Linken«, eine Minderheitsregierung der Konservativen und Liberalen zu bilden. Eriksen formte ein Kabinett, das »deutlich die Großindustrie, die Landwirtschaft und das Handelskapital repräsentierte« (Hammerich, I, 537). Da aber war Dänemark schon seit einigen Jahren an die NATO gebunden, wirkten sich die Kredithilfen des Marshallplans auch hier spürbar aus.

Auf dem Wege in die NATO

Schon kurze Zeit nach Kriegsende debattierten die politischen Parteien die zukünftige Außenpolitik des Landes. Die Frage, ob die traditionelle Neutralitätspolitik wieder verfolgt werden oder Dänemark sich auch im Interesse enger wirtschaftlicher Zusammenarbeit stärker an die westliche Welt binden sollte, polarisierte die Dänen in Befürworter und Gegner. Nach 135 Jahren Bündnisfreiheit diskutierten Politiker aller Parteien höchst konträr den beabsichtigten Anschluß an den Atlantikpakt. Selbst Staatsminister Hedtoft verteidigte noch zu Jahresbeginn 1948 die Blockfreiheit des Landes. Schließlich beugte er sich den Forderungen jener, die Schutz und Sicherheit Dänemarks künftig nur noch von einer westlichen Atomgemeinschaft erwarteten. Die wachsende sowjetische Einflußsphäre in Ost-, Mittel- und Südosteuropa und die damit an Dänemarks Ostgrenzen erwachsenden Gefahren bestärkten auch führende Sozialdemokraten, sich stärker als früher auf die westlichen Demokratien zu orientieren. Am 4. April 1949 signierten Dänemarks Repräsentanten in Washington den Atlantikpakt, zog auch die dänische Sozialdemokratie die Konsequenzen aus den Prager Ereignissen und der Berlin-Blockade. Vor allem aber trieb Hedtoft das Nein der Schweden und Norweger zu einer »Nordischen Verteidigungsallianz« an die Seite der USA und ihrer europäischen Verbündeten.

Die Färöer und Grönland nach 1945

Auch auf den Färöern wuchs während der englischen Besatzungszeit die Unabhängigkeitsbewegung. In Kopenhagen war man aber geneigt, die Inseln mit weitgehenden Autonomierechten auszustatten. Unmittelbar vor den Wahlen zum Lagting am 6. November 1945 wandten sich Reichstag und Regierung in Kopenhagen noch einmal an die Färinger mit der Beschwörung, die vielhundertjährige Union nicht aufzukündigen. Man wolle die Flagge und Sprache anerkennen, die Befugnisse des Lagtings hinsichtlich Gesetzgebung und Administration erheblich erweitern. Bei den Wahlen unterlagen die Anhänger eines souveränen Inselstaates nur äußerst knapp.
Klug reagierte man in Kopenhagen. Die Regierung entschied im Frühjahr 1946 eine Neuordnung der Verhältnisse zwischen dem »Mutterland« und den Inseln, bestimmte die völlige Gleichsetzung der Färöer als Provinz des Landes. In einer Volksabstimmung am 14. September 1946 unterstützten 33% aller Färinger die Separatisten und nur 32% sprachen sich für den Verbleib in der Gemeinschaft aus. Aber ein Drittel der Färinger blieb den Urnen fern ... Turbulente Szenen im Lagting folgten, da die Mehrheit sich inzwischen für eine Abtrennung entschieden hatte. Kopenhagen intervenierte, und eine Neuwahl brachte am 8. November 1946 dann doch das »Ja« für den Fortbestand der Gemeinschaft mit Dänemark. Am 23. März 1948 entschied die Mehrheit der Lagting-Politiker sich für eine eigene Administration und die Repräsentation durch Abgeordnete im dänischen Reichstag. Dem Lagting wurde gesetzgebende Macht auf den Färöern zugestanden, während der Reichstag in Kopenhagen die Inseln nach außen repräsentiert. Mit dem 1. Dezember 1948 traten die Färöer aus dem britischen Währungsverband – dem sie seit der britschen Besetzung angehört hatten – wieder aus und übernahmen erneut die Dänenkrone. Seit 1970 senden die Färinger ihre eigenen Repräsentanten in den Nordischen Rat, schlossen sich auch nicht der Europäischen Gemeinschaft an.
In Grönland fand sich 1945 keine Unabhängigkeitsbewegung. Als die dänische Regierung die Aufhebung des Kolonialstatus beschloß und die Grönländer 1953 den übrigen Dänen gleichstellte, auch hier eine weitreichende Selbstverwaltung einführte, fand das die Zustimmung der einheimischen Bevölkerung. Inzwischen wurde Grönland durch umfangreiche staatliche Investitionen erschlossen, moderne Wohnstädte und Industrieanlagen zur Fischverarbeitung gebaut, Schafzucht und Bergbau gefördert. In Kopenhagen spricht man vom erfolgreichen »Experiment Grönland« (Kjersgaard, Geschichte, 93), bilanziert trotz ungelöster Integrationsprobleme Fortschritte auf dem Wege von der Eskimogesellschaft in die moderne Zivilisation.

Es war besonders Hedtofts Appellen zuzuschreiben, daß die skandinavischen Regierungen im Januar 1949 zu drei Spitzentreffen zusammenfanden. Damals hatten die USA den nordeuropäischen Staaten angeboten, Militärhilfe zu gewähren, rechneten mit Norwegens offen bekundetem Interesse. Da Schwedens Ministerpräsident Tage Erlander an der Neutralitätspolitik seines Landes festhalten, den Dänen nur Waffen und Ausbildungskapazitäten garantieren wollte, wuchs überall südlich des Öresunds die Neigung, sich dem Nordatlantikpakt anzuschließen. Daher waren die Treffen in Karlsstad, Kopenhagen und Oslo eine herbe Enttäuschung für Hedtoft, der schließlich nahezu einsam für die »Nordische Verteidigungsallianz« warb. Schweden lehnte eine Beteiligung ab, falls Dänemark und Norwegen gleichzeitig eine Bindung an die USA wünschten. Norwegen wiederum prioritierte die Mitgliedschaft in der NATO, dachte sich den nordischen Zusammenschluß lediglich als mögliche zusätzliche Sicherung.

Als sich die drei Staatschefs zwischen dem 17.–20. Februar 1949 ein weiteres Mal in Oslo berieten, war nur noch die Schaffung des Nordischen Rates als Koordinierungsorgan wirtschaftlicher und kulturpolitischer Aktivitäten zu vereinbaren. Der Versuch eines Generalstreiks, von den dänischen Kommunisten am 23. März gegen die Forderung der Konservativen und der »Linken« nach Anschluß an die NATO initiiert, polarisierte die beiden großen Lager im dänischen Volk weiter. Nun entschied sich die sozialdemokratische Führung endgültig für die Aufgabe der alten Neutralitätspolitik und wechselte auf die NATO-Linie. Am 24. März stimmten 119 im Reichstag für den Beitritt, 23 lehnten die NATO-Bindung ab. Bereits drei Tage danach bekräftigte die Zweite Kammer diese Entscheidung.

Neue sozialpolitische Reformen nach 1958

Mitte des Jahres 1951 verbesserte sich die Valutasituation Dänemarks unter der bürgerlichen Regierung deutlich. Das war zweifellos vor allem der veränderten weltpolitischen Lage zuzuschreiben. Die Preise für Importe sanken. Die Briten zahlten höhere Raten für dänische landwirtschaftliche Erzeugnisse. Vor allem aber wirkte sich die Hinwendung zu den Vereinigten Staaten volkswirtschaftlich aus, wurde »die Ökonomie des Landes mit Hilfe der Amerikaner auf die Füße gestellt« (Wendt, 358). Kredite zu günstigen Bedingungen erleichterten dem dänischen Staat die Abtragung der vor 1945 angehäuften Schulden. Bis Ende 1950 halbierte die Nationalbank ihre Verpflichtungen. Vier Jahre später konnte eine weitere, wenn auch sehr viel geringere Reduzierung bilanziert werden.

Auch für breite Bevölkerungsschichten wurde ein deutlicher allgemeiner Aufwärtstrend meßbar. Bereits Ende 1948 konnten alle Rationierungen auf Gas, Bäckereiprodukte und Tabakerzeugnisse aufgehoben werden. Mitte 1950 waren Schuhwaren, Wollgewebe, Fleischfette,

Tee und Kakao, ab November des gleichen Jahres Butter freigegeben worden. Schließlich wurden im Oktober 1952 mit Zucker und Kaffee weitere störende Restriktionen annulliert, drei Monate später als letztes auch die Rationierung der Treibstoffe überflüssig. Als Mitglied der OEEC war Dänemark ohnehin verpflichtet, seit Dezember 1949 schrittweise die Importbeschränkungen zu den anderen angeschlossenen Staaten aufzuheben. Fürchtete die Regierung dadurch zunächst neuerliche Belastungen der Handelsbilanz, so erwiesen sich die einheitlichen Finanzierungsrichtlinien für Dänemark bald als förderlich. Ebenso erleichterte die Freigabe des Dollars durch die Organisation der Europäischen Währungsunion im Dezember 1957 die weitere wirtschaftliche Sanierung des Landes. Es währte dennoch bis Ende 1958, bevor eine deutlich einsetzende Konjunktur eine Zäsur im dänischen Wirtschaftsleben markierte. Der Fall der Rohstoffpreise auf dem Weltmarkt, der einheimische industrielle Aufschwung und die starke Nachfrage nach dänischen Exporten im Ausland eröffneten den Sozialdemokraten – die seit Ende 1953 wieder regierten – bessere Möglichkeiten, die traditionellen Reformvorhaben wiederum als Gesetzesinitiativen in den Reichstag einzubringen.

Seit dem 5. Juni 1953 galt für Dänemark eine neue Verfassung. Die Zweite Kammer war aufgelöst worden. Wenig später hatte eine Volksabstimmung das Wahlalter auf 23 Jahre herabgesetzt. Allerdings mußten die Politiker mit einer gewissen Bestürzung registrieren, daß nur knapp 46% der stimmberechtigten Dänen entschieden hatten. Die Mehrheit des Volkes interessierte sich mehr für unmittelbare materielle Vorteile, so resümierten die enttäuschten Politiker. Um künftige Volksabstimmungen zu sichern, wurde die notwendige Mindestbeteiligung von 45 auf 40% reduziert, kaum ein Zeichen ausgeprägten politischen Mitbestimmungswillens der Dänen. Auch konnte erst 1961 das Wahlrechtsalter auf 21 Jahre festgelegt werden.

Die dänischen Sozialdemokraten verstanden dieses Desinteresse an Grundsatzfragen als Veto, dem sogenannten »kleinen Mann« den unmittelbaren Nutzen ihrer politischen Zielsetzungen überzeugender verdeutlichen zu müssen. So rang seit September 1953 die neue sozialdemokratische Minderheitsregierung unter Hans Hedtoft mit der Opposition beständig um Kompromisse, weitere sozialpolitische Maßnahmen durchzusetzen. Am 22. September 1953 konnten die Sozialdemokraten den Wahlgang durch ihren Kampf um die »Volksrente« mit dem Gewinn dreier neuer Mandate krönen. Die allgemeine Freude reduzierte sich schnell, als die Sieger verkündeten, die Reform nur durch eine 2–3%ige Steuer auf die Löhne realisieren zu können. Gleichzeitig bekämpften die Sozialdemokraten in der Partei- und Gewerkschaftsbürokratie aber Arbeitskämpfe entschieden, verteidigten den Arbeitsfrieden als notwendige Grundlage für erfolgversprechende Übereinkommen mit den Sozialliberalen. Die verstärkten Auseinandersetzungen zwischen Unternehmern und Arbeitnehmern als Folge der beginnenden Depressionen nach Beendigung des Koreakrieges gefährdeten Hedtofts soziale Reformpolitik. Alles sei aufwärts gegangen, der Lebensstandard aller deutlich gestiegen, »aber in diesem armen Land können wir es uns offenbar nicht leisten, es gut zu haben«, soll der tief enttäuschte Premier einem seiner Freunde geklagt haben (Hammerich, I, 13). Damals traf Dänemark das Scheitern eines umfangreichen Exportauftrages mit der UdSSR besonders. NATO-Bestimmungen untersagten die Lieferung vereinbarter Großtanker in die Sowjetunion. Als der Ministerpräsident am 29. Januar 1955 überraschend während einer Sitzung des Nordischen Rates in Stockholm verschied, war keine der umstrittenen Fragen gelöst. Der Vorschlag der Sozialdemokraten, die höheren Einkommensgruppen stärker zu besteuern, die Aktieneigner zu belasten und die Benzinsteuer anzuheben, wurde von den Sozialliberalen im Reichstag abgewehrt. Der Kompromiß, die Verteidigungsausgaben zu senken, mochte vielen Dänen noch zusagen. Aber die Hedtoft-Regierung traf breite Bevölkerungsschichten durch erhöhte Auflagen auf Bier, Schnaps und Zigaretten. Geschickt argumentierte der Kommentator in der weitverbreiteten »Jyllands Posten« am 4. Januar 1955, überall in der Welt könne ein »nahezu wunderbarer ökonomischer Aufschwung« konstatiert werden. Dänemark aber habe Hedtoft »in einen ziemlich bodenlosen Morast« gezogen (ebd., II, 38). Man müsse statt staatlicher Hilfen das »Volk aufmuntern, sich in höherem Maße als bisher selbst zu versorgen«, polemisierten konservative Politker, forderten eine »Reformpause« (ebd., 39). Diese Sicht kam offenbar den Auffassungen vieler Dänen nahe. Schwerer wog wohl dennoch, daß die sozialdemokratische Regierung im Sommer 1956 einen Arbeitsmarktkonflikt durch staatliches Eingreifen gegen den Willen der Gewerkschaften unterband. Diese forderten eine Senkung der Wochenarbeitszeit auf 44 Stunden, eine spürbare Lohnanhebung, eine vertraglich gesicherte Lohnfortzahlung im Krankheitsfall und eine gesetzliche Unfallversicherung. Die Unternehmer wünschten statt dessen eine Streichung der bisher gezahlten Verteuerungszulagen. Generalstreik und eine landesweite Aussperrung drohten. Als die sozialdemokratische Regierung Arbeitskämpfe untersagte, versammelten sich am Freitag, dem

13. April 1956, dem »schwarzen Tag« in der »Geschichte der dänischen Sozialdemokratie«, 200000 unzufriedene Arbeiter vor dem Regierungssitz, die bis dahin größte Massendemonstration, beklagten lautstark eine unternehmerfreundliche Haltung der sozialdemokratischen Regierungsbürokratie. Besonders verübelten die Gewerkschaftler dann die Entscheidung der sozialdemokratischen Politiker, den Generalstreik des folgenden Wochenendes auf legislativem Wege aufzuheben. Die Wahlen zu Jahresbeginn 1957 jedenfalls brachten der Regierungspartei deutliche Verluste.

Jene, die für behutsame Reformen plädierten, hatten schon im Herbst 1956 ebenfalls Unzufriedenheit bekundet. Damals war die lange versprochene Volksrente endlich im Reichstag vereinbart worden. Ab 1. Oktober 1957 sollten alle Dänen ab 67 Jahren 10% ihres durchschnittlichen Bruttolohnes erhalten, eine insgesamt ausreichende Rente, die aber den Erwartungen der Mehrheit nicht entsprach. Tatsächlich mußten die Zahlungen durch Belastungen der Löhne der Erwerbstätigen finanziert, konnten aber so rasch Steigerungen durchgesetzt werden. Schon 1974 zahlte der Staat 43% des durchschnittlichen Bruttolohnes an alte Ehepaare, sicherte auch den Lebensstandard alleinstehender Frauen durch Sonderzahlungen. Bereits 1959 leitete die Sozialdemokratie eine öffentliche Diskussion gegen die unterschiedliche Höhe der Volkspensionen ein, forderte für jeden alten Menschen »die selbe Pension, unabhängig davon, was er oder sie früher als Lohn erhalten hätten« (ebd., 286). Auch jetzt sollte die Sicherung der Altersrenten durch eine Steuerreform finanziert werden. Wiederum bekundeten die Wähler am 14. Mai 1960 Unmut mit den beabsichtigten Reduzierungen ihrer Nettolöhne, verloren die Sozialdemokraten vier Mandate.

Nun einigten sich die Reformparteien auf eine Sammlungsregierung, die Sozialdemokraten, Sozialliberale und die sogenannte Rechtsstaatpartei umfaßte. Gemeinsam erreichten sie erste deutliche innenpolitische Erfolge. Die Arbeitslosigkeit sank von 9,8% im Jahre 1957 auf 3% 1962. Die Bruttolöhne der Arbeiter stiegen um 30%, der Industrieexport verdoppelte sich. Selbst der Verkauf dänischer Agrarerzeugnisse stieg um mehr als 10%. Die »Dreieck-Regierung« versprach, die »guten Zeiten besser zu machen« (Wendt, 431), erhöhte die Steuern auf Genußmittel erheblich, steigerte nun aber ebenso die Abgaben der Höherentlohnten. Auch wurde der Import von Personenkraftwagen und ausländischen Textilprodukten besteuert. Insgesamt erleichterte jedoch die weiter wachsende Konjunktur die Bemühungen der dänischen Regierung.

In dieser Zeit wurden vor allem die dänischen Frauen in wachsendem Umfang in das Arbeitsleben integriert, stieg so auch das Familieneinkommen deutlich an. Nun entwickelte sich das Land rasch zur »Überflußgesellschaft«, erlebten die Dänen die Welt der »Abzahlungsverträge« als Steigerung ihres Lebensstandards. Die Überzeugung wuchs, daß eine sichere Zukunft aller durch eine ewig währende Konjunktur erwuchs, die sogenannte »gemischte Gesellschaft« des europäischen Nordens als Wohlfahrtsmodell für die Weltentwicklung gelten konnte.
Die dänischen Wähler honorierten am 15. November 1960 mit einer starken Hinwendung zur Sozialdemokratie diese Politik. Gleichzeitig verloren die beiden anderen Parteien des »Dreieckbündnisses« deutlich an Stimmen.Eine stärkere Polarisierung der dänischen Parteienlandschaft deutete sich an, da auch die Konservativen Zuwachs verzeichneten. Sie lehnten die beabsichtigten staatlichen Eingriffe in das Wirtschaftsleben ab, die Sozialdemokraten und Sozialliberale als unerläßlich für eine Fortsetzung der Wohlfahrtspolitik propagierten. Interessanterweise gewann eine neue, die Grundsätze der traditionellen kommunistischen Bewegung ablehnende linkssozialistische Partei elf Mandate. Eine klare Mehrheit der Dänen artikulierte so ihre Hoffnungen auf eine weitergehende Reformpolitik, bedeutete ebenso unmißverständlich, daß sie eine parlamentarische Form eines »demokratischen Sozialismus« wünschte.

Der Ombudsmann

Die dänische Verfassung von 1953 sieht mit dem sogenannten Ombudsmann einen »Beschützer des einfachen Mannes vor Ungerechtigkeit, Willkür und Machtmißbrauch seitens der Behörden« vor. Seit dem 1. April 1955 amtiert dieser Volksvertreter als Kontroll- und Beschwerdeinstanz für alle Dänen. Selbst Ausländer, die sich in Dänemark aufhalten, können hier Klagen gegen dänische Behörden vortragen und sicher sein, daß ihre Beschwerden untersucht und gegebenenfalls unterstützt werden. Es entspricht dem Demokratieverständnis der Dänen, daß die Hilfe des Ombudsmannes kostenlos ist, daß bisher bedeutende Juristen des Landes mit diesem hohen Amt betraut wurden. Dabei ließen sich die dänischen Gesetzgeber von der Erkenntnis leiten, daß juristische Prozesse mit den hohen Kosten Wenigbegüterte abhalten könnten, ihr Recht im Streit mit Behörden zu verteidigen. Sozialfragen, Familienstreitigkeiten bis hin zu anzufechtenden Steuerentscheidungen kommen auf den Tisch des Ombudsmannes. Dieser ist berechtigt, den gesamten militärischen und zivilen Verwaltungsapparat zu kontrollieren, darf sogar in die Amtstätigkeit von Ministern eingreifen. »Sowohl die höchsten Beamten als auch ihre Untergebenen sind der Autorität des Ombudsmannes unterworfen, und er kann Disziplinarverfahren gegen sie verlangen« (Dänische Themen, Ombudsmann, 2).

Jedes Jahr gehen zwischen 1500 und 1800 Beschwerden beim Ombudsmann ein. Waren es urspünglich Klagen von Einzelpersonen, wächst nun auch die Zahl der Organisationen und Verbände, die hier Hilfe suchen. Zunehmend sind es heute Vereinigungen der dänischen »Grünen«, die Entscheidungen der Behörden zu Umweltfragen bekämpfen.

Allerdings setzt die Klage beim Ombudsmann voraus, daß der jeweilige Streitfall den normalen Beschwerdeweg gegen Behördenentscheidungen passiert hat und die Klage nicht anonym ist. Man kann sich weder über politische Entscheidungen des Reichstages noch der Kommunalorgane beklagen. Ebensowenig greift der Ombudsmann in juristische Streitfragen ein. In der Realität ist der »Beschützer des kleinen Mannes« in erster Linie eine moralische Instanz, kann nur Kritik an einer Entscheidung des Behörden- und Verwaltungsapparates üben, Lösungen empfehlen. Selbstverständlich kann der Amtsträger auch aus eigener Intitiative Unzulänglichkeiten aufgreifen und deren Beseitigung anregen. Ihm stehen etwa ein Dutzend Juristen und einige Hilfskräfte zur Verfügung, ein Amt, das den Träger zur jährlichen Rechenschaft verpflichtet. Im dänischen Volk wird der Ombudsmann hoch geschätzt und gilt als Institution einer lebendigen Demokratie.

KRISE DER WOHLFAHRTSPOLITIK

»Wohlstandsexplosion« und Desillusionierung

Schwer erkrankt und aus der Politik ausgeschieden, versicherte der frühere Staatsminister Viggo Kampmann 1965, daß Dänemark bisher weder »eine Wohlstands- noch eine Wohlfahrtsgesellschaft« sei. Das Land »könnte es aber werden«, wenn diese Entwicklung sorgfältig »geplant würde« (Hammerich, III, 96). Damals deutete dieser Politiker die künftige sozialdemokratische Politik als parlamentarischen Weg zur allmählichen Annullierung des kapitalistischen Systems. Unter seiner Führung hatte die dänische Sozialdemokratie das Parteiprogramm aus dem Jahre 1913 revidiert, 1961 den Begriff des »Klassenkampfes« gestrichen. Doch wünschten Kampmann und andere Parteiführer auch weiterhin ein »kollektives Eigentumsrecht am Boden und den Produktionsmitteln« festgeschrieben, propagierten ihre Auffassungen allgemeiner »Mitbestimmung am Arbeitsplatz« und »ökonomischer Demokratie«. Der neue Staatsminister Jens Otto Krag hatte im September 1962 erläutert, ihm sei wichtiger, das gesellschaftliche Produkt wachse weiter, »als daß es aufgeteilt« werde. Er wünsche »eine ökonomische Entwicklung«, die darauf baue, »daß auch die Lohnempfänger und der kleine Landwirt ihren gerechten Anteil an einem stetig erhöhten gesellschaftlichen Gesamtprodukt« erhalten (ebd.). Auf dieses Ziel wolle er künftig die parlamentarische Arbeit in Dänemark ausrichten.

Die Bedingungen für einen neuen sozialen Schub schienen tatsächlich sehr günstig. Grundlagen für eine »Wohlstandsexplosion« – wie später Historiker diese Zeit bewerten – erwuchsen aus einem allgemeinen Anstieg der Industrieproduktion um 36% zwischen 1955 und 1960, die sich sogar bis 1963 verdreifachte. Zwischen 1960 und 1969 stieg das Nationaleinkommen von 34 auf 83 Mrd. Kronen. In kurzfristigen Arbeitsniederlegungen hatten die Dänen schon Mitte 1960 bedeutende Lohnkompensationen erkämpft. Erstmalig war auch der Grundsatz gleicher Entlohnung für Frauen und Männer festgeschrieben worden. Daran änderte letztlich wenig, daß der Unternehmerverband des Landes die kompromißbereiten Vorstände der dänischen Brauereien maßregelte und eine ansehnliche Geldstrafe verfügte. Der für notwendig erachtete Unterschied in den Gehältern beider Geschlechter war so nicht mehr zu verteidigen, mochte die Arbeitgeberzentrale auch von einem »Grundgesetz« reden. Das provozierte nur neuerliche Aktivitäten der mächtigen Gewerkschaftsorganisationen, reaktivierte Vorschläge über die Schaffung sozialer Fonds als Ausdruck »ökonomischer Demokratie«. Krag, Kampmann und der Gewerkschaftsvorsitzende Hans Rasmussen verstanden die künftige »gemischte Gesellschaft« Dänemarks als vernunftdominierte Vertragsgesellschaft zweier gleichrangiger Arbeitsmarktpartner.

Schon 1957 hatte der Gewerkschaftsführer vorgeschlagen, künftig nicht mehr über Lohnsteigerungen zu verhandeln. Er wünschte die Einbeziehung der Arbeiter in die Leitung und Organisation der Produktion. »Mitbestimmungsrechte und Miteigentumsrechte« waren künftig der Tenor gewerkschaftlicher Forderungen (ebd., 534–36). Rasmussen argumentierte, in der Produktion seien »Kapital und gekaufte Arbeitskraft« wirksam. Das Kapital dürfe nicht alleine den Gewinn verbuchen. Er könne sich denken, daß die Arbeiter ihren Anteil am Gewinn in die Betriebe investierten, »für den Ausbau und die Konsolidierung künftiger Beschäftigung« stehenließen (ebd., 536). Als Rasmussen 1976 sein Amt niederlegte, hatte sich in Dänemark vieles verändert. Einerseits war ein bedeutender sozialer Umbruch gelungen, andererseits waren neue Probleme gewachsen …

Umfragen Anfang der sechziger Jahre belegten, daß man damals in Dänemark überall den Wunsch nach eigenem Grund und Boden und einem eigenen Haus artikulierte. Schon zu dieser Zeit lebten fast 33% aller Dänen in Einfamilienhäusern. Großzügige Bauhilfen ermöglichten auch in der Folgezeit breiten Bevölkerungsgruppen, sich den Traum vom eigenen Heim zu erfüllen. Bis 1970 erhöhte sich deren Zahl auf 55% der dänischen Bevölkerung. Gleichzeitig verbesserte sich der Komfort aller Wohnungstypen mit eigenem Bad, WC und zentraler Heizung sprunghaft. Das und andere beeindruckende Entwicklungen bewogen Staatsminister Krag, im Gegensatz zu Kampmann auf dem 29. Parteikongreß der Sozialdemokraten im Juni 1965 zu verkünden, die »Zeit des Klassenkampfes« sei endgültig vorbei, die »gemischte Gesellschaft« aufgebaut (ebd., 258).

Glaubte er das wirklich, desillusionierten die Reichstagswahlen am 22. November 1966 ihn und andere Optimisten. Die regierende Sozialdemokratie verlor 7 Mandate, während die Sozialisten mit 10 neuen Abgeordneten ihre Sitze verdoppelten. Das zwang Krag zur Bildung einer Minderheitsregierung, deren Tolerierung durch die Sozialisten und die Gewerkschaftsbürokratie der Sozialdemokrat nur durch weitere Sozialreformen gewinnen konnte. Am 2. Februar 1968 mußten die Sozialdemokraten dennoch ihre Ministersitze räumen. Eine Regierung der Sozialliberalen, der »Linken« und der Konservativen bestimmte nun für kurze Zeit die Politik in Dänemark, mußte wie die Sozialdemokraten aber den Reformkurs fortsetzen. Für den 1. Juni 1968 vereinbarten Unternehmerverbände und Gewerkschaftsorganisationen das Abkommen über die 42,5-Stunden-Woche, Lohnsteigerungen von 2,5% für 1967 und 4% für 1968, dazu bemerkenswerte Erhöhungen der Volksrenten. Richtig zufrieden war aber niemand in den gewerkschaftlichen Basisorganisationen. Hier hatte man mit 5% Lohnzuwachs gerechnet. Steigende Preise und Steuern reduzierten die Reallöhne. Manches in Dänemark erwies sich zunehmend als auf Sand gebaut.

Damals zogen die Bauhandwerker gerade das »Monument des dänischen Wohlfahrtsstaates« in die Höhe, den imponierenden Krankenhausriesen von Herslev. Im Jahre 1978 zählte ein amerikanischer Arzt erstaunt innerhalb eines Radius von 10 Kilometern in Groß-Kopenhagen vier Luxuskrankenhäuser mit 5000 Betten, die insgesamt einem Geldwert von 5 Mrd. Dänenkronen entsprachen, unfaßbar für diesen Mediziner. Überall im Lande waren sogenannte Sozialbeistandskontore aufgebaut, versuchten staatliche Organe, alles und jedes zu lösen. Organe zur wirksamen Bekämpfung der Arbeitslosigkeit, der Hilfe bei der Wohnungssuche, für Versicherungsfragen und vieles mehr regelten den Alltag im Wohlfahrtsstaat Dänemark. Und doch mußte im Juni 1970 eine Untersuchungskommission erklären, die Renten seien noch immer zu niedrig, es mangele an notwendigen öffentlichen Bauten, der Staat setze noch immer zu sehr auf die private Fürsorge der Familienmitglieder.

Tatsächlich empfanden viele Dänen wachsende Unzufriedenheit mit dem Erreichten. Vor allem die Jugendlichen rebellierten nun spürbar gegen das »System«, Arbeiter bekämpften den »Apparat«. So orientierte die Gewerkschaftsführung bereits 1971 auf einen neuen Wohlstandsschub, forderte nun die 35–Stunden-Woche, drei Wochen Sommer- und zwei Wochen Winterurlaub.

Schon im August 1970 war der Sozialdemokrat Henry Grünbaum mit der neuerlichen Forderung nach erweiterter »ökonomischer Demokratie« aufgetreten, hatte die Schaffung eines zentralen Umverteilungs- und Investitionsfonds für Lohnempfänger mit Beitragszahlungen der Unternehmer in Höhe von 5% des Arbeitslohnes gefordert. Wie ein gutes Jahrzehnt vorher Rasmussen, wollte auch Grünbaum, daß dieses Geld in die Betriebe investiert, durch die Gewerkschaften verwaltet werden sollte. Im Mai 1971 nahm der Gewerkschaftskongreß diese Zielstellung nahezu einstimmig an. Ein neuerlicher Linksruck wurde bestimmend, brachte im Herbst 1971 Jens Otto Krag zurück an die Macht.

Die Europäische Gemeinschaft als Rettungsanker

Am 13. Januar 1972 notierte der sozialdemokratische Staatsminister in sein Tagebuch, die norwegische Regierung hätte ihn informiert, Oslo würde neuerlich über einen Beitritt zur Europäischen Gemeinschaft verhandeln. Wenige Tage vorher war der König verstorben, hatte Krag dessen Tochter Margrethe II. als neue Königin ausgerufen. Schon eine Woche später konnte der Staatsminister gemeinsam mit Norwegens Premier Trygve Bratteli und dem Iren Jack Lynch in Brüssel Verträge signieren, die auch für Dänemark bedeutsame Veränderungen bedeuteten.
Darüber war sich die Masse der Dänen wohl bewußt. Wie seinerzeit in der Frage des NATO-Anschlusses, diskutierten viele die Konsequenzen. Es waren bewegte Tage. Ein Jurist, Mogens Glistrup, hatte das öffentliche Leben revolutioniert mit einem ungewöhnlichen politischen Programm, verwirrte EG-Befürworter und -gegner gleichermaßen. Er wünschte die Personalsteuer aufgehoben und den Reichstag auf 40 Abgeordnete beschränkt. Fast belustigend wirkte sein Vorschlag, alle Dänen über 60 Jahre vom Wahlrecht auszuschließen und die Verfassung auf sechs Paragraphen zu beschränken. Glistrup löste spöttisches Gelächter aus, als er scheinbar ernsthaft empfahl, die Sozialhilfe aufzuheben, statt dessen überall Automaten mit Hafergrütze aufzustellen. Noch offenkundiger wurde der Hohn, als der Jurist anregte, die Armee aufzulösen, Telefonautomaten einzuschalten, die in russischer Sprache pausenlos wiederholen sollten, Dänemark kapituliere …
Schnell wurde deutlich, daß Glistrups »Fortschrittspartei« hinter solchen Anregungen die Absage bisheriger dänischer Sozialpolitik verbarg, durch einen profunden Nationalismus auch dem europäischen Anschluß entgegenwirken wollte. Durch die Weigerung, Steuern zu erlegen, wuchs Glistrup im Gefängnis wenig später für manche Dänen zu einem Märtyrer. Sie übersahen, daß der Jurist die Zahlungen verweigerte, weil er die Wohlfahrtspolitik ablehnte. Nicht unklug, verwies die sozialdemokratische Presse des Landes darauf,

daß Glistrup seine politische Rechtfertigung der Steuerverweigerung einem Reporter im wohltemperierten Swimmingpool seines privaten Anwesens gab, sich zahlreiche Besserverdienende mit ihm solidarisierten. Die bisherige sozialreformerische Einheit von Sozialdemokratischer Partei und Gewerkschaftsführung aber war vorläufig zerbrochen. Führende Gewerkschaftler lehnten es ab, die Regierung Krag zu unterstützen.

Es war ein schweres Erbe, das die sogenannte Mitte-Rechts-Regierung den Sozialdemokraten hinterlassen hatte. Es schien tatsächlich unmöglich, den bisherigen Kurs der Wohlstandspolitik fortzusetzen. Ein milliardenschweres Valuta-Defizit belastete neuerlich den dänischen Staatshaushalt. Rettung versprach nur eine beträchtliche Anhebung der Steuern. Das war kaum das, was die Wähler erhofft hatten. Um nicht den »Mann auf der Straße« direkt zu belasten, erwog die Regierung Krag eine spürbare Importsteuer. Proteste der verarbeitenden Industriebranchen waren so vorprogrammiert. Krag reagierte mit einer Dollaranleihe und der Abwertung der Dänenkrone, drückte so noch einmal die Arbeitslosenzahlen im Sommer 1972 von bereits 8% auf 1,9% herunter. Er hoffte auf eine neue Hochkonjunktur des dänischen Wirtschaftslebens. Bedrohlich für seine Minderheitsregierung war jedoch, daß die Konservativen aber die Aussetzung der versprochenen Rentenerhöhungen im Reichstag diskutierten, das Pensionsalter hochgesetzt sehen wollten. Wünschte Krag den Beitritt zur Europäischen Gemeinschaft durch einen gesetzlich vorbestimmten Volksentscheid zu sichern, mußte er Feuer und Wasser vereinen, Konservative für sozialpolitische Kompromisse gewinnen, um seinerseits Sozialdemokraten, Sozialisten und kommunistisch orientierten Bevölkerungsgruppen ein Ja abzuringen.

Der Staatsminister argumentierte mit finanziellen Vorteilen für Industrie und Landwirtschaft, versprach günstige Auswirkungen auf die Sozialpolitik in Dänemark durch Zollvorteile und Subventionsleistungen aus Brüssel. Die Kommunisten gewannen viele Stimmen mit der Parole, Dänemark habe im Konzert der europäischen Großmächte Deutschland und Frankreich kaum ein Stimme. Die Dänen würden zu einem »Volk von Schuhputzern und Aktentaschenträgern, Kellnern und Touristenführern« herabsinken (Hammerich, III, 624). Die »Linke« und die hinter ihr stehenden Organisationen der Landwirte wiederum drängten in die Gemeinschaft. Am 16. Dezember 1971 bestärkte der Reichstag die Regierung, verweigerten nur 32 Abgeordnete ihre Zustimmung. Immerhin lehnten selbst 11 Sozialdemokraten den Beitritt ab.

Am 2. Oktober 1972 entschieden die Dänen in einer Volksabstimmung über den Beitritt zur Europäischen Gemeinschaft. Die Wahlbeteiligung lag mit 90,1% ungewöhnlich hoch. 63,4% der Stimmberechtigten bejahten die Mitgliedschaft, nur 36,6% lehnten die Aufgabe dänischer Souveränitätsrechte ab. Seit dem 1. Januar 1973 zählt Dänemark zur heutigen Europäischen Union.

Als Jens Otto Krag Dänemarks Antrag unterzeichnete, unterstrich er ausdrücklich, er hoffe, die Gemeinschaft werde »die ökonomische Entwicklung begünstigen und damit neue Ziele und Fortschritt« auch für die Dänen ermöglichen. Wohlfahrtspolitik lasse sich nun nicht mehr im engen staatlichen Rahmen durchsetzen (ebd., 626). Dänemark würde künftig andere Wege gehen müssen, könne Erreichtes nur sichern, wenn die weniger entwickelten Staaten Europas an der Seite Dänemarks aufholen könnten.

»Erdrutsch« 1973 und »magere Jahre«

Die sogenannte bürgerliche Regierung aus Sozialliberalen, der »Linken« und den Konservativen unter Hilmar Baunsgaard scheiterte 1971 vor allem deshalb, weil sie eine Sanierung der dänischen Wirtschaft auf Senkung der Reallöhne und steuerliche Erleichterungen für Industrie und Gewerbe baute, ein altes Konzept. Die Mehrwertsteuer wurde von 10 auf 12% angehoben. Weitere Gelder erhoffte die Regierung aus der Erhöhung der Einkommensteuer. Alle Lohnempfänger hatten »bedeutend weniger Geld in der Lohntüte als vorher« (Wendt, 459). Und schon im Frühsommer wurde die Mehrwertsteuer auf 15% gesteigert.

Nun wählten die verwirrten Dänen wieder die Sozialdemokraten. Die versuchten, mit einer mittelfristigen Importabgabe von 10% auf alle Einfuhren ein ebenfalls wenig überzeugendes Konzept zur wirtschaftlichen Stabilisierung umzusetzen. Die Verteuerung belastete auch die Käufer ausländischer Produkte aus den sozial weniger begüterten Schichten. Noch unglücklicher wirkte die sozialdemokratische Argumentation, man müsse die seit Jahrzehnten stabilen Mieten für ältere Wohnungen innerhalb einer Frist von acht Jahren auf das allgemeine Niveau anheben. Nur so sei einem weiteren Verfall alter Häuser wirksam zu begegnen. Da mochten alle überzeugt nicken. Jene, die bisher eigene gewachsene Ansprüche an hochwertige Konsumgüter vor allem aus den niedrigen Wohnungskosten finanzierten, reagierten empört. Diese Kreise, die auch im Wohlfahrtsdänemark keine Minderheit bildeten, gewann die Sozialdemokratie ebensowenig mit der Losung, den Anteil der Arbeiter »am zukünftigen Kapitalzuwachs« durch Sonderfonds in der Industrie zu bündeln. Ende Januar war ein Gesetzentwurf in den Reichstag eingebracht worden, einen Teil der »Lohnsumme in einem ›Investitions- und Ausgleichsfonds der Lohnempfänger‹ einzubehalten« (ebd., 471). Die vorgelegten Bilanzierungen wiesen aus, diese Fonds würden 1984 bereits eine Summe von 46 Mrd. Kronen, bis 1991 sogar 121 Mrd. erwirtschaftet haben. Natürlich polemisierte die parlamentarische Opposition gegen den Vorschlag, wohl wissend, daß auch große Bevölkerungsgruppen diesen ungewissen Wechsel auf eine ferne Zukunft ablehnten. Vor allem aber zwang der Widerstand der Sozialisten die regierenden Sozialdemokraten, den illusionären Entwurf zurückzuziehen. Der entnervte Staatsminister schrieb schließlich Neuwahlen aus, da seine Regierung nicht mehr handlungsfähig war. Er und die traditionelle Parteienbürokratie des sogenannten bürgerlichen Lagers verstanden die dänische Welt nicht mehr, als am 4. Dezember 1973 die Wählerstimmen ausgezählt wurden. Ein »politischer Erdrutsch« veränderte die politische Szene Dänemarks, wie bald darauf die Journalisten treffend formulierten. Erschreckt registrierten alle »etablierten« Politiker des bisherigen Reichstages den Erfolg der sogenannten Fortschrittspartei des Mogens Glistrup. 28 Mandate gewann die Partei der »Steuerverweigerer«, ein Phänomen, an dem dänische Zeithistoriker und Publizisten bis heute deuteln. Natürlich stimmten vor allem kleine Gewerbetreibende für Glistrup. Doch fanden seine Parolen auch breiten Zuspruch bei jenen Gehalts- und Lohnempfängern, die auf eine deutliche Herabsetzung der direkten und indirekten Steuern hofften. Im übrigen gewannen auch die Kommunisten sechs Mandate, kehrten in den Reichstag zurück. Dagegen büßten Konservative, »Linke«, Liberale und besonders die Sozialdemokraten zwischen einem Viertel und fast der Hälfte an Wählerstimmen ein. Die Botschaft des dänischen Wahlvolkes lautete unmißverständlich: So wie es war, kann es nicht weitergehen!

Was nun kam, wirkte aber wenig ermutigend. Wer die Wahl als Protest verstanden hatte und auf schnelle Änderungen hoffte, wurde enttäuscht. Die schließlich gebildete Minderheitsregierung der »Linken« versuchte, in einem beständigen Hangeln von Kompromiß zu Kompromiß das Land zu regieren. Notwendige Reformen konnten nicht einmal konzipiert werden. Die Wohlfahrtsgesellschaft in Dänemark war erstmalig wirklich in eine tiefe Krise gerutscht. Gewiß blieb nur, daß die künftige Sozialpolitik nicht mehr wie bisher aus dem Steueraufkommen finanzierbar sein würde.

Schon im Sommer 1974 wirkte sich auch ein Rückgang in der Produktion und wachsende Arbeitslosigkeit erschwerend aus. Die traditionelle ökonomische Heilslehre, durch Stimulierung der Nachfrage über staatliche Kredite und öffentliche Bautätigkeit die Konjunktur wieder beleben zu können, erwies sich schnell als Illusion. Jede »kräftige Erhöhung der Nachfrage und der Produktion äußerte sich augenblicklich in einem wachsenden Zahlungsdefizit« (ebd., 481). Sehr treffend verglich ein dänischer Zeithistoriker die Regierungsmaßnahmen mit einem gegen den Wind segelnden Schiff, skizzierte diese Jahre als »beständiges Kreuzen zwischen diesen zwei Katastrophen«, wachsender Arbeitslosigkeit oder rasch zunehmendem Zahlungsdefizit (ebd., 482). Als die regierende »Linke« versuchte, alle bisherigen Tarifabkommen durch ein Gesetz bis Jahresende 1975 unverändert fortzuschreiben, verweigerte die Mehrheit der Abgeordneten im Reichstag die Zustimmung. Wohl verdoppelte die Partei am 9. Januar 1975 ihren Stimmenanteil, doch geschah das nur auf Kosten jener Parteien, die auch vorher die Politik der »Linken« unterstützt hatten, »ein Pyrrhossieg, den der Staatsminister gewonnen hatte« (ebd., 485).

Die wenig später wieder regierenden Sozialdemokraten wurden ebenfalls nicht wirklich froh. Sofort hatten sie auf legislativem Wege einen Großkonflikt auf dem Arbeitsmarkt zu verhindern. Der einstige Gewerkschaftsfunktionär und neue Staatsminister Anker Jörgensen erzwang am 11. März 1975 den Arbeitsfrieden durch Festschreibung eines Vergleichs für die nächsten zwei Jahre. Er selbst nannte dieses Abkommen »eine bedeutende Zurückhaltung bei der Lohnentwicklung« (ebd., 488), wußte, daß es nicht das war, was Arbeiter und Staatsangestellte wollten. Daran änderte kaum sonderlich viel, daß die Regierung durch weitere gesetzliche Bestimmungen Verteuerungen einschränkte. Die Unzufriedenheit wuchs noch, als die Sozialdemokraten auch die Übereinkommen der Vorgängerregierung bestätigten. Versöhnlich wirkte wohl lediglich, daß eine deutliche Steigerung der staatlichen Hilfen für Arbeitsbeschaffungsmaßnahmen und erhöhte Arbeitslosenunterstützung beschlossen wurden. Jörgensen profilierte sich so als Mann der sozial besonders Benachteiligten. Doch konnte er damit das Wachstum der Arbeitslosenzahlen von 103000 im Juni 1975 um weitere 29000 bis Jahresende nicht wirkungsvoll bekämpfen.

Es spricht für die traditionelle dänische Demokratie, daß sich Sozialdemokraten und die meisten bürgerlichen Parteien zu einem soge-

nannten Krisenvergleich am 8. September 1975 zusammenfanden. Durch neue Kredite und Steuererleichterungen sollte die Wirtschaft stimuliert werden. Für die Periode von Oktober 1975 bis Februar 1976 wurde die Mehrwertsteuer von 15 auf 9,25% herabgesetzt. Gleichzeitig gewährte der Staat 1,5 Mrd. Kronen an Krediten für verschiedene Industrieunternehmen, unterstützte besonders das Baugewerbe. Bei solchen und späteren Kompromissen im Reichstag dominierte die Überzeugung, die Konkurrenzfähigkeit der dänischen Industrie sei nur durch sogenannte »Lohneinfrierungen« zu sichern. Die »Weisen« Dänemarks – auch hier bekannte Ökonomen – äußerten in den Medien, die Produktionskosten lägen viel zu hoch.
Im Sommer 1976 einigten sich die Regierung und die Mehrheit der Oppositionspolitiker auf einen neuen Kompromiß. Gegen die Stimmen der Glistrup-Partei, der »Linken« und der klassischen Linksparteien wurde vereinbart, die Einkommensteigerungen bzw. die Teuerungszulagen bis zum Frühjahr 1979 auf maximal 2% zu begrenzen. Der »Vergleich« sah außerdem eine strenge Preiskontrolle vor, beschränkte den Aktienhandel, um Börsenspekulationen zu kontrollieren. Wiederum versuchte die Regierung, die Arbeitslosigkeit durch Umschulungen und Fördermittel für Ausbildungshilfen bei Jugendlichen zu reduzieren. Auch diesmal erhofften sich die Politiker einen deutlichen Konjunkturaufschwung durch die für 1977 herabgesetzten Einkommensteuern. Sondersteuern auf Zucker und Strom sollten die Ausfälle in der Staatskasse decken.
Die Dänen reagierten bereits im März 1975 äußerst ungehalten auf die Verfügungen, die Teuerungszulagen zu reduzieren. Steigende Lebenshaltungskosten und die erwarteten Mietsteigerungen entsprechend der Verordnungen über die Anpassung der Altbausubstanzen an den Satz der neueren Wohnungen ließen dramatische Minderungen der Realeinkommen bei größeren Bevölkerungssgruppen erwarten. Der Vorsitzende der gewerkschaftlichen Dachorganisation klagte öffentlich, die »Sozialdemokratie hätte ihre Prinzipien verkauft« (ebd., 493). Der traditionelle Konsens zwischen sozialdemokratischer Parteiführung und der Gewerkschaftsbürokratie schien aufgehoben. Die einzelnen Gewerkschaften akzeptierten mehr oder weniger offen Arbeitskämpfe ihrer Mitglieder, die noch 1976 jene Lohnerhöhungen erzwingen wollten, die 1977 per Gesetz untersagt wurden.
Daher beschlossen Regierung und Parteien des sogenannten »August-Vergleiches« im Dezember 1976 Zugeständnisse, um das Verhandlungsklima zwischen den Parteien des Arbeitsmarktes zu verbessern. Bis zum 1. März 1977 wurde ein allgemeiner Preis- und Mietstopp

vereinbart. Es war ausdrücklich festgelegt worden, daß »keine Art Lohnsteigerung in die Warenpreise hinein kalkuliert werden durfte« (ebd., 494). Gleichzeitig fixierte das Gesetz aber, daß jegliche Lohnveränderungen illegitim seien, die durch Lohnkämpfe erstritten würden.

Im Januar 1977 glaubte die Regierung Jörgensen dennoch erkennen zu müssen, daß die dringlichsten Probleme nicht gelöst werden könnten. Der Staatsminister schrieb kurzfristig für den 15. Februar Neuwahlen aus. Tatsächlich siegte die Sozialdemokratie, steigerte ihre Stimmenzahl im Reichstag von 53 auf 65. Der große Verlierer war die »Linke«, deren Mandate halbiert wurden. Überraschenderweise verloren die eigentlichen Linksparteien »trotz Krise, Arbeitslosigkeit und der staatlichen Festschreibung der Löhne« ebenfalls an Wählern (ebd., 495). Diese Entwicklung signalisierte, daß die Mehrheit des Volkes zeitweilige Beschränkungen der traditionellen Wohlfahrtspolitik mittrug.

Die Probleme waren für die sozialdemokratische Regierung aber keinesfalls verringert worden. Mit Zustimmung der meisten Reichstagsparteien wurden weitere 810 Mill. Kronen für die Bekämpfung der Arbeitslosigkeit bereitgestellt. Wiederum glaubte man, vor allem das Baugewerbe stimulieren zu sollen. Auch gestand die Regierung kleineren Unternehmern zu, Krankengeld für Neueingestellte erst ab der vierten Woche zahlen zu müssen. Die Gewerkschaften versöhnte Jörgensen schließlich, als der Reichstag am 14. April 1977 die Unternehmer zwang, den Vermittlungsvorschlag für das Tarifabkommen der nächsten zwei Jahre zu akzeptieren. Nur so wäre ein drohender Generalstreik zu verhindern, argumentierten die regierenden Sozialdemokraten, fürchteten für das gesamte Wirtschaftsleben des Landes. Lohnerhöhungen und höheres Urlaubsgeld innerhalb der vereinbarten »Kollektivabkommen« wurden als unverzichtbar verteidigt, überzeugten auch die meisten bürgerlichen Parlamentarier.

Die Voraussagen der »Wirtschaftsweisen« im Mai 1977 ließen neue Konflikte erahnen. Alle Regulierungen und Staatseingriffe, von den Linksparteien ohnehin als zu zögerlich und halbherzig charakterisiert, konnten die Arbeitslosenzahlen und die wachsende Staatsverschuldung nicht wirklich reduzieren. Für 1978 befürchteten die Experten 9% Arbeitslosigkeit. Dänemarks Aussichten schienen »düsterer als jemals zuvor seit dem Zweiten Weltkrieg« (ebd., 499). Fast hilflos reagierte die Regierung Jörgensen nun mit einem Versuch, den privaten Konsum zu beschränken. Abgesehen davon, daß diese Maßnahme den Grundprinzipien des geltenden Wirtschaftssystems nahezu diametral entgegenstand, mußte es wieder vor allem die weniger Begüterten treffen. Die Mehrwertsteuer wurde von 15 auf 18% heraufgesetzt, Tabakwaren, Bier, Spirituosen, Autos, Benzin und Diesel verteuert. Es gelte, unbedingt das Haushaltsdefizit zu verringern, verkündeten die Politiker. Um die Arbeitslosigkeit zu mindern, wurde der öffentliche Dienstleistungssektor weiter ausgebaut, auch in vielen Dienstleistungsgewerben und der Landwirtschaft Arbeitsbeschaffungsmaßnahmen gefördert. Deutliche Besserungen wurden nicht erreicht. Die Auslandsverschuldung Dänemarks war Ende 1977 auf 50 Mrd. Kronen gewachsen. Ebenso stieg die Arbeitslosigkeit weiter. Die Regierung blieb überzeugt, daß nur durch neue weitreichende soziale Reformen Lösungen möglich würden. Besonders wichtig erschien eine Rentenreform und die Modernisierung der Unfallversicherung. Doch überschattete die sogenannte zweite Erdölkrise nach 1978 alle Versuche, die Probleme wirksam zu bekämpfen. Waren die sechziger Jahre in den Augen der dänischen Politiker und Publizisten die biblischen »sieben fetten Jahre« in Dänemarks Entwicklung, dann erlebte der Staat seit Mitte der siebziger Jahre die »mageren« Jahre, und alles sprach dafür, daß diese Periode bedeutend länger währen würde. Schon 1982 erreichte die Nettoauslandsverschuldung Dänemarks ca. 150 Mrd. Kronen, ein Drittel des Sozialprodukts. Die offiziellen statistischen Bilanzen belegten, daß schon in dieser Zeit der Wohnungsbau kräftig zurückging, der Privatkonsum dem niedrigeren Realeinkommen entsprach. Industrie und Handel klagten gleichermaßen über sinkende Nachfrage. Gleichzeitig stieg die Arbeitslosigkeit 1983 auf fast 300000, auf ca. 11% der Bevölkerung im arbeitsfähigen Alter. Selbst das Wachstum des öffentlichen Sektors zwischen 1970 und 1983 um mehr als die doppelte Beschäftigtenzahl konnte diese Tendenz nicht stoppen. Seit September 1982 versuchte eine bürgerliche Minderheitsregierung unter Poul Schlüter ein eigenes Rezept. Sie halbierte die Lohnwachstumsrate und reduzierte die öffentlichen Ausgaben. Dabei setzte auch sie wie seinerzeit die Sozialdemokraten vor allem auf die erhoffte internationale Konjunktur, beschwichtigte die Unzufriedenen mit der Hoffnung auf baldige neuerliche Aufwärtsentwicklungen. Als die Sozialdemokraten im Reichstag die Verabschiedung des Haushaltsgesetzes blockierten und Schlüter Neuwahlen ausschrieb, bekundeten die Dänen am 10. Januar 1984 der bürgerlichen Alternative wachsendes Vertrauen. Die Sozialdemokraten büßten weitere Mandate ein. Allerdings stimmten nun vor allem die bisherigen Wähler der Fortschrittspartei für den bürgerlichen Block.

NEUE ERFOLGE IM WOHLFAHRTSSTAAT DÄNEMARK

Während einige europäische Staaten Sozialleistungen kürzten und die Steuern senkten, beharrten die Dänen auf dem bewährten Grundsatz der Wohlfahrtspolitik. In der Mitte der neunziger Jahre propagierte die Mehrheit der dortigen Politiker erneut den Kampf an zwei »Fronten«, wollte die Arbeitslosigkeit senken und die Staatsfinanzen sanieren.

Noch 1993 hatte die Arbeitslosigkeit einen für dänische Nachkriegsverhältnisse katastrophalen Höhepunkt mit 12,3% erreicht. Dagegen war es im Januar 1997 gelungen, diese Zahl auf 7,7% herabzudrücken, ein Erfolg, auf den die meisten Dänen mit berechtigtem Stolz blickten. Immerhin konnte diese Bilanz für eine Jahreszeit gezogen werden, in der man in Deutschland gewöhnlich steigende Arbeitslosenzahlen als saisonbedingt entschuldigt. Die Koalitionsregierung unter dem Sozialdemokraten Poul Nyrup Rasmussen konnte 1997 weitere Positiva vorweisen: ein Wirtschaftswachstum um fast 3%, eine Inflationsrate bei 2% und einen nahezu ausgeglichenen Staatshaushalt mit der Tendenz, 1998 sogar mit einem Überschuß abzuschließen.

Gestützt auf diese ökonomischen Erfolge, verteidigten die Dänen um die Jahrtausendwende wohl den höchsten Standard des entwickelten Wohlfahrtsstaates. Arbeitslose der unteren Lohngruppen erhielten bis zu fünf Jahren 90% ihres letzten Einkommens. Dabei galt in der Regel, daß Langzeitarbeitslose meistens nicht länger als drei Jahre ohne sinnvolle Tätigkeit bleiben müssen. Selbstverständlich gab es, anders als damals in Deutschland und Schweden, hier keine Karenztage im Krankheitsfall.

Erreicht wurde das zu jener Zeit durch außerordentlich hohe Spitzenwerte in der Steuer- und Abgabenbelastung. 50% des Bruttosozialproduktes wurden besteuert. Gesichert wurde die Wohlfahrtspolitik primär aus den öffentlichen Kassen. Dänemarks Erfolg und Leistungsfähigkeit war noch vor einem knappen Jahrzehnt eindeutig Ergebnis einer »langfristig orientierten Stabilitätspolitik und zielgerichteter aktiver Arbeitsmarktpolitik« des Staates und keineswegs »Resultat eines Zusammenstreichens sozialer Leistungen«, wie das manch deutscher Politiker gern und laut als Voraussetzung wirtschaftlicher Gesundung verkündete (Zank, 23).

Die damalige sozialdemokratische Regierung konnte auf eine ertragreiche Sanierungspolitik einer bürgerlichen Regierung aufbauen. Bis Mitte der achtziger Jahre hatte Poul Schlüter auf die Stabilisierung der dänischen Krone orientiert und soziale Einschneidungen zur Sanierung der dänischen Wirtschaft verteidigt. Gescheitert war er, als er Ende der achtziger Jahre wiederum wachsende Inflation und Auslandsverschuldung durch konjunkturdämpfende Eingriffe in die Arbeitsmarktentwicklung bekämpfen wollte. Dennoch konnte Rasmussen hier anknüpfen, als er im Januar 1993 eine Koalitionsregierung der Sozialdemokraten, der Sozialliberalen, der Zentrumsdemokraten und der Christlichen Volkspartei bildete. Während er einerseits das alte Rezept einer befristeten Senkung der Einkommensteuern als Konjunkturspritze nutzte, setzte er gleichzeitig auf die schrittweise Anhebung der Gebühren für Strom und Wasser. Kampf um ein begrenztes Wachstum, so umriß die dänische Politik ihre derzeitigen Zielstellungen. Anders als in den sechziger und siebziger Jahren dämpften gleichzeitig auch die einflußreichen Gewerkschaftsbürokraten illusionäre Lohnforderungen ihrer Mitglieder. Kurz vor der Jahrtausendwende boten sie statt dessen langfristig orientierte soziale Gewinne an, wie eine ausreichende Altersversorgung. Schwerpunkte des Kampfes gegen die Arbeitslosigkeit waren allerdings wie eh und je Ausbildungshilfen und individuelle Aktivitäten für Langzeitarbeitslose. Der Staat unterstützte sogar durch Beihilfen Haushaltstätigkeit und Gartenarbeit in Form des auch in Deutschland diskutierten »Kombilohnes«. Vor allem aber förderten die dänischen Arbeitsämter durch ungewöhnlich schnell einsetzende sinnvolle Umschulungen die Entwicklung des Arbeitsmarktes. Hilfe für die Wirtschaft und nicht finanzierte Beschäftigung der Arbeitslosen war hier das Motto. In der Praxis bedeutete das allerdings auch damals schon nicht selten billige Arbeitskräfte für die Unternehmer und staatliche Beihilfen für die Geringverdiener auf Kosten der Steuerzahler. Immerhin konnte auf diese Weise erreicht werden, daß in Dänemark schon bis 1998 die Jugendarbeitslosigkeit nicht mehr als Problem benannt werden mußte.

Überraschend kam es dennoch zwischen dem 27. April und dem 7. Mai 1998 zu einem landesumfassenden Arbeitskonflikt, weil sich die beiden großen Parteiungen des Arbeitsmarktes wieder einmal nicht über das künftig geltende Tarifabkommen und die Urlaubsforderungen der dänischen Lohnempfänger einigen konnten. Genaugenommen scheiterten die beiden Führungszentralen weniger an mangelnder persönlicher Einsicht als am Wünschen und Wollen ihrer

Ministerpräsident Anders Fogh Rasmussen mit Koalitionspartner Berndt Bendtsen von der Konservativen Volkspartei.

»Klientel«. Das dänische Modell sei »leicht beschädigt« worden, urteilte damals ein Schweizer Beobachter treffend (Gamillscheg, 5). Die »Konsensgesellschaft«, die durch »beneidenswerte und vorbildliche Lösungen« bestimmt wurde, habe hier deutliche Grenzen aufgewiesen, »keine Rede von Teilen oder Solidarität«. Hamsterkäufe, Prügeln um »die allerletzten Tropfen Benzin«, so erlebte der Journalist den Konflikt (ebd.). Erst die Zwangsschlichtung durch die Regierung beendete die Auseinandersetzung, wohl auch im stillen Einverständnis mit den zerstrittenen Parteien des Arbeitsmarktes. Die Gewerkschaftsbürokratie habe befürchtet, bei einer Urabstimmung die Kontrolle über die eigenen Mitglieder zu verlieren. Tatsächlich brachte das politische Diktat der Rasmussen-Administration einige zusätzliche Urlaubstage, aber weniger als erhofft.

Auch diesmal glaubte die dänische Politik, durch ein Paket von Maßnahmen den privaten Konsum senken zu müssen, setzte wiederum auf höhere Benzinpreise und Steuern. Nur so wäre ein neuerliches Handelsdefizit zu verhindern, lautete die gängige alte, aber offenbar doch bewährte Argumentation. Seit Sommer 1998 zahlten die Dänen also wieder einmal höhere Gebühren für Energie, konnten nun weniger abschreiben als bisher. Kredite wurden teurer, die dortigen »Häuslebauer« mußten tiefer in die privaten Geldtaschen greifen, das Wirtschaftswachstum schrumpfte.

Im November 2001 zeigte sich, daß die Mehrheit der dänischen Wähler den Sparkurs der Sozialdemokraten nicht mehr mittragen wollte. Selbst solche Erfolge wie die Eröffnung der Brücke über den Großen Belt und die Anbindung Seelands an das dänische Festland bzw. die Freigabe der Öresundbrücke zwischen Dänemark und Schweden zum 1. Juli 2000 für den öffentlichen Verkehr mit den fast euphorischen Verheißungen für die wirtschaftliche Entwicklung der Großregion Kopenhagen-Malmö konnte das wachsende Unbehagen vieler Dänen über drohende Verschlechterungen des Lebensstandards der Mehrheit nicht mehr »überbrücken«.

Der große Brückenschlag

Nicht einmal ein Jahrzehnt war vergangen, seit die Fachminister Dänemarks und Schwedens den Vertrag über das sogenannte Jahrhundertprojekt signiert hatten, da wurde im Sommer 1999 die letzte Brückensektion eingeschwenkt, war die Landverbindung zwischen Nordseeland und Südschweden geschlossen. Symbolisch trafen sich Kronprinzessin Viktoria von Schweden und Kronprinz Frederik von Dänemark am 14. August 1999 auf der Brücke. Beide standen für den Aufbruch einer neuen Generation und der etwa 3,5 Millionen Einwohner der Öresundregion in das neue Jahrtausend. Eine neue Zeit habe begonnen, so damals Sven Landelius, der Direktor des Öresundkonsortiums.

Erklärungen dieser Art rufen gewöhnlich Zweifel und Distanz hervor. Hier aber schien alles anders: Die sonst eher zurückhaltenden Nordländer gerieten in fast euphorische Begeisterung. Der Brückenbau habe mehr bewirkt, als alle Beteiligten seinerzeit 1991 bei Vertragsabschluß glauben konnten und wollten. Gewaltige ökonomische Kräfte seien wachgerufen worden, so Landelius, ähnlich auch die Politiker beider Staaten. Es sei eine Entwicklung ausgelöst worden, die »ein neues Kraftfeld« aufbaue, sich auf nahezu allen gesellschaftlichen Gebieten spürbar auswirke.

Dänemarks damaliger Finanzminister Mogens Lykketoft gebrauchte sogar den Begriff des »Dynamos«, schwärmte ganz ungehemmt über den erwarteten wirtschaftlichen Zuwachs, eine »Investition in die nächsten 100 Jahre«. Aus Kopenhagen und Malmö werde ein zusammenhängendes Großstadtgebiet, »etwas Einmaliges« in der gesamten nördlichen Sphäre. Nicht wenige Sprecher erwarteten 1999 das neue europäische Zentrum um den Ostseeraum, schrieben und redeten von einer Region mit hochgebildeten Fachkräften und gewaltigen Forschungskapazitäten (Cityreport, 22f.).

Die Öresundbrücke.

Der Liberale Anders Fogh Rasmussen bildete 2001 eine Minderheitsregierung aus Liberaler Partei, der »Venstre«, und der Konservativen Volkspartei, wußte seine Politik durch die rechtspopulistische Dänische Volkspartei gestützt. Leicht war es dennoch kaum für die neue Regierung.
Im Dezember 2006 konnte Dänemarks Beschäftigungsminister – so der interessante Titel des Chefs des früheren Arbeitsministeriums seit 2001 – stolz verkünden, das Land läge »an der Spitze der Weltrangliste jener Länder, die am wettbewerbsfähigsten sind und über das beste Wirtschaftsklima« verfügten (Kennzeichen DK 78, 3).

Das dänische Flexicurity-Modell

Aus der Sicht von Claus Hjort Fredriksen war es also geschafft, hatte dessen Regierung das Land aus der Krise geführt. Er benannte mit dem Begriff »Flexicurity« auch das scheinbar geniale Mittel, sprach von einem geschaffenen »sicheren Fundament«. Hatten die Sozialdemokraten durch traditionelle Maßnahmen die Arbeitslosigkeit auf 7,7% herabgedrückt, konnte die Mitte-Rechts-Regierung hier bald auf eine Absenkung auf 4,2% verweisen. Das sei möglich geworden, weil das rohstoffarme Dänemark mit seinen hochqualifizierten Menschen »über den besten Rohstoff der Welt« verfüge. Die Dänen hätten insbesondere keine Angst, ihren Arbeitsplatz zu wechseln.
Der Minister bilanzierte, etwa 800000 Menschen würden jährlich mit einer neuen Tätigkeit beginnen, etwa ein Drittel aller Dänen fände so ständig eine neue Anstellung. Das »Modell der Flexicurity« basiere auf einem »flexiblen Arbeitsmarkt«. Hier fänden die »Unternehmen gute Bedingungen«, gemäß der Auftragslage den Personalbestand »anzupassen« – eine freundliche Umschreibung der Formel »feuern und heuern«, wie die Kritiker bemängeln. Fredriksen sah sich veranlaßt, daher sogleich anzumerken, es sei vor allem ein »hohes Maß an sozialer Sicherheit der Arbeitnehmer«, daß es »keine Katastrophe« sei, hier die »Arbeit zu verlieren«. Ein »gut bemessenes Arbeitslosengeld und eine Sozialhilferegelung« finge den Betroffenen auf. Allerdings seien dort die Arbeitslosen auch verpflichtet, »dem Arbeitsmarkt zur Verfügung zu stehen«. Sie hätten gleichzeitig ein Recht auf angepaßte Umschulungen (ebd.).
In der Tat entspricht die Arbeitslosenunterstützung zunächst »annähernd« dem bisherigen Lohn, finanziert anschließend »die öffentliche Hand dem Arbeitslosen eine entsprechende Umschulung« (ebd.).

So gesehen stände das dänische »Flexicurity« in einem speziellen dänischen Kontext, würden erst »eine Reihe von Umständen« dessen Wirkung sichern. Es sei insbesondere die mehr als hundertjährige vertrauensvolle Zusammenarbeit zwischen Unternehmern und Gewerkschaftsfunktionären. »Hinzu« kämen »optimale Rahmenbedingungen für Unternehmen« und eine »gut funktionierende Infrastruktur, qualifizierte Kinderbetreuung und vieles mehr« (ebd., 3f.).
Klingt solches eher etwas vage, wird der ehemalige Direktor des dänischen Industrieverbandes und Diplomat Jørgen Hansen konkreter: Es seien natürlich nicht nur »der liberale Kündigungsschutz und ein hohes Arbeitslosengeld«, was für den Erfolg des dänischen Modells stehe. Das stimme selbstverständlich, aber der Schlüssel für den »florierenden« Arbeitsmarkt sei das »Gleichgewicht zwischen gesetzlichen Regelungen und Absprachen zwischen den Tarifpartnern«. Der Staat könne diesen Kräften den entsprechenden Spielraum gewähren. Nun ja, 1998 funktionierte das offensichtlich weniger, mußte der Staat eingreifen. Und auch in der gegenwärtigen Realität mit Diskussionen über Mindestlöhne für Niedrigverdiener in Deutschland erweist sich der dänische Kurs auf »Vollbeschäftigung« nicht für alle überzeugend.
Insbesondere das seit 1. Juli 1998 geltende »Gesetz über aktive Sozialpolitik« wird von den Beziehern des Arbeitslosengeldes kritisiert. Bereits nach dem ersten Jahr entsprechender Zahlungen gilt eine »Aktivierungsperiode«, die als »Zwangsaktivierung« durch die Gegner dieser Maßnahme diffamiert wird. »Alle sozialen Transferleistungen werden nunmehr daran gekoppelt, daß Erwerbslose und andere Sozialgruppen … ›für den Arbeitsmarkt verfügbar‹ gemacht werden«, so der Sprecher der dänischen Landesorganisation der Erwerbslosen im Oktober 2004. Die »aktivierten Erwerbslosen« schütze keinerlei Tarifautonomie, es würden keine Rentenansprüche aus dem Arbeitsverhältnis erworben.
»Kommunales Tütenkleben« titulierten Kritiker diese »Aktivierung« der Erwerbslosen und bemängelten, daß die Arbeit der Aktivierten u. a. als Verpackungstätigkeit von »Tierfutter, Schnuller oder Kaffeekannen« definiert würde.
Das mag zutreffen und doch des öfteren übertrieben sein. Schlimmer und folglich gewichtiger wohl aber ist der Einwand, immer »mehr öffentliche Institutionen werden davon abhängig, daß ein Teil des Personals praktisch umsonst arbeitet« (Null-Euro-Jobs, 1). Da die dänische Regierung im Interesse der Hochsteuergruppen auf weitere Steigerungen der Besteuerung verzichte, folglich über keine zusätz-

lichen Staatseinnahmen für soziale Fonds verfüge, mangele es den Kommunen an finanziellen Mitteln, seien diese auf entsprechende »Aktivleistungen« angewiesen. Ungleich schwerer wiegen aber vielleicht doch die Feststellungen, die »Zwangsaktivierten« würden in keiner Arbeitslosenstatistik »mitgezählt«. Das wiederum reduziert die stolze Angabe von weniger als 5% Arbeitslosigkeit und möglicherweise auch die Aussage der Protagonisten des erfolgreichen dänischen Arbeitsmarktmodells.
So räumte auch Hansen ein, die »bis zu 90% des letzten Einkommens« würden weiterhin nur für untere Lohngruppen gelten. »Für einen gut verdienenden Arbeiter mit Fachausbildung oder einen Ingenieur wird das Arbeitslosengeld in der Regel weniger als 60% des letzten Einkommens betragen«. Geringverdienende, so der soziale Konsens in Dänemark, müßten gegebenenfalls durch höhere Kompensationen im Rahmen der »Flexicurity« auf Staatskosten geschützt werden. Sicherheit für Unternehmer, staatlichen Schutz für Opfer einer profitorientierten Personalpolitik der Betriebe, so könnte man diese Formel auch lesen. Höchstprofitable Unternehmen durch Niedriglöhne auf Kosten des Steuerzahlers also, wie schon vor 2001 gehabt, eine gegenwärtig auch in Deutschland heiß diskutierte Variante beabsichtigter Vollbeschäftigung.
Hansen polemisierte allerdings gegen jene »stark vereinfachte Beschreibung« des dänischen Modells, forderte eine Nuancierung. Also keine »frei Heuern und Feuern-Politik« bei hoher staatlicher Arbeitslosenunterstützung sondern eher ein relativ »hoher Grad an Einkommenssicherheit«, ein hoher »Kompensationsgrad … für diejenigen, die das größte Risiko« in diesem Beschäftigungsmodell tragen, die Niedrigverdiener, die schlechter Ausgebildeten. Das sei allerdings wirklich nicht neu in Dänemark, so auch dieser Kenner des dortigen Wirtschaftslebens.
Tatsächlich ist das nicht eben ein überraschendes Konzept, ebenso wenig die Erklärung, alle Regierungen von links bis zur Mitte hätten in den letzten 25 Jahren vor allem »eine stabilitätsorientierte Wirtschaftspolitik« betrieben. Fördermaßnahmen zugunsten der Wirtschaft, Lohnzurückhaltung von Seiten der Gewerkschaften bei deutlich steigenden Gewinnen der Besitzenden waren und sind wohl auch laut artikulierte Empfehlungen in Deutschland. Und offenbar bedeutet hier wie dort sinkende Arbeitslosigkeit niedrige Entlöhnung und staatliche Hilfen für jene, die sonst nicht beschäftigt werden. Heute seien es vor allem »die Tarifparteien«, so Hansen, die »das dänische Flexicurity-Modell mit neuen Flexibilitäts- und Sicherheitselementen

ausgebaut« hätten, was beide Seiten als Erfolg werteten. Daher wäre gegenwärtig für den »Arbeitnehmer« nicht mehr entscheidend, »einen bestimmten Job zu erhalten, sondern daß der Arbeitsmarkt genügend Alternativmöglichkeiten bereithält« (ebd., 7).

Das allerdings hatte und formuliert auch heute noch der frühere sozialdemokratische Ministerpräsident Poul Nyrup Rasmussen, wenn er erklärt, »die Sicherung eines einfachen und schnellen Zugangs in die Beschäftigung« sei das wichtigste Element einer staatlichen Wirtschaftspolitik (ebd., 18).

So ist also das »dänische Erfolgsgeheimnis« auf die Formel zu reduzieren, biete der »normale Arbeitsmarkt nicht kurzfristig eine passende Beschäftigung«, stünde die »aktive Arbeitsmarktpolitik bereit, dem Arbeitslosen ins Berufsleben zurückzuhelfen – falls nötig durch Umschulung oder Fortbildung« (ebd., 7). Gegebenfalls auch mit der Bereitstellung eines Arbeitsplatzes für Fensterreinigung privater oder kommunaler Objekte für einen derzeit nicht benötigten Facharbeiter! Deshalb, so äußerte Hansen überzeugt, fühlten sich dänische »Arbeitnehmer in ihren Jobs sicher – trotz der liberalen Kündigungsregeln« (ebd.). Das allerdings setze das grundsätzliche gegenseitige Vertrauen der Tarifparteien in Dänemark voraus. Vielleicht steht hier das Wort »Job« wirklich nur für finanzielle Sicherheit im Arbeitsleben bei ständig wechselnden Tätigkeiten.

Die allgemeine Zustimmung für die Mitte-Rechts-Koalition Ende 2004 ermutigte Anders Fogh Rasmussen, sich in vorgezogenen Parlamentswahlen Anfang Februar 2005 durch die Mehrheit der dänischen Wähler ein neues Mandat für weitere Reformen zu sichern. Möglich, daß es vor allem die außenpolitische Problematik mit Karikaturenstreit, brennenden Botschaften bzw. Konsulaten in einigen moslemischen Ländern, auch die umstrittene Teilnahme dänischer Truppen im Irak waren, die der Regierungskoalition Stimmen kostete. Kaum zufällig zog die Regierung am 7. August 2007 die dänischen Truppen aus dem Irak zurück.

Die Gebietsreform mit der Reduzierung der bisher 13 Ämter auf fünf neue Großregionen wurde wohl als Effektivierung der Verwaltung des Inselreiches gewertet, als Kampf gegen eine ausufernde Bürokratie gebucht, konnte aber viele Dänen dennoch nur ungenügend befriedigen. Dem deutlichen konservativen Trend der Wähler 2001 war eine spürbare Ernüchterung gefolgt und so sah sich der Regierungschef zu neuerlichen vorgezogenen Parlamentswahlen veranlaßt. Am 13. November 2007 konnte Anders Fogh Rasmussen nur einen äußerst knappen Erfolg verbuchen, sah sich deshalb veranlaßt, der »leichten Linksverschiebung« (Auswärtiges Amt, Dänemark, 11. 12. 07) der öffentlichen Meinung Rechnung zutragen. Ganz offenbar ist die übergroße Mehrheit der heutigen Dänen nicht mehr so überzeugt, das »Flexicurity-System« sei die wirtschaftspolitische Offenbarung. Die nunmehr verkündete Steuerreform wirbt insbesondere wieder einmal mit dem Versprechen, die Steuer auf Arbeitseinkommen zu senken. Das mag bei vielen Gutverdienern im Hochsteuerland Dänemark ankommen, wird aber der Lösung dringlicher sozialer Fragen kaum sonderlich förderlich sein. Das bisherige System der sozialen Sicherung vor allem der Niedriglohnempfänger und die rasche Umschulung kosten Geld. Das aber wird vor allem aus dem Staatshaushalt bereitgestellt.

Globalisierungsrat

Noch schwieriger dürfte die erstrebte Reduzierung der noch immer breite Schichten der Dänen beherrschende Europaskepsis werden. Auch hier kommen ausländerkritische Einwürfe nicht nur bei Stammtischrunden an. Erleichterungen für Asylbewerber sind nicht eben das, was mancher überzeugte »Däne« wünscht, wird es insbesondere der Dänischen Volkspartei erschweren, gegen den Willen ihrer Klientel die Liberalen und Konservativen weiterhin zu stützen.

Tatsächlich verfolgt eine wachsende Gruppierung kritischer Dänen die Globalisierungsstrategie der Regierung eher beunruhigt, fragt besorgt, ob die Öffnung Dänemarks traditionelle soziale Errungenschaften gefährden könnte.

Im Sommer 2006 veröffentlichte Dänemarks Regierung daher eine Strategie für den zukünftigen Platz des Landes in der weltwirtschaftlichen Entwicklung. Mit den Schlagwörtern »Fortschritt, Innovation und Kohäsion« glaubt die Staatsführung unseres Nachbarlandes eine Orientierung gefunden, Dänemarks »Position als eines der reichsten Länder der Welt zuhalten, das sich zugleich durch eine starke soziale Kohäsion auszeichnet«.

Unter dem Vorsitz des Ministerpräsidenten wurde ein Globalisierungsrat geschaffen, in den hochrangige Experten der wichtigsten Bereiche der dänischen Gesellschaft integriert wurden. Im April 2005 wurden 26 Ratsmitglieder unter Vorsitz von Anders Fogh Rasmussen berufen, fünf Minister integriert. Nachdem im Frühsommer 2005 Fragen der Herausforderungen der Globalisierung an Dänemark diskutiert wurden, standen in den folgenden Wochen und Monaten

Probleme notwendiger Reformen in Bildung, Fortbildung, Forschung, Wettbewerbsfähigkeit und Innovation zur Debatte, hörte man auch ausländische Experten.

Wie immer bei solchen Konzepten überrascht der hohe Abstraktionsgrad der Formulierungen kaum: Das Papier benennt Ausbildung auf internationalem Spitzenniveau, starke und innovative Forschungen, mehr Neugründungen mit hohem Wachstum wie auch Erneuerung und Innovation als Säulen, Gedanken, die so von den meisten Lesern getragen werden. Einsichtig ist wohl auch, daß Dänemark eine »gute Ausgangsbasis« besitzt: ein »flexibler Arbeitsmarkt mit einem Sozialstaat, der einen hohen Grad von Einkommenssicherheit gewährleistet«, eine starke Wirtschaft mit niedriger Arbeitslosigkeit. (Dänisches Außenministerium, Dänische Themen, 1).

Gleichzeitig bedeuten die Initiatoren des Grundsatzpapiers aber auch, das Niveau der meisten Grundschulen sei zu niedrig, zu wenige junge Dänen strebten nach höherer Bildung, entsprechend gering sei auch die Zahl der Unternehmen des Landes, die das notwendige Wirtschaftswachstum fördern. Folglich entschieden sich die Experten für erste Maßnahmen zur Beschleunigung der Studienabläufe und die bessere Integration der Einwanderer, Probleme, die auch sehr deutsch anmuten. Natürlich wurden auch in Dänemark höhere Investitionen in Ausbildung und Forschung vereinbart. Interessant mag sein, daß man hier vor allem den Kommunen Verantwortung aufträgt, für die jungen Menschen bessere Ausbildungsmöglichkeiten zu sichern, besonders schwächeren Schülern durch gezielte Programme zu helfen. Erfolgversprechend und für deutsche Oberen akademischer Gremien möglicherweise unerwünscht klingen Forderungen nach neuen berufs- und praxisorientierten Bildungsprojekten. Typisch für dänische Ideen ist wohl die Bildung einer unabhängigen Kontrollinstanz, »um alle höheren Bildungsprogramme auf Paßfähigkeit mit internationalen Standards zu prüfen« (ebd., 3). Entsprechend auch der Ansatz, möglichst vielen dänischen Studenten zu ermöglichen, einen Teil ihrer Ausbildung an ausländischen Hochschuleinrichtungen absolvieren zu können. Und auch das ist wohl sehr verständlich: Die Dänen möchten möglichst viele Fremde an eigenen Hochschulen ausbilden. Sehr natürlich, wenn man sich als ein Land an der Weltspitze definiert!

Natürlich geht es auch hier um Geld, viel Geld sogar, wie man im Globalisierungsrat weiß. Staat und private Industrie sollten bis 2010 das ihrige dazu beitragen, daß mindestens 3% des Bruttoinlandsproduktes für Forschung und Entwicklung bereitgestellt werden. Dabei

denkt man heute in Dänemark an einen kreativen Wettbewerb der entsprechenden Bildungseinrichtungen nach definierten Qualitätsmerkmalen um das Gros der finanziellen Mittel. So plant man u. a., die Anzahl der Doktoranden rasch zu verdoppeln.
Sie wären nicht Dänen, die Planer und Entscheider im Globalisierungsrat, hätten sie nicht auch Gründungszentren für »Unternehmer und Kleinunternehmen« konzipiert, die als Beratereinrichtungen fungieren sollen. Und immer wieder heißt es in den Planungen: Wettbewerb und Transparenz. Selbstverständlich denkt man in Dänemark auch ernsthaft über ein erweitertes »Greencard-Programm« nach. Ministerpräsident Anders Fogh Rasmussen versicherte im Frühjahr 2007 der Öffentlichkeit, die Regierung werde die Umsetzung ihrer Strategie laufend verfolgen, jährliche Abrechnungen diskutieren, weiterhin vieles tun, eine breite Resonanz in Dänemark zu sichern. Globalisierung bedeute »Fortschritt, Erneuerung und Geborgenheit für Dänemark«.
Es läßt sich in der Tat trotz gegebener Vorsicht kaum leugnen, daß Dänemark bisher auf einem erfolgreichen Weg voranschreitet. Zu fragen wäre, ob das dänische Argument, ein kleines Land habe es eben leichter, wirklich so stichhaltig ist. Überzeugender erscheint doch, daß man hierzulande von den Dänen lernen kann. Vielleicht führt gerade diese Erkenntnis Dänen und Deutsche enger zusammen als es nach den bitteren Erfahrungen 1945 zunächst scheinen wollte. Das kürzlich geäußerte vorbehaltlose »Ja« des deutschen Bundespräsidenten zur dänischen Globalisierungsoffensive ist doch ein erfolgversprechender deutscher Schritt in die richtige Richtung. Das Wort des derzeitigen dänischen Botschafters in Berlin, das »dänische Jobwunder« stünde auch »den Deutschen offen« (Kennzeichen DK, 4) ist eine hoffnungsvolle Entgegnung.

Politische Parteien heute

Seit dem sogenannten politischen »Erdrutsch« von 1973 waren im dänischen Reichstag zeitweise bis zu 10 Parteien vertreten. Jahrzehntelang errangen die Sozialdemokraten die meisten Mandate, gewannen jedoch gewöhnlich keine absolute Mehrheit. Bei den Parlamentswahlen vom 11. März 1998 behauptete sich die Koalition aus Sozialdemokraten und Sozialliberalen mit 70 Abgeordneten, nachdem die Zentrumsdemokraten aus dem Regierungsblock Ende Dezember 1996 ausgeschieden waren. Außerhalb der Regierung tolerierte die Sozialistische Volkspartei mit 13 Parlamentariern eine Reihe sozialpolitischer Maßnahmen der Koalition. Gemeinsam mit den 42 Abgeordneten der traditionellen »Linken«, den Liberalen, standen die Konservativen stark geschwächt – sie verloren 11 Mandate und stellten damals nur 16 Reichstagsabgeordnete – und die Zentrumsdemokraten mit 8 Politikern als klassische »bürgerliche Opposition« gegen das moderne »linke Lager«. Relativ viele Stimmen konnte schon damals auch die Dänische Volkspartei mit 13 Mandaten auf sich vereinen. Fast bedeutungslos waren bereits zu dieser Zeit die Christliche Volkspartei mit 4, die Fortschrittspartei mit 4 und die Rot-Grüne Einheitsliste mit 5 Abgeordneten. Nachdem schon seit geraumer Zeit die Kommunisten und die Sozialistische Arbeiterpartei ebenso wie die Rechtsstaatspartei keine parlamentarische Rolle mehr spielten, konnte auch die Partei der Demokratischen Erneuerung kein Mandat erringen.
Anders als in den Jahrzehnten vor 1973 ließ sich Ende des Jahrtausends eine deutlichere Wählerbewegung zwischen den kleineren neuen Parteien und den traditionellen »Altparteien« beobachten. Das Verhältnis zwischen Sozialdemokraten und -liberalen gegenüber Konservativen und »Linken« (den Liberalen) blieb aber unverändert. Die »Randparteien« entscheiden derzeit bei Abstimmungen als »Zünglein an der Waage« über Erfolg oder Mißerfolg der jeweils regierenden Koalition. »Diese Sachlage« führe »zwangsläufig zu häufigen parlamentarischen Krisen und Wahlen«, wie eine offizielle dänische Quelle selbstkritisch wertete (Dänische Themen, Die politischen Parteien, 4).
Nachdem im November 2001 die Liberale Partei und die Konservative Volkspartei, toleriert durch die Dänische Volkspartei, die Koalition der Sozialdemokraten und Sozialliberalen ablöste, konnten die »Venstre« auch bei vorgezogenen Parlamentswahlen am 13. November 2007 neuerlich mit 46 Mandaten die Sozialdemokraten (45 Mandate) knapp hinter sich lassen. Gemeinsam mit den Konservativen (18 Mandate), der Dänischen Volkspartei (25 Mandate) bzw. der Neuen Allianz (5 Mandate) können sich die Minister der Liberalen und Konservativen auf 90 Stimmen im dänischen Folketing (179 Sitze) stützen. Da jedoch zwischen der rechtsorientierten Volkspartei und der Neuen Allianz deutliche Gegensätze bestehen, sucht der liberale Ministerpräsident Anders Fogh Rasmussen eine breitere parlamentarische Zusammenarbeit auch mit den Sozialdemokraten und den 23 Abgeordneten der Sozialistischen Volkspartei bzw. der Sozialliberalen Partei (Radikale Venstre, 9 Mandate).
Dänische Experten sprechen von einer »leichten Linksverschiebung der letzten Wahlen« (Dänemark, Auswärtiges Amt, Innenpolitik, Dez. 2007). Hauptpunkte des neuen Regierungsprogramms sind eine Senkung der Steuern auf Arbeitseinkommen, die stärkere Hinwendung zur EU, eine Neudefinition der Ausländerpolitik mit Erleichterungen für Asylbewerber und ein intensiviertes Programm der Entwicklungshilfe vor allem für afrikanische Staaten.

DÄNEMARK UND DIE EUROPÄISCHE UNION

Als die Dänen 1972 über den Beitritt zur Europäischen Gemeinschaft entschieden, bejahten das immerhin noch 63,4% derjenigen, die damals ihre Stimme abgaben. War in jener Zeit noch eine deutliche Mehrheit europaorientiert, bestätigten 1986 in einem weiteren Referendum nur noch 56,2% die Einheitliche Europäische Akte. Es waren vor allem die auffallend geringe Bedeutung des Europäischen Parlaments und die Undurchsichtigkeit mancher Brüsseler Beschlüsse, die dänische Wähler abstießen. So undemokratisch hatten sich die politisch sehr bewußten Dänen den Prozeß des Zusammenwachsens der großen und kleinen Nationen nicht gedacht.

Im Jahre 1992 lehnte daher eine knappe Mehrheit von 50,7% der dänischen Wahlgänger in einem neuen Volksentscheid den Vertrag von Maastricht ab. Das zwang die dänische Regierung und die Repräsentanten der anderen Unionsstaaten zu Nachverhandlungen. Kopenhagen vereinbarte mit der Union, daß die europäische Staatsbürgerschaft nur als Ergänzung zur nationalen dänischen verstanden werden sollte. Des weiteren erzwangen die dänischen Diplomaten das Zugeständnis, sich nicht an die dritte Stufe der Währungsunion anschließen zu müssen. Dänemark baue in seiner Wirtschaftspolitik seit langem unter anderem auf den Festkurs der Krone, unterstrich noch im Sommer 1998 Dänemarks Wirtschaftsministerin Marianne Jelved. Natürlich orientiere man sich auf den Euro, wünsche aber dennoch die eigene stabile Währung zu behalten. Brüssel mußte auch akzeptieren, daß Dänemark keine militärischen Aktionen der Union mittragen wollte und nur auf zwischenstaatlicher Ebene einer juristischen und polizeilichen Zusammenarbeit zustimmte.

Konnten nicht wenige Deutsche mit einem Blick auf die D-Mark die währungspolitische Vorsicht der Dänen nachvollziehen, blieben wohl deren Einwände gegen die europaweite Verbrechensbekämpfung weniger überzeugend für viele Bürger der Schengen-Staaten. Die Mehrheit des dänischen Volkes beharrte aber auf diesen Souveränitätsrechten. Die Politiker in Kopenhagen mußten erklären, die dänische Sonderregelung vor einer beabsichtigten Annullierung neuerlich zum Volksentscheid zu stellen. Erst jetzt entschied sich eine Mehrheit von 56,7% der Dänen an den Wahlurnen für den Anschluß an den Maastrichter Vertrag.

Nachdem am 2. Oktober 1997 die Mitgliedstaaten der Europäischen Union den Vertrag von Amsterdam signiert hatten, mußte die dänische Regierung erneut ein Referendum organisieren. Wieder präzisierte Kopenhagen in einem Zusatzprotokoll die dänischen Vorbehalte, bevor der Ministerpräsident die Stimmberechtigten zur Entscheidung rief. Dänemarks Verfassung schreibt eine allgemeine Abstimmung vor, wenn das Land internationalen Organisationen eigenstaatliche dänische Souveränitätsrechte abzutreten beabsichtigt. Das Amsterdamer Übereinkommen konnte folglich ohne einen solchen Volksentscheid nicht durch Dänemark ratifiziert werden. Zur Freude aller dortigen Europabefürworter verwarf das dänische Verfassungsgericht am 5. April 1998 eine Klage der Maastricht-Gegner, die im Anschluß an dieses europäische Übereinkommen einen Verfassungsbruch sehen wollten. Dadurch wurde der Weg frei für das neue Referendum zum Amsterdamer Vertrag. Gescheitert war der Versuch, durch die Annullierung der dänischen Zustimmung zu den Maastrichter Vereinbarungen eine weiterführende europäische Integration schon im Vorfeld der Diskussionen zu den Amsterdamer Bestimmungen zu torpedieren. Glücklicherweise entschieden dann auch tatsächlich 55,1% Ja-Stimmen gegen 44,9% Nein-Stimmen darüber, daß Dänemark auch diesen Schritt zur weiteren Gestaltung Europas wagte. Es war gleichermaßen fast schon symbolisch für die dänische Demokratie, daß ein glücklicher Ministerpräsident Poul Nyrup Rasmussen am Abend dieses denkwürdigen Tages europäischer Geschichte versicherte, man werde in Brüssel auch an die Nein-Sager denken, ganz in ihrem Sinne den »Prozeß der Entbürokratisierung« vorantreiben (Mitteilungen, 46, Juli 1998, S. 1). Nur so wird man in Zukunft einem weiteren Wachstum der Europaverdrossenheit in Dänemark begegnen können. Europa ohne Dänemark aber wäre ein Torso. Die Europäische Union kann auf eine Nation nicht verzichten, die auf vielfältige Weise die Geschichte unseres Kontinentes mitschrieb, deren gegenwärtige soziale Erfahrungen ganz wesentlich für die künftige Lösung europäischer Probleme werden.

Erfreulicherweise belegen derzeitige Meinungsumfragen eine wachsende Zustimmung einer knappen Mehrheit der Dänen zur Europäischen Union.

Die künftigen Beziehungen zur Staatengemeinschaft zählten zu wichtigen Diskussionspunkten im Wahlkampf. Kenner in unserem Nachbarland betonen, Anders Fogh Rasmussen käme nun schon deshalb unter Erfolgsdruck, weil jene Parteien an Einfluß gewonnen hätten, die ein EU-Referendum über den Vertrag von Lissabon bejahen bzw.

auch für die Einführung des Euro stimmen. Der Währungs-Schritt wäre für Dänemark relativ leicht, da die »dänische Geldpolitik bereits eng an die Euro-Zone gekoppelt« sei, das Land »also mehr Einfluß auf die Entscheidungen der EZB« gewönne, so eine Expertenmeinung dieser Tage nach der Ankündigung des Ministerpräsidenten, ein neues Referendum über die Einführung der europäischen Währung anzusetzen. Mitte Dezember 2007 äußerte Anders Fogh Rasmussen vor Journalisten die Überzeugung, seit der Ablehnung durch die Mehrheit der Dänen im Jahre 2000 habe sich viel in Dänemark verändert. Er und viele einflußreiche Dänen seien sich einig, die Mehrheit der Wähler wünsche eine starke europäische Währung, deren Einführung für die dänische Wirtschaft kaum Veränderungen bedeuten würde, zumal derzeit bereits 42% der dänischen Ausfuhren in die Euro-Länder, alleine 20% nach Deutschland, gingen. Rasmussen wisse auch, so der Tenor der dänischen Presse, daß die Ablehnung vor sieben Jahren in einer Phase der Talfahrt des Euro geschah, das derzeitige Hoch viele überzeuge. Da es jedoch auch Widerspruch in der Koalition gäbe, sei der Zeitpunkt der Abstimmung noch unklar. Das Referendum käme jedoch bis spätestens 2009, so einer der führenden Repräsentanten der Dänischen Nationalbank Anfang Dezember 2007. Tatsächlich profitiert Dänemark seit langem vom Euro. Seinerzeit argumentierten die Nein-Sager gerade damit, es gehe der Wirtschaft bereits so gut, daß eine Einführung keine weiteren Vorteile brächte. Die Ja-Sager betonten, der Wirtschaftsaufschwung wäre »eine Folge der Tatsache, daß wir bereits Teil eines großen Währungsraums gewesen« seien (Kennzeichen DK, 54, 2000). Bedenkt man, daß der Tourismus nach Dänemark eine nicht unbedeutende Wirtschaftskraft darstellt, darf man gespannt sein, wann auch in unserem Nachbarland der lästige Umtausch entfällt. Auch solcherart wächst Dänemark näher an Europa, enger an Deutschland. Die Vereinbarung der Verkehrsminister Dänemarks und Deutschlands über den gemeinsamen Bau der Fehmarnbelt-Brücke am 29. Juni 2007 ist nur ein weiteres Europaprojekt, das Dänemarks Platz in Europa fundiert. Da scheinen das »Ja« zu Lissabon und der Einführung des Euro folgerichtig.

Die Monarchie heute

Wie in Holland und England regiert auch in Dänemark heute eine Königin als höchste Repräsentantin. Margrethe II. Alexandrine Þorhildor Ingrid wirkt formal bei der Regierungsbildung mit, dominiert

in eben diesem Geiste der konstitutionellen Monarchie den Staatsrat und repräsentiert den Staat im Ausland.
Seit dem Thronfolgegesetz vom 27. März 1953 ist das Erbrecht der Glücksburger Linie festgeschrieben. Dabei rangieren Söhne vor Töchtern. Fehlt ein männlicher Erbe, rückt die älteste Tochter auf. Daher bestieg Königin Margrethe II. am 14. Januar 1972 den Thron.
Die Regentin wurde am 16. April 1940 als Tochter König Frederiks IX. und Königin Ingrids, Prinzessin von Schweden, auf Schloß Amalienborg in Kopenhagen geboren. Mit Vollendung ihres 18. Lebensjahres wurde sie in den Staatsrat Dänemarks eingeführt. Ein Jahr später legte sie das Abitur ab und beendete ihre Ausbildung als Gruppenführerin im Frauenfliegerkorps Dänemarks. Zwischen 1960 und 1965 studierte die Erbprinzessin an den Universitäten Kopenhagen, Cambridge, Århus, der Pariser Sorbonne und London Politische Wissenschaften und Archäologie.
Am 10. Juni 1967 ehelichte Margrethe den Grafen Henri-Marie-Jean André de Laborde de Montpezat. Die Königin und Prinz Henrik von Dänemark haben zwei Söhne, den Kronprinzen Frederik, der seit 2004

Von l. n. r.: Kronprinzessin Mary, Kronprinz Frederik mit Sohn Christian, Königin Margrethe II. mit Gatten Prinz Henrik, Prinz Joakim mit Söhnen Felix und Nikolai bei der Geburtstagsfeier der Königin 2007.

mit der Juristin Mary Elizabeth Donaldson verheiratet ist und einen Sohn und eine Tochter hat, bzw. Prinz Joakim, der von 1995 bis 2005 mit Alexandra Christina Manley verheiratet war, inzwischen geschieden ist.

Königin Margrethe II. ist berühmt als Textilkünstlerin und Grafikerin. Eine ihrer bedeutendsten künstlerischen Arbeiten war 1991 das Bühnenbild für das Ballett »Eine Volkssage«. Prinz Henrik zeichnet und malt wie seine Gattin in den Ateliers in Amalienborg und Marselisborg, arbeitet auch als Bildhauer. Der Pilot der Luftwaffe errang gemeinsam mit der Königin auch Lorbeeren als Übersetzer eines Werkes von Simone de Beauvoir.

Die Regentin ist ungewöhnlich populär in Dänemark. Ihre traditionelle Neujahrsansprache gilt als Höhepunkt der Verbindung des Königshauses mit dem dänischen Volk und wird in der übergroßen Mehrheit der dänischen Haushalte als wichtiges familiäres Ereignis erlebt.

Die königliche Familie residiert gewöhnlich auf Schloß Amalienborg, nutzt Schloß Fredensborg auf Seeland als Frühjahrs- und Herbstresidenz und verbringt den Sommer auf Schloß Marselisborg bei Århus. Manchmal erlebt die königliche Familie den Spätsommer auch auf ihrem Weingut des Château de Caix in Südfrankreich.

ANHANG

Die dänischen Herrscher

Godfred	† um 810
Gorm der Alte	† um 950
Harald I. Blauzahn	etwa 950–985
Svend I.(Gabelbart)	985–1014
Harald II.	1014–1018
Knud I. (der Große)	1018–1035
Hardeknud	1035–1042
Magnus (der Gute)	1042–1047
Svend II. (Estridsen)	1047–1074
Harald III.	1074–1080
Knud II. (der Heilige)	1080–1086
Oluf I. (Hunger)	1086–1095
Erik I. (der allzeit Gute)	1095–1103
Niels	1104–1134
Erik II. (der Denkwürdige)	1134–1137
Erik III. (der Kleinmütige)	1137–1146
Svend III.	1146–1157
Knud III.	1146–1157
Valdemar I. (der Große)	1157–1182
Knud IV. (Valdemarsen)	1182–1202
Valdemar II. (der Sieger)	1202–1241
Erik IV. (Pflugpfennig)	1241–1250
Abel	1250–1252
Christoffer I.	1252–1259
Erik V.	1259–1286
Erik VI. (Menved)	1286–1319
Christoffer II.	1320–1326
Valdemar III.	1326–1330
die königlose Zeit	1332–1340
Valdemar IV. (Atterdag)	1340–1375
Oluf III. (Håkonsson)	1376–1387
Margrethe I.	1387–1396 (1375–1412)
Erik VII. von Pommern	1396–1439
Christoffer III. von Bayern	1440–1448

Haus der Oldenburger

Christian I.	1448–1481
Hans (Johan)	1481–1513
Christian II.	1513–1523
Frederik I.	1523–1533
Christian III.	1534–1559
Frederik II.	1559–1588
Christian IV.	1588–1648
Frederik III.	1648–1670
Christian V.	1670–1699
Frederik IV.	1699–1730
Christian VI.	1730–1746
Frederik V.	1746–1766
Christian VII.	1766–1808
Frederik VI.	1808–1839
Christian VIII.	1839–1848
Frederik VII.	1848–1863

Haus der Glücksburger

Christian IX.	1863–1906
Frederik VIII.	1906–1912
Christian X.	1912–1947
Frederik IX.	1947–1972
Margrethe II.	seit 1972

Zeittafel

vor etwa 200000 Jahren	Spuren von Menschen auf dem heutigen dänischen Territorium
vor etwa 12000 Jahren	erste ständig dort lebende Jäger
um 4000 v. u. Ztr.	Ackerbauern auf dem heutigen Dänemark
um 2500 v. u. Ztr.	Beginn der Periode der Megalithgräber
um 2000 v. u. Ztr.	Einwanderung der Streitaxtleute
um 1800 v. u. Ztr.	Beginn der Bronzezeit
gegen 500 v. u. Ztr.	Eisenzeit auf dem Territorium des heutigen Dänemark
113–101 v. u. Ztr.	Kimbern und Teutonen fallen ins Römische Reich ein
um 500 u. Ztr.	germanischer Stamm der Dänen wandert aus dem heutigen Schweden südlich des Öresundes ein
um 515	Tod des Jütenkönigs Hugleik laut der »Frankengeschichte« des Gregors von Tour
um 737	Beginn der Befestigungsbauten am »Dänenwerk«
8. Juni 793	Vikingerüberfall auf Holy Island und Plünderung des Klosters Lindisfarne
808–810	fränkische Reichsannalen belegen Aktivitäten des Dänenkönigs Godfred
826	Taufe des Dänenkönigs Harald in der Pfalz Ingelheim
853–854	König Harek der Ältere Godfredsson
867	Eroberung Yorks durch dänische Vikinger
um 891	in England gilt das »Danelaw« als Siedlungsraum der dänischen Vikinger
Ende des 9. Jahrhunderts	Alfred der Große läßt in einer Weltgeschichte den Namen »Dänemark« berichten
um 940	Runenstein König Gorms des Alten mit der Benennung »Danmark«
954	Rückeroberung Yorks durch die Angelsachsen
980	Plünderung Southamptons durch die dänischen Vikinger
um 1000	die legendäre Schlacht bei Svolder zwischen König Olov Tryggvason von Norwegen und den verbündeten Dänen und Schweden
13. November 1002	Massaker König Aethelreds unter den in England lebenden Dänen
1013	Landung Svend Treskäggs (Gabelbart) in England

1035	Tod Knuds des Großen, des Herrschers über ein dänisch-englisches Großreich
um 1068	Reise des Adam von Bremen durch Dänemark
1086	Ermordung König Knuds II. (des Heiligen)
1134	Ermordung König Niels' in Schleswig
1137	Ermordung König Erik Emunes
23. Oktober 1157	Sieg Valdemars auf der Heide von Grade bei Viborg über das Königtum Svends III. und Beginn einer neuen Großmachtzeit
1178	Absalon, Valdemars Freund und Vertrauter, wird Erzbischof von Lund
1184	Sieg Absalons im Strelasund über die pommersche Flotte
1201	Eroberung Holsteins durch Valdemar II.
1219	Eroberung Estlands durch die Dänen
22. Juli 1227	Niederlage Valdemars II. bei Bornhöved
März 1241	Verkündung des »jütländischen Grundgesetzes« durch Valdemar II.
1242	Beginn des Bruderkrieges zwischen Valdemars II. Söhnen Erik und Abel
1250	Ermordung König Eriks IV. (Pflugpfennig)
1282	»Magna Charta« Dänemarks
1286	Ermordung König Eriks V. in Finderup
1332–1340	königlose Zeit in Dänemark
1. April 1340	Ermordung des Grafen Gerhard von Holstein, des »Reichsverwesers«, durch Nils Ebbesen
1340	Valdemar Atterdag wird König
27. Juli 1360	Sieg Valdemars über das Bauernheer vor den Toren Visbys
November 1367	Hansetag in Köln und Kriegsbeginn zwischen der Hanse und Atterdag
1370	Frieden von Stralsund
1388	Margrethe I. von Dänemark wird Norwegens »Herrscherin auf Lebenszeiten« – Schweden huldigt Margrethe I. als »Bevollmächtigte Frau und rechte Regentin«
24. Februar 1389	dänischer Sieg über den Mecklenburger auf dem schwedischen Thron, König Albrecht, bei Fallköping
Januar 1396	der minderjährige Erik von Pommern wird König in Dänemark
17. Juli 1397	Erik von Pommern wird Unionskönig der drei nordischen Reiche
20. Juli 1397	Kalmarer Unionsbrief

1434	Engelbrekt-Aufstand in Schweden gegen die dänische Krone
23. Juni 1457	schwedische Huldigung für Christian I. von Dänemark als neuer Unionskönig
10. Oktober 1471	Sieg des schwedischen Reichsverwesers Sten Sture über die Dänen bei Brunkeberg vor den Toren Alt-Stockholms
11. Oktober 1497	Einzug des neuen dänischen Unionskönigs in Stockholm
17. Februar 1500	Niederlage der Dänen gegen die dithmarschen Bauern
6. Mai 1502	Kapitulation der Dänen im Stockholmer Schloß und neuerliches Ende der Union
8. November 1520	das »Blutbad von Stockholm« des dänischen Unionskönigs Christians II.
Januar 1521	schwedischer Aufstand gegen die dänische Herrschaft
1531	Verhaftung des emigrierten und mit einem Heer zurückgekehrten Christians II. durch seinen Onkel Friedrich I. und Entscheidung der dänischen Thronstreitigkeiten
16. August 1534	Niederlage des Bauernheeres bei Ålborg gegen das Heer des »Adelsfreundes« Christian III.
12. August 1537	Krönung Christians III. und Sieg der Reformation in Dänemark
31. Juli 1563	dänische Kriegserklärung an Schweden und neuerlicher Kampf um die Restauration des Unionskönigtums
13. Dezember 1570	Frieden von Stettin zwischen Dänen und Schweden
1596	Christian IV., Dänemarks populärster Herrscher, wird volljährig
1. Mai 1611	Christian IV. überfällt Schweden
Januar 1613	Frieden zu Knäröd zwischen Dänemark und Schweden
20. März 1625	Wahl Christians IV. zum niedersächsischen Kreisobristen
27. August 1626	Niederlage Christians IV. gegen Tilly bei Lutter am Barrenberg
1643–1644	Niederlage Dänemarks gegen Schweden
7. Mai 1648	Triumph des dänischen Hochadels über das frühabsolutistische Königtum durch die politische Entmachtung Frederiks III. bei seiner Krönung

1658–1660	neuerliche schwere Niederlagen Dänemarks gegen Schweden
27. Mai 1660	Verzichtfrieden von Kopenhagen und Verlust des heutigen Südschwedens
18. Oktober 1660	Triumph des dänischen Absolutismus
1675–1678	neuerlicher dänisch-schwedischer Krieg um das heutige Südschweden
23. August 1678	Frieden von Fontainebleau mit Bestätigung der schwedischen Eroberungen
18. August 1700	der Frieden von Travendal rettet Kopenhagen vor schwedischer Besetzung
28. Oktober 1709	neuerliche dänische Kriegserklärung an Schweden
10. März 1710	Niederlage der dänischen Armee bei Helsingborg gegen die Schweden
16. März 1713	Kapitulation der schwedischen Pommernarmee bei Tönningen
30. August 1721	Frieden von Nystad garantiert Schweden die dänischen Eroberungen
1754	Eröffnung der Akademie der Künste und Gründung des dänischen Nationaltheaters
1762	Krise mit Rußland nach der Thronbesteigung durch Peter (III.) von Gottorp und Marsch von 30000 russischen Soldaten gegen Dänemark
März 1765	Verteidigungsallianz mit Zarin Katharina gegen Schweden
Frühsommer 1770	Beginn der Reformen im Geiste des aufgeklärten Absolutismus durch Struensee
17. Januar 1772	Sturz Struensees
28. April 1772	öffentliche Hinrichtung Struensees
14. April 1784	Staatsstreich des Kronprinzen Frederik und Beginn neuerlicher Reformen im Geiste des aufgeklärten Absolutismus
20. Juni 1788	Befreiung der Bauern von der »Schollenbindung«
2. April 1801	Sieg Nelsons bei Kopenhagen über die dänische Flotte
2. September 1807	Beginn des dreitägigen Bombardements Kopenhagens durch die britische Flotte und Raub der dänischen Kriegsschiffe durch die Briten
14. Januar 1814	Frieden von Kiel und Verzicht Dänemarks auf Norwegen
nach 1818	schwere Landwirtschaftskrise in Dänemark und Konkurs zahlreicher Handelshäuser

5. November 1830	Beginn der öffentlichen Auseinandersetzungen um die Zukunft Schleswig-Holsteins
Frühjahr 1835	Frederik VI. weist alle Forderungen nach Pressefreiheit öffentlich zurück
14. Mai 1840	»Sprachenentscheid« König Christians VIII. in Nordschleswig
1848–1850	militärische Auseinandersetzungen zwischen Dänemark und den deutschen Schleswig-Holsteinern
2. August 1852	Londoner Protokoll über die Autonomie und Einheit Schleswig-Holsteins
13. November 1863	Dänemarks Reichstag stimmt für eine gemeinsame Verfassung Dänemarks und Schleswigs und die Ausgrenzung Holsteins
1. Februar 1864	Einmarsch der Preußen und Österreicher in Schleswig
30. Oktober 1864	Frieden von Wien und Verlust Schleswig-Holsteins für Dänemark
23. August 1866	Frieden von Prag und Festschreibung einer Volksabstimmung in Nordschleswig
1872	Beginn der jahrzehntelangen Auseinandersetzungen zwischen Konservativen und der liberalen Mehrheit im Reichstag um die Akzeptanz parlamentarischer Regierungsformen
April 1876	erstes »vorläufiges Finanzgesetz« der Konservativen
1882	Gründung der ersten genossenschaftlichen Molkerei in Varde auf Jütland
Sommer 1884	erstmalig zwei Sozialdemokraten im Reichstag
1885	Aufkündigung der letzten Hofdienstverpflichtungen dänischer Landwirte
um 1890	Beginn einer rasch wachsenden Urbanisierung und Auswanderungswelle als Reaktion auf eine schwere Wirtschaftskrise
1896	Bildung einer gesamtdänischen Vereinigung der Unternehmer
1898	Bildung der gewerkschaftlichen Zentrale, der »Landesorganisation«
5. September 1899	gegenseitige Anerkennung der Arbeitsmarktparteien
Frühjahr 1901	erstmalige Bildung einer liberalen parlamentarisch getragenen Regierung in Kopenhagen
3. August 1914	Dänemark verkündet strikte Neutralität
1915	Wahlrecht für Frauen
11. Februar 1918	soziale Krawalle in Kopenhagen

1. Januar 1920	Einführung des 8-Stunden-Tages
14. März 1920	Mehrheitsentscheid in Flensburg für Verbleib bei Deutschland
10. Juli 1920	König Christian X. nimmt Nordschleswig nach einer Volksabstimmung für Dänemark in Besitz
11. April 1924	erste sozialdemokratische Regierung in Dänemark
1929	Dänemarks »politische Zäsur« mit Beginn einer langjährigen sozialdemokratischen und sozialliberalen Koalitionsregierung
1. Februar 1933	Beginn einer sozialen Reglementierungspolitik der Regierung zur Sanierung des Wirtschaftslebens unter der Losung des »Versorgungsstaates«
22. Oktober 1935	Dänemarks Wähler bestätigen den Kurs der »Wohlfahrtspolitik« der Sozialdemokraten und Sozialliberalen
April 1937	Großbritannien verweigert Dänemark Sicherheitsgarantien gegen Deutschland
31. Mai 1939	Dänemark und Deutschland signieren einen Nichtangriffsvertrag in Berlin
1. September 1939	Dänemark erklärt strikte Neutralität
13. Dezember 1939	Hitler entscheidet sich für die Besetzung Dänemarks
9. April 1940	Deutschland überfällt Dänemark
12. April 1940	britische Truppen besetzen die Färöer
8. Juli 1940	Dänemarks Außenminister bekennt sich zu einer deutschlandfreundlichen Außenpolitik
26. Juni 1941	Dänemarks Regierung bejaht den deutschen Überfall auf die Sowjetunion
25. November 1941	Dänemark unterschreibt unter deutschem Druck den Antikominternpakt
26. September 1942	»Telegrammkrise« zwischen Dänemark und Deutschland
15. Mai 1943	letztmalige öffentliche Verurteilung der Sabotagepolitik gegen Deutschland durch König Christian X.
29. August 1943	Aufhebung der beschränkten dänischen Souveränität durch die deutsche Wehrmacht und Entwaffung der dänischen Armee
16. September 1943	Bildung des »Freiheitsrates« der dänischen Widerstandsbewegung
Oktober 1943	Beginn der Judenverfolgungen durch die Deutschen
Januar 1944	Aufstellung einer »Untergrundarmee«

Mai 1944	Unterstellung der dänischen Widerstandsbewegung unter das alliierte Kommando
22. Juni 1944	Zerstörung der Kopenhagener Waffenfabrik durch ein dänisches Widerstandskommando
19. September 1944	Entwaffung der Polizeieinheiten in den Großstädten und Grenzregionen durch einen deutschen Überraschungsschlag
15. Dezember 1944	Grundsatzentscheidung der dänischen Widerstandsbewegung und der Politiker über die Zusammensetzung der künftigen Regierung
April 1945	Bildung der Nachkriegsregierung
5. Mai 1945	Kapitulation der deutschen Dänemarkarmee in Kopenhagen
6. Mai 1945	Einmarsch der dänischen Brigade aus Schweden in Kopenhagen und Bildung einer dänischen Regierung aus Parteipolitikern und Widerstandsrepräsentanten unter dem Sozialdemokraten Vilhelm Buhl
13. Mai 1945	Neuformierung der Polizei
4. Juli 1945	Großdemonstration für umfangreiche sozialpolitische Maßnahmen wie die 40-Stunden-Woche in Kopenhagen
13. November 1947	Bildung einer sozialdemokratischen Regierung
4. April 1949	Dänemarks Beitritt zum Atlantikpakt nach dem Scheitern der Verhandlungen um die Bildung einer nordeuropäischen Verteidigungsunion
5. Juni 1953	neue Verfassung Dänemarks
13. April 1956	Massendemonstration gegen die Arbeitsmarktpolitik der regierenden Sozialdemokratie
15. November 1960	Wahlerfolg der reformorientierten Sozialdemokraten und Entwicklung Dänemarks zur sogenannten »Überflußgesellschaft«
Juni 1965	Kongreß der »Landesorganisation« unter der Losung des Erfolges der »gemischten Gesellschaft«
2. Februar 1968	Krise der Sozialdemokraten und Regierungsübernahme durch einen bürgerlichen Block
16. Dezember 1972	Entscheidung des Reichstages für den Beitritt Dänemarks zur Europäischen Gemeinschaft
4. Dezember 1973	politischer »Erdrutsch« in Dänemark und Ablehnung der traditionellen Wohlfahrtspolitik durch breite Wählerkreise

Frühjahr 1977	neuerlicher sozialdemokratischer Versuch, die wachsenden Wirtschaftsprobleme mit traditionellen Mitteln der »Wohlfahrtspolitik« zu bekämpfen
10. Januar 1984	Entscheidung der Mehrheit der dänischen Wähler für eine bürgerliche Alternative unter dem Konservativen Poul Schlüter
1993	Höhepunkt der Arbeitslosigkeit im Nachkriegs-Dänemark mit einer Quote von 12,3%
Januar 1997	Senkung der Arbeitslosenzahlen auf 7,7%
2. Oktober 1997	Dänemark signiert den Amsterdamer Vertrag
11. März 1998	Wahlerfolg der Regierungskoalition der Sozialdemokraten und Sozialliberalen unter Ministerpräsident Poul Nyrup Rasmussen
27. März – 7. Mai 1998	landesumfassender Arbeitskonflikt und Zwangsschlichtung durch die Regierung
14. Juni 1998	Freigabe der Brücke für den Autoverkehr über den Großen Belt zwischen Seeland und Jütland
14. August 1999	Kronprinzessin Viktoria von Schweden und Kronprinz Frederik von Dänemark erleben als erste den historischen Brückenschlag zwischen Schweden und Dänemark
Sept. 2000	Ablehnung der Einführung des Euros durch die Dänen
1. Juli 2000	Brücke über den Öresund wird für die Öffentlichkeit freigegeben
26. März 2001	Dänemark tritt dem Schengen-Abkommen bei
27. November 2001	Bildung einer Minderheitsregierung aus Liberalen und Konservativen unter Ministerpräsident Anders Fogh Rasmussen
25. November 2004	Verlängerung des Mandats für den Militäreinsatz der dänischen Truppen im Irak um 6 Monate
8. Februar 2005	Bestätigung der Mitte-Rechts-Koalition unter Anders Fogh Rasmussen bei vorgezogenen Parlamentswahlen
30. September 2005	Publikation der umstrittenen Mohamed-Karikaturen in »Jyllands-Posten«
12. Februar 2006	zeitweilige Rückberufung der Diplomaten durch die dänische Regierung aus den Botschaften im Iran, Syrien und Indonesien bzw. fünf Tage später auch aus Pakistan nach schweren dortigen Krawallen wegen des Karikaturenstreits

1. Januar 2007	Inkrafttreten der Gebietsreform. Aus den bisherigen 13 Ämtern werden fünf neue Großregionen Nordjütland, Mitteljütland, Süddänemark, Seeland und Kopenhagen bzw. die Zusammenlegung der Gemeinden zu Kommunen mit mindestens 30 000 Einwohnern
29. Juli 2007	Festlegung des Baus der Fehmarnbrücke zwischen Putgarden und Rødby durch die Verkehrminister Dänemarks und Deutschland
7. August 2007	Abzug der dänischen Truppen aus dem Irak
13. November 2007	knapper Sieg Anders Fogh Rasmussen in einer neuerlichen vorgezogenen Folketing-Wahl

Historische Stätten

Dänemarks Frühzeit und Vikingerperiode

Lindholm Höje, ein Gräberfeld einer Siedlung in der Nähe von Ålborg für die Periode des Übergangs von der Eisen- zur Vikingerzeit zwischen 500–1050. Von den 682 Gräbern sind etwa 150 durch Steinsetzungen markiert, viele in Schiffsform

Lindeskov auf der Insel Fünen, ein Langdolmengrab, mit 170 m Länge die größte dänische Vorzeitgrablege im Übergang von der jüngeren Stein- zur Bronzezeit

Troldkirken bei Nibe in Himmerland, eines der bekanntesten Megalithgräber Dänemarks

Aggersborg, die Reste der größten Vikingerburg am Limfjord mit einem Durchmesser von 240 m

Fyrkat bei Hobro, die rekonstruierte Ringburg der Vikinger, um 980 erbaut

Glavendruplunden bei Sönersö auf Fünen, eine Steinsetzung in Schiffsform mit dem Runenstein, mit 210 Zeichen die längste Inschrift der dänischen Vikingerzeit, zu Beginn des 10. Jahrhunderts gemeißelt

Trelleborg bei Slagelse, mit der rekonstruierten Vikingerhalle der Burganlage

Jelling auf Jütland, Grabhügel und Runenstein König Gorms des Alten und Dänemarks berühmte steinerne »Gründungsurkunde«, König Harald Blauzahns Runenstein mit der frühen Christusdarstellung aus dem 10. Jahrhundert

Mittelalter

Æbelholt bei Hilleröd, die 1175 gegründete Klosteranlage, einst einer der größten mönchischen Komplexe des Nordens

Burgruine **Hammerhus,** Skandinaviens größte Burganlage auf Bornholm mit Bauten aus der Vikingerzeit bis ins 18. Jahrhundert

Rathaus von **Næstved,** um 1450 erbaut

Schloß Nyborg, die Residenz der dänischen Könige vom Beginn des 13. Jahrhunderts bis 1413, im Zentrum Fünens in der Stadt Nyborg, mit dem alten Palastbau

Österlarskirke, Bornholms größte Rundkirche, bedeutendes bauliches Zeugnis des frühen dänischen Mittelalters

Dom zu **Roskilde** mit den Gräbern der meisten dänischen Herrscher

Kirche von **Sorö,** mit der Grabstätte Absalons und einiger früher dänischer Könige, unter ihnen auch Valdemar IV. Atterdag, ein romanisch-gotischer Bau

Burg **Spöttrup,** eine der besterhaltenen spätmittelalterlichen Anlagen Dänemarks bei Rödding in Westjütland

Kirche **Tuse** bei Holbæk mit ihren hochgotischen Kalkmalereien

Ruine **Vordingborg** mit dem »Gänseturm«, eine mächtige Befestigung Valdemars IV. Atterdag gegen die Hanse, bei Vordingborg auf Seeland

Dänemarks frühe Neuzeit

Renaissance

Börse in Kopenhagen, 1614–1640 erbaut, einer der schönsten Renaissancekomplexe Kopenhagens

Burg **Egeskov** bei Kværdrup südlich Odense, Wasserschloß und bedeutendes Zeugnis der europäischen Renaissance

Schloß **Frederiksborg** in Hilleröd, 1602–1620 durch Christian IV. erbaut, Dänemarks Nationalhistorisches Museum

Gammalt Estrup, das Schloß von Auming nahe Århus, eine Renaissanceburg

Schloß **Hesselagergård** auf Fünen, Dänemarks bedeutendstes Renaissanceschloß mit Anlehnungen an die venezianische Architektur

Jens Bangs Stenhus in Ålborg, ein Renaissancebau von 1623/24 mit reicher Sandsteinornamentik und aufgesetzten Backsteingiebeln an der Längsseite des Hauses, ein Patrizierhaus

Schloß **Kronborg** in Helsingör, zwischen 1574 und 1584 in seine heutige Form gebracht, die »Hamletburg« Shakespeares, ein großartiges Denkmal der dänischen Renaissance

Schloß **Rosenborg,** zwischen 1613 und 1634 von Christian IV. erbaut, Kleinod der dänischen Renaissance in Kopenhagen, Museum mit den dänischen Kronjuwelen

Barock

Schloß **Charlottenborg** im Zentrum Altkopenhagens, seit 1754 Sitz der Dänischen Akademie der Schönen Künste, 1672–1683 im Stil des holländischen Barock erbaut für den Statthalter in Norwegen, Ulrik Frederik Gyldenlöve, den illegitimen Sohn Frederiks III.

Schloß **Fredensborg** bei Kopenhagen, 1722 als Lustschloß für König Frederik IV.

errichtet, später auch im Stil des Rokoko und Klassizismus ausgebaut, heute Frühjahrs- und Herbstresidenz des Königspaares, teilweise für Besichtigungen zugänglich

Schloß **Ledreborg** bei Roskilde, Mitte des 18. Jahrhunderts erbaut

Vor Frelser Kirke, die »Erlöserkirche«, 1682–1696 erbaut, berühmt durch die außen um den Turm geführte Wendeltreppe mit der freien Sicht auf Kopenhagen

Rokoko

Schloß **Amalienborg,** ein Höhepunkt europäischer Rokokoarchitektur im Zentrum Kopenhagens, die Residenz des Königspaares, zwischen 1740 und 1760 errichtet

Schloß **Frederiksdal** am Furesö, 1744/45 durch den bedeutenden Hofbaumeister Niels Eigtved erbaut

Prinzenpalais, 1743/44 im Zentrum Kopenhagens durch Niels Eigtved errichtet, heute Sitz des dänischen Nationalmuseums

Historizismus

Universitätsbibliothek in der Fiolstræde in Kopenhagen, zwischen 1855 und 1861 erbaut, Fassaden im Stil der norditalienischen Baukunst mit Elementen der Romanik, Gotik und Renaissance

Grundtvigkirke, in Anlehnung an mittelalterliche dänische Landkirchen zwischen 1920 und 1940 im Kopenhagener Stadteil Bispeberg erbaut, der »Schlußakkord des individuellen Historizismus der dänischen Architektur«

Dänischer Klassizismus des 20. Jahrhunderts und Modernismus

Museum für Moderne Kunst **Arken** an der Köge-Bucht, 1996 fertiggestellt, in Anlehnung an die »Arche-Noah-Metaphorik«

Gebäude der **Dänischen Hochschule für Journalismus** in Århus, 1971–1973 erbaut

Hornbækhus, ein Wohnkarree von 1923, im neoklassizistischen Stil

SAS-Hotel in Kopenhagen, 1960 errichtet nach dem amerikanischen Wolkenkratzer-Modell

Vestersöhus am Sankt-Jörgens-See in Kopenhagen, 1935–1939 erbaut, das Ideal des Wohnblocks der dreißiger Jahre mit vorgesetzten Balkons und Erkerfenstern

Literatur (Auswahl)

Adam, Magister Adam Bremensis, Gesta hammaburgensis ecclesiae Pontificum (Adam von Bremen, Bischofsgeschichte der Hamburger Kirche), in: Ausgewählte Quellen zur deutschen Geschichte des Mittelalters (Freiherr-vom-Stein-Gedächtnisausgabe), hg. v. Rudolf Buchner u. Franz-Josef Schmale, Bd. XI, Darmstadt 1978, S. 135–503.

Albrechtsen, Esben, Über die rechtliche Stellung des Herzogtums Schleswig im Spätmittelalter, in: Mare Balticum. Beiträge zur Geschichte des Ostseeraums in Mittelalter und Neuzeit (Kieler Historische Studien, 36), hg. v. Werner Paravicini u. a., Sigmaringen 1992, S. 155–164.

Björn, Claus, Bonde, herremand, konge. Bonden i 1700–tallets Danmark, København 1981.

Bohn, Robert, Dänische Geschichte, München 2001.
Brandt, Otto u. *Wilhelm Klüver,* Geschichte Schleswig-Holsteins. Ein Grundriß, 8. Aufl. Kiel 1981.
Bregnsbo, Michael, Samfundsorden og statsmagt set fra praedikestolen. Udviklingen i praesternes syn pa samfundsorden og statsmagt i Danmark 1750–1848, belydst ved trykte praedikener. En politisk-idéhistorisk undersögelse (Danish Humanist Texts and Studies, 15), Köbenhavn 1997.
Ders., Clerical Attitudes towards Society in the Age of Revolution: Points of View on Government, Freedom, Equality and Human Rights in Danish Sermons, 1775–1800, in: Scandinavian Journal of History, 16:1, Oslo-Stockholm 1990.
Cedergreen Bech, Svend, Köbenhavns Historie gennem 800 år, Köbenhavn 1967.
Christiansen, Tage E., Die Lager der Wikinger, in: Dänische Rundschau: Die Wikinger in Dänemark, Kopenhagen 1980, S. 8–12.
Crumlin-Pedersen, Ole, Wikingerschiffe, in: Dänische Rundschau: Die Wikinger in Dänemark, S. 21–25.
Dänemark. Unser Nachbar im Norden, Flensburg 1963.
Dänische Rundschau: Die Wikinger in Dänemark, Kopenhagen 1980.
Dänische Themen, hg. v. Königlich Dänischen Ministerium des Äußeren, Kopenhagen 1983/84.
Danmarks historia, hg. v. John Danstrup u. Hal Koch, Bd. I–XIV, Köbenhavn 1977–1978 u. Suppl.bde: Kolonierna i Asien og Afrika, 1980; Kolonierna i Vestindien, 1980; Skåne, Halland og Blekinge, 1981; Slesvig og Holsten för 1830, 1981; Slesvig og Holsten efter 1830, 1982.
Danmarks historie, Bd. I–XVI, Köpenhavn 1989.
Dansk socialhistorie, Bd. I–VII, Köpenhavn 1979–1982.
Dehn, Christian, Seeland und die Seeländer. Ein Beitrag zur Charakteristik des dänischen Landes und Volkes, Schwerin 1839.
Derry, T. K., A History of Scandinavia, 1979.
Findeisen, Jörg-Peter, Schweden. Von den Anfängen bis zur Gegenwart (= Geschichte der Länder Skandinaviens), Regensburg 1997.
Fink, Troels, Deutschland als Problem Dänemarks. Die geschichtlichen Voraussetzungen der dänischen Außenpolitik (die deutsch-dänischen Bücher), o. O. 1968.
Ders., Überblick über die dänische Geschichte von 1788 bis 1953, in: Dänemark. Unser Nachbar im Norden, Flensburg 1963, S. 41–61.
Fitzmaurice, John, Politics in Denmark, London 1981.
Frandsen, Steen Bo, Dänemark – der kleine Nachbar im Norden. Aspekte der deutsch-dänischen Beziehungen im 19. und 20. Jahrhundert, Darmstadt 1994.
Freytag, Hans-Joachim, Die Eroberung Nordelbiens durch den dänischen König im Jahre 1201, in: Aus Reichsgeschichte und Nordischer Geschichte (Kieler Historische Studien, 16), hg. v. Horst Fuhrmann u. a., Stuttgart 1972, S. 222–243.
Friedland, Klaus, Handelsstadt, Landesherr und nationales Königtum als Kriegsgegner und als Ordnungsmächte. Die »Grafenfehde« 1532–1537, in: Mare Balticum, S. 233–239.
Fritze, Konrad, Erich von Pommern und die Sundzollfrage, in: Mare Balticum, S. 203–211.
Gamillscheg, Hannes, Dänisches Modell leicht beschädigt, in: Basler Zeitung, 106 (8. 5. 1998), S. 5.
Gehrmann, Rolf, Handelskonjunkturen in Schleswig-Holstein zur Zeit der Kontinentalsperre, 1807–1813, in: Wirtschaftliche Wechsellagen in Schleswig-Holstein

vom Mittelalter bis zur Gegenwart (Studien zur Wirtschafts- und Sozialgeschichte Schleswig-Holsteins, 20), hg. v. Jürgen Brockstedt, Neumünster 1991, S. 145–173.

Gerhardt, Martin u. *Walter Hubatsch,* Deutschland und Skandinavien im Wandel der Jahrhunderte, 2. verb. Aufl. Bonn 1977.

Germania Antiqua. Excerpta e fontibus antiquis de Germanis (Altes Germanien. Auszüge aus den antiken Quellen über die Germanen und ihre Beziehungen zum Römischen Reich), in: Quellen der alten Geschichte bis zum Jahre 238 n. Chr., hg. v. Hans-Werner Goetz u. Karl-Wilhelm Welwel, Bd. Ia, Erster Teil, Darmstadt 1995.

Geschichte Schleswig-Holsteins, hg. v. Olaf Klose, Bd. I–VIII, Neumünster 1957 ff.

Gyldendals Danmarks historie, hg. v. Aksel E. Christensen u. a., Bd. I–X, Köbenhavn 1989.

Häußer, Ludwig, Schleswig-Holstein, Dänemark und Deutschland, Heidelberg 1846.

Hammerich, Paul, En Danmarkskrönike 1945–72, Bd. I–III, Köbenhavn 1980.

Handvaerkets kulturhistorie, Bd. I–IV, 1982–1984.

Hansen, Reimer, Die Anfänge des frühmodernen Staates in Schleswig-Holstein-Gottorf, in: Aus Reichsgeschichte und Nordischer Geschichte, S. 302–320.

Heiberg, Steffen, Christian 4. Monarken, Mennesket og Myten, Köbenhavn 1988.

Hoffmann, Erich, Dänemark und England zur Zeit König Sven Estridsons, in: ebd., S. 92–111.

Ders., Knut der Heilige und die Wende der dänischen Geschichte im 11. Jahrhundert, in: Historische Zeitschrift 218 (1974), S. 529–570.

Ders., Die dänische Königswahl im Jahre 1376 und die Norddeutschen Mächte, in: Zs. der Gesellschaft für Schleswig-Holsteinische Geschichte 99 (1974), S. 141–195.

Ders., Historische Voraussetzungen für die Herausbildung der heutigen deutsch-dänischen Staatsgrenze, in: ebd., 106 (1981), S. 9–29.

Ders., Grundzüge der Geschichte Schleswigs, in: Dänemark, hg. v. Olaf Klose, Stuttgart 1982, S. XXX–XLIV.

Hubatsch, Walter, Die Deutschen und der Norden. Ein Beitrag zur politischen Ideengeschichte vom Humanismus bis zur Gegenwart in Dokumenten, Göttingen 1951.

Ders., Unruhe des Nordens. Studien zur deutsch-skandinavischen Geschichte, Göttingen u. a. 1956.

Jakubowski-Tiessen, Manfred, Opfer der Staatsräson. Maßnahmen gegen Dissidenten in Schleswig-Holstein im 18. Jahrhundert, in: Mare Balticum, S. 291–302.

Jordan, Karl, Heinrich der Löwe und Dänemark, in: Geschichtliche Kräfte und Entscheidungen, Wiesbaden 1954, S. 16–29.

Jürgensens, Kurt, Außenminister Christmas Möller in Flensburg 17.–18. August 1945, in: Mare Balticum, S. 429–449.

Kan, A. S., Geschichte der skandinavischen Länder (Dänemark, Norwegen, Schweden), Berlin 1978.

Kennzeichen DK. Mitteilungen aus und über Dänemark, 12 (1998), Bonn/Berlin.

Klindt-Jensen, Ole, Die Wikinger bei sich zu Hause, in: Dänische Rundschau: Die Wikinger in Dänemark, S. 2–7.

Krüger, Kersten, Absolutismus in Dänemark – ein Modell für Begriffsbildung und Typologie, in: Zs. der Gesellschaft für Schleswig-Holsteinische Geschichte, 104 (1979).

Lauring, Palle, Geschichte Dänemarks, Neumünster 1964.

Lorenzen-Schmidt, Klaus-J., Die große Agrarkrise in den Herzogtümern 1819–1829, in: Wirtschaftliche Wechsellagen, S. 175–197.

Lund, Nils, Knuts des Heiligen beabsichtigter Zug nach England im Jahre 1085, in: Mare Balticum, S. 101–110.

Margrete 1. Nordens Frue og Husbond Kalmarunionen 600 år, Danmarks Nationalmuseum 1997.

Mare Balticum. Beiträge zur Geschichte des Ostseeraums in Mittelalter und Neuzeit (Kieler Historische Studien, 36), hg. v. Werner Paravicini u. a., Sigmaringen 1992.

Meyer, Poul, Politiske partier, København 1965.

Müller-Boysen, Carsten, »on thaet baecbord Denamearc«. Politische Geographie von Bord eines Wikingerschiffes aus betrachtet, in: Mare Balticum, S. 21–37.

Nielsen, Axel, Dänische Wirtschaftsgeschichte (Handbuch der Weltgeschichte, hg. v. Georg Broditz), Jena 1933.

Nielsen, Henning, Dansk Udenrigspolitik 1875–1894, Odense 1977.

Nord und Süd in der deutschen Geschichte des Mittelalters (Kieler Historische Studien, 34), hg. v. Werner Paravicini, Kiel 1987.

North, Michael, Geld und Bevölkerung als Konjunkturfaktoren in Schleswig-Holstein, Hamburg und Lübeck (15. und 16. Jahrhundert), in: Wirtschaftliche Wechsellagen, S. 57–64.

Olesen, Jens E., Die doppelte Königswahl 1448 im Norden, in: Mare Balticum, S. 213–231.

Pedersen, Mogens N., Dansk politik i 1970erne, København 1979.

Petersen, E. Ladewig, Adel, Bürgertum und Gutsbesitz im Dänemark des 17. Jahrhunderts. Wirtschaftskräfte und Wirtschaftswege, in: Beiträge zur Wirtschaftsgeschichte, 5, Nürnberg 1978, S. 473–492.

Petersen, Finn Stendal, Den ulige frihed. Studier i myten om stavnsbandslösningens betydning, Odense 1990.

Poulsen, Björn, Monetarisierung und regionale Differenzierung im Mittelalter und in der frühen Neuzeit. Die bäuerliche Agrargesellschaft Dänemarks aus schleswigscher Sicht, in: Wirtschaftliche Wechsellagen, S. 19–36.

Rimbert, Vita Anskarii (Ansgars Leben), in: Ausgewählte Quellen zur deutschen Geschichte des Mittelalters, Bd. XI, S. 1–133.

Rying, Bent, Dänisch im Süden und im Norden. Dänemark: Einführung. Vorgeschichte, Kopenhagen 1981.

Ders., Danish in the south and the north, II: Denmark. History, Kopenhagen 1988.

Salewski, Michael, Eckernförde, 5. April 1849. Zur Geistesgeschichte eines »Tags«, in: Mare Balticum, S. 339–363.

Scharff, Alexander, Schleswig-Holstein in der europäischen und nordischen Geschichte. Gesammelte Aufsätze (Kieler Historische Studien, 6), Stuttgart 1969.

Scocozza, Benito, Christian 4, København 1987.

Ders., Den borgerliga revolution i Danmark i slutningen af det 18 arhundrede, in: Historisk tidskrift (Dänemark), København 84 (1984), 2.

Sievers, Kai Detlev, Absolutistische Sozialgesetzgebung im ordnungspolitischen Horizont. Das Beispiel der schleswig-holsteinischen Armenordnung von 1736, in: Mare Balticum, S. 279–289.

Sjöqvist, Viggo, Danmarks Udenrigspolitik 1933–1940, Kopenhagen 1966.

Thietmari Merseburgensis Epsicopi, Chronicon (Thietmar von Merseburg, Chronik), in: Ausgewählte Quellen zur deutschen Geschichte des Mittelalters.

Wende, Frank, Lexikon zur Geschichte der Parteien in Europa, Stuttgart 1981, S. 45–66.

Wendt, Franz, Besaettelse og Atomtid. 1939–1978, in: Danmarks historie, Bd. 14, 3. verb. Aufl. Köbenhavn 1978.
Westergård Andersen, Harald, Dansk politik – i går og i dag, 1976.
Wilson, David M., Die dänischen Wikinger in England, in: Dänische Rundschau: Die Wikinger in Dänemark, S. 26–28.
Wirtschaftliche Wechsellagen in Schleswig-Holstein vom Mittelalter bis zur Gegenwart (Studien zur Wirtschafts- und Sozialgeschichte Schleswig-Holsteins, 20), hg. v. Jürgen Brockstedt, Neumünster 1991.
Zank, Wolfgang, Das Jobwunder im Norden, in: Die Zeit, 9 (21. 2. 1997), S. 23.
Zernack, Klaus, Nordosteuropa. Skizzen und Beiträge zu einer Geschichte der Ostseeländer, Lüneburg 1993.
Ders., Probleme des Königtums in Nordosteuropa im Zeitalter der Union von Kalmar (1397–1521), in: Nordosteuropa, S. 59–80.
Ders., Der große Nordische Krieg, in: Nordosteuropa, S. 157–202.

REGISTER

Personen

Orte

Bildnachweis

Abbildungen, die aus Büchern entnommen wurden, die im Literaturverzeichnis (S. 269 ff.) aufgeführt sind, werden hier nur in Kurzform zitiert

S. 15 Aus: Danmarks historie, Bd. 1
S. 20, 31, 37 Aus: Rying, Bent, Dänemark (1981)
S. 22, 28, 88 Aus: Lauring
S. 26 Aus: Bildersaal Deutscher Geschichte. Zwei Jahrtausende deutschen Lebens in Bild und Wort, hg. v. Adolf Bär u. a., Stuttgart u. a. 1890
S. 40 Aus: Danmarks historie, Bd. 2
S. 42, 60, 136, 183, 193 Aus: Dänemark (1998) (Graphiken: John Fowlie)
S. 52, 62, 70, 80, 99, 144, 214, 220 Aus: Demark History
S. 78 Nationalmuseum Kopenhagen
S. 82 Aus: Johannes Schildhauer, Die Hanse. Geschichte und Kultur, Leipzig 1984
S. 94 Aus: Kjersgaard/Hvidtfeldt, Oldenburger
S. 112 Aus: Danmarks historie, Bd. 6
S. 117, 200 Aus: Danstrup
S. 123 Aus: Ellehoj, Christian 4. stidsalder
S. 128 Königliche Bibliothek Stockholm
S. 137, 154 Nationalhistorisches Museum Frederiksborg, Hillerod
S. 165, 213 Königliche Bibliothek Kopenhagen
S. 188 Aus: Dybdahl, De nyer klaser
S. 253 ullstein bild, Berlin – AP
S. 255 ullstein bild, Berlin – Piel
S. 267 Associated Press, Frankfurt/Main (Foto: John McConnico)
Vordere Klappe innen: GLOBUS Infografik, Hamburg
Hintere Klappe innen: Universitätsbibliothek Lund, Schweden